CORPORATE SUSTAINABILITY
Kompass für die Nachhaltigkeitsberichterstattung

2. Auflage

herausgegeben von

Jens Freiberg
Andrea Bruckner

Haufe Group
Freiburg · München · Stuttgart

Bibliografische Information der Deutschen Bibliothek
Die Deutsche Bibliothek verzeichnet diese Publikation in der Deutschen Nationalbibliografie;
detaillierte bibliografische Daten sind im Internet über http://dnb.dnb.de abrufbar.

Herausgeber: Dr. Jens Freiberg/Andrea Bruckner
Corporate Sustainability – Kompass für die Nachhaltigkeitsberichterstattung

Print: ISBN 978-3-648-16847-9   Bestell-Nr. 11122-0002
ePDF: ISBN 978-3-648-16990-2   Bestell-Nr. 11122-0151

2. Auflage, März 2023, © Haufe-Lexware GmbH & Co. KG

Haufe-Lexware GmbH & Co. KG | Munzinger Straße 9 | 79111 Freiburg
Telefon: 0761 898-0

Kommanditgesellschaft, Sitz und Registergericht Freiburg, HRA 4408
Komplementäre: Haufe-Lexware Verwaltungs GmbH, Sitz Freiburg, Registergericht Freiburg,
HRB 5557; Martin Laqua

Geschäftsführung: Isabel Blank, Iris Bode, Jörg Frey, Matthias Schätzle, Christian Steiger,
Dr. Carsten Thies
Beiratsvorsitzende: Andrea Haufe

USt-IdNr.: DE 812398835, St.-Nr. 06392/11008

Redaktion: Dr. Ulrike Hoffmann-Dürr (V. i. S. d. P.), Dunja Beck, Lisa Schulze
Produktmanagement: Michael Bernhard; Herstellung: Karin Zelenka
E-Mail: finance-office@haufe.de; Internet: www.haufe.de/finance

Bildnachweis (Cover): Vertigo3d

Druckvorstufe: Reemers Publishing Services GmbH, Krefeld
Druck: CPI books GmbH, Leck

Aus Gründen der besseren Lesbarkeit verwenden wir bei Personenbezeichnungen und
personen-bezogenen Hauptwörtern die männliche Form. Entsprechende Begriffe gelten
i. S. d. Gleichbehandlung grundsätzlich für alle Geschlechter. Die verkürzte Sprachform
hat nur redaktionelle Gründe und beinhaltet keine Wertung.

Die Angaben entsprechen dem Wissensstand bei Redaktionsschluss am 1.1.2023.
Alle Angaben/Daten nach bestem Wissen, jedoch ohne Gewähr für Vollständigkeit und
Richtigkeit. Dieses Werk sowie alle darin enthaltenen einzelnen Beiträge und Abbildungen
sind urheberrechtlich geschützt. Jede Verwertung, die nicht ausdrücklich vom Urheberrechts-
schutz zugelassen ist, bedarf der vorherigen Zustimmung des Verlages. Das gilt insbesondere
für Vervielfältigungen, Bearbeitungen, Übersetzungen, Mikroverfilmungen, Auswertungen
durch Datenbanken und für die Einspeicherung und Verarbeitung in elektronische Systeme.

Zur Herstellung der Bücher wird nur alterungsbeständiges Papier verwendet.

Mit diesem Buch halten Sie ein echtes Stück Nachhaltigkeit in den Händen.

Denn wir achten darauf, unsere Bücher nachhaltig zu produzieren, Ressourcen zu schonen und damit einen aktiven Beitrag für den Umweltschutz zu leisten:

- 100 % Recyclingpapier, zertifiziert mit FSC®, ISO 14001, ISO 9001 und dem Blauen Engel
- Mineralölfreie Druckfarben
- Lösungsmittelfreie Klebstoffe
- OPP Eco Star kompostierbare Kaschierfolie
- Kompensation aller CO_2-Emissionen
- 100 % Öko-Strom bei Druck und Bindung
- Kurze Transportwege – hergestellt in Deutschland

Geleitwort

Der Klimawandel gehört zu den drängendsten Problemen unserer Zeit und betrifft uns alle. Die Entscheidungen, die wir heute treffen, tangieren die Lebenssituation der derzeitigen und der kommenden Generationen. Um die Erderwärmung auf 1,5°C zu begrenzen, haben sich die Regierungen von über 190 UN-Mitgliedstaaten darauf verständigt, ihre CO_2-Emissionen bis 2050 massiv zu reduzieren. Als Verursacherin signifikanter Mengen von Treibhausgasen trägt die Wirtschaft eine große Verantwortung, ihren ökologischen Fußabdruck zu minimieren und somit ihren Beitrag für die nachhaltige Transformation zu leisten.

Um die eigenen Fortschritte der Nachhaltigkeitsentwicklung und soziale und ökologische Auswirkungen auf die Gesellschaft und weitere Stakeholdergruppen transparent zu machen, veröffentlichen Unternehmen als zentrale Akteure der Wirtschaft Nachhaltigkeitsberichte. Aus anfangs kurzen und wenig standardisierten Beiträgen in der Unternehmenskommunikation, die lediglich vereinzelt soziale oder ökologische Fragestellungen behandelten, sind in den letzten 20 Jahren längst komplexe und kennzahlenbasierte Ausarbeitungen geworden. Der Trend hin zu einer umfangreichen Nachhaltigkeitsberichterstattung ist ungebrochen und wird neben lauten Forderungen aus der Zivilgesellschaft ebenfalls durch regulatorische Verpflichtungen wie die Corporate Sustainability Reporting Directive oder die EU-Taxonomie-Verordnung verstärkt.

Die Standardisierung der Nachhaltigkeitsinformationen kommt neben den gesellschaftlichen Stakeholdern einem weiteren zentralen Akteur der nachhaltigen Transformation zugute: der Finanzwirtschaft. Für die Minderung des Klimawandels sowie für die Finanzierung von Resilienzmaßnahmen sind umfangreiche Investitionen nötig, deren Last nicht ausschließlich durch staatliche Akteure getragen werden kann. Allein zur Realisierung des europäischen Green Deals belaufen sich die jährlich nötigen Investitionssummen laut Schätzungen der Europäischen Kommission auf über 250 Milliarden Euro. Unternehmen, deren Produkte dem Klimawandel entgegenwirken und die ihre Nachhaltigkeitsbestrebungen transparent vorweisen können, werden demnach zunehmend als attraktives Investment wahrgenommen.

Die steigende Anzahl an als nachhaltig deklarierten Finanzprodukten wie Aktienfonds spiegelt die rasant steigende Nachfrage ethischer Investments sowohl bei privaten als auch institutionellen Anlegerinnen und Anlegern wider. So erfreulich das Interesse und die erhöhten Zuflüsse zu werten sind, wächst damit leider auch die Gefahr des sog. „Greenwashings" – also der bewussten Bewerbung von Produkten als nachhaltig, die bei genauerem

Hinsehen einer kritischen Nachhaltigkeitsanalyse nicht standhalten. Als Mittel gegen falsche Produktversprechungen ist eine transparente Darstellung der Nachhaltigkeitsaspekte der Investments nötig, deren Grundlage unter anderem die Nachhaltigkeitsberichterstattung und belastbare Daten der Unternehmen sind. Dies unterstreicht die große Bedeutung des Querschnittsthemas Nachhaltigkeitsberichterstattung auf der Unternehmensebene.

Das vorliegende Fachbuch beleuchtet fundiert verschiedene Facetten der Corporate Sustainability und der damit verbundenen Nachhaltigkeitsberichterstattung. Es gibt Orientierung und Einblick in die aktuellen Debatten und die regulatorischen Herausforderungen, vor denen Unternehmen heutzutage bei der Kommunikation ihrer Corporate Sustainability stehen. Somit bietet es eine exzellente Hilfestellung für die ersten, nächsten und dringend notwendigen Schritte in Richtung Nachhaltigkeit und damit für die Forcierung der nachhaltigen Transformation der Wirtschaft zugunsten kommender Generationen.

Prof. Dr. Maximilian Gege, Geschäftsführender Gesellschafter Green Growth Futura
Benedikt Gieseler, Senior Sustainability Analyst, Green Growth Futura

Vorwort zur 2. Auflage

Das Kalenderjahr 2022 markiert einen Meilenstein in der (Fort-)Entwicklung der Anforderungen an die nichtfinanzielle Berichterstattung. Mit den Anforderungen des ISSB, der EFRAG und der SEC wurden gleich 3 Rahmenkonzepte, allerdings in unterschiedlicher Tiefe und mit abweichendem, teilweise jedoch überlappendem Adressatenkreis veröffentlicht. Ab jetzt sind die berichtspflichtigen Unternehmen, deren Anzahl je nach Rahmenkonzept variiert, aufgerufen, für eine Umsetzung der Anforderungen zu sorgen. Die Herausforderung ist gewaltig und darf nicht unterschätzt werden. Es sind nicht nur die Quantität und Qualität der Anforderungen beachtlich, es fehlt in Kombination mit dem enormen Zeitdruck für die Umsetzung großteils an Ressourcen für eine flächendeckende Umsetzung in den Unternehmen.

Trotz einer Konkretisierung der Anforderungen durch die (Fort-)Entwicklung der Rahmenkonzepte bleiben die zentralen Fragen unverändert: Wie setzt man das Projekt zur Implementierung der Nachhaltigkeitsberichterstattung im Unternehmen auf? Wer übernimmt die Verantwortung und – gleichwohl wichtiger – wer setzt die Anforderungen und Prozesse im Unternehmen um? Im Vordergrund steht weiterhin der Spagat zwischen einer gesetzes-/anforderungskonformen Berichterstattung und einer Umsetzung, die das Unternehmen und die Stakeholder nicht überfordert, sondern viel eher Mehrwert für das Unternehmen und seine Stakeholder schafft.

Das Interesse an der Fortentwicklung der Rahmenkonzepte ist überwältigend, die Reaktion der Standardsetzer aber unterschiedlich. Während der erste Satz der European Sustainability Reporting Standards (ESRS) – verpflichtend anzuwenden für Unternehmen in der Europäischen Union, die unter die Corporate Sustainability Reporting Directive (CSRD) fallen – im Schnellverfahren noch in 2022 verabschiedet wurde, gehen der ISSB und die SEC in einen zeitintensiveren Prozess zur Analyse und Berücksichtigung der eingegangenen Kommentierungen.

Anknüpfend an die 1. Auflage entwickeln wir die Meilensteine fort, die für eine erfolgreiche Umsetzung der Anforderungen zu berücksichtigen sind, mit einem Team von Experten, die für die Perspektive von Lehre & Forschung, Anwendern, aber auch Abschlussprüfern und Adressaten stehen. Unser Werk ist weiterhin als Einstieg in die komplexen Anforderungen der Nachhaltigkeitsberichterstattung gedacht und soll Ihnen, liebe Leserinnen und Leser, als Orientierungspunkt in einem äußerst dynamischen Umfeld dienen.

Solingen und München, Dr. Jens Freiberg und
Februar 2023 Andrea Bruckner

Herausgeber

Dr. Jens Freiberg

Wirtschaftsprüfer und Head of Capital Markets der BDO AG Wirtschaftsprüfungsgesellschaft in Düsseldorf und Frankfurt am Main, Mitglied des Fachausschusses Unternehmensberichterstattung (FAB) des IDW sowie seit März 2020 auch Mitglied des IFRS Interpretations Committee (IFRS IC)

Andrea Bruckner

Wirtschaftsprüferin, Steuerberaterin, Leitung Grundsatzabteilung/vorgelagerte Qualitätssicherung der BDO AG Wirtschaftsprüfungsgesellschaft, Mitglied im Hauptfachausschuss des IDW und im IDW Arbeitskreis Prüfungsqualität

Autorenverzeichnis

Claudia **Altenrath**, Head of Sustainability Management, Vaillant GmbH, Remscheid

Carmen **Auer**, Partnerin Sustainability Services, BDO AG Wirtschaftsprüfungsgesellschaft, München

Mario **Beck**, Consultant Sustainability Services, BDO AG Wirtschaftsprüfungsgesellschaft, Hamburg

Timo **Beilner**, Head of Controlling Center of Excellence, Vaillant GmbH, Remscheid

Nils **Borcherding**, Wirtschaftsprüfer/Steuerberater, Partner Sustainability Services, BDO AG Wirtschaftsprüfungsgesellschaft, Hamburg

Dr. Heiko **Büsing**, LL.M. (UGA), Rechtsanwalt, BDO Legal Rechtsanwaltsgesellschaft mbH, Hamburg

Tanja **Castor**, Head of Sustainability Reporting & Controlling Committee – Sustainability Strategy, BASF SE, Ludwigshafen am Rhein

Caroline **Friedberger**, Consultant Sustainability Services, BDO AG Wirtschaftsprüfungsgesellschaft, München

Vinzenz **Fundel**, Sustainability Advisory, LBBW Corporate Finance, Stuttgart

Julius **Hansen**, Senior Manager Sustainability Services, BDO AG Wirtschaftsprüfungsgesellschaft, Hannover

Lara **Kasnitz**, Group Manager CSR, Gerresheimer AG, Düsseldorf

Viola **Möller**, Partnerin Sustainability Services, BDO AG Wirtschaftsprüfungsgesellschaft, Köln

Joachim **Müller**, Sustainability Advisory, LBBW Corporate Finance, Stuttgart

Karsten **Paape**, Wirtschaftsprüfer, Certified Valuation Analyst (EACVA), BDO AG Wirtschaftsprüfungsgesellschaft, Hamburg

Christian **Polivka**, Director Sustainability Solution Management, SAP SE, Walldorf

Alexander **Rasch**, Sustainable Finance Advisory, Landesbank Hessen-Thüringen, Frankfurt am Main

Britta **Sadoun**, Associate Director Sustainability/ESG, Protiviti GmbH, Frankfurt am Main

Stefan **Schnell**, Senior Vice President, Group Reporting & Performance Management, BASF SE, Ludwigshafen am Rhein

Janina **Seufert**, Senior Consultant Sustainability Services, BDO AG Wirtschaftsprüfungsgesellschaft, Hamburg

Prof. Dr. Patrick **Velte**, Professor für Accounting, Auditing & Corporate Governance, Leuphana Universität Lüneburg

Dr. Gebhard **Zemke**, Wirtschaftsprüfer/Steuerberater, Head of Banking & Financial Services, BDO AG Wirtschaftsprüfungsgesellschaft, Hamburg

Alexander **Zunic**, Principal Business Consultant, SAP SE, Walldorf

Inhaltsübersicht

Geleitwort 5
Vorwort zur 2. Auflage 7
Herausgeberverzeichnis 9
Autorenverzeichnis 11

A Einführung
§ 1 Entwicklung der Nachhaltigkeitsberichterstattung 23
 (Auer/Borcherding/Möller)

§ 2 Zum Hintergrund des Nachhaltigkeitsmanagements 29
 (Auer/Borcherding/Möller)
 1 Begriff Nachhaltigkeit 29
 2 Schnittmenge der Triple Bottom Line 30
 3 Nachhaltigkeitsberichterstattung 32

B Nachhaltigkeit im Unternehmen und in der Unternehmensführung

§ 3 Entwicklung des Nachhaltigkeitsmanagements in Unternehmen 39
 (Sadoun)
 1 Einleitung 39
 2 Start: Ambition und Motivation 40
 3 Vom Sinn und Nutzen: Business Case 41
 4 Verortung: Darstellung des Geschäftsmodells in Bezug auf Nachhaltigkeitsaspekte 42
 5 Verankerung: Funktionen und Rollen für das Nachhaltigkeitsmanagement 44
 6 Zusammenspiel: Stakeholder-Dialog 49
 7 Nachhaltigkeitsberichterstattung als Spiegel des Nachhaltigkeitsmanagements: Dokumentierte Verantwortung 50
 8 Ausblick 59

§ 4 Quantitative und qualitative nichtfinanzielle Leistungsinformationen 61
 (Sadoun)
 1 Einführung 61
 2 Orientierung bieten: Nachhaltigkeitsziele setzen 62
 3 Ziele durch KPIs operationalisieren 63
 4 Ermittlung von Metriken: Daten erheben 64

	5	Interpretation: Zahlen zum Sprechen bringen	66
	6	Steuerung: KPIs nutzen, um Ziele zu erreichen und darüber zu berichten	67
§ 5	\multicolumn{2}{l	}{Praktische Herausforderungen bei der Bereitstellung von nichtfinanziellen Leistungsinformationen. .... *(Kasnitz)*}	69
	1	Relevanz der Fragestellung	69
	2	Priorisierung, Definition und Erhebung relevanter Leistungsinformationen	70
		2.1 Priorisierung der Leistungsinformationen	70
		2.2 Definition und Erhebung der Leistungsinformationen	73
	3	Ausblick	78
§ 6	\multicolumn{2}{l	}{Integrierte Berichterstattung als Transmissionsriemen für die Transformation zu nachhaltigem Wirtschaften ..... *(Castor/Schnell)*}	81
	1	Entwicklung der Berichterstattung am Beispiel der BASF	81
	2	Frühzeitige Umstellung auf integrierte Berichterstattung – Beweggründe	82
	3	Verhältnis zum klassischen Finanzbericht	84
	4	Verankerung im Unternehmen über eine integrierte Berichterstattung	88
	5	Prüfung der Informationen	93
	6	Ausblick	94
	7	Exkurs: Vertiefende Informationen zur Entwicklung steuerungsrelevanter Nachhaltigkeitskennzahlen einschl. Case Study am Beispiel „CO_2-Emissionen"	94
		7.1 Entwicklung steuerungsrelevanter Nachhaltigkeitskennzahlen	94
		7.2 Externe Anforderungen an die CO_2-Berichterstattung	95
		7.3 Case Study: Steuerung wesentlicher ESG-Themen am Beispiel „CO_2-Emissionen" der BASF	96
		7.4 Anforderungen an die Organisation	99
§ 6A	\multicolumn{2}{l	}{Nachhaltigkeit messen und steuern – was Software leisten kann .... *(Polivka/Zunic)*}	101
	1	Unternehmen stehen vor vielfältigen Herausforderungen	102
	2	Welche Rolle kann IT spielen?	104
		2.1 Daten	106

		2.2	Prozesse/Mensch	114
		2.3	Prozesse/ESG-Datenanforderungen und relevante IT-Technologien	117
		2.4	Systeme	119
	3	ESG-Inhalte (Metriken und Semantik)		124
	4	Act – Planung, Steuerung, Entscheidungsunterstützung		126

§ 7 Zur Notwendigkeit von Nachhaltigkeit in der
Corporate Governance 129
(Velte)
    1 Einführung 129
    2 Konzeptionelle Einordnung der Sustainable Corporate
       Governance 133
    3 Bisherige Regulierungen der Sustainable
       Corporate Governance aus nationaler Sicht........... 134
       3.1 Nachhaltigkeit in der variablen Vorstandsvergütung 134
       3.2 Geschlechtliche Vielfalt im Vorstand und Aufsichtsrat 136
       3.3 Nachhaltiges Lieferkettenmanagement (Sustainable
Supply Chain Management) durch den Vorstand.. 137
       3.4 Nichtfinanzielle Erklärung bzw. gesonderter
nichtfinanzieller Bericht 139
       3.5 Corporate-Governance-Berichterstattung
(Erklärung
zur Unternehmensführung und Vergütungsbericht) 140
    4 Vorschläge für eine weitergehende Regulierung
der Sustainable Corporate Governance 142
       4.1 Nachhaltigkeitspflichten des Vorstands......... 142
       4.2 Nachhaltigkeitspflichten des Aufsichtsrats 148

C Nachhaltigkeitsberichterstattung
§ 8 Frameworks, Standards, Guidance................ 157
(Auer/Borcherding/Möller)
    1 Frameworks und Standards....................... 157
       1.1 Climate Disclosure Standards Board (CDSB) 157
       1.2 Deutscher Nachhaltigkeitskodex (DNK) 159
       1.3 Global Reporting Initiative (GRI)............. 167
       1.4 International Sustainability Standards Board (ISSB) 178
       1.5 United Nations Global Compact (UNGC)....... 182

	1.6	United Nations Guiding Principles (UNGP) Reporting Framework.	188
	1.7	Value Reporting Foundation (VRF)	195
2	Guidance		207
	2.1	Carbon Disclosure Project (CDP).	207
	2.2	Sustainable Development Goals (SDGs)	211
	2.3	Task Force on Climate-related Financial Disclosures (TCFD)	215
	2.4	United Nations Principles for Responsible Investment (UN PRI)	226
	2.5	Value Balancing Alliance (VBA)	232

§ 9 Handelsrechtliche Nachhaltigkeitsberichterstattung 243
(Borcherding)
1 Nichtfinanzielle Erklärung 243
   1.1 Pflicht zur Aufstellung 243
   1.2 Befreiung 245
   1.3 Inhalt der nichtfinanziellen Erklärung 246
   1.4 Prüfung der nichtfinanziellen Erklärung 255
2 Nichtfinanzielle Konzernerklärung. 258
3 Corporate Sustainability Reporting Directive (CSRD) . . . 260
   3.1 Hintergrund 260
   3.2 Pflicht zur Aufstellung eines Nachhaltigkeitsberichts 261
   3.3 Befreiung von der Nachhaltigkeitsberichterstattung 263
   3.4 Inhalt der Nachhaltigkeitsberichterstattung. 263
   3.5 Prüfung des Nachhaltigkeitsberichts 268

§ 9A ESRS – die neuen Standards zur Nachhaltigkeitsberichterstattung. 273
(Hansen)
1 Arbeitsauftrag der EFRAG 273
2 Struktur und Aufbau des ersten Satzes der ESRS 275
3 Doppelte Wesentlichkeit der ESRS 277
   3.1 Due-Diligence-Prozesse 277
   3.2 Wesentliche Themen 277
   3.3 Verweise 279
   3.4 Übersicht über den Inhalt des ersten Satzes der ESRS. 279

§ 10   Roadmap Nachhaltigkeitsberichterstattung 285
        (Auer/Borcherding/Möller/Friedberger)
        1   Roadmap Nachhaltigkeitsintegration 285
        2   Ausgangspunkt der Roadmap Nachhaltigkeitsbericht-
            erstattung 287
        3   Roadmap Nachhaltigkeitsberichterstattung: 3 fortlau-
            fende Phasen 290
        4   Wahl des Rahmenwerks 292
        5   Die externe Prüfung 295
        6   Übliche Herausforderungen in der Nachhaltigkeits-
            berichterstattung und Empfehlungen 299

§ 10A   Nachhaltigkeitsreporting bei der Vaillant Group 301
        (Altenrath/Beilner)
        1   SEEDS – das Nachhaltigkeitsprogramm der Vaillant
            Group 301
        2   Nachhaltigkeitsberichterstattung gem. Corporate
            Sustainability Reporting Directive (CSRD) 303
            2.1   Ausgangssituation 303
            2.2   Wesentlichkeitsanalyse als Basis 304
            2.3   Erhebung und Kommunikation der Nachhaltig-
                  keitsinformationen 307
        3   EU-Taxonomie 308
        4   Fazit und Ausblick 310

D   **EU-Aktionsplan: Finanzierung nachhaltigen Wachstums**
§ 11   Offenlegungsverordnung 315
        (Zemke)
        1   Rechtsentwicklung 315
        2   Regelungsgehalt der Offenlegungsverordnung 318
            2.1   Anforderungen qua Verordnung 318
            2.2   Allgemeine Grundsätze für die Darstellung von
                  Informationen 319
            2.3   Unternehmensbezogene Offenlegungspflichten 319
            2.4   Produktbezogene Offenlegungspflichten 322
        3   Normzweck und Anwendungsbereich 326
        4   Verhältnis zu anderen Rechtsverordnungen und
            Gesetzen 328
        5   Prüfung der Einhaltung der SFDR durch den Abschluss-
            prüfer 330

§ 12 Taxonomie-Verordnung 333
(Borcherding/Seufert)
1. Hintergrund und Entwicklung 333
2. Inhalt 334
   - 2.1 Anwendungskreis und Anwendungszeitpunkt ... 335
   - 2.2 Ökologisch nachhaltige Wirtschaftstätigkeiten ... 336
   - 2.3 Umweltziele 337
   - 2.4 Sozialer Mindestschutz 339
3. Delegierter Rechtsakt Klima 343
4. Delegierter Rechtsakt zu Art. 8 346
   - 4.1 Angabeerfordernisse 346
   - 4.2 Erleichterungen der Angabeerfordernisse 351
5. Delegierter Rechtsakt Umwelt 352

§ 13 Green Bonds – Begebung von grünen Anleihen 355
(Paape)
1. Finanzierung über Green Bonds 355
2. Ausgestaltungstypen von Green Bonds 356
3. Grüne Anleihen und Innovationen 357
4. Investoren- und Emittentenbedürfnisse 358
5. Markt grüner Anleihen 359
6. Green Bond Principles und Green Bond Frameworks ... 359
7. Aktueller Diskussionsstand zu den vorgeschlagenen EU Green Bond Standards (EUGBS) 362
8. Prüfungsleistungen 365
9. Offenlegung des Prüfungsergebnisses 370

§ 14 Sustainability-Linked Loans – Nachhaltigkeits-Reporting als Wegbereiter nachhaltiger Finanzierungen 371
(Rasch)
1. Nachhaltigkeitsbezogene Kredite – ein relativ junges Finanzierungsinstrument 371
2. Zinskopplung als Kernelement bei Sustainability-Linked Loans 372
3. Sustainability-Linked Loans wachsen rasant 374
4. Sustainability-Linked Loan Principles bilden am Markt etabliertes Rahmenwerk 375
5. Finanzierungspraxis setzt verstärkt auf KPI-basierte Strukturen 378
6. Relevante Aspekte bei ESG-Rating- und KPI-basierten Sustainability-Linked Loans 379

	7	CSRD schafft erforderliche Grundlage für nachhaltige Finanzierungen	380
	8	Rolle des Sustainability Coordinators kommt besondere Bedeutung zu	381

§ 14A Anforderungen des Kapitalmarkts an Sustainability Daten und Reporting ... 383
(Fundel/Müller)
1 Rolle des Kapitalmarkts im Bezug zur Nachhaltigkeit... 384
   1.1 Kapitalmarkt denkt bereits über das Thema Klima (Carbon) hinaus ... 384
   1.2 Verantwortung des Kapitalmarkts ... 385
2 Übersicht Kapitalmarkt-Stakeholder ... 386
   2.1 Investoren ... 387
   2.2 Rating-Agenturen ... 387
   2.3 Banken ... 389
3 Ansprüche des Kapitalmarkts im Wandel ... 390
4 Ganzheitliche Sichtweise auf das Thema Nachhaltigkeit . 392
5 Bewertung der Nachhaltigkeitsleistung von Unternehmen durch den Kapitalmarkt ... 394
   5.1 Anforderungen an die Nachhaltigkeitsberichterstattung von Unternehmen durch den Kapitalmarkt ... 394
   5.2 Beispielhaftes Vorgehen bei der Bewertung der Sustainable Finance Readiness von Unternehmen durch Banken ... 397

E Sorgfaltspflichten in der Lieferkette
§ 15 Lieferkettensorgfaltspflichtengesetz – neue gesetzliche Vorgaben für menschenrechtliche und umweltbezogene unternehmerische Sorgfalt ... 405
(Büsing)
1 Hintergrund ... 405
2 Persönlicher Anwendungsbereich ... 406
3 Ausmaß und Grad der Sorgfaltspflichten in Abhängigkeit von der Einflusssphäre ... 408
   3.1 Begriff der Lieferkette ... 408
   3.2 Eigener Geschäftsbereich ... 410
   3.3 Unmittelbarer Zulieferer ... 413
   3.4 Mittelbarer Zulieferer ... 413
4 Geschützte Rechtspositionen im Bereich Menschenrechte und Umweltbelange ... 414
   4.1 Menschenrechte ... 414

4.2 Umweltbelange 415
5 Von den Unternehmen einzuhaltende Sorgfaltspflichten . 416
 5.1 Grundsätzliches zu den Sorgfaltspflichten 416
 5.2 Risikomanagement und Menschenrechtsbeauftragte. 418
 5.3 Risikoanalyse 419
 5.4 Grundsatzerklärung 421
 5.5 Präventionsmaßnahmen 422
 5.6 Abhilfemaßnahmen....................... 424
 5.7 Beschwerdeverfahren 426
 5.8 Dokumentations- und Berichtspflichten 427
6 Haftung und Prozessstandschaft 428
 6.1 Zivilrechtliche Haftung 428
 6.2 Besondere Prozessstandschaft für Gewerkschaften und NGOs 429
7 Staatliche Kontrolle, Sanktionen und Bußgelder 430
8 Ausblick 431

ABC der Nachhaltigkeit. 435
(Auer/Möller/Borcherding)

Stichwortverzeichnis 445

A
Einführung

§ 1 Entwicklung der Nachhaltigkeitsberichterstattung

> **Überblick**
>
> Die gesellschaftliche Entwicklung hat in den vergangenen Jahren zu einer wachsenden Sensibilisierung der Öffentlichkeit für die unternehmerische Verantwortung geführt. Unternehmen haben zudem im Zuge von vergangenen Finanz- und Wirtschaftskrisen an gesellschaftlichem Vertrauen eingebüßt. Zunehmend wurden und werden daher höhere Anforderungen an die Rechenschaftslegung von Unternehmen gestellt, die über eine reine Berichterstattung der ökonomischen Leistung hinausgehen. Diese herausfordernde Entwicklung wird von vielen Unternehmen aber auch als Chance angesehen, ihr nachhaltiges Engagement i. S. e. externen Positionierung darzustellen und dieses Engagement letztlich selbst sogar zu monetarisieren (§ 8 Rz 211).

Bereits in den 1970er-Jahren führte ein zunehmendes Interesse der Öffentlichkeit für unternehmerische Verantwortung dazu, dass Unternehmen neben der Rechenschaftslegung zu ökonomischen Aspekten anhand von Jahres- und Konzernabschlüssen auch eine Berichterstattung über soziale Aspekte in Form von freiwillig erstellten **Personal- oder Sozialberichten** zur Verfügung stellten. In der Folge wurden verstärkt gesellschaftliche und unternehmerische Themenstellungen der Ökologie durch Umweltberichte oder alle 3 Themenkomplexe in kombinierter Form veröffentlicht.

1

Unter Bezug auf die BRUNDTLAND-Definition der 1980er-Jahre hinsichtlich eines neueren, umfassenden Nachhaltigkeitsverständnisses kann ein nachhaltig geführtes und agierendes Unternehmen als ein „Unternehmen, das die Bedürfnisse seiner Anspruchsgruppen erfüllt, ohne zu riskieren, dass das Unternehmen die Bedürfnisse zukünftiger Interessengruppen nicht erfüllen kann", angesehen werden.[1]

2

Als Folge dieses neueren holistischen Verständnisses von Nachhaltigkeit veröffentlichten Unternehmen in den vergangenen Jahren zum Erhalt und zur Steigerung der gesellschaftlichen Akzeptanz und Reputation immer mehr auf freiwilliger Basis aufgestellte Nachhaltigkeitsberichte. Diese beinhalten u. a. entscheidungsrelevante Informationen über ökonomische, aber auch ökologische und soziale Aspekte der Unternehmenstätigkeit und damit

3

---

[1] In Anlehnung an Hockerts, Sustainability Innovations, 2003, S. 19: „*A sustainable firm meets the needs of its stakeholders without compromising the firms ability to meet the needs of future stakeholders as well.*"

über die vergangenen und künftigen Auswirkungen der betrieblichen Tätigkeit auf die Ziele einer gesamtgesellschaftlichen nachhaltigen Entwicklung.

4 Zu den **Adressaten** der Rechenschaftslegung über Aspekte der Nachhaltigkeit zählen interne und externe Stakeholdergruppen, wie Anteilseigner, Kunden, Lieferanten, Mitarbeiter, Regierungs- und Nichtregierungsorganisationen, die interessierte Öffentlichkeit sowie weitere Menschen und Organisationen, die von der Geschäftstätigkeit des Unternehmens beeinflusst werden.

5 Diverse Organisationen haben in den letzten beiden Dekaden sowohl auf nationaler als auch auf internationaler Ebene sog. Rahmenwerke oder Empfehlungen für die Aufstellung von Nachhaltigkeitsberichten erarbeitet und publiziert, die den Unternehmen häufig als Leitplanken der Berichterstattung dienen (§ 8).

6 Herkömmliche Finanzberichterstattungen i. S. v. Jahres- und Konzernabschlüssen können als überwiegend vergangenheitsorientierte Berichterstattungen angesehen werden. Damit werden z. B. Investoren Informationen über tendenziell kurzfristige Anlagehorizonte bereitgestellt. Darüber hinaus werden von dieser Art der Berichterstattungen nicht alle wesentlichen Werttreiber der Unternehmen erfasst. Nichtfinanzielle Sachverhalte, die ebenfalls unmittelbar oder mittelbar den Unternehmenserfolg beeinflussen, werden hier kaum berücksichtigt, wodurch diese Form der Unternehmenspublizität den heutigen holistischen Anforderungen allein kaum mehr entsprechen kann.

7 Diese Tatsache sah auch der Gesetzgeber als kritisch an, so dass **nichtfinanzielle Informationen** in den letzten Jahren Eingang in die gesetzlich verpflichtende Berichterstattung (innerhalb von Lageberichten) gefunden haben. So wurde der Rechtsrahmen der Finanzberichterstattung z. B. bereits mit dem BilReG[2] sukzessive weiterentwickelt. Mit dem BilReG wurden große Kapitalgesellschaften und Konzerne verpflichtet, in ihre Lageberichterstattung zur Analyse des Geschäftsverlaufs und der Lage der Gesellschaft auch die bedeutsamsten nichtfinanziellen Leistungsindikatoren mit einzubeziehen, sofern diese für das Verständnis des Geschäftsverlaufs oder der Lage von Bedeutung sind. Sollten sich Aspekte der Nachhaltigkeit wesentlich auf die künftige Entwicklung des Unternehmens oder Konzerns auswirken, sind zudem in der Lageberichterstattung Angaben über die künftige Entwicklung zu tätigen.

---

[2] Vgl. Gesetz zur Einführung internationaler Rechnungslegungsstandards und zur Sicherung der Qualität der Abschlussprüfung (Bilanzrechtsreformgesetz) v. 4.12.2004, BGBl. I 2004, S. 3166ff.

In der Folge wurden durch das Gesetz zur Stärkung der nichtfinanziellen Berichterstattung der Unternehmen in ihren Lageberichten (**CSR-Richtlinie-Umsetzungsgesetz**) für nach dem 31.12.2016 beginnende Geschäftsjahre bestimmte große Unternehmen von öffentlichem Interesse verpflichtet, ihren Lagebericht durch eine sog. nichtfinanzielle Erklärung zu erweitern (§ 9 Rz 1 f.).[3]

8

Weitergehende Entwicklungen zeichnen sich bereits durch die am 10.11.2022 durch das Europäische Parlament verabschiedete Richtlinie zur Nachhaltigkeitsberichterstattung (**CSRD**) ab (§ 9 Rz 55 ff.),[4] die die bisherigen Regelungen zur nichtfinanziellen Erklärung für Geschäftsjahre ab dem 1.1.2024 verdrängt.

9

Auf seiner Sitzung am 15.11.2022 hat das EFRAG Sustainability Reporting Board (SR Board) den 1. Satz der Entwürfe der European Sustainability Reporting Standards (**ESRS**) verabschiedet. Der 1. Satz der EFRAG besteht aus 12 sektorübergreifenden Standards und dient der Konkretisierung der inhaltlichen Anforderungen aus der CSRD (§ 9A Rz 1).[5]

10

Ausgehend von dem im März 2018 durch die Europäische Kommission veröffentlichten „Aktionsplan: Finanzierung nachhaltigen Wachstums" wurde mit der Verordnung (EU) 2020/852 (Taxonomie-Verordnung)[6] außerdem ein **Klassifikationssystem** für ökologisch nachhaltige Wirtschaftstätigkeiten mit weiteren legislativen Berichtsanforderungen für die Unternehmen bereits ab dem Jahr 2022 geschaffen (§ 12). Die unmittelbar mit der beabsichtigten Transformation der Wirtschaft verbundene Umlenkung der Kapitalströme bietet Unternehmen aber nicht nur Herausforderungen, sondern auch Chancen mittels neuartiger Finanzierungen.

11

---

[3] Vgl. Gesetz zur Stärkung der nichtfinanziellen Berichterstattung der Unternehmen in ihren Lage- und Konzernlageberichten (CSR-Richtlinie-Umsetzungsgesetz) v. 11.4.2017, BGBl. I 2017, S. 802 ff.
[4] Vgl. Pressemitteilung v. 11.11.2022, *Sustainable economy: Parliament adopts new reporting rules for multinationals*; Richtlinie (EU) 2022/2464 des Europäischen Parlaments und des Rates v. 14.12.2022, ABl. EU v. 16.12.2022, L 322/15 ff.
[5] Vgl. EFRAG SRB Meeting 15 November, https://efrag.org/Meetings/2211141505388508/ EFRAG-SRB-Meeting-15-November-?AspxAutoDetectCookieSupport=1, abgerufen am 3.1.2023. Der 1. Satz der finalen Entwürfe der EFRAG wurde bereits am 22.11.2022 der EU-Kommission zur Verabschiedung vorgelegt.
[6] Vgl. Verordnung (EU) 2020/852 des Europäischen Parlaments und des Rates v. 18.6.2020, ABl. EU v. 22.6.2020, L 198/13 ff.

12 Der zunehmenden Globalisierung und den damit verbundenen Herausforderungen wurde weiterhin mit dem Lieferkettensorgfaltspflichtengesetz (**LkSG**)[7] begegnet, welches – ungeachtet der Rechtsform – für inländische Unternehmen mit mehr als 3.000 Mitarbeitern ab dem 1.1.2023, für inländische Unternehmen mit mehr als 1.000 Mitarbeitern ab dem 1.1.2024 Anwendung findet und weitere Berichtsanforderungen beinhaltet. Die EU-Kommission weitet mit dem im Februar 2022 veröffentlichten Richtlinienentwurf zu nachhaltigkeitsbezogenen unternehmerischen Sorgfaltspflichten den Anwenderkreis u. a. auf Unternehmen mit 500 Beschäftigten aus.[8]

13 Insofern kann die Entwicklung der Berichterstattung über die nichtfinanzielle Unternehmensleistung zusammenfassend in 2 große Phasen unterteilt werden:
- freiwillige Nachhaltigkeitsberichterstattung,
- gesetzliche Nachhaltigkeitsberichterstattung.

14 Die freiwillige Nachhaltigkeitsberichterstattung kann als Ursprung der zunehmend gesetzlich verpflichtenden Nachhaltigkeitsberichterstattung angesehen werden. Obwohl beide Strömungen derzeit Weiterentwicklungen unterliegen, die insbes. das Verständnis der Wesentlichkeit betreffen (siehe zur doppelten Wesentlichkeit nach ESRS § 9A Rz 9ff.), lässt sich auch eine künftige Tendenz des Zusammenwachsens von freiwilliger und gesetzlicher Nachhaltigkeitsberichterstattung erkennen.

Abb. 1 enthält einen Überblick über die wichtigsten Standards der Nachhaltigkeitsberichterstattung. Diese können nationaler, regionaler oder globaler Natur sein und einseitig auf eine finanzielle Wesentlichkeit oder sog. doppelte Wesentlichkeit abstellen (siehe zum Begriff der Wesentlichkeit § 2 Rz 11 ff.). Aufgrund der u. a. mit der CSRD neu bevorstehenden gesetzlichen Nachhaltigkeitsberichterstattung lässt sich darüber hinaus in der jüngsten Vergangenheit eine hohe Dynamik im Zusammenspiel und der Entwicklung der Standards erkennen.

---

[7] Vgl. Gesetz über die unternehmerischen Sorgfaltspflichten zur Vermeidung von Menschenrechtsverletzungen in Lieferketten (Lieferkettensorgfaltspflichtengesetz – LkSG) vom 16.7.2021, BGBl. I 2021, S. 2959ff.
[8] Vgl. European Commission, Corporate sustainability due diligence, https://ec.europa.eu/info/business-economy-euro/doing-business-eu/corporate-sustainability-due-diligence_en, abgerufen am 3.1.2023.

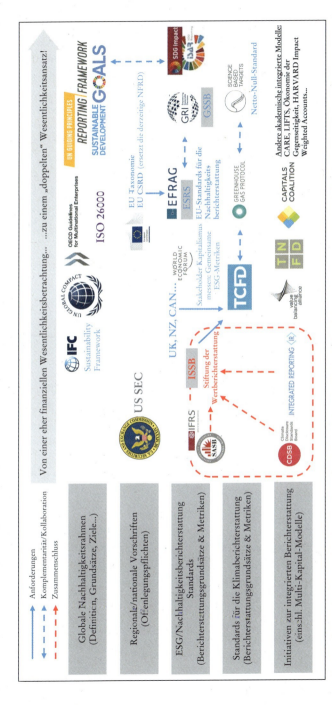

Abb. 1: Mapping der wichtigsten Standards zur Nachhaltigkeitsberichterstattung und -offenlegung von Unternehmen

Die Welt der Nachhaltigkeitsberichterstattung befindet sich im Wandel. Die folgenden Kapitel sollen daher einen Überblick über die gängigen Standards und legislativen Anforderungen zur Nachhaltigkeitsberichterstattung verschaffen und auf dem Weg zu einer zukunftsorientierten Berichterstattung Begleitung bieten.

§ 2 Zum Hintergrund des Nachhaltigkeitsmanagements

> **Überblick**
>
> Nachhaltigkeitsmanagement kann als notwendiger Prozess zur Erreichung der Triple-Bottom-Line-Ziele von Unternehmen angesehen werden. Es bildet damit die Grundlage auf dem Weg hin zu einem Triple-Bottom-Win und ist zugleich Voraussetzung für eine umfassende und aussagekräftige Nachhaltigkeitsberichterstattung von Unternehmen.

1 Begriff Nachhaltigkeit

Der Begriff **Nachhaltigkeit** ist heutzutage in aller Munde, nicht zuletzt durch seine große Präsenz in den Medien, Unternehmenswerbungen und politischen Debatten. Trotzdem herrscht vielfach Begriffsverwirrung über dessen konkrete Definition. Denn Nachhaltigkeit deckt verschiedenste Bereiche ab, wobei gerade unternehmerisches nachhaltiges Handeln im Fokus der Zivilgesellschaft und anderer Akteure steht.[1]

1

Nachhaltigkeit ist keinesfalls eine neue Thematik, die erst mit dem fortschreitenden Klimawandel an Bedeutung gewonnen hat. Bereits im 18. Jahrhundert wurde der Begriff, ursprünglich aus der Forstwirtschaft heraus, von HANS CARL VON CARLOWITZ aufgegriffen. Er beschrieb Nachhaltigkeit in dem Sinne, dass stets nur so viel Holz geschlagen werden solle, wie durch planmäßige Aufforstung wieder nachwachsen könne. Dieses Konzept kann als Grundstein für den nachhaltigen Umgang mit Ressourcen angesehen werden.[2]

2

Bis in die heutige Zeit prägt zudem die Definition der BRUNDTLAND Kommission aus dem Jahr 1987 den Nachhaltigkeitsdiskurs. Sie formulierte erstmals das Konzept der Nachhaltigkeit als eine Entwicklung, „die den Bedürfnissen der heutigen Generation entspricht, ohne die Möglichkeiten künftiger Generationen zu gefährden, ihre eigenen Bedürfnisse zu befriedigen und ihren Lebensstil zu wählen"[3]. Einer intra- und intergenerationellen Gerechtigkeit, der Gerechtigkeit also zwischen den heute lebenden Generationen sowie zwischen der heute und der zukünftig lebenden Gesellschaft, wird damit eine zentrale Bedeutung beigemessen. In diesem Zusammenhang

3

---

[1] Vgl. Abschlussbericht Brundtland Commission, Our Common Future, 1987.
[2] Vgl. www.nachhaltigkeit.info/artikel/hans_carl_von_carlowitz_1713_1393.htm, abgerufen am 3.1.2023.
[3] Abschlussbericht Brundtland Commission, Our Common Future, 1987.

müssen insbes. die vorhandenen Ressourcen gerecht zwischen den Generationen aufgeteilt werden und sollten auch für zukünftige Generationen ausreichend vorhanden sein, so dass diese dieselbe Bedürfnisbefriedigung genießen können wie die heute lebende Gesellschaft.

4 Aufgrund der sich verändernden verfügbaren natürlichen Ressourcen, des fortschreitenden Klimawandels und damit verbundenen ökologischen und sozialen Auswirkungen sowie eines wachsenden Drucks breiter gesellschaftlicher Schichten, nachhaltig zu handeln, sind auch Unternehmen gezwungen, langfristig umzudenken (siehe zu den Chancen Rz 8). Sie können nur dann glaubhaft ihr nachhaltiges Handeln vermitteln, wenn sie auch intern einen Beitrag leisten, z.B. durch die Implementierung von Nachhaltigkeitsaspekten und entsprechenden Strukturen im Geschäftsmodell und in der Steuerung.

5 I.R.d. Auseinandersetzung mit dem Begriff der Nachhaltigkeit begegnet man häufig dem Ansatz der **Triple Bottom Line**, welche eine Balance zwischen der ökonomischen, ökologischen und sozialen Unternehmensleistung impliziert. Als Weiterentwicklung des Triple-Bottom-Line-Ansatzes kann in der Schnittmenge der 3 Bereiche ein großes Potenzial für Unternehmen gesehen werden:

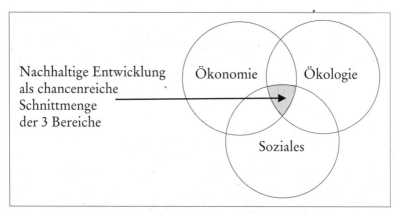

Abb. 1: Nachhaltige Entwicklung als chancenreiche Schnittmenge

2 Schnittmenge der Triple Bottom Line

6 Unternehmen stehen in permanenten Wechselwirkungen mit ihrem Umfeld. Ökologische, ökonomische und soziale Aspekte haben unmittelbaren Einfluss auf finanzielle Größen wie Umsatz und Gewinn. Nur ein **holistischer**

Ansatz der Unternehmensführung kann die „*License to operate*", die akzeptierte Daseinsberechtigung eines Unternehmens am Markt, sicherstellen. Die damit verbundenen Anforderungen für Unternehmen lassen sich in die 4 nachfolgenden Bereiche unterteilen:

- **Ökologische Nachhaltigkeit:** Ein Unternehmen muss die Umweltbelastung so gering wie möglich halten und einen ressourcenschonenden Umgang für den Unternehmenszweck aufweisen.
- **Soziale Nachhaltigkeit:** Das Unternehmen muss i.S.d. Gemeinwohls handeln und auf Arbeitnehmerinteressen eingehen, um das Humankapital zu fördern.
- **Ökonomische Nachhaltigkeit:** Trotz Achtung der verschiedenen Nachhaltigkeitsstrategien gilt es, langfristige Profitabilität zu garantieren.
- **Integrationsherausforderung:** Schließlich stellt sich die Frage, wie alle Herausforderungen bewältigt werden können, ohne dass große wirtschaftliche Verluste in Kauf genommen werden müssen.[4]

Das Nachhaltigkeitsmanagement kann als Prozess zur Erreichung unternehmerischer Nachhaltigkeitsziele angesehen werden, der alle Bereiche integriert, vernetzt und die unternehmerische Performance funktions- und geschäftsbereichsübergreifend verbessert. Es gilt, ökologische und soziale Kriterien in bestehende ökonomische Prozesse und Entscheidungsfindungen zu integrieren und als feste Bestandteile in den Zielsetzungen, der Maßnahmenplanung und Umsetzung sowie Steuerung und Kontrolle zu etablieren. Grundvoraussetzung ist die Bestimmung wesentlicher Handlungsfelder (Rz 15), entsprechende Funktionen im Unternehmen zu schaffen und einem Ressort der Unternehmensführung zuzuordnen. Dies kann durch die Einführung eines abteilungsübergreifenden Gremiums oder einer Stabseinheit erfolgen, einschl. der Verankerung in den Unternehmensbereichen und auf operativer Ebene (§ 3 Rz 15f.).

Die vorstehenden Anforderungen sind auch mit der **Chance** einer Realisierung direkter Vorteile für das Unternehmen verbunden. Die Möglichkeit zu einer kurzfristigen Steigerung von Gewinnen durch Kosteneinsparungen sowie Effizienzverbesserungen auf der Grundlage von z.B. verringerten Energieverbräuchen oder Rohstoffeinsätzen wird dabei schnell erkennbar. Die Chance auf wesentliche Wettbewerbsvorteile, wie bspw.
- Reputationsgewinn für Unternehmen und angeschlossene Marke(n),
- Optimierung der Marktkapitalisierung,
- Positionierung als attraktiver Arbeitgeber,
- Erhalt oder Gewinnung von Kundenbeziehungen,

---

[4] Vgl. BMU et al. (Hrsg.), Nachhaltigkeitsmanagement in Unternehmen, 2007.

- Vermeidung von Benachteiligungen bei Ausschreibungen von öffentlichen Auftraggebern,

hat eine mittel- und langfristige Wirkung auf den Unternehmenserfolg. Dieses ist daran geknüpft, dass das Unternehmen offen ist, sein Geschäftsmodell zu verändern, neue Dienstleistungen, Produkte und Märkte anzugehen und auf eine sich verändernde Welt strategisch zu reagieren. Die unternehmensinterne Investition in Nachhaltigkeitsstrukturen einschl. der Implementierung eines Nachhaltigkeitsmanagements kann v.a. auch dazu dienen, die Unternehmensresilienz gegenüber Veränderungen zu stärken.[5]

I.R.d. Implementierung eines wirksamen Nachhaltigkeitsmanagements können Unternehmen zur Unterstützung auf zahlreiche Systeme zur Umsetzung zurückgreifen; beispielhaft genannt seien:

Ökologie	• ISO 14001 (Umweltmanagementsysteme) • ISO 50001 (Energiemanagementsysteme) • EMAS-Verordnung (Eco-Management and Audit Scheme)
Soziales	• ISO 45001 (Managementsysteme für Sicherheit und Gesundheit bei der Arbeit) (Nachfolgenorm der OHSAS 18001 – Occupational Health- and Safety Assessment Series) • SA 8000 (Social Accountability International)

3 Nachhaltigkeitsberichterstattung

9 Die **Nachhaltigkeitsberichterstattung** kann als Ergebnis eines umfassenden und sich regelmäßig wiederholenden Prozesses angesehen werden, der den Unternehmen die Möglichkeit bietet, Themen darzulegen, die über die Finanzberichterstattung hinausgehen, aber eng mit der Entwicklung des Unternehmens und seiner Zukunftsfähigkeit verbunden sind. Grundvoraussetzung bildet das Nachhaltigkeitsmanagement, welches die erforderlichen qualitativen und quantitativen Informationen verfügbar und überprüfbar macht (§ 4).

10 Wie jede Form der Kommunikation sollte auch eine Nachhaltigkeitsberichterstattung adressatenorientiert und möglichst als Dialog ausgestaltet werden (§ 3 Rz 4). Die Berichterstattung kann freiwillig oder aufgrund gesetzlicher Bestimmungen erfolgen (§ 9).

---

[5] Vgl. www.csr-in-deutschland.de/DE/Unternehmen/Tipps-fuer-Einsteiger/tipps-fuer-einsteiger.html, abgerufen am 3.1.2023.

Das Prinzip der **Wesentlichkeit** ist in der Nachhaltigkeitsberichterstattung von zentraler Bedeutung. Es dient als Entscheidungsgrundlage dafür, welche Themen sowohl für das Unternehmen als auch sein Umfeld so relevant sind, dass sie gesteuert werden und darüber berichtet wird. Je nach Rahmenwerk oder auch gesetzlichen Vorgaben sind die Kriterien zur Bestimmung der wesentlichen Berichtsinhalte unterschiedlich. Nicht alle wesentlichen Themen sind von gleicher Bedeutung, und die Schwerpunkte innerhalb eines Berichts sollten ihre relative Priorität widerspiegeln. Ein weiterer wichtiger Grundsatz bei der Berichterstattung ist die Vollständigkeit, wonach bspw. sämtliche wesentliche Informationen im Nachhaltigkeitsbericht enthalten und die Informationen in Bezug auf den relevanten Zeitraum vollständig sein müssen.[6]

11

Das Prinzip der Wesentlichkeit kann als fundamentaler Grundsatz in der Finanzberichterstattung angesehen werden. Der Grundsatz besagt, dass alle entscheidungserheblichen Sachverhalte berücksichtigt werden müssen. Als entscheidungserheblich kann alles angesehen werden, was den Adressaten der Informationen in seiner Entscheidungsfindung beeinflussen kann. Nach dem Prinzip der Wesentlichkeit hat eine Konzentration auf **bedeutsame und relevante Informationen** zu erfolgen. Im Umkehrschluss sind unbedeutende Informationen nicht zu berücksichtigen.[7]

12

Analog zur Finanzberichterstattung gilt das Prinzip der Wesentlichkeit auch für das Nachhaltigkeitsmanagement sowie für die Nachhaltigkeitsberichterstattung. Unternehmen müssen ein Verständnis über ihre Auswirkungen auf die und aus den Geschäftsaktivitäten in möglichst messbaren Größen (z. B. Höhe des Energieverbrauchs) entwickeln, um eine fundierte Priorisierung vornehmen zu können. Sofern eine quantitative Bewertung nicht möglich ist, hat eine Priorisierung anhand qualitativer Merkmale zu erfolgen.

13

I. R. d. Wesentlichkeitsprinzips sind insofern 2 Perspektiven zu betrachten: Auf der einen Seite beschreibt die **Inside-out-Perspektive**, wie sich die Unternehmenstätigkeiten auf verschiedene Nachhaltigkeitsthemen auswirken. Auf der anderen Seite besteht mit der **Outside-in-Perspektive** eine Sichtweise, welche den Einfluss von Nachhaltigkeitsthemen auf die Unternehmenstätigkeiten selbst beschreibt (§ 9 Rz 74).[8]

14

Für Unternehmen bestehen diverse ökonomische, ökologische und soziale Themen.

15

---

6 Vgl. Global Reporting Initiative, GRI 1: Foundation 2021, S. 11 ff.
7 Vgl. IDW, WPH Edition, Assurance, 2. Aufl., 2021, Kap. D, Tz. 66 ff.
8 Vgl. Deutscher Nachhaltigkeitskodex – DNK-Kriterien, www.deutscher-nachhaltigkeitskodex.de/de-DE/Home/DNK/Criteria/Wesentlichkeit, abgerufen am 3.1.2023.

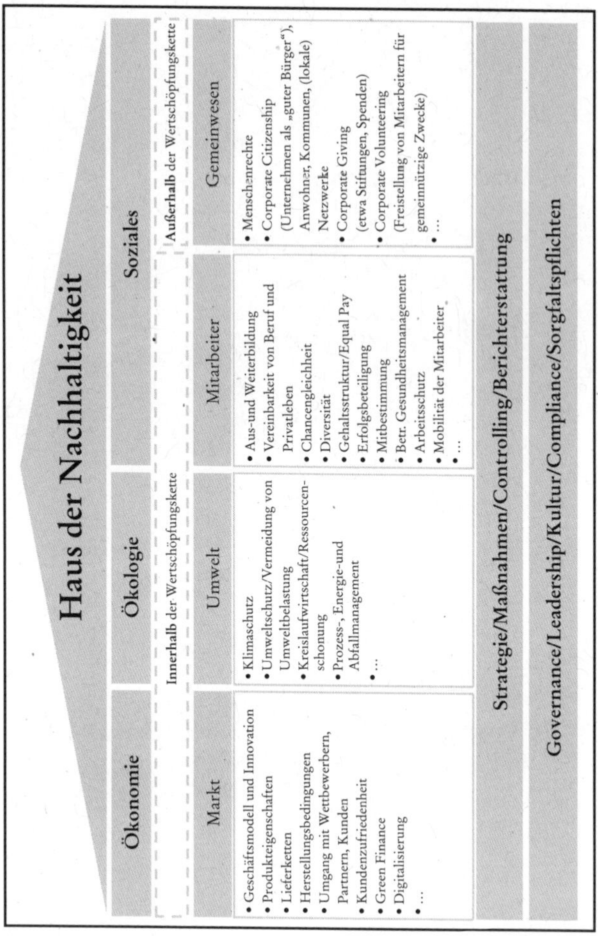

Haus der Nachhaltigkeit

Ökonomie

Markt (Innerhalb der Wertschöpfungskette)
- Geschäftsmodell und Innovation
- Produkteigenschaften
- Lieferketten
- Herstellungsbedingungen
- Umgang mit Wettbewerbern, Partnern, Kunden
- Kundenzufriedenheit
- Green Finance
- Digitalisierung
- …

Ökologie

Umwelt (Innerhalb der Wertschöpfungskette)
- Klimaschutz
- Umweltschutz/Vermeidung von Umweltbelastung
- Kreislaufwirtschaft/Ressourcenschonung
- Prozess-, Energie- und Abfallmanagement
- …

Soziales

Mitarbeiter
- Aus- und Weiterbildung
- Vereinbarkeit von Beruf und Privatleben
- Chancengleichheit
- Diversität
- Gehaltsstruktur/Equal Pay
- Erfolgsbeteiligung
- Mitbestimmung
- Betr. Gesundheitsmanagement
- Arbeitsschutz
- Mobilität der Mitarbeiter
- …

Gemeinwesen (Außerhalb der Wertschöpfungskette)
- Menschenrechte
- Corporate Citizenship (Unternehmen als „guter Bürger"), Anwohner, Kommunen, (lokale) Netzwerke
- Corporate Giving (etwa Stiftungen, Spenden)
- Corporate Volunteering (Freistellung von Mitarbeitern für gemeinnützige Zwecke)
- …

Strategie/Maßnahmen/Controlling/Berichterstattung

Governance/Leadership/Kultur/Compliance/Sorgfaltspflichten

Abb. 2: Haus der Nachhaltigkeit[9]

---

[9] Quelle: Windisch/Bernhard, weiterentwickelte Darstellung basierend auf: Splendid Research, Corporate Social Responsibility Monitor 2016, www.splendid-research.com/de/csr-studie; Bundesministerium für Arbeit und Soziales, www.csr-in-deutschland.de/DE/CSR-Preis/Ueber-den-Wettbewerb/Methodik/Aktionsfelder/aktionsfelder.html, abgerufen jew. am 3.1.2023; Brühl, Corporate Social Responsibility, 2018, S. 30; DIN ISO 26000, 2011, S. 14 ff.; Europäische Kommission, Eine neue EU-Strategie (2011–14) für die soziale Verantwortung der Unternehmen (CSR), KOM(2011) 681 endgültig, S. 8 f.; Hiß, Warum übernehmen Unternehmen gesellschaftliche Verantwortung? Ein soziologischer Erklärungsversuch, 2006, S. 38 f.; Kernstock/Wenger-Schubiger, in Esch (Hrsg.), Corporate Brand Management, 3. Aufl., 2014, S. 337 ff.; Kleinfeld/Martens, in Schulz/Bergius (Hrsg.) CSR und Finance, 2014, S. 223; Stehr/Hartmann, in Altenburger/Schmidpeter (Hrsg.), CSR und Familienunternehmen, 2018, S. 54 f.; Walter, Verantwortliche Unternehmensführung überzeugend kommunizieren, 2010, S. 159.

Unternehmen sollen letztlich dort agieren, wo ihre Einflussnahme am größten ist. Zur Ermittlung der Wesentlichkeit wird häufig eine sog. **Wesentlichkeitsanalyse** durchgeführt. Dabei handelt es sich um ein strategisches Instrument, um Nachhaltigkeitsthemen, die sowohl für das Unternehmen als auch für seine Stakeholder erheblich und relevant sind, zu identifizieren und zu priorisieren. Das Ergebnis definiert den **Handlungsrahmen** für das Nachhaltigkeitsmanagement (§ 3 Rz 19ff.).

Nachhaltigkeit im Unternehmen und in der Unternehmensführung

§ 3 Entwicklung des Nachhaltigkeitsmanagements in Unternehmen

> **Überblick**
>
> Das Nachhaltigkeitsmanagement ist eine strategische Aufgabe, die in einem dichten Netzwerk intern agiert und Perspektiven von außen ins Unternehmen trägt. Die Umsetzung der Aufgabe geht immer mit Veränderungen einher, sei es in Prozessen, Produkten und Dienstleistungen oder gar im Geschäftsmodell.

1 Einleitung

Es ist wichtig, als Unternehmensleitung zu definieren, welchen Nutzen ein Nachhaltigkeitsmanagement für das Unternehmen und sein Umfeld hat. Entsprechend sind Ressourcen für die Umsetzung bereitzustellen und Nachhaltigkeit als integrativer Teil der Unternehmensführung zu verstehen (**Governance**).

Nachhaltigkeitsmanagement ist eine strategische Aufgabe, die in einem dichten Netzwerk intern agiert und Perspektiven von außen ins Unternehmen trägt. Die Umsetzung der Aufgabe geht immer mit Veränderungen einher, sei es in Prozessen, Produkten und Dienstleistungen oder gar im Geschäftsmodell. Die Vielfalt an Themen, die Internationalität derselben, die Normierung und gleichzeitige Zersplitterung in detaillierte Teilaspekte können irritierend wirken und weniger relevant für das Geschäft erscheinen. Doch mittels Experten, die es verstehen, den Überblick zu bewahren, die richtigen Spezialisten zu mobilisieren, sie zu verbinden und zu bitten, Themen anzuschieben und zu lenken, um gemeinsam einen passenden Weg für das Unternehmen und seine Stakeholder zu definieren, wird **Mehrwert für Unternehmen und Gesellschaft** geschaffen.

Es ist nicht möglich, Nachhaltigkeitsmanagement in Teilzeit nebenbei zu erledigen. Die **Profile** von Nachhaltigkeitsmanagern sind vielfältig – so vielfältig wie ihre Einsatzgebiete, aber es sind professionelle und mit der Zeit auch erfahrene Experten. Sie kennen sich aus mit der „Alphabet-Soup" (§ 8 und Abb. 1 in § 1 Rz 14), und sie lassen sich davon nicht schrecken, sondern inspirieren. Gefragt ist zudem eine **Kombination aus strategischem Denken und operativem Umsetzen**. Nachhaltigkeitsmanagement ist nicht eine Unterdisziplin der Umweltbeauftragten. Vielmehr arbeiten die beiden Disziplinen in ständigem Austausch miteinander; darüber hinaus sollte das Nachhaltigkeitsmanagement mit quasi allen anderen Abteilungen im ständigen Austausch stehen. Nachhaltigkeitsmanagement ist keine Spielart des fokussiert operativen Geschäfts, sondern hilft, das Geschäft mittel- und langfristig zu fördern und durch sich immer ändernde Gewässer zu manövrieren.

4   In der **Berichterstattung** über die Nachhaltigkeit eines Unternehmens sollen sich dann internes Tun, Wirkungen, Erreichtes, aber auch Widerstände und Programme widerspiegeln. Dabei ist die Berichterstattung nicht einfach ein Kommunikationsinstrument unter vielen, sondern enthält eine wichtige **strategische Komponente**. Der Bericht ist nicht das Ziel, es ist ein jährlich wiederkehrendes Produkt, das seine Wichtigkeit dadurch erlangt, dass es sich an externe Stakeholder richtet und die Chance für einen Dialog eröffnet. Die Berichterstellung ist ein Projekt mit einem definierten Veröffentlichungstermin und dem Projektziel, einen vollständigen, korrekten, geprüften und inhaltlich sinnvollen Bericht vorzulegen.

5   Die regulatorischen Vorgaben gebieten eine **Professionalisierung des Nachhaltigkeitsmanagements**. I. R. d. für das Unternehmen passenden Ambitionen ist es sicherlich nicht „bald vorbei" oder gar „abgeschlossen": Nachhaltigkeitsmanagement kann per Definition nicht beendet werden, sondern bleibt in kontinuierlicher Entwicklung. Nachhaltigkeit im Unternehmen beschreibt das kontinuierliche Streiten und Streben nach der Vereinbarkeit von unterschiedlichen Zielen, der Bewahrung der globalen Grenzen, Gerechtigkeitsfragen und schließlich auch der Abgrenzung als verantwortlich wirtschaftendes Unternehmen. Im Gegensatz zur (mind.) jährlichen Nachhaltigkeitsberichterstattung ist das Nachhaltigkeitsmanagement deshalb auch kein Projekt, sondern eine dauerhafte Begleitung und hilfreiche Disziplin, die durch den Austausch mit vielen unterschiedlichen Stakeholdern lebt, gemeinsam Mehrwert erzielt und dabei auf die Unterstützung „von oben" angewiesen ist und gelebt werden will.

2   Start: Ambition und Motivation

6   Nachhaltigkeitsmanagement muss gewollt werden. Und es ist wichtig, dass es als wichtig verstanden wird. Ohne den sog. *„tone from the top"*, d. h. das klare **Bekenntnis der Unternehmensleitung zu Nachhaltigkeit**, wird es nicht gelingen, ein umfassendes Nachhaltigkeitsmanagement aufzubauen, das selbst ein Vehikel für ein nachhaltiges Wirtschaften ist. Denn Nachhaltigkeitsmanagement braucht Ausdauer, Robustheit, Visionskraft, Standhaftigkeit – auch Streitbarkeit – und einen langen Atem. In einem Geflecht der unterschiedlichen Interessen und Ziele sind Resilienz, Überzeugungskraft und Mut weitere wichtige Elemente, um – gemeinsam mit anderen – Unternehmen von innen zu bewegen, weil das Wissen über das Außen

eingebracht wird. Dabei braucht das Nachhaltigkeitsmanagement die grundlegende Unterstützung der Führungsebene(n), um wichtige Schritte nach vorne gehen zu können.

Die Reflexion und schließlich die Haltung zur Nachhaltigkeit sind fundamentaler Ausgangspunkt. Wenn nur gemacht wird, weil man das so macht oder weil es so erwartet wird, wenn die Nachhaltigkeit des eigenen Geschäfts nicht gesehen, nicht bewertet oder gar fälschlicherweise unterstellt wird, dann kann kein sinnvolles, produktives Nachhaltigkeitsmanagement entstehen. Notwendig ist die Positionierung des Unternehmens, der Produkte, ggf. der Produktbereiche als auch der eigenen Person hinsichtlich „der Nachhaltigkeit" zu definieren. Damit wird klar, was die relevanten Treiber für das Nachhaltigkeitsmanagement sind. Sollen ausschl. gesetzliche Anforderungen erfüllt werden, oder geht es darum, an ausgewählten relevanten (im Nachhaltigkeitsjargon: materiellen) Themen (§ 2 Rz 11 ff.) Akzente zu setzen, als Vorreiter, Innovator, Erneuerer?

Es gilt festzulegen, wie Nachhaltigkeit sich zur Unternehmensstrategie verhält: Treiben Nachhaltigkeitsaspekte die Unternehmensstrategie? Oder wird an Nachhaltigkeit erst bei der Kommunikation im Anschluss an den Strategieprozess oder zu besonderen Anlässen gedacht? Daraus leitet sich auch ab, ob in das Nachhaltigkeitsmanagement und die dazugehörigen Programme investiert wird oder ob diese als Kosten verbucht werden.

> **Hinweis**
> **Was ist Ihre Ambition?**
> - Compliance ist das Maß: Wir halten alle Gesetze ein und erfüllen die regulatorischen Anforderungen.
> - Erkennen Sie den strategischen Mehrwert der Nachhaltigkeit für Ihr Unternehmen?
> - Wollen Sie sich mit Ihrem Unternehmen/Ihren Produkten/Ihrer Persönlichkeit als Vorreiter für Nachhaltigkeit etablieren, da sie nachhaltige Wirkung i. S. v. Nutzen für das Unternehmen und die Gesellschaft erreichen wollen?

3 Vom Sinn und Nutzen: Business Case

Die Entwicklung eines passgenauen Nachhaltigkeitsmanagements und der entsprechenden Berichterstattung dazu kann aus verschiedenen Gründen erfolgen – und zielt auf unterschiedliche Effekte ab. Folgende Ziele bei der

Umsetzung von Maßnahmen zur Nachhaltigkeit mittelständischer und börsennotierter Unternehmen werden häufig genannt:[1]
- langfristige Unternehmenssicherung,
- bessere Erfüllung von Kundenwünschen,
- Mitarbeitermotivation,
- Imagepflege und Verbesserung der Reputation,
- intrinsische Motivation,[2]
- Einsparung von Kosten,[3]
- Erschließung neuer Geschäftsfelder,
- Erfüllung von Anforderungen bzw. Erwartungen von Investoren,[4]
- Erfüllung von Anforderungen bzw. Erwartungen von Banken.

10 Die Erfüllung von Stakeholder-Erwartungen (Kundenwünsche, Mitarbeiteranreize) ist primäre Motivation, wobei börsennotierte Unternehmen sich insbes. an Investoren-Anforderungen orientieren. Die Berichterstattung dient der Bewertung des Unternehmens durch Investoren, und die öffentlich verfügbare Information fließt in die ESG-Ratings und ESG-Rankings, Benchmarks sowie spezifische Modelle ein. Bei der Relevanz der intrinsischen Motivation sowie der Abschätzung von Kosten unterscheiden sich die befragten Unternehmen nach ihrer Organisationsform.

4 Verortung: Darstellung des Geschäftsmodells in Bezug auf Nachhaltigkeitsaspekte

11 Die Branche sowie das Geschäftsmodell eines Unternehmens haben einen wichtigen Einfluss auf die Ausgestaltung des Nachhaltigkeitsmanagements und die Nachhaltigkeitsperformance. In den **Materialitätsanalysen** (§ 2 Rz 11 ff.) wird ausführlich analysiert, welche Auswirkung das Geschäft auf Nachhaltigkeitsbereiche hat und wie i. R. d. doppelten Wesentlichkeit Nachhaltigkeitsthemen ihrerseits das Geschäft beeinflussen (können).

12 In der Praxis wird nicht immer berücksichtigt, dass nicht alle relevanten Stakeholder über das Geschäftsmodell des jeweiligen Unternehmens so gut informiert sind wie die langjährigen Experten und Manager intern. Zwar gibt

---

[1] Vgl. forsa, ESG-Herausforderungen für Großunternehmen in Deutschland, 2021, S. 12; Telefoninterviews/Onlineinterviews mit n = Großunternehmen ab 250 Mitarbeitern in Deutschland: 104 mittelständische Unternehmen, 32 börsennotierte Unternehmen.
[2] Abweichend von börsennotierten Unternehmen nur zu 48 % im Vergleich zu 76 % der mittelständischen Unternehmen genannt.
[3] Abweichend von börsennotierten Unternehmen als am wenigsten wichtiges Ziel, mit 38 % der Nennungen genannt.
[4] Abweichend von börsennotierten Unternehmen als zweitwichtigstes Ziel mit 90 % der Nennungen benannt.

es bislang keine klare, eindeutige juristische oder akademische Definition eines Geschäftsmodells, aber das „Geschäftsmodell wird zunehmend zur Beschreibung der Schlüsselaspekte der Wertschöpfung verwendet, die die Funktionsweise eines Unternehmens und seine Auswirkungen, Abhängigkeiten (z. B. Ressourcen und Beziehungen) und Schwachstellen umfassen"[5]. Die Darstellung der Wertschöpfungskette, von der die Lieferkette (§ 15) ein wichtiger Bestandteil ist, ist Voraussetzung dafür, begleitet durch die Nachhaltigkeitsmanager, um das sog. **Verankern von Nachhaltigkeit in das Kerngeschäft** zu beginnen oder voranzubringen. Das ist entscheidend, um intern Verbündete zu identifizieren und sie für die Mitarbeit an Nachhaltigkeitsthemen zu gewinnen sowie externe Interessierte und Kritiker solide abzuholen.

Die Darstellung des Geschäftsmodells eines Unternehmens zu Berichtszwecken ist eine anspruchsvolle Anforderung. Analysen der bisherigen Berichterstattung verdeutlichen, dass trotz erheblicher Fortschritte auch Vorreiter-Unternehmen noch Nachholbedarf haben. Neueinsteiger können sich von Best-practice-Beispielen inspirieren lassen und haben die Möglichkeit, den Anschluss zu finden.[6]

In der Nachhaltigkeitsberichterstattung ist es notwendig, die Verortung des Unternehmens in einer größeren Wertschöpfungskette und das Geschäftsmodell präzise und vollständig zu beschreiben, idealerweise auch grafisch darzustellen. So können z. B. Verknüpfungen zu weiteren Nachhaltigkeits-Rahmenwerken wie den SDGs (§ 8 Rz 148 ff.) hergestellt werden.

Praxis-Tipp
Darstellung des Geschäftsmodells
- Klare und umfassende Beschreibung (textlich und grafisch);
- prägnante Beschreibung
  - der Inputs (Ressourcen und Beziehungen),
  - der Geschäftsaktivitäten und Auswirkungen des Geschäftsmodells auf die Stakeholder,
  - des Outputs (Ergebnisse) und
  - der Auswirkungen des Geschäftsmodells;
- Unterscheidung zwischen direkten und indirekten, vor- und nachgelagerten Inputs und Outputs;

---

[5] PTF-RNFRO, Towards Sustainable Businesses: Good Practices in Business Model, Risks and Opportunities Reporting in the EU, Main Report, S. 33, www.efrag.org/Assets/Download? assetUrl=/sites/webpublishing/SiteAssets/EFRAG%20PTF-RNFRO%20-%20Main%20 Report.pdf, abgerufen am 3.1.2023.
[6] PTF-RNFRO, Towards Sustainable Businesses: Good Practices in Business Model, Risks and Opportunities Reporting in the EU, Summary, 2021, S. 3 bzw. S. 34 im Main Report.

- Darstellung verbundener Geschäftsrisiken und -chancen;
- Verknüpfung mit anderen Berichtsinhalten z. B. durch eine Tabelle mit Verweisen oder zusätzliche kontextualisierende Informationen;
- grafische Aufbereitung durch visuelle Darstellung des Geschäftsmodells z. B. in Form eines Diagramms, einer Grafik, einer Tabelle, Nutzung von Technologien (z. B. interaktive Funktionen auf der Website).

5 Verankerung: Funktionen und Rollen für das Nachhaltigkeitsmanagement

15 So unterschiedlich wie Unternehmen aufgebaut sind und agieren, so unterschiedlich ist die Verortung des Nachhaltigkeitsmanagements und die Festlegung dessen grundlegender Kompetenzen. Bislang hat sich nicht die eine Organisationsform herausgebildet. Die gewählte Verankerung reflektiert auch die Ambition und Motivation des Unternehmens, z. B. in der Frage, ob Nachhaltigkeit als strategisches Kernelement etabliert ist oder nicht. Und damit zusammenhängend, mit welchen Kompetenzen und Ressourcen es ausgestattet wird. Klare Verantwortlichkeiten müssen definiert und gelebt werden. Nachhaltigkeit erfordert eine starke Vernetzung. Interdisziplinäres Arbeiten muss ermöglicht werden bei entsprechender Unterstützung der Geschäftsführung.

16 Während es vor 20 Jahren noch üblich war, Nachhaltigkeitsmanager – dann vermutlich unter der Bezeichnung CSR-Beauftragte oder CSR-Verantwortliche – organisatorisch in der Kommunikationsabteilung zu verankern, hat sich das Bild mittlerweile gewandelt. Auffällig bleibt die unterschiedliche Verortung des Nachhaltigkeitsmanagers. Eine aktuelle Umfrage zeigt, dass ca. 1/3 der Antwortenden direkt beim Vorstand bzw. an der Geschäftsleitung angesiedelt sind, weitere ca. 20 % in der Strategie. Knapp 16 % sind weiterhin in der Kommunikation angesiedelt. Weitere Abteilungen wie Compliance, Marketing, Personal oder Finanzen werden nur selten genannt. Daneben gibt es die Verortung der Nachhaltigkeitsfunktion in anderen Abteilungen, darunter z. B. Umweltbereich, Health & Safety,[7] aber auch Einkauf oder Investor Relations sind je nach Geschäftsmodell und Sektor denkbar.

---

[7] Die Informationen beruhen auf einer kleinen Erhebungsgruppe. 51 vollständig antwortende Nachhaltigkeitsmanager und Nachhaltigkeitsmanagerinnen nannten die organisatorische Zuordnung im „Sustainability Management Monitor" 2021, herausgegeben von der Bertelsmann Stiftung, der Universität Mannheim und der Sustainability Peer School.

Akteur	Strukturelle Verankerung	Inhalte
Oberstes Leitungs- und Überwachungsgremium	Geschäftsführung/ Vorstand Aufsichtsrat	Das Nachhaltigkeitsmanagement ist eine strategische Kernaufgabe und wird entsprechend von der Geschäftsführung bzw. dem Vorstand berücksichtigt. Der Aufsichtsrat hat in seiner Aufsichtsfunktion ebenfalls Nachhaltigkeitsaspekte zu berücksichtigen (§ 7).
Sustainability Board Committee	Formales oder informelles Gremium, das sich aus Vorstandsmitgliedern zusammensetzt	Ein Komitee kann eine wichtige Rolle einnehmen, um den Vorstand über Nachhaltigkeitsthemen zu informieren. Es bietet die Möglichkeit, wichtige Kernthemen des Nachhaltigkeitsmanagements zu besprechen. I.d.R. treffen diese Komitees keine Entscheidungen, dies bleibt formal dem Vorstand/der Geschäftsführung vorbehalten. Vorbereitet werden die Sitzungen durch z.B. die Nachhaltigkeitsabteilung und/oder weitere Akteure.

Akteur	Strukturelle Verankerung	Inhalte
• Sustainability Abteilung • Nachhaltigkeitsabteilung • Corporate Sustainability • ESG-Abteilung	• Stabsstelle der Geschäftsführung/des Vorstands • Strategie • Kommunikation • Compliance • Marketing • Personal • Finanzen • Einkauf • Umweltabteilung • Arbeitssicherheit • Investor Relations	Die Kernaufgabe ist die Repräsentanz des Unternehmens in Sachen Nachhaltigkeit nach innen und außen. Es geht um die (Weiter-)Entwicklung der Nachhaltigkeitsstrategie und damit einhergehender Zielsetzungen, Meilensteine und Programme in ganzheitlicher Art und Weise. Das Nachhaltigkeitsteam koordiniert die täglichen Aktivitäten oder unternehmensweite Initiativen; es sorgt dafür, dass die notwendigen Kennzahlen zusammenfließen und ist häufig für die Berichterstattung sowohl intern an das Management als auch extern in Form von Berichten verantwortlich.
Funktionsübergreifendes Sustainability Committee	• Funktionsübergreifender Exekutivausschuss unterhalb der Vorstandsebene • Mitglieder: Führungskräfte der Geschäftsbereiche, Regionen und Funktionen, z. B. operatives Geschäft, Umweltschutz und Arbeitssicherheit, Personalabteilung, Einkauf, Kommunikation, Investor Relations, Risikomanagement, Rechnungswesen und Compliance	Der Ausschuss sorgt für weitere Aufsicht und strategische Orientierung. Er mobilisiert Mitarbeiter der verschiedenen Funktionen und Unternehmensbereiche zur Strategieumsetzung.

Akteur	Strukturelle Verankerung	Inhalte
Projektstrukturen oder dezentrale Verantwortlichkeiten	• Projekt-Teammitglieder • Arbeitsgruppen oder Ausschüsse, die dem Leiter der Nachhaltigkeitsabteilung direkt unterstellt sind • Themenverantwortliche, die dezentral eigenverantwortlich Teilaspekte vorantreiben	Nachhaltigkeit umfasst zahlreiche (wesentliche) Themen, von denen viele gleichzeitig bearbeitet werden müssen. Unterstützende Strukturen sind entscheidend, um die Integration von Strategie und Zielen zu fördern. Je nach Unternehmensorganisation unterscheiden sich die Ansätze zur Bearbeitung in zentral oder dezentral: Im ersteren Fall geht es darum, Ziele und Programme zentral vorzugeben und ggf. auch intensiv in der Umsetzung zu begleiten. Einzel-Themenverantwortliche berichten dann z. B. an den Nachhaltigkeitsmanager. In der dezentralen Herangehensweise stellt ein eher kleines zentrales Team eine gemeinsame unternehmensweite Nachhaltigkeitsagenda mit klaren Zielen sicher. Die Geschäftsbereiche spielen die entscheidende Rolle in der Definition und Umsetzung eigener zum unternehmerischen Gesamtziel passender Aktivitäten.

Akteur	Strukturelle Verankerung	Inhalte
Mitarbeitende im Unternehmen	Mitarbeitende aller Geschäftsbereiche und Funktionen	Zur Verankerung der Nachhaltigkeitsstrategie ist es notwendig, dass die Mitarbeiter in die Aktivitäten eingebunden werden. Sie sind diejenigen, die für die Umsetzung sorgen. Dementsprechend ist es notwendig, sinnvolle Wege zu finden, die Mitarbeiter entsprechend zu involvieren, zu schulen und kontinuierlich einzubinden.
Externe Beiräte	• Externe Experten, um das Unternehmen zu begleiten. • Manche Beiräte beraten direkt die Geschäftsleitung, andere sind auf der Umsetzungsebene angesiedelt. • Manche Beiräte agieren sehr transparent, manche im Hintergrund, um einen hohen Grad der Vertraulichkeit zu sichern.	Die Beiräte sind zumeist nicht offiziell Teil der Governance, können aber durch externe Perspektiven Impulse für wichtige Diskussionen und Entscheidungen liefern. Ihr Mandat ist von Unternehmen zu Unternehmen unterschiedlich und hängt u. a. vom Reifegrad der Nachhaltigkeitsstrategie, den Stakeholder-Erwartungen und der Unternehmenskultur ab.

Tab. 1: Verankerung von Verantwortlichkeiten für Nachhaltigkeit

6 Zusammenspiel: Stakeholder-Dialog

Unternehmen stehen als Akteure in der Gesellschaft unter kontinuierlicher Beobachtung mit steigenden Anforderungen an die Berichterstattung. I. R. d. Nachhaltigkeitsmanagements spielt der Dialog mit Stakeholdern eine wesentliche Rolle. Die Berichterstattung ist zugleich Quelle von Aktionen als auch Objekt der Begutachtung und Kritik. Die Interaktion mit Stakeholdern (§ 7 Rz 11, 31 ff.) gestaltet sich vielfältig, sowohl was die Stakeholder selbst angeht als auch die große Vielfalt an Aktionen, Taktiken und, damit eng verzahnt, Zielen und Interessen betreffend. Zudem ist zu unterscheiden zwischen eher kooperativer Interaktion und betont kritischer bis ablehnender Aktion.

Stakeholder sind zusätzlich untereinander höchst unterschiedlich und divers, sowohl auf Gruppenebene also auch individuell. Es können daraus Dynamiken entstehen zwischen einzelnen Akteuren, die sich entweder für eine Sache verbünden oder kontroverse Positionen einnehmen. Der Dialog mit Stakeholdern steht im Wechselspiel zur Gesetzgebung, denn teilw. regelt die Gesetzgebung den Stakeholder-Dialog, teilw. geht er der Regulierung voraus, findet begleitend statt oder fordert eine spezifische Regulierung ein.

Unternehmens-Stakeholder	Staatliche Akteure	Zivilgesellschaftliche Akteure
Mitarbeiter	Regierungen (lokal, Staaten, internationale Organisationen)	Lokale Gemeinschaften
Kunden, Kosumenten	Public Private Partnerships	Nicht-Regierungsorganisationen (NGOs)
Banken und Versicherer	Multi-Stakeholder-Dialoge	Forschungseinrichtungen
Aktionäre, Investoren, Analysten		Gewerkschaften
Lieferanten		Vulnerable Gruppen
Industrie- und Handelsverbände		Medien
Wettbewerber		
Charakteristika der Stakeholder-Dialoge unterscheiden sich z. B. in den gewählten Methoden und der Häufigkeit des Austauschs sowie den Themen und den Ergebnissen.[8]		

Tab. 2: Stakeholder-Gruppen

---

[8] Eigene Darstellung, inspiriert von AA1000 AccountAbility Stakeholder Engagement Standard, 2015; World Economic Forum, Prepared in collaboration with Deloitte, EY, KPMG and PwC, Measuring Stakeholder Capitalism: Towards Common Metrics and Consistent Reporting of Sustainable Value Creation, 2020; Global Reporting Initiative, GRI 1: Foundation 2021, S. 10, Abschn. 2.4.

7 Nachhaltigkeitsberichterstattung als Spiegel des Nachhaltigkeitsmanagements: Dokumentierte Verantwortung

19 Die Nachhaltigkeitsberichterstattung ist ein Teilprojekt des Nachhaltigkeitsmanagements und Bestandteil des Stakeholder-Engagements.

„*The challenge for companies in preparing corporate reports is to advance a model for transparency, which is focussed, clear and flexible enough to incorporate the unique value creation of an enterprise, while at the same time providing consistency and reliability to allow users to compare, benchmark and rate performance against sustainability criteria.*"[9]

Sie kann auch als eine Einladung zum Dialog verstanden werden. In der Berichterstattung werden die Themen, Fortschritte, Ziele und Daten, Risiken und Chancen für eine interessierte Öffentlichkeit zusammengestellt. Das erlaubt sowohl Repräsentation als auch Accountability, also Rechenschaftspflicht, und erhöht somit die Verbindlichkeit der Aussagen (s. zur Notwendigkeit von Nachhaltigkeit in der Corporate Governance § 7). Intern sowie extern gibt die Berichterstattung Auskunft über die Zwischenziele der **Nachhaltigkeits-Roadmap**, die den Weg vorgibt und den Handlungsrahmen absteckt.

20 Ein enges Zusammenspiel zwischen dem strategischen Nachhaltigkeitsprogramm, also den Aktivitäten und Projekten zu wesentlichen Themen, und der Berichterstattung[10] ist notwendig, denn ohne Programm keine Berichterstattung. Je systematischer die Zusammenführung unterschiedlicher Disziplinen und Programme kontinuierlich erfolgt, idealerweise über Ziele und deren zur Messung des Fortschritts erhobenen KPIs (§ 4 Rz 5 ff.), umso logischer und konsistenter lässt sich darüber berichten. Angesichts der erhöhten Berichtsanforderungen ist eine solide Berichterstattung ohne unterlegte Programme nur schwer vorstellbar. Allerdings unterliegt das Nachhaltigkeitsmanagement einem ständigen Wandel und der Weiterentwicklung. Deshalb ist es wichtig, verstärkt an den materiellen Themen zu arbeiten und über diese zu berichten, ohne dass vorausgesetzt werden kann, dass alle Themen gleich fortgeschritten sind oder die Nachhaltigkeitsleistungen überall perfekt sein müssen. Von besonderer Bedeutung ist es, z. B. in Form von Roadmaps und Zielen sowie Meilensteinen den Weg aufzuzeigen und anhand belegbarer Zahlen zu dokumentieren (§ 10 Rz 12 ff.).

---

[9] PTF-RNFRO, Towards Sustainable Businesses: Good Practices in Business Model, Risks and Opportunities Reporting in the EU, Main Report, S. 18.
[10] Für die Ausarbeitungselemente der Berichtsteile und die wesentlichen Dinge, die es dabei zu beachten gilt, sei insbes. verwiesen auf das Kapitel „Roadmap Nachhaltigkeitsberichterstattung" (§ 10) sowie die verschiedenen Rahmenwerke (§ 8).

In der Entwicklung und Umsetzung der Programme ist es ratsam, Stakeholder in angemessener Weise einzubeziehen. Nur so ist die Orientierung an deren Erwartungen möglich und können gesellschaftliche Dynamiken frühzeitig erkannt und bewertet werden.

Für die Berichterstattung ist – insbes. für Erstberichter und angesichts der neuen, wachsenden Herausforderungen – von einem Zeitraum von **mind. 6 Monaten Projektphase plus Vorbereitung und Schaffung grundlegender Voraussetzungen** auszugehen; **3 Monate** sollten als **Hoch-Phase** eingeplant werden, in der es darum geht, Zahlen zu plausibilisieren, Gremien fristgerecht einzubinden, Texte final abzustimmen und die Prüfung mit den externen Auditoren zu koordinieren, begleiten, moderieren und zum Erfolg zu führen. Nachhaltigkeitsmanager übernehmen dabei häufig die multiplen Rollen der Koordinatoren, Fachexperten, Projektmanager, Lektoren, Prüfer, Grafiker oder gar Übersetzer. Vieles ist möglich, manches erscheint nicht sinnvoll. Hier ist auf eine **Arbeitsteilung** zu achten, die klare Zuständigkeiten, Verantwortungen, Berichtswege sowie Eskalationen definiert.

Die Dauer der Berichterstellung hängt von zahlreichen Variablen ab. Je erfahrener und besser eingespielt das (erweiterte) Berichtsteam intern ist, desto weniger grundlegende Beziehungs- und Erläuterungsarbeit muss geleistet werden. Allerdings gilt es, im momentanen Umbruch der Nachhaltigkeitsberichterstattung weg von der Freiwilligkeit hin zu einem hohen Grad der Verrechtlichung mit Blick auf Inhalte, Umfang und Qualität ausreichend Zeit für die Einbindung von Stakeholdern einzuräumen. Gelebte Prozesse bedürfen der Überprüfung und in den meisten Fällen der Anpassung und Ergänzung. Für die Berichterstattung sind viele Akteure aus dem gesamten Unternehmen einzubeziehen. Dazu gehören Informationsgeber und Entscheider aus allen Regionen und Geschäftseinheiten auf vielen unterschiedlichen Ebenen, sei es im operativen Geschäft vor Ort, über das mittlere Management bis zur Geschäftsführung und dem Aufsichtsrat.

Vor diesem Hintergrund ist es kaum möglich, einen pauschalen Zeitplan für das Verfassen einer Nachhaltigkeitsberichterstattung zu formulieren. Hier sollen nur exemplarisch einige wichtige zu berücksichtigende Punkte genannt und diese grob zeitlich eingeordnet werden. Die Übersicht erhebt keinen Anspruch auf Vollständigkeit. In der Abfolge sind 4 Phasen zu nennen:
- Zunächst müssen die Voraussetzungen für die Bearbeitung geschaffen und wichtige inhaltliche Fragen, darunter die Materialitätsanalyse, abgearbeitet werden. Ebenso ist zu klären, welche Daten zu erheben sind und ob dazu ein verlässliches Instrument zur Datenerhebung zur Verfügung steht. Nicht zu vernachlässigen ist der Aspekt der Abhängigkeiten mit anderen parallel laufenden Entscheidungen, z. B. strategischer Art, und der Berücksichtigung der EU-Sustainable-Finance-Taxonomie-Bericht-

erstattung, die mit der CSRD ebenfalls für alle berichtspflichtigen Unternehmen anfällt (§§ 9, 12).
- Sind diese grundlegenden Fragen geklärt – der Aufwand ist nicht zu unterschätzen –, geht es an die konkrete Vorbereitung zur Berichterstattung. Dazu gehören die Analyse von eigenen Berichten und denen aus der jeweiligen Branche. Recherchen zu qualitativen und quantitativen Informationen müssen vorbereitet und ein verlässliches, möglicherweise auch agiles Projektmanagement etabliert werden.
- In der 3. Phase geht es um die Durchführung der Informationserhebung und anschließend in den Schreibprozess sowie die Abstimmungen mit Fachexperten, Verantwortlichen und Externen wie dem Lektorat oder der Übersetzung. Die gut dokumentierte Durchführung des Schreibprozesses unter Verwendung von qualitativ hochwertigen Daten ist Voraussetzung für den externen Prüfprozess, den es zu begleiten gilt, so dass schließlich die Geschäftsführung bzw. der Vorstand und der Aufsichtsrat den Bericht final freigeben können.
- Am Ende steht in der 4. Phase die Veröffentlichung der Nachhaltigkeitsinformationen, zukünftig ausschl. als Teil des Lageberichts (momentan noch in unterschiedlichen Formaten und auch zu anderen Zeitpunkten als der Lagebericht). Damit liegt interessierten Stakeholdern ein umfangreicher Einblick in das Nachhaltigkeitsmanagement des Unternehmens vor.

Entwicklung des Nachhaltigkeitsmanagements in Unternehmen § 3

	VORAUSSETZUNGEN SCHAFFEN	
Beteiligte	**Interne Akteure:** Zusammenstellen des Teams, Klärung der Zuständigkeiten	rowspan JANUAR BIS SEPTEMBER
	Externe Akteure: ggf. Pitch für eine externe Berichtsagentur, ggf. ergänzende Beratungen und auch Abstimmung mit den externen Prüfern	
Inhalte	**Materialitätsanalyse:** Erfassung der wesentlichen Themen, die sowohl die Strategie als auch die Berichterstattung leiten	
	Inhaltsanalyse, welche Inhalte im Bericht benannt werden müssen, abgeleitet aus gesetzlichen Verpflichtungen, Selbstverpflichtungen des Unternehmens, Nachhaltigkeitszielen und aus weiteren Gründen, wie z. B. Stakeholder-Erwartungen, u. a. ausgedrückt in ESG-Ratings und ESG-Rankings etc.	
Daten	**Datensammlung:** Welche Daten müssen erhoben werden? Ist die Qualität der Daten angemessen? Sind die Daten verfügbar, vollständig, korrekt, konsistent, aktuell, verlässlich?	
	Datenerhebungssysteme: Sind die Systeme zur Datenerhebung vorhanden und ausreichend? Sind ausreichende Kontrollen in der Datenerhebung etabliert und dokumentiert?	
	Datenauswertung: Können Daten sinnvoll ausgewertet werden? Bestehen die Daten und darauf basierende Aussagen eine externe Prüfung?	
Abhängigkeiten	**Zusammenhänge mit anderen Themen,** hier insbes. Sustainable-Finance-Taxonomie-Berichterstattung beachten	
	Zusammenhänge mit strategischen Entscheidungen, wie z. B. Zielformulierung berücksichtigen	

Sadoun 53

VORBEREITUNG		
Analyse	**Analyse des Vorjahresberichts,** wenn vorhanden Analyse von Berichten von anderen Unternehmen der gleichen Branche, Konkurrenten, Best Practices	SEPTEMBER
Recherchen	**Qualitative Recherche:** Aufbereitung der Abfragen, welche qualitativen Daten, inkl. deren Belege, für den Bericht und die Prüfung erhoben werden müssen	
	Quantitative Recherche: Aufbereitung der Abfragen, welche quantitativen Daten, inkl. deren Belege, für den Bericht und die Prüfung erhoben werden müssen	
Projektmanagement	**Zeit- und Ressourcenplanung** detailliert aufstellen und abstimmen	
DURCHFÜHRUNG		
Informationserhebung	Fragenkataloge erstellen/verschicken an die Facheinheiten, um Veränderungen/Neuigkeiten für das laufende Geschäftsjahr aufnehmen zu können	OKTOBER/JANUAR
	Fachabteilungen beantworten die Fragenkataloge	
	Im Dialog mit den Fachabteilungen offene Fragen klären	
Texterstellung und -abstimmung	Textentwürfe schreiben	
	Abstimmung mit den Fachabteilungen	
	Vorwort	
	Kapitel, z. B. Vorwort, Umwelt, Soziales, Governance etc.	
	Anhang	
	(Z. B.) GRI-Übersicht	
	Glossar	
	Stichwortverzeichnis	
	Abstimmung mit Geschäftsführung/Vorstand	

Layout, Lektorat, Übersetzung	Koordination i.d.R. externer Dienstleister, die das Design, Lektorat und die Übersetzung übernehmen	
Externe Prüfung	Vorprüfung	
	Hauptprüfung	
	Testat	
Freigabe	Geschäftsführung/Vorstand	
	Aufsichtsrat (Ausschüsse)	
ABSCHLUSS		MÄRZ
	Veröffentlichung	

Tab. 3: Exemplarische Übersicht eines möglichen Zeitplans für die Erstellung eines Nachhaltigkeitsberichts

Im Projekt „Nachhaltigkeitsberichterstattung" ist die Koordination vieler unterschiedlicher Interessen und interner sowie externer Stakeholder, z.B. aus Agenturen, Übersetzungsbüros, Wirtschaftsprüfern, notwendig, was kaum ohne Reibungspunkte gelingen kann, im Idealfall aber produktiv läuft. Eine **strikte Zeitplanung** mit Rechnung ab Veröffentlichungsdatum ist dringend geboten – und wird Zulieferer von Zahlen und Textpassagen sowie Rückmeldungen zum Text sicherlich an Grenzen bringen. Gemeinsam gilt es, die Herausforderungen anzunehmen und durch die Unternehmensleitung bestmöglich zu unterstützen. 25

Zusammengefasst geht es also darum, im Zusammenspiel von Unternehmen und Stakeholdern ein für das jeweilige Unternehmen **angemessenes Nachhaltigkeitsprogramm** zu entwickeln und umzusetzen. Dem Dialog mit unterschiedlichen Stakeholder-Gruppen in unterschiedlichen Formaten und Frequenzen kommt eine besondere Bedeutung zu und er spielt sowohl bei der strategischen Ausrichtung als auch der praktischen Implementierung eine wichtige Rolle. Die Inhalte und Nachhaltigkeitsleistungen wiederum sind die Voraussetzung für eine solide Nachhaltigkeitsberichterstattung. 26

Dabei kommt es darauf an, dass Unternehmen überhaupt berichten und diese Informationen einfach zugänglich sind. Für die **Inhaltsaufbereitung** gilt, über wesentliche Themen (§ 8 Rz 61 ff.) aktuelle Auskunft zu geben, sorgfältig und genau vorzugehen, ausgewogen zu berichten, auch Schwierigkeiten idealerweise mit Lösungswegen aufzuzeigen, auf Kohärenz und Anschlussfähigkeit z.B. in Bezug auf vorangegangene Berichtsjahre, aber auch 27

Branchenspezifika und Umweltbedingungen zu achten und schließlich die Überprüfbarkeit der Informationen sowie die Zuverlässigkeit, z. B. durch ein externes Audit, abzusichern.

28 Unter den Voraussetzungen dieses **kontinuierlichen Zusammenwirkens** des Unternehmens mit seinen Stakeholdern und der transparenten Darstellung dessen, so die Annahme, ist es möglich, systemische Risiken für die Wirtschaft durch die angemessene Berücksichtigung von Nachhaltigkeitsfragen, z. B. Klimarisiken, verantwortliches Wirtschaften mit Blick auf Arbeitsbedingungen, auch in der Lieferkette etc., zu verringern bzw. zu mitigieren. I. R. d. EU Green Deal und Sustainable Finance wird die „Neuausrichtung der Kapitalflüsse hin zu einer nachhaltigeren Wirtschaft"[11] angestrebt und mit zahlreichen Maßnahmen unterlegt (§ 11). Schließlich führen die stärkere Verantwortlichkeit von Unternehmen und die Berichterstattung darüber zu einer Stärkung des Gesellschaftsvertrags zwischen Unternehmen und Bürgern und Stakeholdern. Im Zusammenspiel kann so der Übergang zu mehr Nachhaltigkeit, i. S. v. Ausgewogenheit zwischen ökonomischen, ökologischen und gesellschaftlichen Themen i. R. d. planetaren Grenzen, vorangetrieben werden.

---

[11] Europäische Kommission, Aktionsplan: Finanzierung nachhaltigen Wachstums, 8.3.2018, COM(2018) 97 final.

§ 3 Entwicklung des Nachhaltigkeitsmanagements in Unternehmen

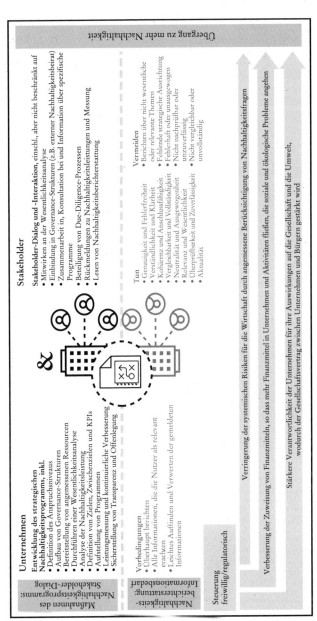

Abb. 1: Nachhaltigkeitsberichterstattung als Spiegel des Nachhaltigkeitsmanagements[12]

---

12 Eigene Darstellung und Bearbeitung, für den Teil „Informationsbedarf" inspiriert von PTF-RNFRO, Towards Sustainable Businesses: Good Practices in Business Model, Risks and Opportunities Reporting in the EU, Main Report, S. 49–51 und 83 f.

Sadoun

29 Damit das Modell i. S. e. echten Nachhaltigkeitswirkung funktionieren kann, sind allerdings einige Grundbedingungen zu berücksichtigen. Das **Berichten über das Nachhaltigkeitsmanagement ist nicht das Nachhaltigkeitsmanagement selbst** und noch weniger die Nachhaltigkeitsleistung. Aufgrund der Ressourcenintensität und der Anzahl der Berichtsstandards und Regulierungen (§ 8) kann der Eindruck entstehen, hierauf den Fokus zu legen. In der Praxis ist aber ein ausgewogenes Verständnis vom Zusammenspiel entscheidend, gepaart mit dem Zusammenspiel interner und externer Stakeholder.

30 In der Betrachtung einiger Nachhaltigkeitsparameter, z. B. der Sustainable Development Goals (Ziele für nachhaltige Entwicklung; § 8 Rz 148 ff.) wird deutlich, dass der Fortschritt im besten Fall fragmentiert, in einigen Fällen gar rückläufig ist.[13] Dementsprechend wird kritisch diskutiert, ob die rechtlich verbindliche Anforderung zur Berichterstattung am Beispiel der Richtlinie über die Angabe nichtfinanzieller Informationen (NFRD, Non-Financial Reporting Directive; § 9) eine Wirkung auf die berichtspflichtigen Unternehmen entwickelt hat. Es ist schwierig zu unterscheiden, inwieweit die Veränderungen auf die Berichterstattung zurückzuführen sind oder als Reaktion insbes. auf Forderungen von Geschäftspartnern oder auf veränderte gesellschaftliche Präferenzen und Erwartungen der Interessengruppen erfolgen. Die Auswertung der EU[14] kommt zum Ergebnis, dass bei 2/3 der befragten Unternehmen, insbes. bei neuen Berichterstattern, die Berichterstattung auch Änderungen in internen Prozessen und Praktiken bewirkt habe, also zu Änderungen der internen Praktiken und Verfahren beigetragen hat. Solche Änderungen führten zu einer stärkeren Integration nichtfinanzieller Risiken, zu einer besseren Koordination und Kooperation zwischen Abteilungen und zur Steigerung des Bekanntheitsgrads der nichtfinanziellen Erklärung.

31 Mit dem Widerspruch, dass die Anzahl an Nachhaltigkeitsberichterstattungen in den letzten Jahren erheblich zugenommen hat (§ 1), die Nachhaltigkeitsleistung aber oft nicht besser, teilw. sogar offenkundig schlechter geworden ist, beschäftigt sich auch PUCKER 2021 kritisch. Er spricht sich für eine Kombination aus besseren Messtechniken und Berichten aus, gepaart mit Regulierungen, Investitionsanreizen und letztlich den zugrunde liegenden Einstel-

---

[13] Vgl. u. a. United Nations, The Sustainable Development Goals Report 2021; Sustainable Development Solutions Network/Bertelsmann Stiftung, Sustainable Development Report 2021.

[14] Vgl. Europäische Kommission, Study on the Non-Financial Reporting Directive, 2020; in der Studie wurden auf der Basis eines Fragebogens mit mehr als 200 Antworten (9 % Antwortrate) und Interviews mit über 60 Stakeholdern zahlreiche Aspekte zum Monitoring der Implementierung der NFRD beleuchtet.

lungen. „It turns out that reporting is not a proxy for progress. [...] Worse yet, the focus on reporting may actually be an obstacle to progress – consuming bandwidth, exaggerating gains, and distracting from the very real need for changes in mindsets, regulation, and corporate behavior."[15]

8 Ausblick

Die Etablierung des Nachhaltigkeitsmanagements und der dazugehörigen Nachhaltigkeitsberichterstattung ist eine herausfordernde Aufgabe, in deren Umsetzung Unternehmen auf einen reichen Fundus an internem Wissen zurückgreifen aus ganz verschiedenen Abteilungen, z. B. Personalabteilung, Steuern, Compliance, Rechtsabteilung, Finanz-Bereichen, Technik und Produktion, Umwelt- und Arbeitssicherheit, Kommunikation und Investor Relations. Zugleich ist das Nachhaltigkeitsmanagement aber eben nicht nur die Zusammenfassung von bereits erarbeitetem Wissen, Instrumenten oder Verfahren in einem Bericht. Es geht um die strategische Neuausrichtung und Ergänzung des Unternehmens. Das erfordert Mut zur Umsetzung und Weitsicht, orientiert am Ambitionsniveau und in Abstimmung mit dem Geschäftsmodell.

Dabei gilt es, die feine Linie zwischen zu wenig und zu viel der Informationen und Aussagen zu treffen. Noch zu wenig beachtet, bewegen sich Unternehmen in einem Netzwerk von Stakeholdern, die an Transparenz über Nachhaltigkeitsthemen interessiert sind und das Unternehmen darin unterstützen können, Programme und Projekte zu bestimmten Zielen zu entwickeln, umzusetzen und zum Ziel zu führen. Eine profunde Auseinandersetzung mit kritischen Stakeholdern ist eine wichtige Quelle, Erwartungen und Forderungen, die an das Unternehmen herangetragen werden, zu erkennen, zu bewerten und sich dazu zu positionieren. Denn zur verantwortungsvollen Unternehmensführung gehört die Auseinandersetzung mit gesellschaftlichen Fragestellungen, die Beachtung von Ressourcenfragen und die Bereitschaft, in den Dialog zu treten.

Dabei gilt es, die feine Linie zwischen zu wenig und zu viel der Informationen und Aussagen zu treffen. Es ist kontraproduktiv, zu wenig zu sagen – und hier ist nicht gemeint, tue Gutes und rede darüber, was eine Zeit lang dafür herhalten musste, dass eigentlich alle Unternehmen schon sehr gut aufgestellt seien in Sachen Nachhaltigkeitsmanagement, nur zu bescheiden, dies auch auszusprechen. Es ist ebenso kontraproduktiv, um nicht zu sagen irreführend, zu viel zu versprechen. Was noch nicht etabliert ist im Unter-

---

[15] Pucker, Harvard Business Review 2021, https://hbr.org/2021/05/overselling-sustainability-reporting, abgerufen am 3.1.2023.

nehmen, kann nicht als etabliert beschrieben werden, was im Entstehen ist, sollte als solches dargestellt werden. In einer **fairen Spiegelung des Nachhaltigkeitsmanagements in der Berichterstattung** kann somit eine Dynamik entstehen, die schließlich zu einer nachhaltigeren Wirtschaftsweise führen sollte. Das Zusammenspiel freiwilliger und regulatorischer Steuerung bietet dabei den Rahmen, den es unternehmensindividuell auszufüllen gilt.

Literaturtipps

- Europäische Kommission, Study on the Non-Financial Reporting Directive. Final report, 2020, www.ceps.eu/wp-content/uploads/2021/04/EV0220277ENN.en_.pdf, abgerufen am 3.1.2023
- forsa, ESG-Herausforderungen für Großunternehmen in Deutschland, 2021, www.drsc.de/app/uploads/2021/06/40337_f21.0175_text.pdf, abgerufen am 3.1.2023
- PTF-RNFRO (European Lab PTF on Reporting of non-financial risks and opportunities and linkage to the business model), Towards Sustainable Business: Good Practices in Business Model, Risks and Opportunities Reporting in the EU, Main Report, 2021, www.efrag.org/Assets/Download?assetUrl=/sites/webpublishing/SiteAssets/EFRAG%20PTF-RNFRO%20-%20Main%20Report.pdf, abgerufen am 3.1.2023
- PTF-RNFRO (European Lab PTF on Reporting of non-financial risks and opportunities and linkage to the business model), Towards Sustainable Businesses: Good Practices in Business Model, Risks and Opportunities Reporting in the EU, Summary, 2021, www.efrag.org/Assets/Download?assetUrl=/sites/webpublishing/SiteAssets/EFRAG%20PTF-RNFRO%20-%20Report%20Summary.pdf, abgerufen am 3.1.2023
- Pucker, Overselling Sustainability Reporting. We're confusing output with impact, Harvard Business Review May–June 2021, https://hbr.org/2021/05/overselling-sustainability-reporting, abgerufen am 3.1.2023
- Sustainable Development Solutions Network/Bertelsmann Stiftung, Sustainable Development Report 2021. The Decade of Action for the Sustainable Development Goals, www.sdgindex.org/reports/sustainable-development-report-2021/, abgerufen am 3.1.2023
- United Nations, The Sustainable Development Goals Report 2021, https://unstats.un.org/sdgs/report/2021/, abgerufen am 3.1.2023
- World Economic Forum, Prepared in collaboration with Deloitte, EY, KPMG and PwC, Measuring Stakeholder Capitalism: Towards Common Metrics and Consistent Reporting of Sustainable Value Creation, 2020, www.weforum.org/reports/measuring-stakeholder-capitalism-towards-common-metrics-and-consistent-reporting-of-sustainable-value-creation, abgerufen am 3.1.2023

§ 4 Quantitative und qualitative nichtfinanzielle Leistungsinformationen

> **Überblick**
>
> Das Messen von Nachhaltigkeitsleistungen ist komplex. Es kann sehr allgemein oder sehr spezifisch ausfallen und ist im ständigen Wandel begriffen. Es gilt, regionale, nationale und globale Rahmenwerke zu kennen, zu bewerten, für das Unternehmen nutzbar zu machen und einzuhalten (§ 8). Bis heute ist nicht einheitlich geregelt, wie die Leistung des Nachhaltigkeitsmanagements und dazu die Nachhaltigkeitsleistung einer Organisation gemessen werden können. Dennoch gilt es sicherzustellen, dass sich die Themen in die richtige, weil nachhaltigere, Richtung bewegen.

1 Einführung

Um Nachhaltigkeitsleistung sichtbar und wirksam zu machen, braucht es **qualitative und quantitative Informationen**. Im Nachhaltigkeitsmanagement müssen verlässliche Zahlen erhoben, interpretiert und anschließend zur Steuerung genutzt werden.

Indikatoren fassen Zahlen zusammen und sind die Voraussetzung dafür, dass Fortschritte überprüft, Politiken etabliert und systematisch Rechenschaft abgegeben werden können. Auf dieser Grundlage können Themen gesteuert werden. Die Nachhaltigkeitsberichterstattung als Teil des Nachhaltigkeitsmanagements informiert darüber nach außen, während intern der Unternehmensleitung in definierten regelmäßigen Abständen der Entwicklungsstand berichtet wird. Dies ist ein wichtiger Baustein, damit das Nachhaltigkeitsmanagement die Wirkung von Programmen sichtbar machen und das Unternehmen seinen eigenen Zielansprüchen sowie den Stakeholdern gegenüber gerecht werden kann.

Abb. 1: Strategisches Nachhaltigkeitsmanagement

2 Orientierung bieten: Nachhaltigkeitsziele setzen

2   Erst **Ziele** machen das Nachhaltigkeitsmanagement verbindlich. Die Unternehmensleitung zeigt damit die strategische Ausrichtung und Messbarkeit spezifischer wesentlicher Themen (§ 2 Rz 11ff.). Damit ergeben sich Chancen, nämlich die Fokussierung auf bestimmte Themen, einfacher den eigenen Beitrag erklären zu können und sich von anderen Unternehmen abzusetzen. Falls Ziele nicht erreicht werden (können) oder sehr frühzeitig übererfüllt werden, sollten Organisationen dazu stehen, es begründen und Wege aufzeigen, wie zukünftig gegengesteuert wird oder anspruchsvollere Ziele gesetzt werden.

3   Um die 70 % der mittelständischen und börsennotierten Unternehmen mit einer „Nachhaltigkeitsstrategie" haben messbare Ziele bzw. Indikatoren formuliert, z.B. zu CO_2-Reduktion und CO_2-Neutralität bzw. Klimaneutralität oder der Reduktion des Energieverbrauchs, des Abfalls und zu Mitarbeitermaßnahmen.[1] Aber noch selten erfolgt die Festlegung der Ziele anhand wissenschaftlicher Kriterien z.B. i.R.v. planetaren Grenzen.

4   Eine angemessene Zielformulierung verspricht nicht zu viel, aber auch nicht zu wenig. Um nicht unrealistisches Versprechen, sondern erreichbares Ziel zu sein, ist es wichtig, die Aussagen präzise zu formulieren und realistisch einzugrenzen. Ein genaueres, wenn auch kleineres Ziel erhöht die Glaubwürdigkeit erheblich und kann eine handlungsleitende Wirkung entfalten. Außerdem sollten die **Ziele** so präzise wie möglich und gut verständlich formuliert sein (**smart**: spezifisch, messbar, erreichbar, realistisch und zeitgebunden). Zu vermeiden sind Präzisierungen in Auslagerungen aus dem Haupttext des Ziels (etwa in Fußnoten), da sie im weiteren Verlauf der Anwendung der Ziele verloren gehen können, nicht mitgelesen werden und sich auch nicht für eine

---

[1] forsa, ESG-Herausforderungen für Großunternehmen in Deutschland, 2021, S. 13f.

computergestützte Auswertung eignen. Ein Kompromiss kann sein, eine etwas detailliertere und damit längere Zielformulierung zu finden, die möglicherweise mit 1 bis 2 Worten abgekürzt werden kann.

3 Ziele durch KPIs operationalisieren

Die Operationalisierung von strategisch wichtigen Themen erfolgt im Idealfall durch **Zwischenziele** und die **Definition von Leistungskennzahlen**, also Key Performance Indicators (KPIs). KPIs sind notwendig, um eine einheitliche Sichtweise auf den Zielerreichungsstand zu gewähren und Aktivitäten und Aufmerksamkeit zu kanalisieren. Das Runterbrechen der Ziele auf unterschiedliche Teilbereiche des Unternehmens ist häufig relevant, da nicht jeder Teilbereich den gleichen Beitrag leisten kann und muss, aber alle Beiträge den Zielwert ergeben müssen (kohärente Zielarchitektur). Kennzahlen bieten einen Überblick über den Entwicklungsstand in verschiedenen Nachhaltigkeitsbereichen. KPIs geben Auskunft über den Stand der Erreichung strategischer Ziele. Dementsprechend sind nicht alle (Finanz-)Informationen KPIs. KPIs können Leistungen oder Prozesse erfassen, sich also auf Input, Output, Outcome oder Impact, den Prozess oder den Kontext beziehen. Sie können absolute Werte abbilden oder Bezugswerte.

Für die Nachhaltigkeitsbereiche Ökonomie, Ökologie und Soziales werden Kennzahlen oder Leistungsinformationen in unterschiedlicher Weise diskutiert. Während im Umweltbereich die Meinung überwiegt, hier sei es recht einfach bzw. mit technischer Hilfe gut möglich, quantifizierte Kennzahlen zu ermitteln, so erscheinen soziale/gesellschaftliche Fragestellungen am schwierigsten zu erfassen. Immer ist auf einen logischen Zusammenhang zwischen Ziel und Kennzahlen bzw. Indikatoren zu achten. Ein gewisser Realismus ist angebracht, da nicht alles, was idealerweise messbar wäre, mit angemessenem Aufwand tatsächlich messbar ist. Anderes sollte messbar gemacht werden, um die Ziele erreichbar zu machen. Eine ehrliche Darstellung i.S.d. Anwendungsbereiche sowohl der Zieldefinition als auch des Berichtsrahmens ist geboten.

KPIs im Nachhaltigkeitsbereich gibt es viele: Bisher wurden **mehr als 5.000 KPIs oder Datenpunkte nichtfinanzieller Art** inventarisiert und das European Reporting Lab@EFRAG zählt nahezu 100 Initiativen zur Standardisierung für Nachhaltigkeitsinformationen.[2] Seit einiger Zeit ist eine Konsolidierung zahlreicher Initiativen zu beobachten (§ 8). Im konkreten Unternehmensfall erscheint es **sinnvoll, sich aus den umfangreichen Katalogen**

---

[2] Vgl. auch EFRAG, Proposals for a relevant and dynamic EU Sustainability Reporting Standardsetting, Final Report, 2021, Appendix 3.28.

von KPIs zu bedienen. Das erhöht ggf. die Qualität, da die Kennzahlen in den Standards zumeist in intensiven globalen Stakeholder-Aushandlungen formuliert worden sind und i.d.R. seit Jahren von zahlreichen Unternehmen angewendet werden. Hilfreich ist auch die bereits vorhandene Definitionsarbeit, die zum Arbeiten mit Zielen und KPIs unerlässlich ist. Wenn im EU Sustainability Reporting Standard die zu berichtenden Kennzahlen festgelegt werden, ist es empfehlenswert, anhand der ohnehin zu berichtenden Kennzahlen KPIs orientiert an den strategischen Nachhaltigkeitszielen auszuwählen. Das mindert den zusätzlichen Aufwand und erhöht die Anschlussfähigkeit der Informationen.

8   In der Praxis wird die Nachhaltigkeitsmanagerin oder der Nachhaltigkeitsmanager die Koordination der Abstimmungen zu den Zielen und KPIs übernehmen und die Formulierung und Entwicklung derselben voranbringen, intensiv begleiten und auch herausfordern. Zur Zielsetzung und Festlegung der KPIs selbst ist es unerlässlich, dass die Themenverantwortlichen aus den Fachabteilungen Input liefern. Sie sind die Experten und Expertinnen für das Thema, sie wissen, was realistisch ist, auch was gewünscht ist, und erleben durch die Zielsetzungen und KPIs auch eine Aufwertung der Themen. Schließlich ist die Rolle der Unternehmensleitung entscheidend: die Ziele sollten in die Unternehmensstrategie eingebettet werden, sie haben Potenzial, zu den bedeutsamsten nichtfinanziellen Leistungsindikatoren (Abb. 1 in § 9 Rz 12) und z. B. in das Vergütungssystem aufgenommen zu werden.

4   Ermittlung von Metriken: Daten erheben

9   Der Prozess der Zielfestlegung und der Definition von KPIs stützt sich auf vorhandene Zahlen im Unternehmen, um das Basisjahr für die Ziele festlegen zu können, die angestrebte Zielgröße zu definieren und zu erproben, in welcher Qualität und mit welchem Aufwand die Kennzahlen erhoben werden können. Nicht nur wenige definierte KPIs müssen auditierbar erfasst werden, sondern viele weitere Kennzahlen, die durch freiwillige Standards wie GRI, SASB etc. (§ 8) notwendig und mit dem EU Sustainability Reporting Standard (§ 9A) verbindlich vorgegeben werden. Mit Blick auf die Qualitätssicherung der Daten sowie zur Auditierbarkeit der Angaben ist von Anfang an mitzudenken, wie Belege für eingegebene Daten – auf kleinstmöglicher Ebene – dokumentiert werden können. Für die tatsächliche Erhebung ist es ratsam, **technische Unterstützung**, die über Excel-Listen hinausgeht, einzuführen.

10   Der Markt für die Erfassung von Nachhaltigkeitsdaten in Unternehmen umfasst langjährig etablierte Anbieter, Start-ups, die Künstliche Intelligenz (KI) nutzen, sowie sich ständig weiterentwickelnde Systeme. Zwar kann

der Aufwand durch technische Unterstützung reduziert werden, dennoch gilt zumeist, dass Kennzahlen eingegeben werden müssen (nur die wenigsten Größen sind technisch automatisiert). Immer wird die Schulung von Dateneingebern und Datennutzern eine Rolle für die **Datenqualität** spielen.

Eine gute Governance klärt die unterschiedlichen Rollen bei der Dateneingabe und die Verantwortlichkeiten für Ergebnisse und Gegenmaßnahmen, wenn nötig. Am Ort des Geschehens wird der korrekte Wert der Kennzahl festgestellt und erhoben. Teilw. erfolgt eine Aggregation der Einzeldaten auf lokaler Ebene, bevor ein weiterer Plausibilitätscheck in den zentralen Fachabteilungen erfolgt. Unstimmigkeiten müssen im Austausch mit den Verantwortlichen in den Regionen oder vor Ort geklärt werden. Die Fachabteilung leitet dann plausibilisierte Zahlen und Belege in aggregierter Form an die Nachhaltigkeitsabteilung, die diese Daten mit auf Unternehmensebene aggregierten Daten plausibilisiert. Die Daten unterliegen häufig, zukünftig immer, der externen Prüfung (§ 9 Rz 38 ff.). Die Unternehmensleitung steht in der Verantwortung für die korrekte Datenerhebung und anschließende externe Darstellung (§ 9 Rz 38, 40, 77).

11

Während im Controlling eine regelmäßige Datenerhebung und Datenauswertung selbstverständlich sind, gibt es im Nachhaltigkeitsmanagement noch Aufholbedarf. Das gilt sowohl für die Systeme und Regularien selbst als auch für den Erhebungszeitraum. Häufig ist die externe Nachhaltigkeitsberichterstattung der Grund für die Erhebung von Daten. Allerdings ist ein einmal im Jahr gemessener Wert eines KPI wenig aussagekräftig und kann nur schwerlich zur Steuerung verwendet werden. Obwohl die Datengenerierung mit Aufwand verbunden ist, ist es ratsam, eine häufigere (interne) Berichtsfrequenz einzuführen, beginnend mit einer halbjährlichen, quartalsweise bis hin zu einer monatlichen Erhebung, wo sinnvoll.

12

> **Hinweis**
> **Exkurs: Sustainable Development Goals (SDGs)**
>
> *„The 17 Sustainable Development Goals and 169 targets which we are announcing today demonstrate the scale and ambition of this new universal Agenda."*[3] Auch privatwirtschaftliche Aktivitäten, wie Investitionen

---

[3] United Nations, Transforming our world: the 2030 Agenda for Sustainable Development, https://sdgs.un.org/2030agenda, abgerufen am 3.1.2023.

> oder Innovation, werden in der Agenda 2030 explizit aufgefordert, zum Erreichen der SDGs (§ 8 Rz 148 ff.) beizutragen.[4]
>
> Die SDGs sind das Beispiel für den Versuch, im globalen Maßstab Nachhaltigkeit zielgerichtet voranzubringen. Globale Ziele, in Kurz- sowie Langform ausformuliert, mit ansprechenden und relativ selbsterklärenden Logos versehen, bringen die Kernaussagen auf den Punkt, werden durch Unterziele präzisiert und mit Indikatoren operationalisiert. Der globale Indikatorrahmen umfasst 231 einzelne Indikatoren.[5]
>
> Für Wirtschaftsakteure stellt sich die Frage nach sinnvollem Engagement: Welche Beiträge in Beziehung zum Kerngeschäft sind im jeweiligen Länderkontext sinnvoll? Unternehmen können Prioritäten bestimmen, wenn sie sich strategisch mit den Zielen, Zielvorgaben und Indikatoren entlang ihrer Wertschöpfungskette auseinandersetzen. Daraus können Handlungen abgeleitet werden, die den Zielen angemessen Rechnung tragen, ohne in simplifizierende Muster zu verfallen. Dazu sollten Unternehmen die **Unterziele und Indikatoren der SDGs kennen**. Wenn Maßnahmen auf höherer Aggregationsebene, z. B. den 17 Zielen oder deren Kurzform oder gar Symbol, benannt werden, sollte darauf hingewiesen werden, dass der unternehmensspezifische Beitrag unternehmens- oder sektorspezifischen Indikatoren folgt und nicht i. e. S. angerechnet werden kann.

5 Interpretation: Zahlen zum Sprechen bringen

13 Mit der Dateneingabe ist es nicht getan: Der Wert der erhobenen Zahlen liegt in deren Interpretation. Erstaunlicherweise ist im Nachhaltigkeitsbereich die **Interpretationsbedürftigkeit** von Zahlen noch nicht immer selbstverständlich. Warum es zu einer positiven oder negativen Abweichung kommt, muss mind. kurz erläutert werden. Wenn die Kennzahlen einen negativen Trend aufweisen, sollte das formuliert und erklärt werden. Das bedeutet auch, dass nach den Ursachen gesucht werden muss. Hier zahlt sich eine gute Dokumentation aus, um nicht z. B. im Fall einer Prüfung Kollegen in anderen Zeitzonen oder sogar während nationaler Feiertage kontaktieren zu müssen – und nicht zu können.

---

[4] 2030 Agenda for Sustainable Development, Tz. 67.
[5] Der globale Indikatorrahmen wurde 2017 von der UN-Generalversammlung angenommen. Er wird in definierten Zeitabständen überprüft, kontinuierlich verfeinert und durch Indikatoren auf regionaler und nationaler Ebene ergänzt.

Bei der Interpretation der KPIs ist der **Kontext** äußerst relevant. Absolute Zahlen für sich haben wenig Aussagekraft. Die Werte der KPIs werden, i. d. R. mit Vorjahresangaben, idealerweise mit Mehrjahresvergleichen, in die Veröffentlichung übernommen. Neben Zeitreihen sind Branchen-Benchmarks oder der *best in class*-Ansatz hilfreich, um die Ergebnisse in Relation setzen zu können. In Ergänzung zu rückblickenden Informationen werden Kennzahlen zukunftsorientiert verwendet, z. B. in Prognoseberichten. Hier sind eine solide Ausgangsbasis nötig, die Anwendung von Planungen und darauf basierend die Hochrechnung der zukünftigen Werte.

6 Steuerung: KPIs nutzen, um Ziele zu erreichen und darüber zu berichten

Wenn die Ist-Werte von KPIs vom Soll abweichen, muss analysiert werden, woran es liegt, und Maßnahmen zur Gegensteuerung entwickelt und umgesetzt werden. Verantwortung anhand der Governance-Strukturen auf allen Ebenen sowie eine Unternehmenskultur, die einen produktiven Umgang erlaubt und einfordert, sind dazu notwendig. Die Fehlersuche ist wichtig, um die Stellhebel zu identifizieren für Verbesserungen, nicht um Schuldige zu suchen. Die erhobenen Daten in Form von verdichtenden KPIs dienen so der Ausarbeitung von Aktivitäten, um die strategischen Nachhaltigkeitsziele zu erreichen und dies auch transparent nach außen zu kommunizieren.

Die Unternehmensleitung sollte klare, inspirierende Ziele für die Nachhaltigkeitsleistung des Unternehmens verabschieden, sich regelmäßig mit den KPIs auseinandersetzen, Gegensteuerungsmaßnahmen einfordern und begleiten und klar kommunizieren, wie das Erreichen der KPIs dem gesamten Unternehmen zugutekommt. So erhöhen Nachhaltigkeitsziele und KPIs zu deren Operationalisierung und Steuerung die Glaubwürdigkeit des Nachhaltigkeitsmanagements. Sie belegen die Leistungen in der Nachhaltigkeitsperformance des Unternehmens, das sich so dem Wettbewerb mit anderen stellt und mit Stakeholdern in den Dialog tritt.

Literaturtipps

- EFRAG, European Lab Project Task Force, Proposals for a relevant and dynamic EU Sustainability Reporting Standardsetting, Final Report, 2021, https://www.efrag.org/Assets/Download?assetUrl=%2Fsites%2F webpublishing%2FSiteAssets%2FEFRAG%2520PTF-NFRS_MAIN_REPORT.pdf, abgerufen am 3.1.2023

- forsa, ESG-Herausforderungen für Großunternehmen in Deutschland, 2021, www.drsc.de/app/uploads/2021/06/40337_f21.0175_text.pdf, abgerufen am 3.1.2023
- PTF-RNFRO (European Lab PTF on Reporting of non-financial risks and opportunities and linkage to the business model), Towards Sustainable Businesses: Good Practices in Business Model, Risks and Opportunities Reporting in the EU, Summary, 2021, www.efrag.org/Assets/Download?assetUrl=/sites/webpublishing/SiteAssets/EFRAG%20PTF-RNFRO%20-%20Report%20Summary.pdf, abgerufen am 3.1.2023
- United Nations, General Assembly, Work of the Statistical Commission pertaining to the 2030 Agenda for Sustainable Development, incl. Annex Global indicator framework for the Sustainable Development Goals and targets of the 2030 Agenda for Sustainable Development, 2017, A/RES/71/313, https://digitallibrary.un.org/record/1291226, abgerufen am 3.1.2023
- World Business Council for Sustainable Development (WBCSD), Reporting matters, Time for a shared vision, 2021, www.wbcsd.org/contentwbc/download/13155/193072/1, abgerufen am 3.1.2023

§ 5 Praktische Herausforderungen bei der Bereitstellung von nichtfinanziellen Leistungsinformationen

> **Überblick**
>
> Leistungsinformationen sind in allen Unternehmensbereichen wesentliche Grundlage von Entscheidungsprozessen; sie schaffen Transparenz – nicht nur für interne, sondern insbes. für externe Stakeholder des Unternehmens. Im Kontext Nachhaltigkeit und den zugrunde liegenden Berichterstattungsanforderungen spielen diese Leistungsinformationen eine zunehmend wichtigere Rolle.

1 Relevanz der Fragestellung

Leistungsinformationen unterstützen das Ziel, Nachhaltigkeitsleistungen zu ökologischen, sozialen und ökonomischen Aspekten **transparent** und idealerweise zwischen Unternehmen einer Branche **vergleichbar** zu machen. Im Gegensatz zur traditionellen Finanzberichterstattung existiert in der Nachhaltigkeitsberichterstattung eine Vielzahl relevanter Teilaspekte, zu denen ein Unternehmen berichten kann. Gleichzeitig bestehen weiterhin eine unzureichende Einheitlichkeit der Definitionen, eine immense Vielzahl möglicher „Nachhaltigkeitsziele" und damit einhergehend verschiedene Fragestellungen rund um Datenerhebung, Rahmenwerke (siehe zu den ESRS § 9A), anzusprechende Adressatengruppen oder technische Hilfsmittel. Die Ermittlung der zugehörigen Daten für jeden Nachhaltigkeitsaspekt, den ein Unternehmen adressieren möchte, geht mit zusätzlichem personellen sowie finanziellen Ressourcenbedarf für deren Definition, Ermittlung, Steuerung und (interne/externe) Kommunikation einher.

1

Die geeignete Priorisierung der Leistungsinformationen sowie robuste Verankerung in der Organisation in Form von Verantwortlichkeiten, Prozessen und Kontrollen sind unabdingbar, um ein klares Bild zur Nachhaltigkeitsleistung eines Unternehmens zu vermitteln sowie zur Schaffung der richtigen Steuerungsgrundlage.

2

> **Praxis Beispiel**
> **Die Gerresheimer AG**
>
> Die Gerresheimer AG ist ein Hersteller medizinischer Verpackungs- und Verabreichungssysteme aus Glas und Kunststoff. Die Gerresheimer AG

> ist seit 2007 börsennotiert und beschäftigt weltweit mehr als 10.000 Mitarbeiter.
>
> Für das Thema Nachhaltigkeit gibt es eine Gruppenfunktion mit Berichtslinie zum Vorstand. Der **Sustainability Council**, der sich aus dem Finanzvorstand, Vertretern der Geschäftsbereiche, dem Leiter Kommunikation, Marketing sowie Vertretern aus der Gruppenfunktion Nachhaltigkeit zusammensetzt, trifft sich in regelmäßigen Abständen zur Diskussion strategischer Entscheidungen. Themenbezogene Arbeitsgruppen treiben die Umsetzung der Nachhaltigkeitsagenda in einzelnen Bereichen voran.
>
> Die Datenerhebung erfolgt an den Standorten dezentral, die Eingabe über eine zentrale Software durch die Standortcontroller, die Validierung und Aufbereitung für Rankings, Ratings, die verpflichtende nichtfinanzielle Berichterstattung (inkl. EU-Taxonomie-Berichterstattung; § 12), Kundenanfragen sowie interne Entscheidungsprozesse erfolgen durch die zentrale Gruppenfunktion.

2 Priorisierung, Definition und Erhebung relevanter Leistungsinformationen

2.1 Priorisierung der Leistungsinformationen

3   Es stellt sich die Frage nach der „richtigen" Auswahl qualitativer sowie quantitativer Leistungsinformationen. Bei der Auswahl der Zielsetzungen und Prioritäten hilft die Durchführung einer sog. **Materialitätsanalyse** bzw. **Wesentlichkeitsanalyse**.[1] Es ist ratsam, die Identifikation geeigneter Leistungsinformationen, (Kennzahlen-)Definitionen und die daran anschließende Datenerhebung entlang der wesentlichsten Themen zu priorisieren.

4   Leistungsinformationen treffen Aussagen zur positiven/negativen Nachhaltigkeitsleistung eines Unternehmens. Sie sind in Form von **quantitativen** Zielen und Messgrößen, aber auch in **qualitativer Form** sinnvoll. Nicht für jeden Teilaspekt der Nachhaltigkeit lassen sich Leistungsinformationen durchweg in quantitativer Form darstellen. Dies ist auch nicht sinnvoll. Insbes. der strategische Rahmen, der Kontext für die quantitativen Angaben (Definitionen, Methodik, Annahmen und Grenzen der Angaben, Interpre-

---

[1] Vgl. Europäische Kommission, Mitteilung der Kommission, Leitlinien für die Berichterstattung über nichtfinanzielle Informationen (Methode zur Berichterstattung über nichtfinanzielle Informationen), ABl. EU v. 5.7.2017, C 215/5ff.; siehe zu den angenommenen Texten der CSRD www.europarl.europa.eu/doceo/document/TA-9-2022-0380_DE.html, abgerufen am 3.1.2023.

tationen von Zahlen etc.), die Schritte zur organisationalen Verankerung von Nachhaltigkeit im Unternehmen sind wichtige qualitative Leistungsinformationen. Im Allgemeinen gilt:

Quantitative und qualitative Leistungsinformationen ...		
... können sich ergänzen:	... hierarchisch auftreten:	... zeitlich nacheinander geschaltet sein:
a) „wir haben Nachhaltigkeitsaspekte in unsere Kernprozesse integriert" / „wir haben unsere bestehenden Leuchtmittel durch LED ersetzt" und b) „wir haben eine Reduktion unserer Emissionen um X% erreicht"; oder a) „Reduktion der Unfallhäufigkeit um X%", und b) „damit liegen wir deutlich über unserem Zielpfad"	a) „unser übergeordnetes Ziel/Leitprinzip ist es, Abfall zu vermeiden" und b) „wir verringern unser Abfallaufkommen um X%"	a) im Jahr X „wir wollen bis Jahr Y ein Klimaziel verabschiedet haben" und b) im Jahr Y „wir haben uns nun das Ziel gesetzt, unsere Emissionen um X bis Jahr Z zu reduzieren"

Welche Kombination aus quantitativen und qualitativen Leistungsinformationen sinnvoll ist, hängt stark vom Reifegrad und der Branche des Unternehmens sowie der strategischen Ausrichtung und Tiefe der Wertschöpfungskette ab.

Überdies bestehen individuelle Gründe, wie die Anforderungen spezifischer Rankings und Ratings bzw. etwaige Kundenanforderungen, gesonderte Leistungsinformationen auch für geringer priorisierte Themen zu ermitteln. Dies sollte von Unternehmen i. R. d. Definition relevanter Leistungsinformationen berücksichtigt werden. Auch eine Abwägung zwischen zusätzlichem Erkenntnisgewinn und Aufwand der Ermittlung der Information hilft bei der Entscheidungsfindung.

Neben der Wesentlichkeitsbewertung ist eine Definition des Kommunikationskreises notwendig, also u. a. die Beantwortung der Frage, wer über welche Aspekte der Nachhaltigkeitsleistungen des Unternehmens in Kenntnis gesetzt werden soll. Hierfür hilft ein **Stakeholder-Mapping** der internen und externen Stakeholder, die ein begründetes Informationsbedürfnis haben. So kann später inhaltlich bewertet werden, ob die Leistungsinformationen, die das Unternehmen definiert, ihren Zweck erfüllen.

7 Die so erfolgte Priorisierung hilft, begrenzte Ressourcen effektiv und effizient einzusetzen und zunächst an den signifikantesten negativen Auswirkungen anzusetzen bzw. positive Wirkungen gezielt zu verstärken.

Praxis-Beispiel (Fortsetzung zu Rz 2)

Auch für Gerresheimer dient die Wesentlichkeitsanalyse der Priorisierung der Fokusthemen, für welche jährlich qualitative und quantitative Leistungsinformationen (Ziele, Maßnahmen, Ergebnisse) veröffentlicht werden.

Von den 16 identifizierten Themen sind auf Basis der Wesentlichkeitsmatrix 9 Themen als strategische Handlungsfelder priorisiert worden, für die jeweils 1–2 Ziele sowie Kennzahlen definiert wurden. Besonders der Prozess des Benchmarkings mit Peers und Kunden war in diesem Kontext relevant für die Definition geeigneter Ziele und Ambitionsniveaus, v.a. aufgrund der Stellung der Gerresheimer in der Wertschöpfungskette.

Wasser wurde als strategisches Handlungsfeld insbes. aufgrund von Kundenrelevanz aufgenommen, **Gemeinwesen** durch die Bedeutung für unsere Standorte in ihren lokalen Gemeinschaften.

Bei den Zielsetzungen selbst handelt es sich teils um Prozessziele, teils um tatsächliche Performance-Ziele, je nachdem, was aus Perspektive des Reifegrads unserer Managementkonzepte für deren Weiterentwicklung sinnig erschien. Auch das Zieljahr variiert, so dass bei einigen Themen schon bald Folgeziele zu definieren sind.

Für das Thema **Klima** wurde aufgrund der hohen Relevanz für Gerresheimer und durch die definierten Zieljahre des Pariser Klimaabkommens sowie die erarbeiteten wissenschaftsbasierten Dekarbonisierungsziele zur Erreichung des 1,5°C Ziels die Zielsetzung entsprechend gewählt.

Im Bereich **Arbeitssicherheit** wurde sowohl ein Ziel für die ISO-Zertifizierung nach 45001 aufgestellt, um den Rahmen für das zweite Ziel, d.h. die signifikante Reduktion der Unfallhäufigkeit zu geben.

Im Bereich der **Produktnachhaltigkeit** hingegen wurde vorerst ein reines Prozessziel gesetzt, wonach die systematische Anwendung von zu entwickelnden Nachhaltigkeitskriterien im Produktentwicklungsprozess die Hauptzielsetzung ist. Da Gerresheimer als Zulieferer der Pharma-

und Kosmetikbranche sehr stark von Kundenanforderungen sowie den strikten regulatorischen Anforderungen im Pharmabereich abhängig ist und Produkte zugleich nicht selbst in den Verkehr bringt, ist ein Impact-bezogenes Ziel (Anteil Recyclingmaterial, Wiederverwendbarkeit, Recyclingfähigkeit u. Ä.) hier zum Stand der Publikation noch nicht gesetzt worden.

Für alle Themen innerhalb der strategischen Handlungsfelder ist es Ziel, dass sie in allen Unternehmensprozessen, wo Entscheidungen mit Einfluss auf diese getroffen werden, integriert werden, so z.b. bei Investitionsanträgen, Budgetplanungen, Risikomanagement und Standortplanungen.

Zu den weniger wesentlichen Themen, die jedoch für ausgewählte Adressatengruppen relevant sind, berichtet die Gerresheimer AG in primär qualitativer Form und verfolgt für diese kein langfristig-strategisches Ziel. Eine zentrale Steuerung erfolgt ebenfalls nicht.

2.2 Definition und Erhebung der Leistungsinformationen

Sobald die Themen priorisiert wurden, ist zu bestimmen, welche Leistungsinformationen die sinnvollsten Aussagen über die Art und Weise sowie die Effektivität des Managements des betreffenden Themas treffen.[2] Idealerweise sollte eine Deckungsgleichheit zwischen dem, was innerhalb eines Themenfelds durch definierte Leistungsindikatoren gemessen wird, und den daraus abgeleiteten Handlungen des Unternehmens, die einen Beitrag zu selbigen leisten, bestehen. Eine gute Kennzahl zieht Maßnahmen nach sich. Wird bspw. eine Kennzahl Personalfluktuation berichtet, und zeigt diese den Wert 5 % an, dann lautet die Frage: „Welche Maßnahme soll diese Zahl nun auslösen?" Lautet die Antwort, dass diese Zahl nur berichtet wird, weil man sie eben hat, ist das nicht ausreichend. Eine gute Kennzahl warnt, sie veranlasst, etwas zu verstärken, zu unterlassen oder zu korrigieren, d.h., sie liefert einen Steuerungsimpuls.[3] Gute Kennzahlen sind möglichst nahe am operativen Geschäft anzusetzen und den Entscheidern ist mit möglichst geringem Verzug über Effektivität, Effizienz und Zielkonformität Rückmeldung zu geben.

8

---

[2] Die Leistungsinformationen sollten Aufschluss über das Geschäftsmodell eines Unternehmens, seine Strategie und deren Umsetzung geben. Bei der Identifikation geeigneter Leistungsinformationen helfen bestehende Rahmenwerke (etwa DNK, GRI, SASB oder auch die Leitlinien für die Berichterstattung über nichtfinanzielle Informationen (Methode zur Berichterstattung über nichtfinanzielle Informationen)), wie sie in § 8 vorgestellt werden.

[3] Vgl. Zweck und Ziel von Kennzahlen im Controlling, www.haufe.de/controlling/controllerpraxis/unternehmenssteuerung-mit-kennzahlen/zweck-und-ziel-von-kennzahlen-und-kpis_112_295274.html, abgerufen am 3.1.2023.

§ 5 Herausforderungen bei Bereitstellung von nichtfinanz. Leistungsinformationen

9 Unternehmen, die mit der strategischen Betrachtung des Themas Nachhaltigkeit und/oder der Berichterstattung beginnen, müssen häufig zunächst mit qualitativen Zielen und zugehörigen Leistungsinformationen beginnen – bspw. wenn es anfänglich um die Schaffung notwendiger interner Voraussetzungen für ein konkret messbares Ziel geht. Dies hängt wiederum vom Reifegrad und dem Branchenfokus der Organisation sowie den vorhandenen organisationalen, personellen und technischen Rahmenbedingungen ab, d. h., was realistisch machbar ist.

10 Auch wenn die Situation jedes Unternehmens individuell ist, so haben verschiedene Standards (z. B. GRI) grundlegende Prinzipien definiert, die bei der Konzeption geeigneter Leistungsinformationen, insbes. Leistungsindikatoren/-kennzahlen Hilfestellung geben. Die Anwendung hilft, ausgewählte Leistungsinformationen auf Eignung und Qualität zu überprüfen.

Vollständigkeit	Genauigkeit	Ausgewogenheit/ Neutralität	Verständlichkeit/ Klarheit	Vergleichbarkeit	Aktualität	Zuverlässigkeit/ den tatsächlichen Verhältnissen der Organisation entsprechend
Wesentliche Themen und Indikatoren sowie die Berichtsgrenzen sollten hinreichend abgedeckt werden, um erhebliche ökonomische, ökologische und gesellschaftliche/soziale Auswirkungen darzustellen und Stakeholdern eine Beurteilung der Leistung der berichtenden Organisation im betrachteten Zeitraum zu ermöglichen.	Die Informationen, insbes. Daten, sollten so genau sein, dass Stakeholder die Leistung der Organisation bewerten können.	Es sollten sowohl positive als auch negative Aspekte der Leistung der Organisation berichtet werden, um eine fundierte Beurteilung der Gesamtleistung zu ermöglichen. Ferner sollten Leistungsinformationen so definiert sein, dass die Situation des Unternehmens nicht positiver dargestellt wird als der Realität entsprechend.	Informationen sollten so zur Verfügung gestellt werden, dass sie für Stakeholder, die diese nutzen, verständlich und nachvollziehbar sind.	Informationen sollten so zur Verfügung gestellt werden, dass Stakeholder die Leistung der Organisation im Zeitverlauf, in Bezug auf Zielsetzungen oder aber mit der Leistung anderer Organisationen vergleichen können.	Die Leistungsinformation wird regelmäßig zur Verfügung gestellt, so dass die Informationen rechtzeitig verfügbar sind, um Stakeholdern fundierte Entscheidungen zu ermöglichen.	Die bei der Zusammenstellung der Leistungsinformation verwendeten Informationen und Verfahren sollten so erfasst, aufgezeichnet, zusammengestellt, analysiert und offengelegt werden, dass sie überprüfbar sind und die Qualität und Wesentlichkeit der Informationen begründet werden.
Quellen: GRI, ISAE 3000	Quellen: GRI, Leitlinien für die Berichterstattung über nichtfinanzielle Informationen	Quellen: GRI, Leitlinien für die Berichterstattung über nichtfinanzielle Informationen, ISAE 3000		Quelle: GRI	Quelle: GRI	Quellen: GRI, Leitlinien für die Berichterstattung über nichtfinanzielle Informationen, ISAE 3000

Tab. 1: Grundlegende Prinzipien zur Konzeption von Leistungsinformationen

11 Schon während der Definition geeigneter Leistungsinformationen muss das Thema der Erhebung dieser, d. h. die Erhebung der Daten, durchdacht werden: Gibt es die Daten bereits? Wer in der Organisation kann die Informationen zur Verfügung stellen? Liegen diese für die gesamte Organisation vor? Wie sollen die Daten erhoben werden? usw.

Nur so kann eine definierte Leistungsinformation auch den intendierten Steuerungszweck erfüllen.

> **Hinweis**
> Eine wesentliche Aufgabe ist die Einrichtung geeigneter Prozesse und Strukturen, um i. R. d. Informationserhebung und -aufbereitung die oben beschriebenen Qualitätskriterien zu erfüllen.

12 Für die Prinzipien der Vollständigkeit, Genauigkeit, Verständlichkeit sowie Vergleichbarkeit der Leistungsinformationen ist es unabdingbar, eine oder mehrere – je nachdem, was z. B. aufgrund unterschiedlicher Themenverantwortlichkeiten Sinn ergibt – Richtlinien zur Berichterstattung aufzusetzen, die für die zu erhebenden Leistungsinformationen Interpretationsspielräume auf ein Minimum reduzieren.

> **Praxis-Beispiel (Fortsetzung zu Rz 7)**
> Auch bei Gerresheimer ist z. B. das Handbuch zur Umweltberichterstattung Herzstück der Berichterstattung. Es beschreibt für die Umweltthemen, zu denen quantitative Ziele gesetzt wurden,
> - die **Berichtsgrenzen** (Verwaltungsstandorte sind aus der Erhebung ausgeklammert),
> - die **Verantwortlichkeiten** im Informationserhebungsprozess (Dateneingabe und Kontrolle),
> - den **Turnus** (zweimal jährlich) sowie
> - das **Format** der Erhebung (Reporting-Software).
>
> Gleichzeitig wird jeder einzelne Indikator, der für die Ermittlung der Leistung zu einem Ziel relevant ist, definiert, um für ein einheitliches Verständnis zu sorgen. Hierbei bilden gängige Rahmenwerke und Standards, wie z. B. das GHG Protokoll für die Energieverbraucher sowie GRI, den Referenzrahmen für die Definition von Indikatoren.
>
> Weitere Inhalte sind z. B. Anleitungen zur Wahl der Datenquelle (Rechnungen, Zählerablesungen, eigene Wiegungen, Schätzungen), zum Um-

> gang mit Datenlücken oder mit lokal abweichenden Definitionen. Dies trifft z. B. häufig auf das Thema Abfallklassifizierung zu.
>
> Ein Abschnitt zu häufigen Fragen und Antworten hilft bei der Klärung von Zweifelsfällen. Die Verantwortung für die Erstellung und Pflege des Handbuchs liegt bei der zentralen Nachhaltigkeitsfunktion sowie dem zentralen Controlling.
>
> Auf Basis des Handbuchs werden regelmäßige Schulungen für Anwender durchgeführt und es dient als einheitliches Nachschlagewerk für die am Prozess beteiligten Mitarbeiter.
>
> Darüber hinaus wird i. R. d. zweimal jährlich zentral durchgeführten Validierungs- und Kontrollprozesse (Trendanalysen, vergleichende Analysen sowie weitere Plausibilisierungsprüfungen) das Handbuch als Grundlage genutzt. Bestimmte Angaben zu Methoden und Berichtsgrenzen werden auch als Teil der öffentlichen Berichterstattung genutzt.
>
> Für die Zukunft ist es bei der Gerresheimer AG angedacht, auf Basis des Handbuchs interne Standort-Auditierungen vorzunehmen, um die Verlässlichkeit der lokalen Datenerhebungsprozesse sicherzustellen. Hier können u. a. Unternehmensfunktionen wie die Interne Revision einbezogen werden.

Für das Prinzip der Verständlichkeit müssen die methodischen Grundsätze, Annahmen und Berichtsgrenzen auch für die internen und externen Adressaten in ausreichendem Maße offengelegt werden, um insbes. die folgenden Fragen zu beantworten: 13
- Was ist die **Informationsquelle** für den Leistungsindikator?
- Wie wird der Leistungsindikator **definiert**?
- Nach welcher **Methodik** wurden die Angaben ermittelt?
- Was ist die **Aussage der Kennzahl** zu dem betreffenden Nachhaltigkeitsaspekt (was bildet diese ab, was nicht)?
- Existieren **Referenzwerte** (Branchenvergleiche, Durchschnittsdaten, Vorjahresdaten, Ziele), die für diesen herangezogen werden sollten?
- Existieren **Zielsetzungen** für den Leistungsindikator?

Die externe Prüfung der Informationen i. R. d. jährlich stattfindenden Berichterstattung hilft bei der Einhaltung der weiteren Prinzipien wie z. B. auch Ausgewogenheit und Zuverlässigkeit.

Wissensaufbau in der Organisation für die vielfältigen Nachhaltigkeitsthemen spielt im Gesamtkontext der Erhebung von robusten nichtfinanziellen Leistungsinformationen eine Schlüsselrolle. Das eine sind die formellen Strukturen und Prozesse zur Erhebung von Leistungsinformationen, die bis zur Datenquelle und über Systembrüche hinweg definiert werden müssen (sehr relevant für das Kriterium der Konsistenz und Vergleichbarkeit); diese auch zur gelebten Praxis zu machen, ist jedoch die eigentliche Herausforderung. Hier kommt dem Wissenstransfer, der klaren Kommunikation der Zielstellung und Relevanz der Leistungsinformationen an die interne Organisation eine herausragende Rolle zu.

Nur wenn ausreichend Sachverstand in den beteiligten Funktionen vorhanden ist, können diese bei Bereitstellung der Leistungsinformationen zur Sicherung der Qualität beitragen. Häufig ist das Wissen zu Beginn noch nicht in den Kernfunktionen vorhanden, sondern wird von z.B. der Nachhaltigkeitsabteilung gehalten.

> **Praxis-Beispiel (Fortsetzung zu Rz 12)**
> Bei der Gerresheimer AG ist diese Abteilung überschaubar und als Stabsfunktion existiert keine Weisungsbefugnis gegenüber zuliefernden Abteilungen. Umso größer ist der Stellenwert der Wissensvermittlung in Form von Schulungen auf der einen, aber auch des proaktiven Wissensaufbaus auf der anderen Seite – ein Thema, welches fortlaufende Priorität für die kommenden Jahre haben wird.

3 Ausblick

14 Viele Herausforderungen und eine Vielzahl an Fragestellungen im Kontext der Bereitstellung von Leistungsinformationen werden in Zukunft noch mehr Unternehmen (verpflichtend) betreffen (§ 9 Rz 62) sowie an Komplexität gewinnen. Die Gesamtherausforderung, transparente und aussagekräftige Leistungsinformationen zu berichten, ist Gegenstand vieler regulatorischer (Weiter-)Entwicklungen. Diese Entwicklungen sind wichtig, damit die Leistungsinformationen zweckdienlich und Entscheidungen i.S.e. nachhaltigen Entwicklung möglich sind. Durch die Berichterstattung zur EU-Taxonomie (§ 12) halten z.B. vormals separat erhobene und erfasste Nachhaltigkeitsinformationen nun Einzug in das Finanzreporting. Die Taxonomie macht die zunehmende Verzahnung von finanziellen und Nachhaltigkeitsdaten notwendig.

Herausforderungen bei Bereitstellung von nichtfinanz. Leistungsinformationen § 5

Aspekt	Fragen	Beispiel Gerresheimer AG: Klimaziele
Relevanz	Warum ist das Thema von Bedeutung?	Energieintensives Unternehmen, globale Klimakrise und damit verbundene Risiken.
Adressatenkreis	Für wen ist das Thema relevant?	Insbes. Kunden (auch Ecovadis), Investoren (auch CDP), für uns als Unternehmen im Kontext der Energiepreise sowie dem CO_2-Zertifikatehandel (EU ETS).
Zweck	Habe ich ein übergeordnetes Ziel?	Senkung der Treibhausgasemissionen, um die negativen Auswirkungen auf den Klimawandel zu verringern.
Voraussetzung: Steuerbarkeit	Lässt sich das Ziel/die erfolgreiche Zielerreichung messbar machen?	Ja, durch jährliche Ermittlung der Scope 1 und 2 Emissionen in tCO_2-Äquivalent im Zeitverlauf und Definition eines absoluten Reduktionsziels mit Basis- und Zieljahr.
Zweckdienlichkeit	Erfüllt das Ziel bzw. der Indikator zur Erfolgskontrolle entsprechende Qualitätskriterien, um eine sinnvolle und adressatengerechte Aussage zum Thema zu treffen?	Ja, die Kriterien gelten als erfüllt und werden durch Mechanismen wie Handbücher mit definitorischen Vorgaben, Kontrollen sowie durch externe Prüfung sichergestellt.
Voraussetzung: Steuerbarkeit	Habe ich das Basisjahr ermittelt?	Ja, das Basisjahr wurde ermittelt und diente als Ausgangspunkt der Zieldefinition durch Bottom-up-Validierung des Reduktionsszenarios (Berücksichtigung von technologischen Voraussetzungen sowie Wachstumseffekten).
	Was ist ein realistischer, aber ambitionierter Zielwert?	50 % der Scope 1 und 2 Emissionen bis 2030 zu senken, ist für uns als Scope 1 intensives Unternehmen ein ambitionierter Zielwert und gilt für diesen Teil unserer Emissionen (ohne Scope 3) als konform mit dem „unter 1,5°C" Ziel.
	Was ist ein sinnvolles Zieljahr (kurzfristig, mittelfristig, langfristig)?	Für das Klimaziel der Gerresheimer AG wurde das Pariser Klimaabkommen zur Orientierung für das Zieljahr gewählt, d.h. 2030. Grds. wurden Ziele z.B. aus dem Pariser Klimaabkommen, den Zieljahren für die nachhaltigen Entwicklungsziele oder dem Inkrafttreten bestimmter regulatorischer Anforderungen, wie dem deutschen Lieferkettensorgfaltspflichtengesetz, abgeleitet sowie aus dem unternehmensspezifischen Strategiezyklus.
Verantwortlichkeiten	Sind Verantwortlichkeiten für die Umsetzung der Ziele definiert?	Ja, diese liegen aufgrund der dezentralen Konzernstruktur bei den Geschäftsbereichsleitern, welche im Sustainability Council vertreten sind, bzw. bei den Werksleitern. Die Gruppenfunktion Nachhaltigkeit fungiert als Sparringspartner für die Organisation (Funktionen/Standorte). Zudem sind dezidierte Nachhaltigkeitsmanager eingesetzt, die Bindeglied zwischen Gruppenfunktion und Geschäftsbereich sind.

Aspekt	Fragen	Beispiel Gerresheimer AG: Klimaziele
Voraussetzung: Steuerbarkeit	Sind die Ziele in die relevanten Kern- und Steuerungsprozesse integriert?	Eines der Ziele, das mit dem CO_2-Ziel unmittelbar zusammenhängt, ist das Ziel, 100 % erneuerbaren Strom zu beziehen. Dieses Ziel ist Teil der Vorstandsvergütung. Gleichzeitig ist das Ziel Teil des Budgetprozesses, der Business Reviews sowie der Investitionsanträge.
	Kenne ich die Einflussgrößen auf das Ziel und kann ich diese beeinflussen?	Ja, die Einflussgrößen sind bekannt. Um eine noch zeitnähere Überwachung und Steuerung der Verbräuche zu ermöglichen, ist die Einrichtung von Zählern und eine vermehrt automatisierte Erfassung von Daten das Ziel.
	Gibt es Roadmaps für die Erreichung der Ziele?	Roadmaps wurden als Teil der Zieldefinition skizziert und werden nun granularer ausgearbeitet, um den Reduktionspfad besser planbar zu machen.
	Sind Berichtsstrukturen etabliert (Turnus, System, Kontrollen, Steuerungsgremium und -formate)?	Die Erhebung erfolgt bisher über eine Software, die auch für das Finanzreporting eingesetzt wird. Die Standortcontroller sind auch für diese Dateneintragung zuständig, sie erhalten die Daten von lokalen Fachkollegen. Die Erhebung sowie die zentrale Validierung der Daten erfolgen zweimal jährlich. Auch die Einheitenumrechnungen sowie Umrechnung in z. B. CO_2 erfolgen zentral. So werden Fehler vermieden und auf Konsistenz hingewirkt.
		Einmal jährlich erscheint der nichtfinanzielle Konzernbericht, in dessen Rahmen eine Prüfung mit begrenzter Sicherheit erfolgt.

Tab. 2: Leitfragen im Kontext der Identifikation und Ermittlung relevanter Leistungsinformationen

§ 6 Integrierte Berichterstattung als Transmissionsriemen für die Transformation zu nachhaltigem Wirtschaften

> **Überblick**
>
> Die langfristige „*license to operate*" – die gesellschaftliche Akzeptanz des unternehmerischen Handelns – wird für Unternehmen immer wichtiger. Die hierfür gewünschten Informationen werden u. a. mit Hilfe der Nachhaltigkeitsberichterstattung an die Stakeholder kommuniziert.
>
> Das Praxis-Beispiel BASF zeigt, wie die integrierte Berichterstattung die wesentlichen finanziellen und nachhaltigkeitsbezogenen Themen vereint. Das geschaffene tiefe Verständnis der Wechselwirkungen zwischen ESG- und Finanzleistung wirkt über die reine Berichterstattung hinaus und soll im besten Fall für eine integrierte Denkweise (Integrated Thinking) und in der Folge ein integriertes Steuern (Integrated Steering) des Unternehmens sorgen und dadurch die Nachhaltigkeit tief in der Unternehmens-DNA verwurzeln. Dabei wird deutlich, dass eine umfassende Steuerung von Nachhaltigkeitsaspekten immer eine cross-funktionale Aufgabe sein wird.

1 Entwicklung der Berichterstattung am Beispiel der BASF

Vor dem Hintergrund veränderter gesellschaftlicher Rahmenbedingungen werden Unternehmen spätestens seit den 1970er Jahren nicht mehr allein nach ihrer wirtschaftlichen Leistung beurteilt. Aufgrund von Schadensereignissen mit enormen Auswirkungen in den 1970ern und 1980ern[1] war v. a. die Chemieindustrie im kritischen Fokus der Öffentlichkeit. Gesellschaftliches Vertrauen in die Industrieaktivitäten musste zurückgewonnen werden, um die langfristige „*license to operate*" – die gesellschaftliche Akzeptanz des unternehmerischen Handelns – zu sichern.

Die daraus resultierenden Anforderungen ihrer „Stakeholder" an regelmäßige Informationen aus den Bereichen Soziales sowie Umwelt griff BASF durch neue Berichtsformate auf. Beginnend mit Sozialberichten in den 1970ern, wurde aufgrund steigender Stakeholder-Relevanz in den

---

[1] V. a. 1976 Freisetzung von Dioxin im italienischen Seveso sowie 1986 ein Brand bei der Firma Sandoz, bei dem durch Pflanzenschutzmittel kontaminiertes Löschwasser zu Fischsterben im Rhein zwischen Basel und Mannheim führte.

1980ern eine **Umweltberichterstattung** ergänzt. Zu allen 3 Säulen der Nachhaltigkeit wurde seit den 2000er Jahren zunächst in separaten Berichten, später in einem zusammengefassten Bericht gemeinsam mit dem bestehenden Finanzbericht Transparenz geschaffen.

2 Frühzeitige Umstellung auf integrierte Berichterstattung – Beweggründe

3 Seit dem Jahr 2007 wendet BASF als Vorreiter das Konzept der integrierten Berichterstattung an. Was zunächst mit einer kombinierten Darstellung der bisher getrennten Finanz- und Nachhaltigkeitsberichterstattung im Lagebericht begann, entwickelte sich im Zeitverlauf zu einer vollintegrierten Berichterstattung der wesentlichen finanziellen und nachhaltigkeitsbezogenen Themen. Besonderer Fokus liegt bei dem verfolgten Konzept der integrierten Berichterstattung auf der Darstellung relevanter Interdependenzen, d. h. **Wirkzusammenhängen** zwischen nachhaltigkeitsbezogener und finanzieller Performance.

Mit einer konsequenten Anwendung des integrierten Berichtskonzepts können Unternehmen sowohl interne Ziele als auch Ziele in Bezug auf die externe Wahrnehmung und die sich ändernden Bedürfnisse relevanter Nutzer von Berichtsinformationen, wie z. B. Finanzmarktakteure, Ratingagenturen oder Experten aus der Zivilgesellschaft, optimal verfolgen.

4 Relevante interne Beweggründe für die Umstellung auf integrierte Berichterstattung sind:
1. Das Bestreben, die **Unternehmensstrategie adäquat zu reflektieren**, in der Nachhaltigkeit vollumfänglich integriert betrachtet wird.
2. Der Anspruch, die nationale und internationale **Vorreiterrolle** in der Berichterstattung auszubauen.
3. **Prozesseffizienzen** generieren durch Zusammenlegung paralleler Abstimmungsprozesse und teils redundanter Berichtsinhalte wie z. B. wesentliche Finanzinformationen, die sowohl Teil des damaligen Unternehmensberichts als auch des Finanzberichts waren.

Als Ziele für die externe Wahrnehmung gelten:
1. Durch frühe Veröffentlichung der nachhaltigkeitsbezogenen Informationen im integrierten Lagebericht zur Bilanzpressekonferenz Ende Februar sollte das **Aufmerksamkeitslevel der Finanzmarktakteure** für diese bislang nachgelagert zur Verfügung gestellten **ESG-Informationen gesteigert** werden (*awareness raising*).
2. Gleichrangige Darstellung der ökonomischen, ökologischen und sozialen Performance soll Finanzmarktakteuren eine **holistische Bewertung der Unternehmensleistung** ermöglichen.

3. Erwartungshaltung, **alle wesentlichen finanziellen und nachhaltigkeitsbezogenen Kapitalströme** abgeleitet aus einer Wesentlichkeitsanalyse/ Materialitätsanalyse **im Lagebericht** darzustellen.

Aufgrund der sich enorm dynamisch entwickelnden Reportinglandschaft kann die integrierte Berichterstattung als ein kontinuierlicher Lern- und Weiterentwicklungsprozess gesehen werden, der sich erfahrungsgemäß durch folgende Meilensteine auszeichnet:

- die Erfassung verschiedener Kapitalströme und die Darstellung der jeweiligen Inputs, Outputs, Outcomes und Impacts,
- die Berichterstattung zu wesentlichen nachhaltigkeitsbezogenen Risiken und Chancen,
- Einführung nachhaltigkeitsbezogener bedeutsamster steuerungsrelevanter Leistungsindikatoren (§ 4) sowie
- die erstmalige Prüfung der bedeutsamsten nichtfinanziellen Leistungsindikatoren mit hinreichender Sicherheit (*reasonable assurance*; bei BASF seit dem Geschäftsjahr 2020).

Praxis-Beispiel
„Integrated Reporting" – von der reinen Berichterstattung bis zum Einfluss auf die Unternehmenssteuerung

Die Veröffentlichung materieller, finanzieller und nachhaltigkeitsbezogener (extra-finanzieller) Themen im Lagebericht ist spätestens seit der Gründung des International Integrated Reporting Council (IIRC)[2] im Jahr 2010 als integriertes Berichtskonzept bekannt. Es soll v. a. langfristig orientierte Investoren befähigen, Werttreiber in Ergänzung zum klassischen Finanzabschluss zu erfassen. Um künftige Risiken und Chancen des Unternehmens ganzheitlich zu bewerten, benötigen Investoren und Stakeholder ein vollständiges Bild der finanziellen und nachhaltigkeitsbezogenen Informationen – sowohl zu den Auswirkungen des Klimawandels, zu menschenrechtlicher Sorgfaltspflicht oder Biodiversitätsaspekten als auch zu den klassischen KPIs der Finanzberichterstattung.

Allein die kombinierte Darstellung finanzieller und nachhaltigkeitsbezogener Informationen im Lagebericht ist nicht ausreichend. Bestehende Interdependenzen sollten nachvollziehbar aufgezeigt werden. Neben den nach außen gerichteten Zielen des Integrated Reporting bringt dieses Berichtskonzept aus Anwendersicht ein nicht unwesentliches Transfor-

---

[2] Nach dem Zusammenschluss von IIRC und SASB im Juni 2021 zur Value Reporting Foundation (VRF; § 8 Rz 97) erfolgte im August 2022 der Zusammenschluss der VRF mit dem International Sustainability Standards Board (ISSB; § 8 Rz 5).

> mationspotenzial hin zu dem vom IIRC postulierten „Integrated Thinking" und gar zu einem „Integrated Steering" mit sich.
>
> Dieser integrierte Steuerungsansatz soll zu nachhaltigeren, resilienteren unternehmerischen Entscheidungen führen und ist die Voraussetzung für die Attraktivität des Unternehmens am Kapitalmarkt sowie für eine gesicherte Unternehmensfinanzierung. Für immer mehr Anleger, insbes. für institutionelle Investoren, sind ESG-Aspekte entscheidungsrelevante Kriterien (§ 14A).

3 Verhältnis zum klassischen Finanzbericht

6 Der klassische Finanzbericht enthält sämtliche Informationen, die wesentlich sind, um die Finanz-, Vermögens- und Ertragslage des Unternehmens einschätzen zu können. Bei der **integrierten Berichterstattung** wird das Prinzip der **doppelten Wesentlichkeit** angewendet, das durch die im November 2022 verabschiedete Corporate Sustainability Reporting Directive[3] (CSRD) der EU präzisiert wird: Unternehmen sind demnach dazu verpflichtet, sowohl darüber zu berichten, wie sich Nachhaltigkeitsaspekte auf ihr Geschäftsergebnis, ihre Lage und ihren Geschäftsverlauf auswirken (Outside-in-Perspektive), als auch darüber, welche Auswirkungen diese Aspekte auf Mensch und Umwelt haben (Inside-out-Perspektive). Insofern stellt die Wesentlichkeitsanalyse die Basis für das weitere Vorgehen bei der Berichterstattung zu Nachhaltigkeitsthemen dar.

7 Vor Beginn der Wesentlichkeitsanalyse steht die Definition der **Stakeholder** eines Unternehmens und ihres Einflusses auf das Unternehmen, entweder durch formale regulatorische Anforderungen oder durch berechtigte Erwartungshaltungen. In Zusammenarbeit mit Stakeholdern werden die wesentlichen, für das Unternehmen relevanten Nachhaltigkeitsaspekte ermittelt, bspw. durch Workshops und Interviews. Häufig werden die Ergebnisse dieser Nachhaltigkeitsanalyse in einer **„Wesentlichkeitsmatrix"** erfasst und auch i.R.d. externen Berichterstattung dargestellt und erläutert. Externe Berater können bei der Erstellung dieser Wesentlichkeitsanalyse Hilfestellung leisten.

---

[3] Vgl. Richtlinie hinsichtlich der Nachhaltigkeitsberichterstattung von Unternehmen, 10.11.2022, www.europarl.europa.eu/doceo/document/TA-9-2022-0380_DE.html, abgerufen am 3.1.2023 (nachfolgend zitiert: verabschiedete CSRD).

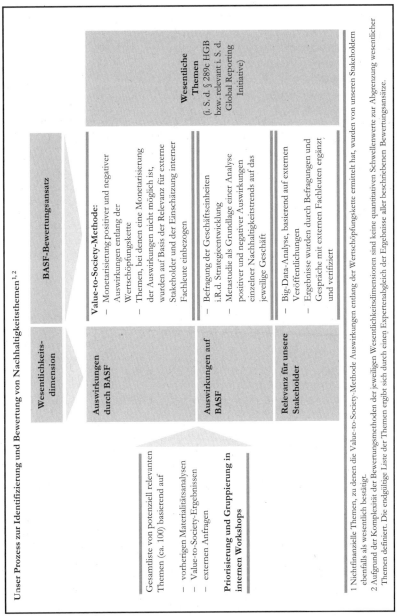

Abb. 1: Prozess der BASF zur Identifizierung und Bewertung von Nachhaltigkeitsthemen

8   Dabei gilt es, aktuell **3 Wesentlichkeitsdimensionen** bei der Analyse zur Identifikation wesentlicher Themen für die Berichterstattung abzubilden (siehe Abb. 1):

1. Auswirkungen durch das Unternehmen

Geschäftsaktivitäten führen unweigerlich sowohl zu positiven als auch zu negativen Einflüssen auf Umwelt und Gesellschaft entlang der gesamten Wertschöpfungskette. Um den positiven Beitrag zu erhöhen und die negativen Auswirkungen der Geschäftstätigkeiten zu minimieren, müssen Unternehmen die Auswirkungen ihres Handelns und ihrer Produkte besser verstehen.

BASF erfasst bspw. Auswirkungen ihres unternehmerischen Handelns und bewertet Prozesse und Produkte entlang des gesamten Produktlebenszyklus durch unterschiedliche Bewertungsmethoden wie (Sozio-)Ökoeffizienz-Analysen, eine Methode zur Bewertung der Nachhaltigkeitsperformance sämtlicher Produkte und Anwendungen („Sustainable Solution Steering") oder durch die Berechnung von Product Carbon Footprints.

Aktuell fehlen noch einheitliche Standards zur Messung und Berichterstattung der ökonomischen, ökologischen und sozialen Gesamtauswirkungen von Unternehmen entlang der Wertschöpfungskette. Deshalb hat das Unternehmen die **„Value-to-Society-Methode"** gemeinsam mit externen Fachleuten erarbeitet. Anhand dieses methodischen Ansatzes können die Bedeutung finanzieller und nachhaltigkeitsbezogener Auswirkungen der Geschäftstätigkeit von Unternehmen auf die Gesellschaft miteinander verglichen und ihre Wechselwirkungen aufgezeigt werden.

Um einen global anerkannten Rechnungslegungs- und Berichtsstandard zu entwickeln, der die gesellschaftlichen Wertbeiträge von Unternehmen sichtbar und vergleichbar macht, wurde die industrieübergreifende Initiative „value balancing alliance e. V." (VBA) durch BASF mitgegründet (§ 8 Rz 211 ff.).

Monetarisierte Ergebnisse solcher Valuation-Methodologien veranschaulichen positive Beiträge und negative Auswirkungen sowohl beim operierenden Unternehmen selbst als auch in den zugehörigen Wertschöpfungsketten. Diese Ergebnisse können sowohl bei der Erstellung einer Wesentlichkeitsanalyse nach dem „*double materiality*"-Ansatz helfen als auch bei Bewertungsprozessen in der Unternehmenssteuerung unterstützend einfließen.

Zu beachten ist, dass eine Monetarisierung der Auswirkungen bei einigen ESG-Themen nach aktuellem Stand entweder methodisch oder auch aus ethischen Gründen nicht angestrebt werden sollte (z. B. im Themenkomplex

Menschenrechte). Diese können über sog. **"Expert Judgement"** in die Bewertung einbezogen werden.

Positive Auswirkungen können bspw. gezahlte Steuern, Löhne, Sozialleistungen, die Ausbildung von Mitarbeitenden sowie der Nettogewinn sein. Negative Beiträge ergeben sich z.b. aus Auswirkungen auf die Umwelt, wie durch CO_2-Ausstoß, Landnutzung, Emissionen in Luft, Boden und Wasser sowie durch Ereignisse im Bereich Gesundheit und Sicherheit.

2. Auswirkungen auf das Unternehmen

Um die Auswirkungen von Nachhaltigkeitsthemen auf das Geschäft zu bewerten, können verschiedene Quellen in die Wesentlichkeitsanalyse miteinbezogen werden:

I. R. d. Ausarbeitung der Strategien einzelner Geschäftseinheiten werden Einflüsse von Nachhaltigkeitsthemen wie z. b. auf die Nachfrage bestimmter Produktlösungen sowie Risiken/Chancen durch relevante Nachhaltigkeitsthemen in bestimmten Liefer- oder Wertschöpfungsketten erfasst und bewertet.

Bei der Weiterentwicklung der übergeordneten Unternehmensstrategie wurde ergänzend durch das Unternehmen eine **Metastudie**[4] in Auftrag gegeben, die Branchentrends offenlegt, die für Geschäftsaktivitäten relevant sind. Um solche Studienergebnisse zu verifizieren, wurden weltweit Nachhaltigkeitsexperten gebeten, verschiedene **Nachhaltigkeitstrends** nach der Relevanz für ihre Branche und Region zu bewerten. Die damit zusammenhängenden Risiken und Chancen wurden mit internen Experten in einer Reihe von Workshops diskutiert und in die Strategieentwicklung einbezogen.

Durch die Kombination verschiedener empirischer Erhebungs- und Bewertungsmethoden wurde versucht, einen schwer zu objektivierenden Inputfaktor nachvollziehbar zu bewerten.

3. Relevanz für Stakeholder

Als 3. Wesentlichkeitsdimension erfasst das Unternehmen die Relevanz von Nachhaltigkeitsthemen für relevante Stakeholder-Gruppen wie etwa Kunden, Finanzmarktakteure, Zivilgesellschaft oder Politik. Zu Beginn der Durchführung von Materialitätsanalysen wurden v.a. quantitative Methoden der Informationserhebung genutzt und umfangreiche Fragebögen an mehrere Hundert identifizierte, relevante Expertinnen und Experten verschickt.

---

[4] BASF, Nachhaltigkeitstrends, www.basf.com/global/de/who-we-are/sustainability/management-goals-and-dialog/management/sustainability-trends.html, abgerufen am 3.1.2023.

Hier hat sich allerdings zunehmend gezeigt, dass sowohl Quantität und in Teilen auch die Qualität der Rückmeldungen im Zeitverlauf deutlich nachgelassen haben. Gründe sind möglicherweise die Vielzahl an Fragebögen zu Materialitätsanalysen, die von einer immer größer werdenden Anzahl von Unternehmen an die gleiche Gesamtheit an Stakeholdern verschickt wurde. Es ist davon auszugehen, dass bei zahlreichen Stakeholdern zum einen die Zeit und zum anderen bei immer detaillierter werdenden Fragestellungen die Bewertungskompetenz für verwertbare Rückmeldungen fehlte.

Basierend auf diesen Erfahrungen hat das Unternehmen beschlossen, zusätzlich zu weiterhin bewährten Formaten wie bilateralen Stakeholder-Dialogen oder dem Engagement in Multi-Stakeholder-Netzwerken weitere Formate zur Interaktion bzw. zur Bewertung der Relevanz von Nachhaltigkeitsthemen seitens seiner Stakeholder zu nutzen:

So wurde bereits 2013 ein **Stakeholder Advisory Council** etabliert. Solche Gremien, die mit externen internationalen Fachleuten aus Wissenschaft und Gesellschaft besetzt sind, können durch ihre Sicht in der Diskussion mit dem Gesamtvorstand Unternehmenspositionen kritisch reflektieren. Im Fall von BASF wird das Gremium vom Vorstandsvorsitzenden geleitet, und das Unternehmen greift die diskutierten Verbesserungspotenziale in der Weiterentwicklung verschiedener Nachhaltigkeitsaspekte auf.

Ergänzend zu direkten Stakeholder-Inputs können durch gezielte **Big-Data-Analysetools** kontinuierlich globale Datenpunkte gesammelt und ausgewertet werden. BASF nutzt solche Möglichkeiten seit dem Jahr 2018, um bspw. aus gebündelten und ausgewerteten Medienscreenings, Unternehmensberichten von Kunden oder Peers oder auch NGO-Aktivitätsschwerpunkten Erkenntnisse in die eigene Materialitätsanalyse einfließen zu lassen.

4 Verankerung im Unternehmen über eine integrierte Berichterstattung

9   Der im Jahr 2010 gegründete International Integrated Reporting Council (IIRC) zielte in seinem Rahmenwerk v. a. auf die enge Verzahnung und die Zusammenhänge zwischen integrierter Berichterstattung und integrierter Unternehmenssteuerung ab. Unter der bildhaften Beschreibung „*Breaking down the Silos*"[5] wurde v. a. die notwendige cross-funktionale Zusammenarbeit zwischen den wahrgenommenen Silos betont.

---

[5] Integrated Reporting <IR>, Integrated Thinking & Strategy, State of play report, www.integratedreporting.org/wp-content/uploads/2020/01/Integrated-Thinking-and-Strategy-State-of-Play-Report_2020.pdf, abgerufen am 3.1.2023.

Die nachhaltigkeitsbezogenen Berichtsanforderungen auf EU-Ebene haben komplexe Auswirkungen auf die Lageberichterstattung. Eine enge Zusammenarbeit zwischen Finanz- und Nachhaltigkeitsfunktionen im Unternehmen ist aus Anwendersicht unabdingbar. Nachhaltigkeitsberichterstattung wird aufgrund ihrer breiten und stetig wachsenden Anforderungen – sowohl was Qualität als auch Quantität der Informationen betrifft – vermutlich in den meisten Unternehmen immer eine **cross-funktionale Aktivität** darstellen.

Wichtig ist, dass die Verantwortlichen aus relevanten Finanzeinheiten (u. a. Reporting, Accounting/Performance Measurement, Treasury, Risikomanagement), aus Unternehmensstrategie/Nachhaltigkeit, Investor Relations, relevanten Experteneinheiten (Umweltschutz, Sicherheit, Gesundheit, Personal, Einkauf, Compliance), operativen Einheiten sowie aus der Unternehmenskommunikation im Berichts- und Prüfprozess eng zusammenarbeiten. Nur so ist die frühzeitige Veröffentlichung aller wesentlichen Finanz- und ESG-Informationen zum gleichen Zeitpunkt möglich.

Auch für die kurzfristige Umsetzung der Anforderungen des CSR-Richtlinie-Umsetzungsgesetzes (CSR-RUG; § 9 Rz 2 ff.) für das Geschäftsjahr 2017 und des abgeleiteten überarbeiteten Rechnungslegungsstandards (DRS 20) waren das etablierte Zusammenspiel von Rechnungslegungsexpertise und den Verantwortlichen für ESG-Berichtsprozesse erfolgskritisch.

Eine Verankerung fachlicher Expertise in allen relevanten Teilen der Organisation ist die wichtige Basis für robuste Berichterstattungsprozesse. Allerdings kann v. a. bei Unternehmen mit langjähriger Vorerfahrung im Bereich der Nachhaltigkeitsberichterstattung oftmals die Herausforderung einhergehen, dass Prozesse, Systeme und organisatorische Ansätze „historisch gewachsen" und in Teilen personengebunden sind. In diesem Fall bieten die wachsenden Anforderungen an eine robuste Nachhaltigkeitsberichterstattung auch die Chance, gewachsene Strukturen zu hinterfragen und eine agile sowie gleichzeitig belastbare **Aufbau- und Ablauforganisation** zu etablieren.

Seit 2018 wurde bei BASF bspw. zur cross-funktionalen Koordinierung zahlreicher Herausforderungen im Kontext der Sustainable-Finance-Debatte ein „**Sustainable Finance Round Table**" institutionalisiert. In diesem Round Table diskutieren Vertreterinnen und Vertreter aus verschiedenen Finanzfunktionen, Strategieeinheiten (inkl. der Nachhaltigkeitsorganisation), Investor Relations, Kommunikation und Stabsfunktionen aufkommende neue Anforderungen an das Unternehmen und die Berichterstattung. So können zeitnah notwendige Entscheidungs- und Anpassungsprozesse angestoßen werden. Ebenso wurde 2021 im Finanzbereich eine Einheit „Sustainability Reporting, Analytics and Performance Management" etabliert, um **Synergien** zwischen interner und externer Finanz- und Nachhaltigkeitsberichterstattung zu generieren.

> **Hinweis**
>
> 2022 wurde zusätzlich das „**Sustainability Reporting & Controlling Committee**" etabliert, um quartärlich schnelle Entscheidungen zur effizienten Implementierung v. a. neu aufkommender regulatorischer Anforderungen im Bereich der Nachhaltigkeitsberichterstattung zu treffen und mit der enormen externen Dynamik Schritt zu halten. In diesem Entscheidungsgremium sind berichtsrelevante Einheiten wie Unternehmensstrategie, Finanzfunktion, Investor Relations, Facheinheiten, IT, aber auch Führungsfunktionen aus dem operativen Controlling vertreten. Der zunehmend wichtigen Rolle der Controlling-Funktionen in Unternehmen bei der Erhebung robuster ESG-Daten wird so Rechnung getragen.

Es ist entscheidend, klare Verantwortlichkeiten für die „Governance" und die Vorgaben der Nachhaltigkeitsberichterstattung zu etablieren sowie sicherzustellen, dass diese Vorgaben qualitäts- und kontrollgesichert umgesetzt werden. So kann eine entsprechend zuverlässige Berichterstattung in Anlehnung an robuste Finanzberichterstattungsprozesse gewährleistet werden.

Eine aktuelle Herausforderung der Nachhaltigkeitsberichterstattung zahlreicher Anwenderunternehmen ist, dass auch IT-Systeme zur Erhebung globaler und robuster ESG-Daten oftmals historisch gewachsen sind. Nicht selten werden Nachhaltigkeitsdaten mit selbst kreierten Datenbanken erhoben, denen die Anbindung an bestehende IT-Systeme fehlt. Da die **Datenerhebung** aufgrund der Bandbreite der Nachhaltigkeitsthemen – von eher qualitativen KPIs zu Menschenrechtsaspekten bis hin zu detaillierten Taxonomieanforderungen zu klimabezogenen Themen – überaus heterogen ist, bietet sich hier ein Betätigungsfeld für IT-Provider, entsprechende Lösungen zu erarbeiten. Eine Übergangslösung kann sein, Datenbanksysteme durch einfache, aber qualitätsgesicherte Workflows mit Daten zu versorgen und eine weitere Systemintegration erst dann anzustreben, sobald entsprechende standardisierte Lösungen stärker etabliert und weiter verbreitet sind.

Die weiterhin sich überaus dynamisch entwickelnden Berichtsanforderungen seitens der Gesetzgeber und Standardsetzer erschweren allerdings derzeit die zeitnahe Entwicklung standardisierter Softwarelösungen am Markt. Selbst das Anpassen intern etablierter Prozesse kann kaum Schritt halten mit dem vorgelegten und eingeforderten Tempo der Veröffentlichung und der daraus resultierenden Umsetzungsanforderungen neuer regulatorischer Rahmenbedingungen.

10   Durch das Messen und die monetäre Bewertung der verschiedenen Auswirkungen der Geschäftstätigkeit eines Unternehmens können finanzielle und sog. nichtfinanzielle Auswirkungen auf die Gesellschaft noch besser als

bislang verstanden werden. Diese können direkt miteinander verglichen und ihre Wechselwirkungen aufgezeigt werden. Diese Transparenz unterstützt integriertes Handeln und abgeleitete Entscheidungen.

Immer mehr Unternehmen streben daher an, ihre positiven Beiträge und die negativen Auswirkungen der Geschäftstätigkeit zu erfassen und so die Hebel zur Minimierung negativer und Maximierung positiver Auswirkungen anzusteuern. Diese **Transparenz zu Auswirkungen** wird in zunehmendem Maß von Investoren, aber auch i. R. d. doppelten Wesentlichkeit als Teil der neuen Anforderungen in der EU Corporate Sustainability Reporting Directive (CSRD; § 9 Rz 55 ff.) gefordert.

So können mit der „Value-to-Society-Methode" von BASF bspw. eine Transparenz des Wertbeitrags hergestellt, ein kontinuierliches Fortschritts-Monitoring durchgeführt und bisherige Konzepte zur Bewertung von Risiken und Geschäftschancen durch eine Makroperspektive ergänzt werden.

Treibende positive Faktoren bei BASF sind gezahlte Steuern, Löhne, Sozialleistungen, die Ausbildung von Mitarbeitern sowie der Nettogewinn. Negative Beiträge ergeben sich aus Auswirkungen auf die Umwelt, wie durch CO_2-Ausstoß, der Landnutzung und Emissionen in Luft, Boden und Wasser sowie durch Ereignisse im Bereich Gesundheit und Sicherheit.

Die Wechselwirkungen von integrierter Berichterstattung auf die Steuerung von Unternehmen wurde bereits bei der Ausarbeitung des Rahmenwerks des IIRC als Ziel formuliert. Integrierte Berichterstattung („Integrated Reporting") soll sich im besten Fall in eine integrierte Denkweise („Integrated Thinking") und in der Folge in integriertes Steuern („Integrated Steering") des Unternehmens übersetzen.

Ein zentraler Hebel, ESG in der **Unternehmenssteuerung** zu verankern, ist die Integration steuerungsrelevanter Leistungsindikatoren in die Unternehmenssteuerung.

Bereits das bestehende CSR-RUG und die kommende CSRD fordern, in der nichtfinanziellen Erklärung zu wesentlichsten Nachhaltigkeitsthemen („Aspekten") **nichtfinanzielle Leistungsindikatoren** zu berichten. Im DRS 20 „Konzernlagebericht" wird in Tz. 105 gefordert, dass „in die Analyse des Geschäftsverlaufs und der Lage des Konzerns […] auch die bedeutsamsten nichtfinanziellen Leistungsindikatoren einzubeziehen (sind), soweit sie für das Verständnis des Geschäftsverlaufs und der Lage des Konzerns von Bedeutung sind".

11

Der Rechnungslegungsstandard präzisiert weiterhin in Tz. 106, dass diejenigen nichtfinanziellen Leistungsindikatoren einzubeziehen sind, „die auch zur internen Steuerung des Konzerns herangezogen werden".

Als Beispiele für mögliche nachhaltigkeitsbezogene Leistungsindikatoren werden folgende Aspekte genannt:
- Kundenbelange (Indikatoren zum Kundenstamm, Kundenzufriedenheit etc.),
- Umweltbelange (Emissionswerte, Energieverbrauch etc.),
- Arbeitnehmerbelange (Indikatoren zur Mitarbeiterfluktuation, Mitarbeiterzufriedenheit, Betriebszugehörigkeit, Fortbildungsmaßnahmen etc.), Indikatoren zur Forschung und Entwicklung,
- gesellschaftliche Reputation des Konzerns (Indikatoren zum sozialen und kulturellen Engagement, Wahrnehmung gesellschaftlicher Verantwortung etc.).

12 Der Rechnungslegungsstandard fordert weiterhin, zu den nichtfinanziellen Leistungsindikatoren „quantitative Angaben zu machen, sofern quantitative Angaben zu diesen Leistungsindikatoren auch zur internen Steuerung herangezogen werden und sie für den verständigen Adressaten wesentlich sind".

> **Praxis-Beispiel**
> BASF hat bspw. seit dem Geschäftsjahr 2020 u.a. die nachhaltigkeitsbezogene Kennzahl „absolute CO_2-Emissionen" als bedeutsamsten Leistungsindikator festgelegt. Mit diesem Indikator wird das CO_2-Ziel einer Reduktion der CO_2-Emissionen um 25 % bis 2030 bezogen auf das Basisjahr 2018 angesteuert.

Die aktive Steuerung dieses Themas erfolgt u.a. durch die Verankerung quantitativer kompensationsrelevanter Vorgaben in den langfristigen Zielvereinbarungen des Vorstands und der oberen Führungskräfte. Hier werden Nachhaltigkeitsindikatoren sowohl in der kurzfristigen Performancebewertung als auch in der langfristigen Incentivierung („Long-term incentives, LTI") herangezogen.

Daneben erfolgt eine verpflichtende und systematische Integration relevanter Nachhaltigkeitsthemen z.B. bei
- Entwicklungen neuer Geschäftsstrategien,
- internen Bewertungen von Investitions-/Desinvestitionsprojekten,
- Einordnung von Forschungs- und Entwicklungsprojekten i.R.d. sog. Phase-Gate-Prozesses zur Bewertung von Forschungsaktivitäten,
- Lieferantenbewertungen,

- Bewertungen des Produktportfolios,
- Erhebung und Bewertung von Chancen und Risiken.

Aus der Verankerung bedeutsamster steuerungsrelevanter ESG-Leistungsindikatoren in der Unternehmenssteuerung leitet sich eine Prüfung dieser Leistungsindikatoren mit hinreichender Sicherheit und damit die Angleichung an das Prüfniveau der Finanzinformationen im Bericht ab. Daraus resultierende Berichts- und Prüfanforderungen sind bspw. der Aufbau eines internen Kontrollsystems (IKS), das Veröffentlichen einer Prognose sowie eines Prognose-Ist-Abgleichs oder die Integration der Themen in den Chancen- und Risikobericht.

5 Prüfung der Informationen

Ergänzend zur *reasonable assurance* für nachhaltigkeitsbezogene steuerungsrelevante Leistungsindikatoren lässt BASF sämtliche wesentlichen Nachhaltigkeitsinformationen im Lagebericht mit **eingeschränkter Sicherheit** (*limited assurance*) prüfen. Der Prüfprozess erstreckt sich auf einen ganzjährigen Austausch zwischen Prüfenden und Unternehmen, um neue Berichtsanforderungen rechtzeitig umzusetzen. Die Erkenntnisse und Kritikpunkte aus Prüfprozessen sind wertvolle Impulse, um die Robustheit von Managementsystemen und Datenerhebungen zu ESG-Themen zu stärken. [13]

In diesem Kontext wurden etablierte Prozesse zur Sicherung der Prüffestigkeit von Finanzkennzahlen entweder auf ESG-Themen adaptiert oder wesentliche Nachhaltigkeits-KPIs wurden in Standardprozesse (z.B. Financial Reporting Compliance, Risiko- und Chancenberichterstattung) integriert.

Gem. der verabschiedeten CSRD ist eine begrenzte Prüfungssicherheit (*limited assurance*) für sämtliche Nachhaltigkeitsinformationen im Zuge der Anwendung der ESRS (§ 9A) erforderlich. Perspektivisch (voraussichtlich ab 2028) sollen diese Informationen sogar mit hinreichender Sicherheit geprüft veröffentlicht werden. [14]

Es ist anzunehmen, dass diese Prüfungsanforderungen sich über die Zeit zu einer hinreichenden Prüfungssicherheit entwickeln werden. Aus Anwendersicht und basierend auf den Erfahrungen aus integrierten Prüfprozessen ist eine enge Zusammenarbeit und der kontinuierliche Austausch zwischen den Prüfenden finanzbezogener und den Prüfenden nachhaltigkeitsbezogener Lageberichtsinhalte essenziell, um eine konsistente Prüfung im vorgegebenen engen Zeitrahmen erfolgreich durchzuführen.

Eine konstruktiv-kritische Zusammenarbeit zwischen Unternehmen und Abschlussprüfer hat das Potenzial, dazu beizutragen, die Qualität der

Nachhaltigkeitsberichterstattung kontinuierlich zu erhöhen, aber auch zugrunde liegende Prozesse effizienter und effektiver zu gestalten. Ergebnisse des Prüfprozesses sind die Grundlage eines kontinuierlichen Verbesserungsprozesses.

6 Ausblick

15 An den Beispielen von BASF zeigt sich, wie integrierte Berichterstattung ein strategisches Instrument sein kann, das ein tiefes Verständnis der Wechselwirkungen zwischen ESG- und Finanzleistung schafft und die Umsetzung der Strategie und den Unternehmenszweck wirkungsvoll erklärt.

Letztlich zeigt die Erfahrung, dass es sich um ein sich überaus dynamisch entwickelndes Themengebiet handelt. Daher ist es absolut notwendig, cross-funktional und gleichzeitig organisatorisch agil aufgestellt zu sein. So können Unternehmen sich ändernde oder zusätzliche Anforderungen effizient und effektiv umsetzen. Unternehmen müssen sich kontinuierlich fachlich mit den neuen nationalen, EU-weiten und internationalen Anforderungen der Nachhaltigkeitsberichterstattung auseinandersetzen – nicht zuletzt, um die sich daraus ergebenden Risiken zu minimieren, aber auch Chancen für das Geschäftsmodell des Unternehmens zu erkennen und zu ergreifen.

7 Exkurs: Vertiefende Informationen zur Entwicklung steuerungsrelevanter Nachhaltigkeitskennzahlen einschl. Case Study am Beispiel „CO_2-Emissionen"

7.1 Entwicklung steuerungsrelevanter Nachhaltigkeitskennzahlen

16 In Rz 1 ff. wurden die Entwicklung und die Rahmenbedingungen für eine integrierte Berichterstattung dargestellt. Die Relevanz von Impulsen aus der Nachhaltigkeitsberichterstattung für die Steuerung des Geschäfts wurde angesprochen und soll in diesem Kapitel weiter vertieft werden.

Ein konkretes Beispiel aus der Unternehmenspraxis ist der Umgang von BASF mit CO_2-Emissionen, der externen Berichterstattung dazu und der internen Umsetzung der entsprechenden Ziele. Der **KPI „absolute CO_2-Emissionen"** wurde ab 2020 darüber hinaus als bedeutsamster steuerungsrelevanter Leistungsindikator in die Unternehmenssteuerung integriert.

Bei der internen Umsetzung wird besonders deutlich, wie Berichterstattung und Steuerung wesentlicher ESG-Themen die cross-funktionale

7.2 Externe Anforderungen an die CO_2-Berichterstattung

Bereits vor Inkrafttreten der europäischen Non-Financial Reporting Directive (NFRD) im Jahr 2017 hat das Unternehmen umfassend über Nachhaltigkeitsaspekte extern berichtet. Die Anforderungen der NFRD wurden unter Anwendung der Standards der Global Reporting Initiative (GRI; § 8 Rz 28 ff.) – in der „umfassenden Umsetzungsoption" – sowie unter Berücksichtigung der Berichtsanforderungen des UN Global Compact (UNGC; § 8 Rz 63 ff.) als entsprechende Rahmenwerke erstellt.

17

Darüber hinaus unterstützt das Unternehmen die Empfehlungen der Task Force on Climate-related Financial Disclosures (TCFD; § 8 Rz 159 ff.) zur Berichterstattung klimabezogener Informationen. So werden im Geschäftsbericht an verschiedenen Stellen von der TCFD empfohlene Inhalte veröffentlicht, gem. den TCFD-Empfehlungen gegliedert in die folgenden 4 TCFD-Kernbereiche: Governance, Strategie, Risikomanagement sowie Kennzahlen und Ziele.

Abgeleitet aus der **Wesentlichkeitsanalyse** zum einen und der **Steuerungsrelevanz** des Themas zum anderen berichtet das Unternehmen umfangreich in der externen Berichterstattung über das Thema Energie und Klimaschutz.

Zu den relevantesten ESG-Themen sollte über die entsprechende Strategie, globale Ziele und die Maßnahmen zur Erreichung der Ziele berichtet werden. So geht BASF u. a. auf Erzeugung und Einkauf erneuerbarer Energien, generelle Energieversorgung und Energieeffizienz, auf die CO_2-Bilanz sowie auf Klimaschutzprodukte, d. h. solche, die Treibhausgasemissionen durch ihren Einsatz beim Kunden vermeiden, ein.

> **Hinweis**
>
> Bedeutender als die externe Darstellung der Informationen ist aber die tatsächliche interne Untermauerung der Ziele mit spezifischen Maßnahmen und Steuerungselementen.

7.3 Case Study: Steuerung wesentlicher ESG-Themen am Beispiel „CO$_2$-Emissionen" der BASF

18 Ansteuern unternehmensweiter Ziele für CO$_2$-Emissionen

> **Praxis-Beispiel**
> Im Jahr 2021 legte BASF einen aktualisierten Fahrplan zur Klimaneutralität fest mit den folgenden wesentlichen Kernpunkten:
> - Ab 2050 weltweit Netto-Null-CO$_2$-Emissionen[6] angestrebt;
> - deutliche Reduzierung von CO$_2$-Emissionen um 25 % bereits bis 2030;
> - bis zu 4 Milliarden EUR Investitionen bis 2030 geplant.
>
> Insofern setzte sich BASF messbare Ziele auf ihrem Weg Richtung Klimaneutralität im Jahr 2050. Basierend auf den jüngsten Fortschritten bei der Entwicklung CO$_2$-reduzierter und CO$_2$-freier Technologien erhöhte das Unternehmen sein mittelfristiges Reduktionsziel für Treibhausgasemissionen bis zum Jahr 2030 im Vergleich zu früheren Zielen: Das Unternehmen will die Menge emittierter Treibhausgase im Vergleich zum Jahr 2018 weltweit um 25 % senken – und dies bei angestrebtem Wachstum und der Errichtung eines großen Verbundstandorts in Südchina.
>
> Ohne Berücksichtigung des geplanten Wachstums bedeutet dies eine Halbierung der CO$_2$-Emissionen im bestehenden Geschäft bis Ende des Jahrzehnts. Insgesamt plant BASF zur Erreichung des neuen Klimaziels bis 2025 Investitionen von bis zu 1 Milliarde EUR sowie bis 2030 von weiteren 2 bis 3 Milliarden EUR.
>
> Im Jahr 2018 lagen die weltweiten Emissionen der BASF-Gruppe bei 21,9 Millionen Tonnen CO$_2$-Äquivalente. Im Jahr 1990 waren sie noch etwa doppelt so hoch. Das neue Emissionsziel 2030 entspricht einer Reduktion von rund 60 % im Vergleich zu 1990.
>
> Im Zentrum der langfristigen Umstellung hin zu Netto-Null-CO$_2$-Emissionen ab 2050 steht der Einsatz neuer Technologien, bei denen fossile Energieträger wie Erdgas durch elektrischen Strom aus erneuerbaren Quellen ersetzt werden.
>
> BASF setzt sich mit der Klimaneutralität im Jahr 2050 ein ambitioniertes Ziel und hat entsprechende interne Steuerungs-, Kontroll- und Berichtssysteme etabliert, um dieses Ziel zu erreichen.

---

[6] Auf Basis der Scope-1- und Scope-2-Emissionen der BASF-Gruppe; andere Treibhausgase werden gem. Greenhouse Gas Protocol in CO$_2$-Äquivalente (CO$_2$e) umgerechnet.

> Im November 2021 wurde zur weiteren Manifestierung des steuerungsrelevanten Leistungsindikators „CO_2-Emissionen" bzw. zur Ansteuerung des globalen Ziels „Netto-Null-CO_2-Emissionen ab 2050" eine Einheit „Net Zero Accelerator" mit ca. 80 Mitarbeitenden gegründet. Diese Einheit mit direkter Berichtslinie an den Vorstandsvorsitzenden treibt bereits laufende und neue Projekte zur Erreichung der CO_2-Reduktionsziele auf Unternehmensebene weltweit voran. Durch eine Bündelung des Fachwissens rund um erneuerbare Energien, alternative Rohstoffe und Technologien zur CO_2-Reduzierung sollen die Geschwindigkeit der Implementierung erhöht und Skalierungseffekte erzielt werden.

Herausforderung: Neue Berichtsanforderungen bei gleichzeitigem Fehlen anerkannter Standards

> **Praxis-Beispiel**
> **Berechnung des Product Carbon Footprint der BASF-Produkte**
>
> Ein Beispiel für die Umsetzung von CO_2-Emissionszielen in der Geschäftssteuerung und sogar der Marktbearbeitung ist die Ermittlung von Product Carbon Footprints (PCF) durch die BASF. BASF berechnet den CO_2-Fußabdruck aller Verkaufsprodukte und kann so transparente Emissionsdaten für das gesamte Portfolio aus rund 45.000 Produkten vorlegen. Daten aus dem BASF-Verbund und eine neue digitale Anwendung helfen BASF-Kunden, den eigenen CO_2-Fußabdruck ihrer Aktivitäten und Endprodukte besser messen, reduzieren und berichten zu können.
>
> Der PCF umfasst sämtliche produktbezogenen angefallenen Treibhausgasemissionen, bis das BASF-Produkt das Werkstor Richtung Kunde verlässt: vom eingekauften Rohstoff bis zum Einsatz von Energie in den Produktionsprozessen.
>
> Die PCF-Berechnung bei BASF stützt sich auf umfangreiche Daten aus der Erhebung von Emissionen im eigenen Produktionsnetzwerk, auf qualitativ hochwertige Durchschnittsdaten für eingekaufte Rohstoffe sowie auf zugekaufte Energie. Die Methode folgt allgemeinen Standards für Lebenszyklus-Analysen wie bspw. ISO 14044 und ISO 14067 sowie dem Greenhouse Gas Protocol Product-Standard.
>
> Um unternehmensübergreifend vergleichbare Ergebnisse zu erzielen, setzt sich das Unternehmen für die Einführung produktspezifischer Vorgaben für die Berechnung von PCFs in der chemischen Industrie ein. So

> können **industrieweit** gleiche Grundlagen für die Berechnung und somit eine **Vergleichbarkeit** für Produkte geschaffen werden.
>
> Gerade in Bereichen, in denen bislang keine einheitlichen Erhebungs- oder gar Berichtsstandards vorliegen, können Unternehmen durch eigene Pilotprojekte und gleichzeitig frühen Austausch mit Peers die Ausarbeitung neuer Standards anstoßen. Durch das Einbeziehen sog. „*Critical Reviews*" – externer kritischer Gutachten – kann die Akzeptanz neuer Datenerhebungs- oder Berichterstattungsansätze erhöht werden.

Unzureichende Datenerhebungsprozesse und fehlende IT-Lösungen – Lösungsansatz: Externalisierung der Product-Carbon-Footprint-Berechnung

> **Praxis-Beispiel**
>
> Im August 2021 hat BASF begonnen, eine firmeneigene digitale Lösung und Methodik zur Berechnung des Product Carbon Footprint über Lizenzvereinbarungen an im Softwarebereich tätige Dritte weiterzugeben. Auf Grundlage der vom Unternehmen entwickelten Methode werden externe Partner eine Software entwickeln, die von anderen Industrieunternehmen eingesetzt werden kann.
>
> In der Entwicklungsphase der digitalen Lösung hat BASF erkannt, dass die bestehenden Standards für die PCF-Berechnung Interpretationsspielraum lassen und unterschiedliche Wege der Emissionszuordnung zulassen. Das führt dazu, dass selbst PCFs für ein und dasselbe Produkt nicht immer vergleichbar sind. Daher arbeitet das Unternehmen mit verschiedenen Partnern und Verbänden zusammen, um die **Standardisierung der PCF-Methoden** voranzutreiben und gleiche Wettbewerbsbedingungen zu schaffen.
>
> Um interessierten Industrieakteuren eine pragmatische Lösung anzubieten, hat BASF beschlossen, ihren automatisierten PCF-Berechnungsansatz über ein Netzwerk von Partnerschaften auf dem Markt verfügbar zu machen. In einem ersten Schritt werden Lizenzvereinbarungen IT-Unternehmen in die Lage versetzen, die Methodik und die interne Lösung von BASF in eine marktfähige Software zu übersetzen.
>
> Eine der zentralen Herausforderungen für Unternehmen im Bereich der CO_2-Datenerhebung ist die Erfassung oder Berechnung von **Treibhausgasemissionen in der Lieferkette**. Eine enge Zusammenarbeit zwischen Unternehmen und ihren Zulieferern zu dieser komplexen Thematik ist unabdingbar. BASF unterstützt daher Lieferanten bei der Berechnung

> ihrer Product Carbon Footprints und einer weiteren Standardisierung. Das Unternehmen hat ein CO_2-Managementprogramm für Lieferanten ins Leben gerufen, um seine Zulieferer aktiv einzubinden und Transparenz über die PCFs seiner Rohstoffe zu schaffen.
>
> Transparenz zu ESG-Informationen, in diesem Fall zu CO_2-Emissionen, ist ein Grundpfeiler für die aktive Steuerung dieser Themen und das Erreichen gesetzter Unternehmensziele. Ein Netzwerk von Partnerschaften kann die Berechnung, die Berichterstattung und den Austausch von ESG-Daten wie CO_2-Emissionen zwischen den Akteuren entlang der Wertschöpfungskette beschleunigen und die Verlässlichkeit sowie die Vergleichbarkeit von Daten gewährleisten.

7.4 Anforderungen an die Organisation

Die dargestellten Beispiele der BASF zeigen, wie umfassend Nachhaltigkeit in der Berichterstattung und Geschäftssteuerung integriert werden muss, wenn es sich um Themen von großer Wesentlichkeit für einzelne Firmen handelt. Es wird deutlich, dass eine umfassende Steuerung von Nachhaltigkeitsaspekten immer eine **cross-funktionale Aufgabe** sein wird und des Zusammenspiels von Mitarbeitenden aus Strategieabteilungen, der Nachhaltigkeitsorganisation, aus Finanzen, Controlling und IT und – je nach Themenstellung – aus Marketing, Vertrieb und Produktion sowie Forschung und Entwicklung bedarf. Mit diesem Zusammenspiel geht einher, dass sich alle Beteiligten intensiv mit den anderweitigen Anforderungen auseinandersetzen müssen, dabei voneinander lernen und sich fachlich und persönlich weiterentwickeln.

Wichtig im Zusammenhang mit der stringenten Bearbeitung von Nachhaltigkeitsthemen aus Sicht der Berichterstattung und der Geschäftssteuerung ist, diese gegenseitigen Anforderungen klar zu definieren und das Anspruchsniveau an die externe Berichterstattung sowie den Bedarf für interne Steuerung und Nutzung von Daten in operativen Bereichen festzulegen.

Hierfür hat die BASF ein **Sustainability Reporting & Controlling Committee** gegründet, in dem Unternehmensbereiche und Zentraleinheiten das Vorgehen zur Messung, Erhebung, Steuerung und Berichterstattung von Nachhaltigkeitsthemen abstimmen, ein gemeinsames Verständnis sicherstellen und damit Klarheit und Stringenz in der Weiterentwicklung der unterschiedlichen Nachhaltigkeitsthemen gewährleisten.

§ 6A Nachhaltigkeit messen und steuern – was Software leisten kann

> **Überblick**
>
> Nachhaltige Entwicklung erfordert eine langfristige Balance zwischen wirtschaftlichem Erfolg und ökologischer, sozialer und ethischer Verantwortung. Zunehmend erwarten Investoren, Konsumenten und nicht zuletzt Regierungen von Unternehmen umfangreiche Auskunft über diese zusätzlichen Dimensionen der Unternehmensführung. Während die nichtfinanzielle Berichterstattung noch vor wenigen Jahren weitgehend freiwillig und ohne Prüfung erfolgte, so ist sie mittlerweile in vielen Regionen der Welt zu einem wesentlichen und verpflichtenden Bestandteil der Unternehmensberichterstattung geworden.
>
> Die Qualität, Vollständigkeit und Vergleichbarkeit der Informationen, die Unternehmen offenlegen, sind mehr und mehr auch für Finanzmarktakteure entscheidend, die zunehmend selbst verpflichtet sind, Nachhaltigkeitsaspekte bei ihren Investments zu berücksichtigen. Die ESG-Berichterstattung ist daher auch zunehmend wichtig für die Unternehmensbewertung institutioneller Investoren und beeinflusst damit auch den Zugang zu Finanzmitteln eines Unternehmens.[1]
>
> Neben den regulatorischen Anforderungen erzwingen veränderte Klimabedingungen und daraus resultierende physische Klimarisiken sowie die verstärkte gesellschaftliche Aufmerksamkeit auf nachhaltige Geschäftspraktiken ein Augenmerk auf die Resilienz und Krisenfestigkeit von Geschäftsmodellen und Unternehmensstrategien, die für einen langfristigen finanziellen Erfolg der Organisation essenziell sind. Es entsteht also ein Handlungsdruck von mehreren Seiten und damit einhergehend steigen die Anforderungen an die Messbarkeit und integrierte Steuerung von Nachhaltigkeit.
>
> Gem. einer aktuellen Studie von SAP Insight[2] stehen der Operationalisierung von Nachhaltigkeitsstrategien und der Umsetzung von nachhaltigen Zielen folgende wesentliche Barrieren im Weg:
> - Fehlende Verankerung von Nachhaltigkeit in die Unternehmensstrategie,

---

[1] Vgl. EU Sustainable Finance Action Plan.
[2] SAP Insight, The Balance Sheet Blind Spot: How Sustainability Affects Competitiveness and Profits, 2022.

> - Messbarkeit von Nachhaltigkeit und deren finanzielle Auswirkungen noch zu unklar,
> - Nachweis eines Return on Investment schwierig,
> - fehlende Klarheit, wie Nachhaltigkeit in Unternehmensprozesse und IT-Systeme integriert werden kann.
>
> Diese Herausforderungen können mithilfe von Informationstechnologie unterstützt werden.

1 Unternehmen stehen vor vielfältigen Herausforderungen

1 Viele Unternehmen veröffentlichen bereits seit vielen Jahren einen jährlichen Nachhaltigkeitsbericht und kommunizieren auf diese Weise ihren quantitativen und qualitativen Beitrag zu selbst definierten und auch übergeordneten ESG-Zielen (z. B. Ziele zur Dekarbonisierung, UN SDG Ziele). Dies ist ein weltweiter Trend mit deutlich steigender Tendenz. Lt. KPMG veröffentlichten im Jahr 2022 bereits knapp 80 % der 5.800 „N100" Unternehmen[3] weltweit Informationen zu Nachhaltigkeit (im Vergleich zu unter 20 % im Jahr 2002).[4] Und auch in der Kommunikation mit Investoren (z. B. in Earnings Calls) wird das Thema zunehmend wichtiger. Diese Offenlegungen sind bisher jedoch weitgehend freiwillig und werden in der Praxis häufig über **aufwändige, manuelle Prozesse** angefertigt.

Sie erlauben daher noch keine ausreichende **Transparenz** und **Granularität**, die für eine Steuerung und letztlich Verhaltensänderung notwendig sind. Auch fehlt es häufig an Klarheit, welche Ziele, Pläne und Maßnahmen definiert werden und wie diese zu einer messbaren Veränderung von ESG-Performance führen. Genau hierzu werden nun aber verbindliche Vorgaben gemacht (siehe ESRS-Entwürfe zur Umsetzung der CSRD; § 9A), die über bisherige Verfahren und Prozesse nicht mehr adäquat bedient werden können.

2 Angesichts der zunehmenden Komplexität und Quantität von nachhaltigkeitsrelevanten Informationen stehen Unternehmen vor folgenden **Herausforderungen**:

---

[3] N100 = 100 umsatzstärkste Unternehmen in 58 Ländern.
[4] KPMG, Global Survey of Sustainability Reporting 2022, https://assets.kpmg/content/dam/kpmg/se/pdf/komm/2022/Global-Survey-of-Sustainability-Reporting-2022.pdf, abgerufen am 3.1.2023.

Daten fehlen bzw. sind schwer integrierbar

Ein zentrales Problem besteht darin, dass die relevanten Daten häufig nicht in der benötigten Form zur Verfügung stehen, sondern aufwändig ermittelt oder teilw. geschätzt werden müssen. Typischerweise müssen Daten aus unterschiedlichen Systemen und Datenbanken miteinander verknüpft werden, die über viele Jahre entstanden sind und häufig für einen spezifischen Verwendungszweck konzipiert und implementiert wurden.

Durch die entstehenden Daten-Silos und fehlenden Referenz- und Metadaten, die für eine Ermittlung der relevanten Kenngrößen notwendig sind, wird eine automatisierte Datenbereitstellung erschwert. Zudem sind Nachhaltigkeitsaspekte oft noch unzureichend in die Unternehmensprozesse integriert und müssen daher separat erhoben werden über teilw. sehr komplexe Datenerfassungsprozesse.

Hinzu kommt, dass ein sehr relevanter Teil der Nachhaltigkeitsinformationen externe Daten von Zulieferern, Kunden und Daten-Providern benötigt. Wenn man z.B. bedenkt, dass abhängig von der Branche bis zu 90 % des CO_2-Fußabdrucks eines Unternehmens in seiner Lieferkette liegen können (GHG Scope 3),[5] so wird deutlich, dass ein aussagekräftiges CO_2-Reporting die Erhebung und Verwaltung von Verbrauchs- und Emissionsdaten entlang der gesamten Lieferkette voraussetzt. Dies wiederum erfordert einen standardisierten Datenaustausch und eine Vereinheitlichung von ESG-Daten.

Fehlende Einbettung in die digitale Transformation

In vielen Organisationen werden derzeit die Weichen gestellt für die digitale Zukunft der nächsten Jahre. Damit sind enorme Potenziale, aber auch Kosten und Risiken verbunden. Die digitale Transformation bedeutet nicht nur die Einführung neuer Software, Technologien und Prozesse, sondern auch die Veränderung von etablierten Arbeitsweisen, Rollen und Denkmustern. Dabei spielt auch Nachhaltigkeit eine extrem wichtige Rolle.

Oft greifen digitale Transformationsinitiativen in dieser Hinsicht zu kurz und den Nachhaltigkeitsaspekt nicht ausreichend auf. Dies liegt zum einen daran, dass sich Nachhaltigkeit nicht einem einzelnen Prozess oder einer Abteilung zuordnen lässt und eine übergeordnete, multidisziplinäre Denk- und Herangehensweise erfordert. Zum anderen ist eine Kosten-/Nutzen-Betrachtung oft nicht ausreichend präzise durchführbar. Dadurch wird eine

---

[5] CDP, Technical Note: Relevance of Scope 3 Categories by Sector, 2022, https://cdn.cdp.net/cdp-production/cms/guidance_docs/pdfs/000/003/504/original/CDP-technical-note-scope-relevance-by-sector.pdf?1649687608, abgerufen am 3.1.2023.

stringente Integration von Nachhaltigkeit in die neuen digitalen Prozesse erschwert.

Veränderte Rollen und Verantwortlichkeiten

Die stetig wachsenden Anforderungen an ein ganzheitliches ESG-Reporting erfordern auch ein Überdenken der organisatorischen Verankerung und Personalausstattung. In der Vergangenheit lag die Verantwortlichkeit für die Nachhaltigkeitsberichterstattung häufig bei einem CSR-Team, das oft dem CEO- oder CFO-Bereich angegliedert war. Zunehmend entstehen jedoch Informationsbedarfe, die Verfahren und Prozesse aus der Finanzberichterstattung und dem Controlling erfordern. In der Konsequenz kommt dem Finanzbereich eine neue, erweiterte Rolle zu, insbes. auch im Kontext neuer regulatorischer Anforderungen. Des Weiteren bedarf es Experten, die neueste ESG-Entwicklungen und Berichtsstandards bündeln und als Multiplikatoren in das Unternehmen tragen.

Akzeptanz für Veränderungen

Eine der größten Barrieren für eine erfolgreiche Nachhaltigkeitstransformation ist die mangelnde Akzeptanz in der Organisation. Lt. Statistiken zur digitalen Transformation scheitern 70 % aller Programme zur digitalen Transformation am Widerstand der Mitarbeiter und mangelnder Unterstützung durch das Management und nur 16 % der Mitarbeiter gaben an, dass die Bemühungen ihres Unternehmens zur digitalen Transformation erfolgreich sind und ihre Leistung nachhaltig verbessert haben.[6]

2 Welche Rolle kann IT spielen?

3   IT spielt als digitaler Enabler in Unternehmensprozessen und der Unternehmenssteuerung eine zentrale Rolle bei der Transformation zu einer intelligenten und nachhaltigen Wertschöpfung. Da messbare ESG-Kriterien immer bedeutsamer werden für Geschäfts- und Anlegerentscheidungen, wird auch der Umfang und die Qualität der nichtfinanziellen Berichterstattung immer wichtiger. Die Adressaten dieser Informationen müssen ihnen vertrauen und sich darauf verlassen können – sei es für interne Management-Entscheidungen oder extern für Kapitalgeber und andere Stakeholder (§ 14A).

4   Das World Business Council for Sustainable Development (WBCSD) hat 2019 einen Leitfaden veröffentlicht, der praktische Vorschläge dazu enthält,

---

[6] McKinsey, Losing from day one: Why even successful transformations fall short, 2021, www.mckinsey.com/capabilities/people-and-organizational-performance/our-insights/successful-transformations, abgerufen am 3.1.2023.

wie Unternehmen die Qualität und das Vertrauen in ihre ESG-Informationen verbessern können (siehe auch Abb. 1).[7] Er enthält grundlegende Bausteine und Empfehlungen, die im Folgenden aufgegriffen werden, um einen Pfad aufzuzeigen, wie zuverlässige ESG-Informationen bereitgestellt werden können mit dem Ziel, einen „Investment Grade" Qualitätsstandard zu erreichen.

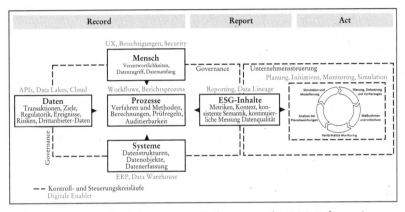

Abb. 1: Prozesse und Aktivitäten zur Verbesserung der ESG-Informationen

Grds. gilt es, das **Zusammenspiel aus Daten, Prozessen, Systemen und menschlichen Akteuren** IT-seitig so zu gestalten, dass qualitativ hochwertige Informationen entstehen, die sowohl für die externe Berichterstattung als auch für die Unternehmenssteuerung verwendet werden können. IT kommt die Rolle zu, sämtliche Aspekte dieses Prozesses so transparent und effizient wie möglich abzubilden.

> **Hinweis**
>
> Unter **Daten** verstehen wir alle Arten von Informationsträgern (u. a. Geschäftsdaten/Transaktionen, Stammdaten, Ereignisse, Referenzdaten, Metadaten), die aus internen oder externen Quellen stammen können und auf unterschiedlichen Aggregations- und Konfidenz-Niveaus vorliegen können. Zu unterscheiden sind sie von Informationen und Inhalten, die bereits für einen vorbestimmten Zweck aufbereitet und nutzbar gemacht wurden.
>
> **Prozesse** definieren die Verfahren und Methoden der Datenerfassung und -verarbeitung. Sie erzeugen aus Eingangsdaten die ESG relevanten Ergebnis-Informationen, die zum Zweck der Berichterstattung und Steue-

---

[7] WBCSD, Guidance on Improving the quality of ESG information for decision-making, 2019.

rung verwendet werden. Dies können zum einen Geschäftsprozesse sein, aus denen bereits relevante Inhalte entstehen, zum anderen separate Datenerfassungs- und -verarbeitungsprozesse. Alle Prozesse sollten von der Datenentstehung bis zur Verwendungsfreigabe in einem zentralen Berichtsprozess gebündelt werden, der unternehmensweit einheitlich implementiert ist und entsprechende Kontrollmechanismen (Governance) integriert.

Die **Systeme** beinhalten sämtliche IT-Systeme und Technologien, die zum Sammeln, Validieren und Veredeln von Daten verwendet werden.

Die Dimension **Mensch** beschreibt die Verantwortlichkeiten im Berichtsprozess. Die für die Datenerhebung Verantwortlichen müssen den Zweck und ihre Verantwortung und Rechenschaftspflicht für die Richtigkeit dieser Daten verstehen.

Die **ESG-Inhalte** umfassen qualitätsgeprüfte und aufbereitete Ergebnisgrößen (Kennzahlen) und deren Kontext (organisatorischer Kontext, zeitlicher Kontext, ESG-Kontext), die als Ergebnis des Berichtsprozesses entstehen und für das interne und externe Reporting verwendet werden können.

Das Zusammenspiel dieser Dimensionen bildet einen **Kreislauf**, der periodisch (jährlich, quartalsweise, monatlich, täglich) abläuft und damit ein möglichst realitätsnahes Bild der Ist-Situation und der historischen Entwicklung widerspiegelt. Innerhalb dieses Kreislaufs findet ein Qualitäts-Monitoring statt, um die Güte der Informationsversorgung kontinuierlich zu verbessern.

Die **Unternehmenssteuerung** bildet einen **zweiten Kreislauf**, der auf den qualitätsgeprüften Informationen aufsetzt. Es geht um das Setzen von ESG-Zielen i.R.d. übergeordneten Strategie, die Ableitung von Maßnahmen und Aktionsplänen sowie die Analyse von Plan-/Ist-Abweichungen.

Jede Dimension erfordert eine eigene Betrachtung und IT-seitige Unterstützung.

2.1 Daten

6 Die Datengrundlage für ein unternehmensweites ESG-Reporting ist typischerweise sehr vielfältig und schließt interne wie externe Datenquellen ein. Häufig liegen die erforderlichen Daten im Unternehmen regional verteilt, unvollständig und auf unterschiedlichen Aggregations-Niveaus vor, und sie unterliegen oft unterschiedlichen Kontroll- und Governance-Prozessen. So

können bspw. Verbrauchsdaten für die GHG Scope 1 und 2 Ermittlung in einigen Standorten und Gebäuden ggf. automatisiert über intelligente Stromzähler („Smart Meter") in Echtzeit erfasst und ausgewertet werden, während sie an anderen Standorten nur monatlich oder quartalsweise über Rechnungen ermittelbar sind oder teilw. sogar nur standortübergreifend jährlich geschätzt und manuell erfasst werden müssen.

Neben Geschäfts- und Transaktionsdaten sind externe Referenzdaten von Relevanz (z. B. Emissionsfaktoren, Benchmarks, Risikoprofile), die für eine Berechnung von Kennzahlen nach standardisierten Verfahren (z. B. Emissionen nach GHG Protokoll) und damit auch für eine Vergleichbarkeit sehr wichtig sind. Verstärkt gehören auch klimarelevante Risiken zu einem aussagekräftigen Reporting. Dies kann bspw. durch die Anreicherung von Standortdaten mit externen Klimadaten erfolgen, um z. B. die Auswirkungen unterschiedlicher Klima-Szenarien auf Produktionsstandorte und Lieferketten zu simulieren.

Eine Befragung von über 2.000 Führungskräften durch Oxford Economics und SAP ergab, dass derzeit noch vielen Organisationen das Vertrauen in ihre Fähigkeit fehlt, Nachhaltigkeit mithilfe von Daten effektiv messbar zu machen und voranzutreiben. Mehr als die Hälfte der Befragten gibt an, dass unzureichendes Datenmanagement und Analysefähigkeiten in ihrer Organisation das Erreichen von Nachhaltigkeit erschweren; 54 % geben an, dass es aufwändig ist, redundante Datensätze zu bereinigen; 55 % finden es schwierig, integrierte Prozesse für interne und externe Daten und Systeme zu etablieren; und 55 % haben Schwierigkeiten, Daten zwischen verschiedenen Arten von Software auszutauschen.[8]

Gleichzeitig gibt die Regulatorik zunehmend konkrete Anforderungen an ESG-Datenqualität und -überprüfbarkeit vor. Im Entwurf *„European Sustainability Reporting Guidelines 2, Quality of information conceptual guidelines for standard-setting"* (Draft ESRG 2) der EFRAG Leitlinien zur Nachhaltigkeitsberichterstattung werden folgende Merkmale der Informationsqualität definiert:

„Die Nachhaltigkeitsberichterstattungsstandards müssen verlangen, dass die zu berichtenden Informationen verständlich, relevant, repräsentativ, überprüfbar, vergleichbar und wahrheitsgetreu dargestellt werden."[9]

Nachhaltigkeitsinformationen sind **relevant**, wenn sie einen wesentlichen Einfluss auf die Einschätzungen und Entscheidungen derjenigen haben, die die Berichterstattung nach einem Ansatz der **doppelten Wesentlichkeit**

---

[8] Oxford Economics und SAP, Closing the Green Gap, 2022.
[9] EFRAG, [Draft] ESRS 1 General requirements, App. C, Nov. 2022.

verwenden. **Vergleichbarkeit** in Bezug auf die Qualität bezieht sich auf die Fähigkeit, Informationen zu einem bestimmten Bezugspunkt oder zu denselben Informationen aus früheren Berichtszeiträumen in Beziehung zu setzen. Ein Bezugspunkt kann ein Ziel, eine Baseline, ein Industrie-Benchmark oder vergleichbare Informationen sein. Die zeitliche Vergleichbarkeit erfordert eine konsistente Berichterstattung. Konsistenz bezieht sich auf die Verwendung derselben Ansätze oder Methoden für denselben Nachhaltigkeitsaspekt von Periode zu Periode. Bei der **Überprüfbarkeit** geht es darum, die Zuverlässigkeit der präsentierten Informationen und des Prozesses, der zu diesen Informationen geführt hat, sicherzustellen.

11 Nicht zuletzt zeichnet sich ein Trend ab, dass ESG-Berichtsstrukturen und Bewertungsgegenstände über die Regulatorik zunehmend normiert werden – insbes. durch Taxonomien. Diese definieren standardisierte Klassifikationen von Geschäftsaktivitäten, Branchen, Umweltzielen, Kriterien – so dass auch diese zunehmend Einzug finden werden in die ESG-Berichterstattung. Darüber hinaus werden in den kommenden Jahren viele Berichtsinhalte für eine größere Anzahl von Unternehmen erstmalig durch die Regulatorik verpflichtend vorgegeben – insbes. durch die CSRD und EU-Taxonomie Gesetzgebung in der EU.

> **Wichtig**
>
> Wichtig ist, dass zu jedem erfassten Datum klar erkennbar ist, wie, woher und wann es erfasst wurde – so dass hervorgeht, welche Informationen aus Primärquellen gewonnen wurden (mit hohem Konfidenz-Niveau) und welche Informationen geschätzt oder interpoliert wurden. Dies ist sowohl relevant für die Auditierbarkeit von extern veröffentlichten Informationen als auch für die interne Unternehmenssteuerung.

12 Die Datenanforderungen lassen sich in einer „Data Value Journey" zusammenfassen; diese zeigt auf, über welche Stufen welche Datenveredelungen stattfinden müssen, um zu validen und überprüfbaren Kennzahlen und Berichten zu gelangen (siehe Tab. 1).

Bevor entsprechende Daten gesammelt oder kontrolliert werden können, müssen mehrere Elemente definiert werden. Dazu gehören v.a. die Festlegung der für das Unternehmen relevanten Berichts- und Steuerungsgrößen, die Berichtsgrenzen (*boundaries*), die von der Organisation gesetzten Ziele und strategischen Prioritäten (Wesentlichkeitsanalyse), die relevanten Organisationsstrukturen und der Umfang und die Periodizität des Berichtsprozesses. Es empfiehlt sich, ein **Inventar der relevanten Berichtsinhalte und Metriken** anzulegen, in dem die Definition der Metriken, deren organisationsspezifische Verankerung (Ownership) sowie deren Anwendung und Nutzung (z.B. regulatorische Anforderung, Reporting Framework) beschrieben sind.

IT kann die „Data Value Journey" in folgender Weise unterstützen: 13

Stufe	IT Capability	Beschreibung
Datenbeschaffung	Konnektivität	Bietet Möglichkeiten zur Verbindung (Adapter) mit verschiedenen Anwendungen (SAP, Salesforce, Workday usw.), Datenbanken (SAP HANA, MS SQL, Oracle usw.), Protokollen (SOAP, FTP, HTTP, AS2 usw.), Formaten (XML, EDI, CSV) usw.
		Stellt Funktionen und Software Development Kits (SDKs) bereit zum Erstellen eigener benutzerdefinierter Adapter.
	Datenübertragung	Unterstützt verschiedene Datenbewegungstechnologien wie Replikation, Synchronisierung, Föderation, Streaming und mehr.
Datenharmonisierung	Datenintegration (ETL)	Datenflüsse und Workflows gruppieren eine Reihe von Aktivitäten nacheinander. Workflows können unterschiedliche Datenflüsse zu Anwendungen zusammenführen. Ereignisse können andere Aufgaben auslösen. Zusätzliche Funktionen sind Jobs, Aufgaben, Veröffentlichung, Regeln und Optimierung.
	Datenqualitätsprüfung	Eine Reihe von technischen Fähigkeiten zur Verarbeitung von Daten mit „qualitätsorientiertem" Fokus: Dazu gehören Bereinigung, Standardisierung, Anreicherung, Match/Merge und manuelle Datenfehlerbehandlung und Rule Mining.

Stufe	IT Capability	Beschreibung
Daten-anreicherung	Datentransformation	Bietet eine Vielzahl von Funktionen zum Bearbeiten von Daten. Dies beinhaltet z. B. zusammenführen (aggregieren), formatieren, konvertieren, anreichern, geokodieren, anonymisieren, verbinden, parsen.
Einheitliche Semantik	Governance	Funktionen für eine langfristige, umfassende Datenqualitätserzielung und Konsistenz wie Workflow- und Aufgabenverwaltung, erweiterte Suchfunktionen, Regelverwaltung und Audit.
	Metadaten-Management	Datenanalysten nutzen Funktionen zum Erstellen und Verwalten eines Business Glossars und Kennzahleninventars mit einheitlichen Beschreibungen und Metainformationen.
Parallele semantische Frameworks	Content	Business Content bietet Pakete mit vorgefertigten Inhalten (zu Nachhaltigkeitsstandards), die eine schnelle und einfache Verknüpfung relevanter Daten zu Berichten ermöglichen.
Bewertung und Risikoidentifikation	Augmented Analytics	Augmented Analytics nutzt Technologien wie maschinelles Lernen und KI, um bei der Datenaufbereitung, der Generierung von Erkenntnissen und der Erklärung von Erkenntnissen zu helfen, um die Art und Weise zu verbessern, wie Menschen Daten erkunden und analysieren.

Stufe	IT Capability	Beschreibung
Leistung verstehen	Datenvisualisierung	Datenvisualisierung nutzt Software und Dienste, um Daten in umsetzbare Erkenntnisse umzuwandeln, die die strategischen und taktischen Geschäftsentscheidungen eines Unternehmens beeinflussen.
	Steuerung und Planung	Dieser Bereich bietet eine Reihe von Funktionen zur Optimierung der Leistung, Verbesserung der Rentabilität, Planung, Prognose und Simulation verschiedener Szenarien.

Tab. 1: SAP Business Technology Platform (SAP BTP) Referenzarchitektur

Praxis-Tipp

Worauf ist zu achten und wie kann IT unterstützen?

- Beachten Sie, dass ESG ein hochdynamisches Umfeld ist, in dem sich Berichtsstandards, Datenstandards und entsprechende Best Practices noch entwickeln.
- Achten Sie beim Design eines ESG-Systems darauf, dass die Datenarchitektur nicht zu starr auf einzelne Standards oder Frameworks festgelegt ist, sondern flexibel erweitert werden kann und offen ist für die Integration vielfältiger interner und externer Daten, um neue Anforderungen schnell bedienen zu können. Hier empfiehlt sich z. B. eine Cloud-basierte Architektur, die auf Standard APIs basiert.
- Definieren Sie abgeleitet aus Ihren Berichtsanforderungen ein initiales Dateninventar – dies hilft Ihnen später bei der Adaption auf neue Anforderungen und der Implementierung in Standard-Software.
- Suchen Sie nach stabilen und verlässlichen Datenquellen und Organisationsstrukturen, die Sie als „Anker" der Datenarchitektur verwenden können.
- Messen Sie aktiv die Datenqualität Ihrer berichts- und steuerungsrelevanten Datendimensionen (Vollständigkeit, Genauigkeit, Konsistenz, Aktualität, Klarheit).
- Nutzen Sie den Datenschatz, den Sie haben, und beginnen Sie damit, diese Daten für ESG-Fragestellungen zu nutzen – perfekte Daten gibt es nicht!
- Dokumentieren Sie systematisch Ihre „Data Value Journey", bestehende Datenlücken und resultierende IT-Anforderungen.

Datenbeschaffung	Datenharmonisierung	Datenanreicherung	Einheitliche Semantik	Parallele semantische Frameworks	Bewertung und Risikoidentifikation	Leistung verstehen
• Quellenspezifische granulare Geschäftsdaten • Referenzdaten • Aus (eigenen) IT-Systemen • Von externen Geschäftspartnern • Automatisiert über Echtzeit-Integration oder Replikation • Semimanuell über Fragebögen/Workflow	• Harmonisierte Stammdaten und Semantik in Form von Hierarchien, Merkmalen, Metriken • Datenqualitätssicherung • Geschäftsbereichsübergreifende Datenintegration • Datendomänen und Datenterminologie, z. B. entlang	• Externe Taxonomien • Klassifizierung von Stammdaten • Referenzdaten (wie Emissionsfaktoren oder Bewertungskoeffizienten) • Benchmarks • Zuordnung externer Daten zu primären Geschäftsdaten	• Berechnung von Basiskennzahlen aus Daten und Regeln vorangegangener Schritte • Beinhaltet die Verteilung von Kennzahlen entlang von Strukturen („Allokation") • Zentrales Kennzahleninventar als Basis für die weiteren Schritte	• Abgeleitete Kennzahlen aus verschiedenen semantischen Frameworks und Standards • Historisierung von unveränderlichen „eingefrorenen" Datensätzen als Referenz • Basis für gesetzliche Offenlegungen (z. B. EU-Taxonomie, CSRD, ...)	• ESG-Steuerungskennzahlen • Werttreiberbasierte Kennzahlen, die Auswirkungen quantifizieren (siehe beispielhaft zum Broader Enterprise Value der Value Balancing Alliance (VBA) § 8 Rz 231) • Schwellwerte und Gewichtungen für	• Verknüpfung von Kennzahlen • Kontextualisierte analytische Assets (Stories, Dashboards) • Drill-to-Detail, Navigieren bis zur Quellanwendung • Peer-Vergleiche

Datenbeschaffung	Datenharmonisierung	Datenanreicherung	Einheitliche Semantik	Parallele semantische Frameworks	Bewertung und Risikoidentifikation	Leistung verstehen
• Befüllen aus Dateien durch Fachanwender	des SAP „One Domain Model"[10]			• Basis für freiwillige Angaben nach Industriestandards (GRI, …)[11]	• normalisierte Bewertungen Kennzahlen und Scores als Basis für die Messung von Unternehmensleistung und Bewertung von Risiken	

IT-Fähigkeiten (*capabilities*) über alle Veredelungsstufen hinweg:

Flexibilität in Bezug auf Erweiterbarkeit und Änderbarkeit bei gleichzeitiger Stringenz in Bezug auf Qualitätseigenschaften (Vollständigkeit, Korrektheit, Konsistenz, Aktualität) | Daten mit unterschiedlichen Maßeinheiten integrierbar über zugehörige Umrechnungen | Konsistenter granularer Audit-Trail für Geschäftsanwender, um jeden Datenpunkt zu verstehen und zu erklären, einschl. Kommentaren zu Datenpunkten entlang des Veredelungsprozesses | Integrierte Datenqualitätssicherung und Reparaturintelligenz (z. B. Ausreißererkennung) | Zeitabhängigkeit und Versionierung für Nachhaltigkeits(referenz)daten und zugehörige Assoziationsregeln | Umgang mit qualitativen Daten und zugehörigen Aggregaten | Robustheit und Skalierbarkeit | Datenschnittstellen und APIs für modulare Erweiterbarkeit.

Tab. 2: „Data Value Journey" für Nachhaltigkeit – von Daten zu Informationen zu Steuerung

---

[10] Vgl. SAP One Domain Model (https://api.sap.com/sap-one-domain-model).
[11] Vgl. GRI (Global Reporting Initiative), TCFD (Task Force on Climate-related Financial Disclosures), ISSB (International Sustainability Standards Board) et al.

2.2 Prozesse/Mensch

14 Die Prozesse beschreiben das konkrete Verfahren, wie die unternehmensweite Berichterstattung für ESG-Reporting erfolgt und welche Kontrollen und Prüfmechanismen zu implementieren sind. Sie definieren den Umfang der Berichterstattung, d. h., insbes. welche Daten und Inhalte auf welcher Ebene in der Organisation eingesammelt werden, welche Ansprechpartner in der Organisation verantwortlich sind für welche Daten und nach welchen Verfahren die Daten zu erheben bzw. zu berechnen sind. Das bedeutet jedoch nicht zwangsläufig, dass alle Daten dem gleichen Qualitätsanspruch unterliegen müssen.

Typischerweise wird der **Gesamtprozess dokumentiert** und mit Wirtschaftsprüfern abgestimmt.

15 Der Berichtsprozess löst damit folgendes Grundproblem: eine unternehmensweit einheitliche Sicht auf Nachhaltigkeit ist in den überwiegenden Fällen bisher nicht vollständig automatisierbar und ist auf manuelle Dateneinsammlung und Datenprüfung angewiesen. Ursachen sind die verteilte und nicht integrierte Datengrundlage sowie eine fehlende Standardisierung von Daten und Prozessen, die in Folge zu Datenqualitätsproblemen führen (Redundanzen, Inkonsistenzen, Unvollständigkeit etc.).

IT-gestützte Prozesse spielen eine ganz zentrale Rolle, denn sie können für die notwendige Transparenz und Governance sorgen, Abläufe gezielt digitalisieren und vernetzen sowie eine Kollaboration aller Beteiligten ermöglichen.

16 Entscheidend ist, welche Rolle Geschäftsprozesse spielen und wie sie in den Berichtsprozess automatisiert einbezogen werden können.

Buchhaltungs- und Controllingprozesse sind noch nicht auf die integrative Betrachtung von Finanz- und Nachhaltigkeitsaspekten ausgelegt. Doch dies verändert sich gerade mit Nachdruck. Erste Vorreiter-Unternehmen haben begonnen, ein **„Green Controlling"** zu etablieren und relevante ökologische Aspekte (typischerweise Verbrauchsdaten, Geodaten und resultierende CO_2-Direktemissionen) in ihre Geschäftstransaktionen, Buchungslogik und Rechnungslegung zu integrieren. Dies ermöglicht es, den Umwelteinfluss einer Geschäftstransaktion unmittelbar messbar zu machen und auf beliebiger Aggregationsebene auszuwerten und mit den Finanzdaten in Beziehung zu setzen (Carbon Accounting). Software-Hersteller wie SAP und andere bieten für diese Szenarien bereits Standard-Lösungen an.[12]

17 Ein weiteres Beispiel ist die Erweiterung der Investitionsrechnung und Vorhabenplanung um eine ökologische Dimension. Neben den erwarteten

---

[12] Z. B. SAP Product Footprint Management.

finanziellen Rückflüssen einer Investition können etwa die jeweiligen erwarteten Energieverbräuche und Energieeinsparungen (eingesparte Kosten) berücksichtigt werden und in die Bewertung der Investition einfließen. Damit entsteht die Möglichkeit der Unternehmenssteuerung nach etablierten Verfahren im Controlling, unter Einbeziehung erweiterter Bewertungsdimensionen und Kennzahlen. Der große Vorteil dieses Ansatzes besteht darin, dass die finanzielle und nichtfinanzielle Berichterstattung und -steuerung integrativ auf granularer Ebene möglich ist ohne einen separaten Datenerfassungs- und Validierungsprozess.

Ein weiterer Trend ist die technologische Realisierung einer unternehmensübergreifenden Betrachtung des ökologischen und sozialen Beitrags. So entstehen gerade digitale, unternehmensübergreifende B2B Netzwerke und Datenplattformen (z.B. Catena-X[13] in der Automobilindustrie), die globale Akteure vernetzen zu durchgängigen Wertschöpfungsketten. Über diese Plattformen werden nicht nur Geschäftstransaktionen ermöglicht, sondern auch Regelwerke etabliert, die bspw. die Messung eines realen CO_2-Fußabdrucks entlang der Lieferkette (Scope 3) möglich machen. Des Weiteren sind Fragestellungen der sozialen Verantwortung eines Unternehmens in der Lieferkette (Lieferkettensorgfaltspflichtengesetz; § 15) über solche Plattformen einfacher nachweisbar.

18

In der Praxis sind solche Ansätze noch oft mit einem erheblichen Aufwand in der Konzeption und Umsetzung verbunden, da sie ein hohes Maß an unternehmensinterner Abstimmung und Standardisierung sowie die Etablierung von entsprechenden Governance- und Kontrollstrukturen erfordern. Doch durch die zunehmende digitale Vernetzung, Etablierung von Cloud-Architekturen und damit einhergehenden Standards werden sich diese Aufwände in Zukunft deutlich verringern.

Ein erster Schritt zu mehr Transparenz und Standardisierung ist die Ablösung von manuellen Datenerfassungen über Tabellenkalkulation durch **systemgestützte Eingabeprozesse mit** entsprechenden **Validierungs- und Freigabeschritten** (Workflows). Hier kann IT über entsprechende Lösungen bereits mit relativ geringem Aufwand (z.B. über Cloud-basierte Anwendungen) eine große Erleichterung schaffen. So erhöht ein systemgestützter Prozess die Datenqualität bereits bei der Datenerfassung deutlich, z.B. über Plausibilitätsprüfungen, technische Prüfungen, Vorjahresvergleiche, und vermeidet damit potenziell aufwändige Abstimmungen und Nacharbeiten. Zudem erleichtert es die Nachvollziehbarkeit der gesammelten Informationen für den Fachbereich sowie die Fortschrittskontrolle des Gesamtprozesses.

19

---

[13] Siehe http://catena-x.net.

Zusätzlich können Nachweise für jeden erfassten Datenpunkt integriert werden, so dass eine Auditierbarkeit sichergestellt ist.

20 Der Nachteil einer manuellen Erfassung von Daten ist offensichtlich. Der Aufwand der Datenpflege und Vorbereitung der Eingabedaten kann noch immer erheblich sein; zugleich ist diese Methode limitiert bzgl. der Datengranularität und Periodizität, die mit vertretbarem Aufwand eingesammelt werden kann. Ein unterjähriges Reporting ist auf diese Weise oft nicht realisierbar.

Aus diesem Grund versuchen Unternehmen zunehmend, relevante Daten automatisiert aus ihren Vorsystemen zu integrieren über **System-zu-System Schnittstellen**. Häufig wird dieser Ansatz für die Berechnung von Intensitäten verwendet, bei der Bezugsgrößen wie Umsatz, Produktionsvolumen, FTE oder Anzahl Mitarbeiter aus Vorsystemen angebunden werden. Ein weiterer Anwendungsfall ist die Anbindung von zentralen unternehmensweiten Stammdaten, die für die Konsistenz der Berichterstattung unerlässlich sind. Häufig werden auch Daten aus der Buchhaltung, dem Controlling und dem Risikomanagement integriert als Grundlage für die Berechnung von Kennziffern, die eine finanzielle Bewertung erfordern.

Eine größere Herausforderung stellt eine durchgängige Integration von ESG-relevanten Daten (GHG Emissionen) in die Geschäftsprozesse dar, da dies standardisierte Prozesse und Daten sowie die Verfügbarkeit von CO_2-Daten der Upstream- und Downstream-Geschäftspartner in der Lieferkette voraussetzt.

21 Das beschriebene Problem hat verschiedene Ursachen. Typischerweise setzen Unternehmen IT-Systeme ein, die (häufig über viele Jahre) auf ihre internen Erfordernisse hin angepasst und optimiert wurden. Dies führt dazu, dass jedes Unternehmen eigene Definitionen und Konventionen für Produkte, Sachanlagen und andere Entitäten nutzt mit ihren zugehörigen Eigenschaften. Bei Transaktionen mit anderen Parteien in der Lieferkette führt dies zu arbeitsintensiven Abstimmungen z. B. zwischen dem Kaufvorgang der Käufer mit dem Verkaufsgeschäft des Lieferanten. Folglich wird der Integrationsaufwand mit anderen Systemen, um den Warenfluss in der Lieferkette sichtbar zu machen, sehr teuer und zeitaufwändig. Weitere Hindernisse für ein klares Verständnis einer Lieferkette liegen in redundanten, fehlenden, veralteten Daten, unterschiedlichen Datendefinitionen sowie einer einseitigen Kontrolle bestimmter Parteien über die Lieferkette.

Die Blockchain-Technologie ermöglicht es, dass alle Parteien in der Lieferkette ihre Daten in einen zentralen Dienst hochladen und damit Transaktionsdaten austauschen können. Ein weiteres Beispiel dafür sind **Daten-**

plattformen wie Catena-X, die die Anbindung neuer Teilnehmer am Marktplatz über einen definierten Onboarding-Prozess organisieren.

2.3 Prozesse/ESG-Datenanforderungen und relevante IT-Technologien

> **Praxis-Tipp**
> **Worauf ist zu achten und wie kann IT unterstützen?**
> - Der unternehmensweite ESG-Berichtsprozess sollte zentral definiert werden, damit ein einheitliches und standardisiertes Vorgehen bei der Datenerhebung und bzgl. der Berechnungsverfahren sichergestellt werden kann. Eine gute Orientierung hierzu bieten das GHG Protokoll und die Guidelines der WBCSD (Rz 4).
> - Der Prozess sollte sich an den Prinzipien der Finanzberichterstattung orientieren und einheitliche Zieldatenstrukturen vorgeben (analog eines Kontenplans), die durch lokale Einheiten dezentral beliefert werden können.
> - Dokumentieren Sie den Prozess als Handbuch und gliedern Sie die Teilprozesse nach ESG-Dimensionen und ESG-Metriken.
> - Beachten Sie, dass verschiedene Reporting-Anforderungen häufig dieselben (oder sehr verwandte) Informationen erfordern – vermeiden Sie daher redundante Erfassungen derselben Daten.
> - Manuell erhobene Daten sollten immer durch einen eingebauten Validierungsprozess (automatisiert oder über 4-Augen-Prinzip) geprüft werden.
> - Alle Aspekte des Prozesses sollten systemgestützt erfolgen (nicht über lokale MS Excel Anwendungen) – achten Sie bei der Auswahl von Standardsoftware darauf, dass sie neben der Abbildung von Metriken und Berichtsstandards auch die systemgestützte Dateneinsammlung über Workflows ermöglicht – diese Prozesse bleiben relevant, trotz zunehmender Standardisierung/Automatisierung. Zusätzlich sollte die Prozess-Dokumentation direkt im System verankert werden können.
> - Prüfen Sie, für welche Metriken eine Standardintegration aus Ihren bestandsführenden Systemen möglich ist.

22

Tab. 3 stellt beispielhaft dar, wie typische ESG-Datenanforderungen durch IT unterstützt werden können.

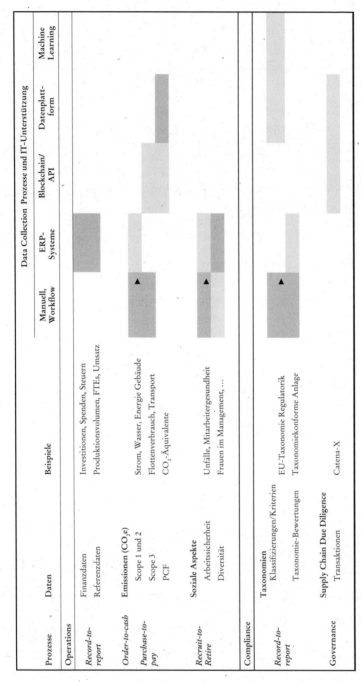

Tab. 3: IT-Unterstützung bei ESG-Datenanforderungen

2.4 Systeme

Viele Unternehmen investieren bereits über viele Jahre und Jahrzehnte in ihre IT-Landschaften, insbes. in ihre ERP-Systeme und deren Integration mit Satellitensystemen. In der Vergangenheit lag der Fokus auf der Digitalisierung und Optimierung von Geschäftsprozessen und der Automatisierung von zeitaufwändigen innerbetrieblichen Abläufen. Zunehmend liegt der Fokus nun auch auf der Digitalisierung von ganzen Geschäfts- und Servicemodellen, der Monetarisierung von Geschäftsdaten und der Integration von unternehmensübergreifenden Supply Chains über Datenplattformen.

Durch diese Entwicklungen sind Unternehmens-IT-Landschaften über die Jahre extrem gewachsen und immer komplexer geworden – insbes. getrieben durch rasant steigende neue Anforderungen und Geschäftsmodellanpassungen, Integration von Tochtergesellschaften im Zuge von Mergers & Acquisitions und den Einsatz immer neuer Technologien, ohne gleichzeitig technologische Altlasten (*technical debt*) zu beseitigen.

Dadurch stellt sich immer wieder neu die Frage, wie Daten und Prozesse verschiedener Applikationen und Teilsysteme integriert werden können und eine ganzheitliche und konsistente Sicht auf das Unternehmen („*Single Point of Truth*") geschaffen werden kann.

Die stetig steigenden Anforderungen an Qualität und Detaillierungsgrad von Nachhaltigkeitsinformationen verlangen zunehmend eine digitale Antwort. Ein Zusammenspiel bestehender Systeme und Architekturen mit neuen, intelligenten Technologien ist gefragt, um die Anforderungen an eine unternehmensweite ESG-Berichterstattung zu erfüllen.

Eine Herausforderung für CIOs liegt darin, dass die Erhebung, Dokumentation und Analyse der Daten aus den einzelnen Bereichen oft die anspruchsvolle Zusammenführung aus sehr unterschiedlichen Quellen und Systemen voraussetzen. Außerdem müssen vielfach erst noch stringente Ansätze für die interne Kontrolle dieser Informationen etabliert werden. Denn in vielen Unternehmen liegen sie lediglich für Finanzinformationen und das Risikomanagement vor.

Wenn CIOs das Management von Nachhaltigkeitsdaten mit den existierenden Kontrollsystemen abstimmen, hat das darüber hinaus regulatorische Vorteile. Neue Vorgaben etwa zur Offenlegung von Nachhaltigkeitsinformationen werden so proaktiv antizipiert.

Tab. 4 veranschaulicht anhand einer Referenzarchitektur, welche Arten von IT-Systemen und Applikationen im Kontext einer ganzheitlichen Betrachtung von ESG eine Rolle spielen können, für welche ESG-Anwendungsszenarien sie eingesetzt werden und welche Stufen der „Data Value Journey" sie adressieren (Rz 6 ff.).

Systeme	Beschreibung	ESG-Anwendungsszenarien	Data-Value-Stufen
Analytische Applikationen	Analytische Applikationen stellen Werkzeuge und Benutzeroberflächen für Fachanwender bereit, um Daten zu analysieren, Content zu verwalten, Workflow-Prozesse zu definieren, Planungsprozesse oder Simulationen zu implementieren. Sie setzen typischerweise auf Data Warehouse Systemen oder transaktionalen Systemen auf.	• Verwaltung von ESG-relevanten Kennzahlen (Glossar) • Verwaltung von Standards und Frameworks • Reporting und Visualisierung von ESG-Berichtsinhalten • Workflows für manuelle Datenerfassung • Berechnung von Kennzahlen und Allokationen • Planungs- und Forecastprozesse	Einheitliche Semantik Semantische Frameworks Leistung verstehen
Data Warehouse Systeme	Data Warehouse Systeme integrieren Daten aus unterschiedlichen Quellen zu einer harmonisierten Gesamtsicht („*Single Point of Truth*") und stellen aufbereitete Informationen für einen vordefinierten Verwendungszweck zur Verfügung.	• Unternehmensweite Zusammenführung von ESG-relevanten Daten aus verschiedenen Vorsystemen • Harmonisierung und Bereinigung von Daten	Datenharmonisierung Datenanreicherung

Systeme	Beschreibung	ESG-Anwendungsszenarien	Data-Value-Stufen
Transaktionale Systeme/ERP-Systeme/relationale Datenbanken	Transaktionale Systeme und Datenbanken bilden weiterhin das Rückgrat der Unternehmens-IT – in ihnen werden die zentralen Unternehmensstrukturen verwaltet und Geschäftsprozesse abgebildet. Zunehmend werden standardisierbare Prozesse in die Cloud ausgelagert.	• Anreicherung von Prozessdaten und Stammdaten, um ESG-relevante Kriterien und Klassifikationen • Integration von ESG in die Geschäftsprozesse (z.B. CO_2-Ausweis in der Rechnungsstellung)	Datenbeschaffung
Applikationen für Nachhaltigkeit und Compliance	Für die Verwaltung, Überwachung und (industriespezifische) Berichterstattung relevanter Aspekte der Nachhaltigkeit sind spezifische Applikationen geeignet in Ergänzung zu den Kern-Geschäftsprozessen	• Einhaltung von Umweltstandards • PCF-Berechnungen • Produktsicherheit • Unfall-Management • Kreislaufwirtschaft	Datenbeschaffung

Systeme	Beschreibung	ESG-Anwendungsszenarien	Data-Value-Stufen
Datenplattformen	Über Datenplattformen (typischerweise in der Cloud) können Kunden über vereinheitlichte APIs auf Services verschiedener Anbieter sowie Eigenentwicklungen zugreifen. Sie ermöglichen es, Daten aus unterschiedlichen Quellen effizient zu integrieren. Über die Verwendung einzelner Services kann vom Benutzer eigenständig entschieden werden.	• Integration von externen Daten (z. B. Referenzdaten über APIs) • Komplexe, unternehmensübergreifende Workflows • Integration von Direktmessungen (Sensoren) • Auslagerung von Eigenentwicklungen und komplexen Datenverarbeitungsprozessen • Integration von Drittanbieter-Diensten wie KI oder maschinelles Lernen	Datenbeschaffung Datenanreicherung Risikobewertung
Data Lakes	Data Lakes stellen ein zentrales Repository dar, das Big Data aus unterschiedlichen Quellen in einem rohen, granularen Format speichert. Es kann strukturierte, semistrukturierte oder unstrukturierte Daten aufnehmen, d. h., die Daten können in einem flexibleren Format zur späteren Nutzung aufbewahrt werden.		

Tab. 4: IT-Systeme und Referenzarchitektur

Der Aufbau einer Systemarchitektur für ESG bedarf einer sorgfältigen Planung und strategischen Bebauung – zunehmend spielen auch Cloud- bzw. Multi-Cloud-Ansätze eine Rolle. Zweifellos ist die Cloud ein wichtiger **Enabler einer nachhaltigen digitalen Transformation**; sie bietet folgende wesentliche Vorteile:

- **Flexibilität und Skalierbarkeit**: Ein Cloud-basiertes System kann auf Knopfdruck bereitgestellt werden und ist durch die Skalierbarkeit an steigende Kapazitätsanforderungen sehr schnell anpassbar, einsatzbereit und wertstiftend. So reduziert ein Umstieg in die Cloud nicht nur Investitionskosten, sondern auch Zeit für Bereitstellung, Instandhaltung und Wartung.
- **Agilität und Innovation** (SaaS): Die Cloud stellt eine nachhaltige Plattform für Innovation bereit und ermöglicht sofortigen Zugriff auf Produktverbesserungen, ohne den Aufwand für Upgrades und Aktualisierungen der Vergangenheit zu tragen. Innovationszyklen werden dadurch deutlich verkürzt, oft i. R. v. monatlichen oder 2-wöchentlichen Veröffentlichungen.
- **Effizienz**: Cloud bedeutet einen Paradigmenwechsel von CapEx zu OpEx für IT-Infrastrukturen und -betrieb, da massive einmalige IT-Vorabinvestitionen entfallen und stattdessen nur wiederkehrende gebrauchsspezifische (*pay-as-you-go*) Aufwendungen anfallen.
- **Green IT**: Durch die Migration in die Cloud werden Maschinen mit hohem CO_2-Ausstoß durch virtuelle Äquivalente ersetzt. Dies kann dazu beitragen, den CO_2-Fußabdruck des Unternehmens erheblich zu reduzieren. Die Eliminierung physischer Hardware aus dem Betrieb gewährleistet eine Dematerialisierung und reduziert Kosten, Abfall, Aufwand und Umweltbelastung.

Praxis-Tipp

Worauf ist zu achten und wie kann IT unterstützen?
- Ein guter Ausgangspunkt für eine langfristige ESG-IT-Planung und Systembebauung ist die IT-Strategie des Unternehmens. Diese kann Fragen beantworten wie: Welche Applikationen und Systeme sind bereits im Einsatz? Wie sieht die Cloud-Strategie des Unternehmens aus? Wie sieht die übergeordnete Zielbebauung und Roadmap aus?
- Ermitteln Sie parallel die IT-Anforderungen aus Ihrem aktuellen Berichtsprozess: Welche Daten sind schwer zu ermitteln? Wo entstehen Nacharbeiten? Sind Verantwortlichkeiten klar geregelt? Sind lokale Ansprechpartner ausreichend geschult und informiert?
- Führen Sie eine Bestandsaufnahme Ihrer bisherigen Unternehmens-IT-Systeme durch und prüfen Sie welche Prozessschritte Sie bereits

> heute aus bestehenden Systemen mit vertretbarem Aufwand automatisieren können.
> - Überlegen Sie, wo in Ihrer Systemlandschaft Sie den „*Single Point of Truth*" für Ihr ESG-Reporting etablieren, welcher Teil der „Data Value Journey" systemgestützt abgebildet wird, welche Schritte manuell erfolgen?
> - Experimentieren Sie mit Möglichkeiten in der Cloud.

3 ESG-Inhalte (Metriken und Semantik)

27 Mit einer ganzheitlichen ESG-Betrachtung eines Unternehmens wird der relevante Rahmen systematisch auf die gesamte Wertschöpfungskette über die direkten Unternehmensgrenzen hinaus ausgebreitet. Darüber hinaus erweitert sich der Fokus von einer *cradle-to-gate-* hin zu einer *cradle-to-grave-* oder *cradle-to-cradle*-Betrachtung, so dass der gesamte Lebenszyklus eines Produkts oder Services berücksichtigt wird. Dies beinhaltet die Rohstoffgewinnung über die Nutzung bis zur Entsorgung und/oder Wiederverwendung. In diesem Kontext stellt die Etablierung einer belastbaren und auditierbaren Transparenz über jegliche Nachhaltigkeitsaspekte die Unternehmen vor eine Herausforderung. Ein Schlüssel stellt eine gewisse, in einigen Bereichen noch fehlende Standardisierung dar. Diese Standardisierung muss auf der einfachsten Ebene als Performanceindikatoren (KPIs), aber auch Prozessdefinitionen bis hin zu Definitionen von technischen Austauschformaten etabliert werden; so z. B. des Nachhaltigkeitsdatenaustausches entlang der Wertschöpfungskette i. R. d. Pathfinder Frameworks, welches durch das WBCSD geleitet wird. Diese Initiative hat sich dem Austausch von Daten in Bezug auf CO_2-Emissionen, insbes. Scope 3, verschrieben. Hierbei werden Methodik und die technischen Infrastruktur für den Datenaustausch bereitgestellt. Neben Scope 3 Emissionen sind auch soziale Aspekte in den vergangenen Jahren vermehrt in den Fokus einer übergreifenden Nachhaltigkeitsbetrachtung gerückt. Dies wird durch Standards und Verordnungen wie das deutsche Lieferkettensorgfaltspflichtengesetz (LkSG) verdeutlicht. Hierbei werden Sorgfaltspflichten und die soziale Verantwortung der Unternehmen geregelt (§ 15).

28 Die relevanten **Nachhaltigkeitsmetriken** für ein Unternehmen sind sehr vielseitig. Dies ist bedingt durch die übergreifende Natur der Nachhaltigkeitsaspekte sowie die Relevanz entlang der gesamten Wertschöpfungskette. Dies spiegelt sich auch wider in den unterschiedlichen und umfangreichen Reportingstandards, welche in § 8 im Detail vorgestellt werden.

Ein effizienter Übergang von der reinen Messung der Nachhaltigkeitsperformance zu einer erfolgreichen Steuerung selbiger bedarf möglichst kurzer Intervalle der Berichtszeiträume. Idealerweise wird das interne Nachhaltigkeitsreporting monatlich oder vierteljährlich etabliert.

Neben ESG-Berichtsstandards mit den zahlreichen Definitionen zu Nachhaltigkeitsmetriken gibt es noch umfangreiche Methoden und Ansätze, welche die Messbarkeit von Nachhaltigkeitsperformance unterstützen:

- **Stakeholder Capitalism:** Stakeholder Capitalism schlägt vor, dass Unternehmen den Interessen aller ihrer Stakeholder und nicht nur der Aktionäre dienen sollten. Zu den Stakeholdern können Investoren, Eigentümer, Mitarbeiter, Anbieter, Kunden und die breite Öffentlichkeit gehören. Der Fokus liegt auf der langfristigen Wertschöpfung, nicht nur auf der Steigerung des Shareholder Value.
- **Wesentlichkeitsanalyse:** Die Wesentlichkeitsanalyse ist der Prozess der Identifizierung und Bewertung potenzieller Nachhaltigkeitsaspekte, die ein Unternehmen und seine Stakeholder betreffen könnten. Die gewonnenen Erkenntnisse können dann verwendet werden, um Kommunikation, Strategie, Ziele und Berichterstattung zu lenken. Häufige Herausforderungen bei der Wesentlichkeitsanalyse sind: einbeziehen und priorisieren von Stakeholder-Ansichten, einbeziehen der Geschäftsleitung und Erweiterung der Wesentlichkeit.
- **Lebenszyklusanalyse:** Das Life-Cycle-Assessment (LCA) ist ein Prozess zur Bewertung der Auswirkungen, die ein Produkt über die gesamte Lebensdauer auf die Umwelt hat. Hierbei sind die Erhöhung der Ressourcennutzungseffizienz sowie die Minimierung von Haftungsrisiken die Haupttreiber.

> **Praxis-Tipp**
>
> **Worauf ist zu achten und wie kann IT unterstützen?**
> - Stellen Sie eine Wesentlichkeitsanalyse auf und identifizieren Sie die für Ihr Unternehmen relevanten ESG-Prioritäten und Themen. Dies hilft, den Blick zu fokussieren auf die Inhalte, die für Ihre internen und externen Stakeholder wichtig sind. IT kann Sie unterstützen, z. B. über Horizon-Scanning-Verfahren.
> - Bleiben Sie informiert bzgl. der Entwicklung der globalen ESG-Berichtsstandards – insbes. CSRD/EU-Taxonomie, ISSB und SEC – diese Standards werden eine große Verbreitung haben, und es ist zu empfehlen, sich rechtzeitig auf diese Anforderungen einzustellen und digitale Berichtsbereitstellungen vorzubereiten.
> - Leiten Sie daraus den für Ihr Unternehmen relevanten Nachhaltigkeits-Scope ab.

- Entscheiden Sie, welche Nachhaltigkeitsmetriken für Ihr Unternehmen wichtig sind und auf welcher Ebene/Aggregation Sie diese Metriken messen möchten. Welche Metriken sind erforderlich? Was berichten andere Unternehmen Ihrer Industrie? Gibt es Benchmarks?
- Kommunizieren Sie klar über Zahlen und Fakten und leiten Sie entsprechende Datenanforderungen ab.
- Stellen Sie sicher, dass Ihre IT-Lösung flexibel ist, um die identifizierten Datenanforderungen und kommende Anpassungen zu unterstützen.
- Etablieren Sie eine kontinuierliche Messung der Nachhaltigkeitsperformance, mind. vierteljährlich oder monatlich.

4 Act – Planung, Steuerung, Entscheidungsunterstützung

30 Viele Unternehmen setzen sich ambitionierte Nachhaltigkeitsziele für die Zukunft. Zur Erreichung solcher Ziele ist aufbauend auf einer Messung der Nachhaltigkeitsperformance auch eine strukturierte Steuerung selbiger nötig. Abb. 2 zeigt einen Steuerungskreis:

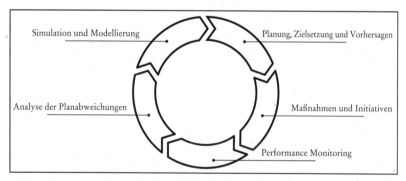

Abb. 2: Steuerungskreis der Nachhaltigkeitsperformance

1. **Planung, Zielsetzung und Vorhersagen zur zukünftigen ESG-Performance**
   Ein übergeordneter Plan gibt die Nachhaltigkeitsstrategie für das Unternehmen vor. Zur Umsetzung werden Pläne und Ziele für die kommende Berichtsperiode unter Berücksichtigung von Vorhersagen definiert. Hierbei ist wichtig, dass sich das Unternehmen wie auch einzelne Bereiche am Plan messen lassen. Dies erfordert, dass einzelne Ziele zur Verbesserung

der Nachhaltigkeitskriterien gesetzt und diese in einer Planungskomponente beplant werden. Des Weiteren sollte diese Planung in die strategische Unternehmensgesamtplanung integriert werden.

2. **Maßnahmen und Initiativen**
Aus den unterschiedlichen Zielen lassen sich Initiativen und konkrete Maßnahmen ableiten, diese werden in unterschiedlichen Unternehmensprozessen umgesetzt. Auch mögliche Verbesserungspotenziale der einzelnen Initiativen und Maßnahmen sollten definiert werden.

3. **Performance Monitoring**
Das laufende Reporting von Nachhaltigkeitskennzahlen erlaubt ein stetiges Monitoring der Ist-Entwicklung im Vergleich zum vordefinierten Plan und einzelnen Zielen. Somit ermöglicht es eine Prüfung gegen den angestrebten Soll-Zustand und einen Vergleich mit der Historie. Dieser Prozess sollte auch die Verfolgung von Maßnahmen und Initiativen beinhalten.
Grundlegend ist zu beachten, dass die Reportingzeiträume nicht nur auf jährliche Betrachtung beschränkt sind, sondern entsprechende Prozesse und Mechanismen für ein monatliches Reporting und Konsolidierung etabliert sind. Nur so ist ein stetiges Monitoring sowie evtl. Eingreifen zur Gegensteuerung von unerwünschten Trends möglich.

4. **Analyse der Gründe für Planabweichungen**
Wenn im Reporting relevante Plan-Ist-Abweichungen sichtbar werden, stellt sich die Frage nach der Ursache. Waren der Plan und einzelne Ziel nicht realistisch? Ist die Umsetzung der definierten Maßnahmen durch die Verantwortlichen möglich? Welche internen und externen Faktoren zeigen einen Einfluss? Welche operativen Prozesse sind ausschlaggebend und können optimiert werden?
Grds. gilt, dass in Ihren Daten viel mehr Informationen und Erkenntnisse stecken, als Sie auf den ersten Blick in einem Diagramm oder einer Tabelle wahrnehmen. Mittels fortgeschrittener Analytics und Dashboardingfunktionen werden Einblicke über die direkt sichtbaren Informationen hinaus aufgedeckt. Hierbei werden Zusammenhänge und mögliche Schlussfolgerungen aufgezeigt.
Auf Basis dieser Analyse können Handlungsempfehlungen an das Management zur Kurskorrektur definiert werden, welche wiederum direkt auf Initiativen und Maßnahmen Einfluss haben können.

5. **Szenarienbasierte Simulation und Modellierung von Optionen**
Am Ende der Performancesteuerung wird der Anfang für die Neuplanung vorbereitet. Hierzu untersucht man, welche Entwicklungen sich abzeichnen, oder skizziert Annahmen, auf welche Zukunft man sich zubewegt. Welche Konsequenzen hat das Drehen einer Stellschraube im Kontext der

GHG Emissionen bei der Veränderung von Initiativen oder direkter Maßnahmen auf die gesamten Emissionen?
Mit Simulations- und Modellierungsfunktion wie z.B. einer What-If-Simulation können unterschiedliche Nachhaltigkeitsszenarien definert und die unterschiedlichen Auswirkungen durchgespielt werden. Entsprechende Tools helfen, Risiken und Möglichkeiten sowie Optimierungspotenzial zu identifizieren.
Idealerweise werden in solche Simulationen auch die unter Phase 2 definierten Verbesserungspotenziale einzelner Initiativen und Maßnahmen mit einbezogen.

> **Praxis-Tipp**
>
> **Worauf ist zu achten und wie kann IT unterstützen?**
> - Eine Harmonisierung der Datenstrukturen ist eine Hauptvoraussetzung für den vorgestellten Steuerungskreis. Stellen Sie sicher, dass Sie eine Organisationsstruktur als gemeinsame Basis für Planung, Zielsetzung und auch Performance Monitoring und Simulation in Ihrer Software etablieren.
> - Ziele müssen, um erreichbar und überprüfbar zu sein, spezifisch, messbar, realistisch und terminiert sein.
> - Ziele und Maßnahmen müssen so definiert werden, dass sie auf Bereichsebene und Abteilungen heruntergebrochen werden können.
> - Definieren Sie sorgfältig die zu erwartende Wirkung (Verbesserungspotenziale) der einzelnen Initiativen und Maßnahmen. Dies hilft Ihnen bei einer Priorisierung und kann als Inputparameter für Simulationen genutzt werden.

§ 7 Zur Notwendigkeit von Nachhaltigkeit in der Corporate Governance

> **Überblick**
>
> Derzeit wird auf nationaler und internationaler Ebene eine stärkere Regulierung der nachhaltigen Unternehmensführung (Sustainable Corporate Governance) vorgenommen. Ein wesentlicher Motor stellt in diesem Kontext das „EU Green Deal"-Projekt dar, das neben Regulierungen in den Bereichen Nachhaltigkeitsberichterstattung und nachhaltiges Finanzwesen auch eine Integration von Corporate Social Responsibility (CSR) in die Unternehmensleitung und -überwachung anstrebt. Bedingt durch die Fridays-for-Future-Bewegung und die Covid-19-Pandemie erfährt die Thematik seit einiger Zeit eine breite Öffentlichkeitswirkung. Nach einer konzeptionellen und definitorischen Abgrenzung des Begriffs Sustainable Corporate Governance geht der Beitrag auf die derzeitigen Verlinkungen von Nachhaltigkeit im nationalen Aktien- und Bilanzrecht ein. Im Anschluss daran sollen weitere Möglichkeiten für eine Regulierung der Sustainable Corporate Governance aus deutscher Sicht dargestellt werden. Wenngleich die Ausführungen vorwiegend auf die börsennotierte Aktiengesellschaft mit Vorstand und Aufsichtsrat abstellen, werden auch Implikationen für kapitalmarktferne (mittelständische) Unternehmen berücksichtigt.

1 Einführung

Die EU-Kommission hat in den vergangenen Jahren vielfältige Reformen angestoßen, um primär Unternehmen des öffentlichen Interesses (Public Interest Entities – PIEs) zu einer nachhaltigen Unternehmensentwicklung zu bewegen. Der Nachhaltigkeitsbegriff ist im Schrifttum divers belegt und kann zum einen durch das sog. „Triple Bottom Line"-Konzept operationalisiert werden. Hiernach sollen die betreffenden Unternehmen Ökonomie (Profit), Ökologie (Planet) und Soziales (People) gleichrangig als **Corporate Social Responsibility** (CSR) in die strategische und operative Planung einbeziehen. Zum anderen kommt dem sog. „**Environmental, Social & Governance**"-(ESG)-Konzept in jüngerer Zeit eine steigende Bedeutung zu, wonach Ökologie, Soziales und „gute" Unternehmensführung gleichrangig berücksichtigt werden sollen. Das ESG-Konzept zeigt die Interdependenzen zwischen der sozialen und umweltbedingten Nachhaltigkeit einerseits und der Corporate Governance andererseits (Sustainable Corporate Governance) auf.

2   Die IFRS Foundation, die mit dem IASB seit vielen Jahrzehnten mit den International Financial Reporting Standards (IFRS) globale Standards der Finanzberichterstattung erlassen hat, hat ein International Sustainability Standards Board (ISSB) etabliert, das derzeit globale Standards für die Nachhaltigkeitsberichterstattung ableitet (§ 8 Rz 53 ff.). Diese weisen zentrale Unterschiede zu den EU-Nachhaltigkeitsstandards auf. Die nachfolgenden Ausführungen fokussieren die europäischen Reformentwicklungen zur Sustainable Corporate Governance und ihre Einbettung in die Sustainable Finance & Reporting-Strategie.

3   Wesentliche Meilensteine für eine steigende Regulierung der nachhaltigen Unternehmensführung stellen aus EU-Sicht die Erklärung zur Unternehmensführung durch die Richtlinie 2006/46/EG[1] sowie die nichtfinanzielle Erklärung nach der EU-Richtlinie 2014/95[2] (Non Financial Reporting Directive – NFRD; § 9 Rz 1) dar. Als „neues" Medium der ESG-Berichterstattung ist der Vergütungsbericht für gewisse PIEs nach der modifizierten EU-Aktionärsrechte-Richtlinie 2017/828[3] zwingend. Bedauerlicherweise hat es die EU-Kommission bislang nicht ermöglicht, die Verknüpfung dieser Dokumente zu einem einheitlichen ESG-Bericht bzw. die Integration mit der Finanzberichterstattung (Integrated Report) voranzutreiben.

4   Zur Erhöhung der Qualität der Unternehmensberichterstattung wurde eine neue Richtlinie zur Nachhaltigkeitsberichterstattung (**Corporate Sustainability Reporting Directive – CSRD**; § 9 Rz 55 ff.) veröffentlicht, die die bisherige nichtfinanzielle Erklärung (§ 9 Rz 1 ff. und Rz 51 ff. für die nichtfinanzielle Konzernerklärung) ablöst. In diesem Kontext legt die EU-Kommission ein eigenes Rahmenwerk zur Berichterstattung und Prüfung des neuen Nachhaltigkeitsberichts, gestützt durch delegierte Rechtsakte, vor. Die European Financial Reporting Advisory Group (**EFRAG**) hat die künftigen EU-Standards vorbereitet. Hierbei ist zu betonen, dass mit der CSRD auch erstmals nichtbörsennotierte, mittelständische EU-Unternehmen zur Erstellung eines Nachhaltigkeitsberichts verpflichtet werden. Da diese Unternehmen im Vergleich zu börsennotierten PIEs in der Vergangenheit weder durch die NFRD verpflichtet wurden noch auf freiwilliger Basis einen Nachhaltigkeitsbericht erstellten, sind erhöhte fachliche und zeitliche Ressourcen gerade im Mittelstand notwendig.

5   Das „**EU Green Deal**"-Projekt verdeutlicht allerdings, dass Regulierungen im Bereich der Unternehmensberichterstattung nicht ausreichen, um die

---

[1] Vgl. ABl. EU v. 16.8.2006, L 224/1 ff.
[2] Vgl. ABl. EU v. 15.11.2014, L 330/1 ff. sowie hierzu Müller/Stawinoga/Velte, ZfU 2015, S. 313; Müller/Stawinoga/Velte, DB 2015, S. 2217.
[3] Vgl. ABl. EU v. 20.5.2017, L 132/1 ff.

ambitionierten Ziele einer klimaneutralen Wirtschaft in den kommenden Jahrzehnten zu erfüllen. Daher wurden die (geplanten) Maßnahmen um erhebliche Markteingriffe i. R. v. Sustainable-Finance-Regulierungen ergänzt. Der Fokus für eine „grüne" Unternehmensfinanzierung liegt in der Verordnung (EU) 2020/852[4], die ein EU-weites Klassifizierungssystem für grüne Wirtschaftsaktivitäten beinhaltet (**Taxonomie**; § 12). Die neue EU-Taxonomie ist allerdings auch mit der nichtfinanziellen Erklärung bzw. dem neuen Nachhaltigkeitsbericht verknüpft, da der Umfang der als ökologisch nachhaltig eingestuften Geschäftsaktivitäten auf der Basis von 3 grünen Performance-Kennzahlen dargelegt werden muss.[5] Ergänzend zur Taxonomie-Verordnung werden delegierte Rechtsakte erlassen, wobei bislang die delegierte Verordnung (EU) 2021/2139 veröffentlicht wurde (§ 12 Rz 24 ff.).[6]

Neben diesen Maßnahmen, welche auch die Realwirtschaft betreffen, richten sich die Sustainable-Finance-Regulierungen der EU-Kommission primär an die Finanzwirtschaft. Nachhaltigkeitspflichten für institutionelle Anleger und Vermögensverwalter wurden durch die flankierende Offenlegungsverordnung EU 2019/2088[7] kodifiziert (§ 11). Die Aufsichtsvorschriften für Banken und Versicherungen wurden durch die sog. CRR II-Verordnung (EU 2019/876) um Nachhaltigkeit erweitert.[8] Klimareferenzwerte durch eine Benchmark-Verordnung (EU 2019/2089)[9] sowie ein EU-Green-Bond-Standard, der Normen und Kennzeichen für umweltfreundliche Finanzprodukte erfasst (§ 13 Rz 15 ff.), runden die Maßnahmen ab.

Streng genommen stellen die Sustainable-Finance-Regulierungen der EU bereits gleichzeitig eine Normierung der Sustainable Corporate Governance dar, weil die EU-Kommission davon ausgeht, dass nachhaltige (institutionelle) Investoren Druck auf die Unternehmen ausüben, eine aktive(re) Nachhaltigkeits- und Klimaschutzpolitik zu implementieren. Durch die zunehmende **Bedeutung von Investorennetzwerken** (z. B. durch die UN Principles for Responsible Investments) und steigende Kooperationen von Investoren mit NGOs ist davon auszugehen, dass künftig Unternehmen mit einer wenig erfolgreichen oder passiven Nachhaltigkeitspolitik erhebliche Finanzierungsprobleme erleiden dürften.

Kontrovers debattiert wird jedoch, inwiefern das sog. „Greenwashing"-Risiko durch die vorstehend benannten EU-Regulierungen zu Sustainable

---

[4] Vgl. ABl. EU v. 22.6.2020, L 198/13.
[5] Vgl. Verordnung (EU) 2020/852, Art. 8.
[6] Vgl. ABl. EU v. 9.12.2021, L 442/1 ff.
[7] Vgl. ABl. EU v. 9.12.2019, L 317/1 ff.
[8] Vgl. ABl. EU v. 7.6.2019, L 150/1 ff.
[9] Vgl. ABl. EU v. 9.12.2019, L 317/17 ff.

Finance und zur Nachhaltigkeitsberichterstattung allein signifikant abgebaut werden kann. Vor diesem Hintergrund plant die EU-Kommission derzeit eine flankierende Regulierung der internen Sustainable Corporate Governance, die sich an den Verwaltungsrat bzw. den Vorstand und Aufsichtsrat direkt richtet.

9 Während der deutsche Gesetzgeber bereits im Sommer 2021 ein Lieferkettensorgfaltspflichtengesetz (LkSG) verabschiedet hat, welches ein Risikomanagement(system) für die nachhaltige Lieferkette des Unternehmens vorsieht (§ 15 Rz 34), wurde von der EU-Kommission ein Richtlinienentwurf zu nachhaltigkeitsbezogenen Sorgfaltspflichten in der Wertschöpfungskette (**Corporate Sustainability Due Diligence** – CSDD) veröffentlicht. Die geplante EU-Richtlinie soll wesentlich umfangreicher als das deutsche Lieferkettengesetz ausfallen, u. a. hinsichtlich des Anwenderkreises der Sorgfaltspflichten, der Reichweite der Wertschöpfungskette, der Integration von Nachhaltigkeit in die Unternehmensstrategie und der zivilrechtlichen Haftung. Insofern ist die zunehmende Berücksichtigung von Sustainable Corporate Governance nicht nur auf diejenigen Unternehmen nach der CSRD begrenzt, sondern diese betrifft überdies sämtliche Unternehmen, die Gegenstand des LkSG und der geplanten CSDD-Richtlinie sind.

10 Die von der EU-Kommission bei der Wirtschaftsprüfungsgesellschaft ERNST & YOUNG in Auftrag gegebene Studie wurde teilw. äußerst kritisch in Forschung und Praxis aufgenommen, da eine pauschale Tendenz zu einer kurzfristigen und ergo nicht nachhaltigen Unternehmenssteuerung unterstellt wurde. Die Studie beinhaltet 7 zentrale Handlungsfelder, um Unternehmen stärker zu einer **langfristigen und nachhaltigen Unternehmensentwicklung** zu bewegen:
- Implementierung des **Stakeholder-Value-Prinzips** als Richtschnur für die Unternehmensziele,
- Stärkung der Rechte und der Bedeutung von **langfristigen und nachhaltigen Investoren**,
- Integration von Nachhaltigkeitszielen in der **Unternehmensstrategie und -planung**,
- Verknüpfung von nichtfinanziellen Aspekten mit **variablen Vergütungssystemen** von Verwaltungsräten,
- Berücksichtigung von Nachhaltigkeitsexpertise bei der **Besetzung von Verwaltungsräten**,
- Implementierung eines **kontinuierlichen Stakeholder-Dialogs** sowie
- **Enforcement** der Berücksichtigung des Stakeholder-Value-Prinzips durch Aufsichtsbehörden und/oder andere Stakeholder-Gruppen.[10]

---

[10] Vgl. EY, Study on directors' duties and sustainable corporate governance. Final report, 2010.

2 Konzeptionelle Einordnung der Sustainable Corporate Governance

Die Corporate Governance folgt in ihrer traditionellen Auslegung der Principal-Agent-Theorie und dem Shareholder-Value-Ansatz.[11] Hiernach stehen die (finanziellen) Interessen der (Eigen-)Kapitalgeber (Investoren und Gläubiger) als Prinzipale des Unternehmens im Fokus, wobei andere Stakeholder-Gruppen weitgehend ausgeblendet werden.[12] Die Sustainable Corporate Governance sollte als theoretischen Bezugsrahmen die klassische Agency-Theorie durch die Stakeholder- oder die Legitimitätstheorie ersetzen. Nach der Stakeholder-Theorie[13] als Gegenentwurf zur Principal-Agent-Theorie sollen Unternehmen nicht nur ihre Kapitalgeber befriedigen, sondern auch die Interessen sonstiger Stakeholder-Gruppen berücksichtigen (Stakeholder Value).

Die Legitimitätstheorie unterstellt die Existenz von impliziten sozialen Verträgen zwischen dem Unternehmen und der Gesellschaft, um ein kontinuierliches Bemühen des Unternehmens zum Aufbau und zum Erhalt von Legitimität zu erzeugen.[14] Insofern liegt der Unternehmenszweck bzw. der Corporate Purpose[15] nicht länger in der Maximierung des finanziellen Unternehmenswerts als Oberziel, sondern in der langfristigen Wertsteigerung für das Unternehmen und die Gesellschaft. Die Sustainable Corporate Governance erfüllt in diesem Zusammenhang die entscheidende Funktion, durch Anreiz- und Überwachungsmechanismen zur Stärkung dieses nachhaltigen Corporate Purpose beizutragen. Im Folgenden wird daher unter Sustainable Corporate Governance die Gesamtheit rechtlicher und faktischer Institutionen verstanden, welche darauf ausgerichtet ist, den nachhaltigen Unternehmenszweck (Sustainable Corporate Purpose) i.S.e. Erhöhung des langfristigen Werts für das Unternehmen und die Gesellschaft (*Long Term Value to Business and Society*) zu verfolgen.

---

11 Vgl. u.a. Shleifer/Vishny, The Journal of Finance 1997, S. 737.
12 Vgl. Shleifer/Vishny, The Journal of Finance 1997, S. 737.
13 Vgl. Freeman, Business Ethics Quarterly 1994, S. 109.
14 Vgl. Dowling/Pfeffer, The Pacific Sociological Review 1975, S. 122 ff.
15 Vgl. hierzu die Ausführungen von Colin Mayer und Alex Edmans: Mayer, Prosperity. Better Business Makes the Greater Good, 2018; Edmans, Grow the Pie: How Great Companies Deliver Both Purpose and Profit, 2020.

3 Bisherige Regulierungen der Sustainable Corporate Governance aus nationaler Sicht

3.1 Nachhaltigkeit in der variablen Vorstandsvergütung

13 Die Transformation der neugefassten EU-Aktionärsrechte-Richtlinie durch das sog. ARUG II im Jahr 2019 hatte zu einer Anpassung des § 87 Abs. 1 S. 2 AktG dahingehend geführt,[16] dass bei der variablen Vorstandsvergütung bei börsennotierten Aktiengesellschaften seither eine „nachhaltige und langfristige Entwicklung der Gesellschaft" zugrunde gelegt werden muss.[17] Durch diese Klarstellung des Gesetzgebers war zu vermuten, dass die Einbeziehung von nichtfinanziellen Leistungsindikatoren in die Vorstandsvergütung nach dem ARUG II notwendig ist. Nach der Klarstellung des Rechtsausschusses darf sich die Ausrichtung der Vorstandsvergütung an einer nachhaltigen Unternehmensentwicklung nicht nur auf eine Berücksichtigung von langfristigen Zielen i.S.d. zeitlichen Dimension beziehen.[18] Vielmehr müssen auch **nichtfinanzielle Parameter** (Sozial- und Umweltziele) zwingend Berücksichtigung finden.[19] Der Rechtsausschuss führt hierzu an, „dass der Aufsichtsrat bei der Festsetzung der Vergütung, insbesondere der Wahl der Vergütungsanreize auch soziale und ökologische Gesichtspunkte in den Blick zu nehmen hat."[20]

14 Da die aktienrechtlichen Kommentierungen zu § 87 AktG vor dem ARUG II den Nachhaltigkeitsbegriff lediglich aus zeitlicher Perspektive ausgelegt hatten, ist wenig überraschend, dass nach dem ARUG II eine Einbeziehung von sozialen und umweltrelevanten Aspekten in die Vergütungssysteme zurückhaltend und teilw. sogar ablehnend kommentiert wird.[21] Eine abweichende und meiner Ansicht nach sachgerechte Einschätzung vertritt dagegen FLEISCHER, wonach die Einbeziehung nichtfinanzieller Leistungsindikatoren „– anders als nach bisher hM – nicht mehr nur gestattet, sondern ausdrücklich geboten"[22] ist.

15 Insgesamt sind die Meinungen im Fachschrifttum zur zwingenden Einbeziehung von CSR- bzw. ESG-Zielen nach § 87 Abs. 1 S. 2 AktG auch nach dem ARUG II uneinheitlich. Wenig überraschend hatte der Gesetzgeber zur

---

[16] Vgl. die Gegenüberstellung in BT-Drs. 19/15153 v. 13.11.2019, S. 12.
[17] Vgl. BT-Drs. 19/15153 v. 13.11.2019, S. 12.
[18] Vgl. Velte, NZG 2020, S. 12.
[19] Vgl. Velte, NZG 2020, S. 12.
[20] BT-Drs. 19/15153 v. 13.11.2019, S. 62.
[21] Koch, in Hüffer/Koch, AktG, 14. Aufl. 2020, § 87 AktG, Rz 25; Spindler, in Münchener Kommentar zum AktG, 5. Aufl., 2021, Nachtrag, § 87, Rn 78; Seibt, in Schmidt/Lutter, AktG, 4. Aufl., 2020, § 87, Rn 23.
[22] Fleischer, in Spindler/Stilz, Großkommentar AktG, 5. Aufl., 2022, § 87, Rn 36, mit Verweis auf Velte, NZG 2020, S. 12.

konkreten Ausgestaltung der gewählten Nachhaltigkeitsziele im Vergütungssystem des Vorstands keine konkreten Vorgaben vorgenommen.[23] Für das Geschäftsjahr 2020 zeigte sich, dass ESG-Ziele i.R.d. Vorstandsvergütung bei den DAX-Unternehmen zwar häufig einbezogen wurden, diese bedeutungsmäßig jedoch eher einen „Nebenfaktor" bilden.[24] Die DAX-Unternehmen, die ihr Vergütungssystem nach § 87a AktG bereits 2020 der Hauptversammlung zur Billigung vorgelegt haben, haben der Studie von ARNOLD et al. zufolge ausnahmslos ESG-Ziele berücksichtigt. Auch die im M-DAX vorgelegten Vergütungssysteme berücksichtigen ganz überwiegend ESG-Ziele. Nachhaltigkeitsziele stellen meistens einen Teil des variablen Vergütungsbestandteils dar und werden entweder als zusätzliche Kennzahl neben den finanziellen Kennzahlen additiv oder als Multiplikator einbezogen. Der Anteil von ESG-Zielen an der Ziel-Gesamtvergütung des Vorstands beträgt allerdings im Durchschnitt nur ca. 5 – 10 %, so dass keine kritische Masse im Vergleich zu finanziellen Leistungsindikatoren erreicht wird und die Anreizwirkung einer stärkeren Umwelt- und Sozialausrichtung des Unternehmens fraglich ist.

Die Regierungskommission DCGK hatte in ihrer jüngsten Kodexnovelle 2022 auf eine Integration von Nachhaltigkeit in die Vorstandsvergütung verzichtet. Der CSDD-Entwurf sieht dagegen eine Verknüpfung von Klimaschutz- und Emissionszielen nach Maßgabe des Pariser Klimaschutzabkommens mit der Vergütung des Verwaltungsrats vor. Vor dem Hintergrund der kritischen Massentheorie würde es sich jedoch anbieten, z.B. einen Mindestanteil von 30 % ökologischen und/oder sozialen Leistungsindikatoren bei der variablen Vorstandsvergütung einzurechnen, um eine signifikante Anreizwirkung zu erzielen. Ferner erscheint der Hinweis wesentlich, dass **Nachhaltigkeitsziele** i.R.d. Vergütungssystems i.S.d. § 87 AktG auch simultan mit nichtfinanziellen Leistungsindikatoren im Lagebericht nach § 289 Abs. 3 HGB und in der nichtfinanziellen Erklärung nach § 289c Abs. 3 Nr. 5 HGB abgestimmt werden und steuerungsrelevant sind. Vor dem Hintergrund der EU-Taxonomie-Verordnung bietet es sich an, die 6 Umweltziele (z.B. Klimaschutz, Biodiversität) auch bei der Fortentwicklung der nachhaltigen Managementvergütung zu berücksichtigen. Hierdurch lässt sich eine erhöhte Anreizwirkung aufseiten der Geschäftsführung erzielen, ambitionierte Umweltziele i.R.d. Unternehmensstrategie und -planung zu berücksichtigen. Die Implementierung von Nachhaltigkeitszielen bei der Vergütung sollte sich allerdings nicht nur in Umweltaspekten erschöpfen. Soziale Themen, z.B. eine angemessene Zielgröße für die Diversität des

16

---

[23] Vgl. Arnold/Herzberg/Zeh, AG 2021, S. 147.
[24] Vgl. Arnold/Herzberg/Zeh, AG 2021, S. 147.

Vorstands und Aufsichtsrats, und Governance-Aspekte, z.B. die Erhöhung der Nachhaltigkeitsexpertise im Verwaltungsrat, sind ebenfalls relevant.[25]

17 Wenngleich weder der Vergütungsbericht nach § 162 AktG noch die nichtfinanzielle Erklärung de lege lata aus inhaltlicher Sicht Gegenstand der Pflichtprüfung durch den Abschlussprüfer ist, so muss dieser im Rahmen seiner **Lageberichtsprüfung** nach § 317 Abs. 2 HGB auch die nichtfinanziellen Leistungsindikatoren einbeziehen. Die Beurteilung der Konsistenz hinsichtlich der entsprechenden Angaben in der nichtfinanziellen Erklärung nach § 289c Abs. 3 Nr. 5 HGB und der Angaben im Vorstandsbericht nach § 162 AktG zu nichtfinanziellen Elementen in der Vorstandsvergütung kann erste Hinweise für eine (un)wahrscheinliche Greenwashing-Politik des Unternehmens liefern.

3.2 Geschlechtliche Vielfalt im Vorstand und Aufsichtsrat

18 Das Besetzungsprofil von Vorständen und Aufsichtsräten wurde wesentlich durch das Gesetz zur gleichberechtigten Teilhabe von Frauen und Männern in Führungspositionen in der Privatwirtschaft und im öffentlichen Dienst (im Folgenden FüPoG I)[26] verändert.[27] So müssen börsennotierte Gesellschaften nach § 3 Abs. 2 AktG mit paritätischer Mitbestimmung gem. § 96 Abs. 2 S. 1 AktG eine **Geschlechterquote** von mind. 30 % im Aufsichtsrat berücksichtigen. Diese Einführung einer fixen Geschlechterquote im Aufsichtsrat wurde ergänzt durch zwingende Zielgrößen für den Frauenanteil (sog. flexible Geschlechterquote).[28] Diese Verpflichtung gilt für Gesellschaften, die entweder börsennotiert sind oder der Mitbestimmung (Parität oder Drittelparität) unterliegen. Hierbei hat der Aufsichtsrat nach § 111 Abs. 5 S. 1 AktG Zielgrößen für den Frauenanteil im Aufsichtsrat und im Vorstand zu fixieren. Zudem muss der Vorstand gem. § 76 Abs. 4 S. 1 AktG Zielgrößen für den Frauenanteil in den beiden Führungsebenen unterhalb des Vorstands festlegen. Eine feste Mindestzielgröße hatte das FüPoG I für den Frauenanteil jedoch nicht vorgesehen, so dass auch eine Zielgrößenfestlegung von 0 % zulässig ist.[29] Spezifische Rechtsfolgen im Fall einer Nichteinhaltung der vorgesehenen Zielgröße waren nach dem FüPoG I ebenfalls nicht vorgesehen.

19 Im Unterschied zum Aufsichtsrat war seit Inkrafttreten des FüPoG I der Anstieg der in der Unternehmenspraxis vorzufindenden Frauenquote auf

---

[25] Vgl. in Bezug auf § 289c Abs. 3 Nr. 5 HGB auch Walden, NZG 2020, S. 58.
[26] Vgl. BGBl. 2015 I, S. 642.
[27] Vgl. Weber et al., DB 2020, S. 966.
[28] Vgl. Weber et al., DB 2020, S. 966.
[29] Vgl. hierzu kritisch Weber et al., DB 2020, S. 966.

Vorstandsebene zuerst moderat. Zudem hatten die betreffenden Unternehmen häufig Zielgrößen von 0 % angegeben.[30] Vor diesem Hintergrund hat die Bundesregierung ein Zweites Führungspositionen-Gesetz (FüPoG II) im Jahr 2021 verabschiedet. Im Mittelpunkt steht ein Mindestbeteiligungsgebot von einer Frau für Vorstände mit mehr als 3 Mitgliedern von börsennotierten und paritätisch mitbestimmten Unternehmen nach § 76 Abs. 3a AktG. Zudem müssen Unternehmen begründen, warum sie eine Zielgröße von 0 % für den Frauenanteil im Vorstand und Aufsichtsrat gesetzt haben (§ 76 Abs. 4 S. 2–4 AktG; § 111 Abs. 5 AktG). Sofern keine Zielgröße angegeben wird oder eine Begründung für eine Zielgröße von 0 % versäumt worden ist, können Bußgelder als Sanktionen verhängt werden.

Auf EU-Ebene wurde über 10 Jahre lang kontrovers über die Einführung einer gesetzlichen Geschlechterquote im Verwaltungsrat bei börsennotierten Unternehmen diskutiert. Ein bereits im November 2012 vorgelegter Richtlinienentwurf „zur Gewährleistung einer ausgewogenen Vertretung von Frauen und Männern unter den nicht geschäftsführenden Direktoren/Aufsichtsratsmitgliedern börsennotierter Gesellschaften und über damit zusammenhängende Maßnahmen" wurde erst im Jahr 2022 beschlossen. Bis 2027 müssen börsennotierte Gesellschaften entweder einen Geschlechteranteil von 40 % für nichtgeschäftsführende Direktoren bzw. Aufsichtsratsmitglieder oder einen Anteil von 33 % für alle Mitglieder des Verwaltungsrats sicherstellen.

20

3.3 Nachhaltiges Lieferkettenmanagement (Sustainable Supply Chain Management) durch den Vorstand

Die jüngste Regulierung i. R. d. Sustainable Corporate Governance stellt das sog. „Lieferkettensorgfaltspflichtengesetz" (im Folgenden Lieferkettengesetz; § 15) aus dem Jahr 2021 dar. Wenngleich andere europäische Staaten, z. B. das Vereinigte Königreich und Frankreich, in den vergangenen Jahren ähnliche Gesetze erlassen haben, hat sich auf EU-Ebene neben der CSR-Richtlinie und der EU-Konfliktmineralien-Verordnung 2017/821 noch keine Regulierung zur nachhaltigen Lieferkette durchgesetzt. Wie bereits ausgeführt (Rz 9), hat die EU-Kommission im Frühjahr 2022 einen entsprechenden Richtlinienvorschlag vorgelegt.

21

Das Lieferkettengesetz ist zum 1.1.2023 in Deutschland in Kraft getreten und richtet sich an alle in Deutschland ansässigen Unternehmen mit mehr als 3.000 im Inland beschäftigten oder ins Ausland entsandten Arbeitnehmern.

---

[30] Vgl. Gesetzentwurf der Bundesregierung, Entwurf eines Gesetzes zur Ergänzung und Änderung der Regelungen für die gleichberechtigte Teilhabe von Frauen an Führungspositionen in der Privatwirtschaft und im öffentlichen Dienst, BR-Drs. 49/21 v. 22.1.2021, S. 1.

Dieser Schwellenwert wird zum 1.1.2024 auf 1.000 Arbeitnehmer abgesenkt. Die in § 3 LkSG benannten unternehmerischen Sorgfaltspflichten fokussieren bestimmte Menschenrechte, während umweltbezogene Pflichten deutlich moderater ausfallen.[31]

22 Im Kern beinhaltet das Lieferkettengesetz ein Lieferketten-bezogenes Risikomanagement. Das Risikomanagement bezieht lediglich Risiken der Lieferkette ein, die vom Unternehmen verursacht sind. Die Anforderungen an die Implementierung eines angemessenen und wirksamen Risikomanagements müssen unternehmensindividuell ausgelegt werden. Aus dem Blickwinkel einer Aktiengesellschaft ist für die Einrichtung der Vorstand zuständig, der bereits seit dem KonTraG aus dem Jahr 1998 nach § 91 Abs. 2 AktG zur Einrichtung eines Risikofrüherkennungs- und Überwachungssystems für bestandsgefährdende Risiken verpflichtet ist. Mit dem Finanzmarktintegritätsstärkungsgesetz (FISG) hatte die Bundesregierung flankierend den § 91 Abs. 3 AktG kodifiziert, wonach börsennotierte Aktiengesellschaften erweiternd ein Risikomanagement- und internes Kontrollsystem zu implementieren haben. Bislang waren Kapitalgesellschaften i.S.d. § 264d HGB lediglich verpflichtet, im Lagebericht die wesentlichen Merkmale des internen Kontroll- und Risikomanagementsystems im Hinblick auf den Rechnungslegungsprozess zu beschreiben (§ 289 Abs. 4 HGB). Hieraus resultierte bis zum FISG allerdings keine Verpflichtung zur Einrichtung von Systemen, die über den § 91 Abs. 2 AktG hinausgingen.

23 Das deutsche LkSG und die geplante CSDD-Richtlinie unterscheiden sich in zentralen Punkten. Bei einer künftigen Finalisierung der CSDD-Richtlinie ergeben sich vielfältige Auswirkungen auf die internen Corporate-Governance-Systeme. So weist der CSDD-Entwurf hinsichtlich des künftigen Anwenderkreises, der zu beachtenden Menschenrechts- und Umweltabkommen und der Reichweite der Wertschöpfungskette einen deutlich größeren Umfang auf. Ferner soll ein zivilrechtliches Haftungsregime für Pflichtverletzungen der Unternehmensführung in den EU-Mitgliedstaaten eingeführt werden. Im Unterschied zum nationalen LkSG verdeutlicht die EU-Kommission auch die Notwendigkeit eines stärkeren Austauschs mit den Stakeholder-Gruppen bei der Prozessentwicklung und -verbesserung sowie die Integration der menschenrechts- und umweltspezifischen Sorgfaltspflichten in die allgemeine Unternehmensstrategie.

---

[31] Vgl. Ehmann, ZVertriebsR 2021, S. 141.

3.4 Nichtfinanzielle Erklärung bzw. gesonderter nichtfinanzieller Bericht

3.4.1 Erstellung durch den Vorstand

Die CSR-Richtlinie 2014/95 wurde in Deutschland durch das CSR-Richtlinie-Umsetzungsgesetz (CSR-RUG) umgesetzt.[32] Für Geschäftsjahre ab dem 1.1.2017 ist die Erstellung einer nichtfinanziellen Erklärung bzw. eines nichtfinanziellen Berichts für bestimmte PIEs vorgeschrieben. Beim Ausweis und bei der Prüfung der nichtfinanziellen Berichterstattung resultieren aus deutscher Sicht vielfältige Wahlrechte, welche die Vergleichbarkeit beeinträchtigen. Anstelle der nichtfinanziellen Erklärung kann ein gesonderter nichtfinanzieller Bericht erstellt werden (§ 289b Abs. 3 HGB). Neben einer Eingliederung in den Lagebericht nach § 289b, c HGB können die Informationen auch außerhalb des Lageberichts abgegeben werden. Neben der Beschreibung des Geschäftsmodells (§ 289c Abs. 1 HGB) müssen nichtfinanzielle Belange (Umwelt-, Arbeitnehmer- und Sozialbelange, Achtung der Menschenrechte sowie Bekämpfung von Korruption und Bestechung; § 289c Abs. 2 Nr. 1–5 HGB) angegeben werden (§ 9 Rz 12f.).

24

3.4.2 Prüfung durch den Aufsichtsrat

Nach dem CSR-RUG ergibt sich eine **materielle Prüfungspflicht** der nichtfinanziellen Erklärung bzw. des gesonderten nichtfinanziellen Berichts durch den **Aufsichtsrat** in § 171 Abs. 1 S. 4 AktG.[33] Allerdings wird die Reichweite der Prüfungspflicht in Bezug auf die nichtfinanzielle Erklärung bzw. den gesonderten nichtfinanziellen Bericht nach § 171 Abs. 1 S. 4 AktG kontrovers diskutiert.[34] Die Stellungnahmen im Schrifttum reichen von einer regelmäßigen Begrenzung auf Plausibilitätschecks bis zur gleichwertigen Prüfung analog zur Prüfung der Finanzberichte. Die h.M. in der Kommentarmeinung begrenzt die Prüfung der nichtfinanziellen Erklärung durch den Aufsichtsrat auf ein kritisches Lesen und Plausibilitätsbeurteilungen sowie aktives Nachfragen und Nachgehen von Unklarheiten und Widersprüchen.[35]

25

Aus vorwiegend betriebswirtschaftlicher Sicht wird allerdings die Einschätzung vertreten, dass die Prüfung der nichtfinanziellen Erklärung durch den Aufsichtsrat mit derselben Intensität zu erfolgen habe wie die übrigen Teile der Rechnungslegung, insbes. des Lageberichts.[36] Vor diesem Hintergrund

26

---

32 Vgl. BGBl. 2017 I, S. 802; hierzu i.E. Kajüter, DB 2017, S. 617.
33 Ablehnend AK Bilanzrecht Hochschullehrer Rechtswissenschaft, NZG 2016, S. 1337; vgl. zum Zuschieben des „schwarzen Peters" an den Aufsichtsrat Hennrichs, ZGR 2018, S. 220.
34 Vgl. für einen Überblick Velte, AG 2018, S. 266; Velte, IRZ 2017, S. 325.
35 Vgl. Hennrichs/Pöschke, in Münchener Kommentar zum AktG, 4. Aufl., 2018, § 171 AktG, Rn 59a.
36 Vgl. Gundel, WPg 2018, S. 110; Schmidt/Strenger, NZG 2019, S. 482.

ist der Aufsichtsrat berechtigt, zur Unterstützung eine externe Prüfung der nichtfinanziellen Erklärung, z.B. durch einen Wirtschaftsprüfer, durchführen zu lassen (§ 9 Rz 38 ff.). Von diesem Recht nimmt der Aufsichtsrat bei Unternehmen des deutschen Prime Standards seit dem Inkrafttreten des CSR-RUG regen Gebrauch, wenngleich bislang die Prüfung mit begrenzter Sicherheit aus Kosten- und Zeitaspekten sehr beliebt ist.

3.5 Corporate-Governance-Berichterstattung (Erklärung zur Unternehmensführung und Vergütungsbericht)

3.5.1 Erstellung durch den Vorstand (und den Aufsichtsrat)

27 Die durch das BilMoG 2009 eingeführte Erklärung zur Unternehmensführung wurde seither um die sog. Diversitätsberichterstattung in § 289f HGB erweitert.[37] Neben Unternehmensführungspraktiken, die über die gesetzlichen Anforderungen hinaus gemacht werden, und einer Darlegung der Zusammensetzung und Arbeitsweise von Vorstand und Aufsichtsrat sowie der eingerichteten Ausschüsse dieser Gremien zählt die Diversität auf Ebene von Vorstand und Aufsichtsrat zu den elementaren Inhalten der **Erklärung zur Unternehmensführung**.[38] Neben dem Start der zwingenden Diversitätsberichterstattung durch das FüPoG I[39] wurde mit dem CSR-RUG eine Berichtspflicht eingeführt, welche das Diversitätskonzept im Hinblick auf die **Zusammensetzung von Vorstand und Aufsichtsrat** einschl. der Ziele des Konzepts, der Art und Weise seiner Umsetzung und die im Geschäftsjahr erreichten Ergebnisse adressiert.[40] Auch bei der Erklärung zur Unternehmensführung ist die Pflichtprüfung durch den Abschlussprüfer auf formelle Aspekte begrenzt (§ 317 Abs. 2 S. 4 HGB).

28 Die Neufassung der EU-Aktionärsrechte-Richtlinie 2017/828 beinhaltete u. a. die EU-weite Einführung eines Vergütungsberichts. Der **Vergütungsbericht** bildet die dritte Teilmenge der nichtfinanziellen Berichterstattung neben Erklärung zur Unternehmensführung und nichtfinanzieller Erklärung; dieser kann nicht mit der bestehenden Erklärung zur Unternehmensführung vernetzt werden. Lediglich ein Verweis auf die Internethomepage, auf der sich der

---

[37] Vgl. Velte, WPg 2018, S. 479. Die Erklärung zur Unternehmensführung muss von börsennotierten AG sowie AG, die ausschl. andere Wertpapiere als Aktien zum Handel an einem organisierten Markt i.S.d. § 2 Abs. 5 WpHG ausgegeben haben und deren ausgegebene Aktien auf eigene Veranlassung über ein multilaterales Handelssystem i.S.d. § 2 Abs. 3 S. 1 Nr. 8 WpHG gehandelt werden, erstellt werden.
[38] Vgl. § 289f Abs. 2 Nr. 2, 3 HGB; bestätigend BT-Drs. 18/9982 v. 17.10.2016, S. 54.
[39] Vgl. § 289f Abs. 2 Nr. 4 und 5 HGB.
[40] Vgl. § 289f Abs. 2 Nr. 6 HGB. Dies betrifft börsennotierte Gesellschaften, die zugleich die Größenklassen für große Kapitalgesellschaften nach § 267 Abs. 3 HGB erfüllen. Eine entsprechende Vorschrift auf Konzernebene ist in § 315d HGB vorgesehen.

Vergütungsbericht befindet, wird in der Erklärung zur Unternehmensführung aufgenommen (§ 289f Abs. 2 Nr. 1a HGB). Durch die Einbeziehung nichtfinanzieller Leistungsindikatoren nach dem ARUG II stellt der Vergütungsbericht nach § 162 AktG auch eine gewichtige Komponente der ESG-Berichterstattung bei PIEs dar. Abweichend zu den anderen Erklärungen muss nach § 162 AktG ausdrücklich eine gemeinsame Erstellung des Vergütungsberichts durch Vorstand und Aufsichtsrat erfolgen.

3.5.2 Prüfung durch den Aufsichtsrat

In § 171 AktG ist keine explizite Prüfungspflicht des Aufsichtsrats bezogen auf die Erklärung zur Unternehmensführung, anders als bei der nichtfinanziellen Erklärung, kodifiziert.[41] Strittig ist daher, inwiefern der Aufsichtsrat die Erklärung zur Unternehmensführung überhaupt nach § 171 AktG prüfen muss.[42] Nach Maßgabe der allgemeinen Überwachungsnorm des § 111 Abs. 1 AktG unterstellt MOCK eine materielle Prüfungspflicht der Erklärung zur Unternehmensführung durch den Aufsichtsrat.[43] HENNRICHS/PÖSCHKE verneinen dagegen eine Prüfungspflicht des Aufsichtsrats gem. § 171 Abs. 1 AktG mit Verweis auf das Ausweiswahlrecht des Vorstands. In Übereinstimmung zur nichtfinanziellen Erklärung hat der **Aufsichtsrat** jedoch wiederum die Möglichkeit, einen **freiwilligen Prüfungsauftrag** zur inhaltlichen Begutachtung der Erklärung zu erteilen.

Infolge der zunehmenden Vernetzung der Nachhaltigkeits- und Corporate-Governance-Informationen (ESG-Bericht), die auch durch die EU-Richtlinie zur Nachhaltigkeitsberichterstattung (§ 9 Rz 55 ff.) vorangetrieben wird, empfiehlt sich eine inhaltliche Prüfung der Erklärung der Unternehmensführung durch eine unternehmensexterne Partei, um die Verlässlichkeitslücke zu überwinden und die Vertrauenswürdigkeit der Corporate-Governance-Berichterstattung gegenüber Kapitalgebern und anderen Stakeholder-Gruppen zu steigern.

---

[41] Vgl. Velte, AG 2018, S. 271.
[42] Vgl. Velte, AG 2018, S. 271 f.
[43] Vgl. Mock, in Hachmeister et al., Bilanzrecht. Kommentar, 2018, § 289f HGB, Rn 58.

4 Vorschläge für eine weitergehende Regulierung der Sustainable Corporate Governance

4.1 Nachhaltigkeitspflichten des Vorstands

4.1.1 Nachhaltiges Unternehmensinteresse

31   Der Wortlaut des § 76 AktG, wonach der Vorstand „unter eigener Verantwortung die Gesellschaft zu leiten" hat, lässt unterschiedliche Sichtweisen zum sog. „Unternehmensinteresse" im Schrifttum auftreten. Der Shareholder-Value-Ansatz als erster Extrempunkt stellt auf eine Maximierung des Marktwerts des Eigenkapitals aus Sicht der Investoren (Shareholder Value) ab.[44] Dagegen richtet sich der Stakeholder-Value-Ansatz als Konkurrenzmodell an eine Maximierung des Unternehmenswerts aus Sicht vielfältiger Anspruchsgruppen des Unternehmens (Stakeholder). Im Fachschrifttum wurden in den vergangenen Jahrzehnten unterschiedliche Sichtweisen für und gegen den Shareholder- und Stakeholder-Value-Ansatz eingenommen.[45] Durch die Finanzkrise 2007/08 ist die Attraktivität des Shareholder-Value-Ansatzes deutlich gesunken.[46] Relativ konsensfähig erscheint bislang im einschlägigen Schrifttum als *enlightened shareholder value* ein „moderates" Shareholder-Value-Konzept, das auch Nachhaltigkeitsbelange nicht gänzlich unberücksichtigt lässt.[47] Vorgeschlagen wird ebenfalls ein „moderater Stakeholder-Ansatz".[48] In jüngerer Zeit wird die vorstehende Diskussion auch aus internationaler Sicht unter dem Deckmantel „**Sustainable Corporate Purpose**" geführt.[49]

32   Sofern die Zielsetzung der Klimaneutralität bis 2050 (auf EU-Ebene) bzw. bis 2045 (auf nationaler Ebene) konsequent von den betreffenden Unternehmen verfolgt werden soll, wird nach eigener Einschätzung eine bloße Regulierung der Berichterstattungs- und Finanzierungsanforderungen nicht erfolgversprechend sein. Vielmehr müssen primär die Klimaschutzziele des Unternehmens in die Strategie verankert werden, so dass diese auch das Produkt- und Dienstleistungsangebot bei bislang nicht nachhaltigen Industrien wesentlich verändern. Eine klimaneutrale Unternehmenstransformation lässt sich wohl weder mit dem traditionellen Shareholder-Value-

---

[44] Vgl. Fleischer, in Spindler/Stilz, Großkommentar AktG, 5. Aufl., 2022, § 76, Rn 29.
[45] Vgl. Fleischer, in Spindler/Stilz, Großkommentar AktG, 5. Aufl., 2022, § 76, Rn 30f.
[46] Vgl. Schön, ZHR 2016, S. 280.
[47] Vgl. Fleischer, in Spindler/Stilz, Großkommentar AktG, 5. Aufl., 2022, § 76, Rn 38.
[48] Von Werder, in Kremer et al., Deutscher Corporate Governance Kodex, Kommentar, DCGK 21 f, Rn 19.
[49] Von Werder, in Kremer et al., Deutscher Corporate Governance Kodex, Kommentar, DCGK 0, Rn 27.

Konzept noch mit einem „moderaten Stakeholder-Ansatz" in dem betreffenden Zeitrahmen erzielen.

Die von der EU-Kommission in Auftrag gegebene Studie von ERNST & YOUNG zu möglichen Handlungsfeldern im Bereich einer potenziellen Regulierung der Sustainable Corporate Governance sieht u. a. vor, i. R. e. EU-Richtlinie die Aufgaben des Verwaltungsrats sowie das Unternehmensinteresse in Richtung eines Stakeholder-Value-Ansatzes zu konkretisieren.[50] Dieses Stakeholder-orientierte Verständnis wurde auch bereits in § 70 des österreichischen Aktiengesetzes kodifiziert: „Der Vorstand hat unter eigener Verantwortung die Gesellschaft so zu leiten, wie das Wohl des Unternehmens unter Berücksichtigung der Interessen der Aktionäre und der Arbeitnehmer sowie des öffentlichen Interesses es erfordert". Art. 1833 Abs. 2 des französischen Code Civil verpflichtet die Geschäftsleitung ebenfalls dazu, im Rahmen ihrer Geschäftstätigkeit die sozialen Auswirkungen ihrer Aktivitäten und die Konsequenzen für die Umwelt zu berücksichtigen. Ferner hatten viele US-amerikanische CEOs im Jahr 2019 in einem Business Roundtable ihre Abkehr vom Shareholder-Value-Prinzip und Hinwendung zu einem (moderaten) Stakeholder Value medienwirksam bekräftigt.[51]

Im Jahr 2017 hatte die SPD-Fraktion bereits eine Nachhaltigkeitsverankerung in § 76 AktG in einem Gesetzentwurf zur Angemessenheit von Vorstandsvergütungen und zur Beschränkung der steuerlichen Absetzbarkeit vorgeschlagen. Hiernach sollte die Leitungspflicht des Vorstands in § 76 Abs. 1 AktG um einen Satz ergänzt werden, wonach dieser „dabei dem Wohl des Unternehmens, der Arbeitnehmerinnen und Arbeitnehmer, der Aktionärinnen und Aktionäre und dem Wohl der Allgemeinheit verpflichtet"[52] ist. Ähnlich empfiehlt der Sustainable-Finance-Beirat der Bundesregierung (SFB) eine Anpassung des § 76 Abs. 1 AktG in seinem Abschlussbericht: „Leitung im langfristigen Interesse des Unternehmens unter angemessener Berücksichtigung von Nachhaltigkeitszielen."[53]

Nach der Novelle des DCGK 2022 ist in Empfehlung A.1 vorgesehen, dass der Vorstand die mit Sozial- und Umweltfaktoren verbundenen Risiken und Chancen für das Unternehmen sowie die ökologischen und sozialen Aus-

---

50 Vgl. EY, Study on directors' duties and sustainable corporate governance. Final report, 2020, S. VIII sowie S. 61 ff.
51 Vgl. www.businessroundtable.org/business-roundtable-redefines-the-purpose-of-a-corporation-to-promote-an-economy-that-serves-all-americans, abgerufen am 3.1.2023.
52 Gesetzentwurf der Fraktion der SPD, Entwurf eines Gesetzes zur Angemessenheit von Vorstandsvergütungen und zur Beschränkung der steuerlichen Absetzbarkeit, Stand: 20.2.2017.
53 Sustainable-Finance-Beirat der Bundesregierung, Shifting the Trillions. Ein nachhaltiges Finanzsystem für die Große Transformation, 2021, S. 96.

wirkungen systematisch identifizieren und bewerten soll. Ferner sollen in der Unternehmensstrategie neben den langfristigen wirtschaftlichen Zielen auch ökologische und soziale Ziele angemessen berücksichtigt werden. Schließlich soll die Unternehmensplanung auch finanzielle und nachhaltigkeitsbezogene Ziele umfassen. In Empfehlung A.1 wird das doppelte Wesentlichkeitsverständnis aus der Präambel erneut benannt und auf die Ableitung der Unternehmensstrategie übertragen. Auf entsprechende Formeln könnte auch bei einer potenziellen aktienrechtlichen Regulierung der Sustainable Corporate Governance zurückgegriffen werden.

4.1.2 Nachhaltigkeitsexpertise

35 Die zwingende Einrichtung von **Nachhaltigkeitsexperten im Verwaltungsrat** wird auf internationaler Ebene kontrovers diskutiert,[54] wobei einige Staaten bereits Regulierungen hierzu erlassen haben. So sieht das Indische Aktienrecht durch den sog. „Companies Act 2013" die obligatorische Einrichtung eines Nachhaltigkeitsausschusses mit mind. 3 Personen im Verwaltungsrat bei Unternehmen ab einem bestimmten finanziellen Schwellenwert vor, wobei zumindest ein unabhängiges Mitglied vorzuhalten ist.[55] Die zentralen Aufgaben von **Nachhaltigkeitsausschüssen**, die auch in Deutschland bereits häufig auf freiwilliger Basis bei PIEs implementiert wurden, richten sich an die Formulierung und Empfehlung einer Nachhaltigkeitspolitik für den Verwaltungsrat sowie die Überwachung der Nachhaltigkeitsinitiativen des Unternehmens.

36 Auch der SFB empfiehlt in seinem Abschlussbericht eine Berücksichtigung von Nachhaltigkeitsexpertise als Kriterium bei der Besetzung von Vorständen im Deutschen Corporate Governance Kodex (DCGK).[56] Vielfältige betriebswirtschaftliche Studien belegen, dass sich die Einrichtung von Nachhaltigkeitsausschüssen und eines **Chief Sustainability Officer** (CSO) positiv auf die Nachhaltigkeitsleistung eines Unternehmens auswirken.[57] Daher könnte sich eine künftige Regulierung der Sustainable Corporate Governance auch an die zwingende institutionalisierte Berücksichtigung von Umwelt- und/oder Sozial-Expertise auf Ebene des Vorstands richten. Über eine etwaige Implementierung müsste ebenfalls i. R. d. Erklärung zur Unternehmensführung berichtet werden.[58]

---

[54] Vgl. Fleischer, AG 2017, S. 525.
[55] Vgl. Afsharipour/Rana, U.C. Davis Business Law Journal 2014, S. 218.
[56] Vgl. Sustainable-Finance-Beirat der Bundesregierung, Shifting the Trillions. Ein nachhaltiges Finanzsystem für die Große Transformation, 2021, S. 94.
[57] Vgl. Velte/Stawinoga, Journal of Management Control 2020, S. 333.
[58] Vgl. Bachmann, ZGR 2018, S. 239.

In einem 1. Schritt könnte die Institutionalisierung von Nachhaltigkeitsexpertise im Vorstand und Aufsichtsrat über einen CSO, Beauftragten oder Ausschuss zu einer höheren Sichtbarkeit und einem erhöhten Bewusstsein auf strategischer und operativer Ebene führen. In einem 2. Schritt müsste versucht werden, die Nachhaltigkeitsexpertise in die betriebswirtschaftlichen Funktionen, z. B. in das Finanz- und Rechnungswesen, zu integrieren, um das „Silo-Denken" aufzubrechen. Insofern müsste aus langfristiger Sicht jeder CEO oder CFO auch gleichzeitig ein CSO sein bzw. müsste ein Prüfungsausschuss des Aufsichtsrats auch gleichzeitig Mitglieder mit Nachhaltigkeitsexpertise aufweisen.

37

Im Unterschied zum Vorstand sieht der DCGK 2022 in Empfehlung C.1 vor, im Kompetenzprofil des Aufsichtsrats auch Expertise zu Nachhaltigkeitsfragen, die für das Unternehmen bedeutsam sind, zu berücksichtigen. Hierbei soll der Aufsichtsrat fachlich zur Überwachung in der Lage sein, wie die ökologische und soziale Nachhaltigkeit bei der strategischen Ausrichtung und der Unternehmensplanung berücksichtigt werden. Der Stand der Umsetzung des Kompetenzprofils soll nach dem DCGK 2022 in einer Qualitätsmatrix offengelegt werden. Ein „Dreiklang" des Sachverstands (Finanz-, Branchen- und Nachhaltigkeitsexpertise) im Aufsichtsrat ist vor dem Hintergrund der Überwachung des Finanz- und Nachhaltigkeitsberichts unverzichtbar.

4.1.3 Nachhaltigkeitsorientiertes Risikomanagementsystem und Sorgfaltspflichten

Über § 91 Abs. 2, 3 AktG und das Lieferkettengesetz hinaus stellt sich ebenfalls die Frage, inwiefern eine regulative Ausdehnung des betrieblichen Risikomanagementsystems (RMS) um Nachhaltigkeitsaspekte notwendig erscheint. Dies impliziert, dass das unternehmerische RMS auf eine Steuerung nicht nur von finanziellen Risiken, sondern zusätzlich von Umwelt- und Sozialrisiken abzielen müsste. HOMMELHOFF hatte berechtigterweise darauf hingewiesen, dass eine CSR-Berichtspflicht nach dem CSR-RUG streng genommen auch eine Berücksichtigung dieser Nachhaltigkeitsaspekte im betrieblichen Risikomanagement voraussetzen würde.[59] WALDEN führt explizit an, dass bestandsgefährdende Entwicklungen auch aus Nachhaltigkeitsaspekten resultieren können, so dass eine Einbeziehung in das Risikofrüherkennungssystem nach § 91 Abs. 2 AktG angezeigt ist.[60] In diesem Sinne hat auch die BaFin eine Einbeziehung von Nachhaltigkeitsrisiken in

38

---

[59] Vgl. Hommelhoff, NZG 2017, S. 1361.
[60] Vgl. Walden, NZG 2020, S. 55.

das Risikomanagement von Banken in einem bekannten Merkblatt nachdrücklich empfohlen.[61]

39 Aus aktuellem Anlass müssten primär Klimarisiken und andere ESG-Risiken in das RMS integriert und überwacht werden. Dies steht im Einklang mit den Empfehlungen der TCFD für eine Klimaberichterstattung (§ 8 Rz 159 ff.). In diesem Zusammenhang liegen ebenfalls konkrete Vorschläge im internationalen Schrifttum für ein nachhaltigkeitsorientiertes Risikomanagement vor.[62] Der SFB schlägt in seinem Abschlussbericht ebenso eine Klarstellung der Sorgfaltspflichten des Vorstands zur Einrichtung von Kontroll- und Risikomanagementsystemen im Hinblick auf ökologische und soziale Nachhaltigkeitsrisiken vor.[63] Folgerichtig empfiehlt der DCGK eine Integration von Umwelt- und Sozialaspekten in das betriebliche IKS und RMS (inkl. des Compliance Management Systems).

40 Zumindest für börsennotierte Aktiengesellschaften stellt die Erweiterung der Vorstandspflichten um den § 91 Abs. 3 AktG und die Implementierung eines angemessenen und wirksamen Internen Kontroll- und Risikomanagementsystems (nicht nur auf Rechnungslegungszwecke bezogen) nach dem FISG einen wichtigen Impuls dar, wenngleich viele Rechtsunsicherheiten bestehen. In diesem Zusammenhang stellt sich u.a. die Frage, inwiefern börsennotierte Aktiengesellschaften ein Compliance-Management-System nach § 91 Abs. 3 AktG implementieren müssen und wie die Abgrenzung zwischen § 91 Abs. 3 AktG und dem bisherigen § 91 Abs. 2 AktG für sämtliche Aktiengesellschaften ist.

Diese Unsicherheit wird nunmehr durch den neuen Kodex-Grundsatz 5 beseitigt, wonach das IKS bzw. das RMS auch ein an der Risikolage des Unternehmens ausgerichtetes Compliance Management System umfassen muss. Überdies wird in der neuen Kodex-Empfehlung A.3 dargelegt, dass das IKS und RMS auch nachhaltigkeitsbezogene Ziele abdecken sollen, sofern dies nicht bereits gesetzlich geboten ist. In diesem Zusammenhang ist primär auf die Sorgfaltspflichten bezogen auf die Lieferkette nach dem LkSG und auf die geplanten Sorgfaltspflichten nach der CSDD-Richtlinie hinzuweisen. Zumindest die im LkSG und in der CSDD-Richtlinie genannten

---

[61] Vgl. BaFin, Merkblatt zum Umgang mit Nachhaltigkeitsrisiken, 2020; hierzu auch Walden, NZG 2020, S. 56.
[62] Vgl. COSO/wbcsd, Enterprise Risk Management. Applying enterprise risk management to environmental, social and governance-related risks, 2018, www.wbcsd.org/Programs/Redefining-Value/Making-stakeholder-capitalism-actionable/Enterprise-Risk-Management/Resources/Applying-Enterprise-Risk-Management-to-Environmental-Social-and-Governance-related-Risks, abgerufen am 3.1.2023.
[63] Vgl. Sustainable-Finance-Beirat der Bundesregierung, Shifting the Trillions. Ein nachhaltiges Finanzsystem für die Große Transformation, 2021, S. 96.

Menschenrechts- und Sozialstandards müssten dann von den betreffenden Unternehmen, die Gegenstand des LkSG und der CSDD-Richtlinie sind, zwingend im IKS und RMS berücksichtigt werden. Andere Abkommen, z. B. das Pariser Klimaschutzabkommen, werden nicht vom LkSG und von der geplanten CSDD-Richtlinie eingeschlossen.

4.1.4 Integrierte Finanz- und ESG-Berichterstattung

Bislang besteht keine Verpflichtung, die vielfältigen ESG-Berichte von PIEs (Erklärung zur Unternehmensführung, nichtfinanzielle Erklärung, Vergütungsbericht) mit der Finanzberichterstattung zu integrieren (Integrated Reporting). Dieser Umstand vergrößert das Risiko von „Greenwashing" und einer Informationsüberflutung durch den stetig steigenden Umfang der ESG-Berichterstattung und die damit einhergehenden inhaltlichen Dopplungen.[64] In jüngerer Zeit hatten viele (inter)nationale Institutionen eine inhaltliche Ausweitung der nichtfinanziellen Berichterstattung empfohlen, z. B. der Sustainable-Finance-Beirat der deutschen Bundesregierung.[65]

41

Vor diesem Hintergrund wurde die CSRD veröffentlicht, die die inhaltliche Reichweite der Normierungen aus der NFRD 2014 erheblich vergrößert. Die bisherige nichtfinanzielle Erklärung wird in einen **Nachhaltigkeitsbericht** (ESG-Bericht) überführt, der künftig zwingend als gesonderter Abschnitt im Lagebericht auszuweisen ist (§ 9 Rz 67). Neben einer massiven Ausweitung des Kreises der berichtspflichtigen Unternehmen werden die Berichtsanforderungen wesentlich verbreitert. Im Fokus steht die Betonung des Prinzips der **doppelten Wesentlichkeit**, wonach nicht nur die klassische Outside-in-Perspektive, sondern auch die herausfordernde Inside-out-Perspektive mit der unternehmerischen Impact-Messung von externen Klima- und Sozialeffekten eingenommen werden soll. So können sich bspw. Klimarisiken einerseits auf die (finanzielle) Geschäftstätigkeit des Unternehmens wesentlich auswirken. Andererseits führt die Geschäftstätigkeit zu einer wesentlichen Beeinflussung der Umwelt als externalisierte Effekte. Die EU-Kommission implementiert hierbei eigenständige Standards für die Nachhaltigkeitsberichterstattung anstelle einer Übernahme eines bestimmten existierenden Leitfadens (§ 9 Rz 73 ff.). Durch delegierte Rechtsakte wurde die EFRAG damit beauftragt, EU-Standards zur Nachhaltigkeitsberichterstattung zu entwickeln. Die EFRAG hat zwischenzeitlich die ESRS der

42

---

[64] Vgl. Simon-Heckroth/Borcherding, WPg 2020, S. 210; Velte/Simon-Heckroth/Borcherding, WPg 2020, S. 1349.
[65] Vgl. Sustainable-Finance-Beirat der Bundesregierung, Zwischenbericht. Die Bedeutung einer nachhaltigen Finanzwirtschaft für die große Transformation, abgerufen am 3.1.2023; hierzu auch Schmidt, DB 2020, S. 233.

EU-Kommission vorgelegt (§ 9A). Neben Umwelt- und Sozialthemen werden auch Governance-Angaben im neuen Nachhaltigkeitsbericht erfasst.

43 Nach der CSRD wird allerdings die Chance einer vollständigen **Synchronisierung** bisheriger ESG-Berichte mit dem „neuen" Nachhaltigkeitsbericht vertan. Lediglich für die Diversitätsberichterstattung als Teil der Erklärung zur Unternehmensführung wird ein Mitgliedstaatenwahlrecht eröffnet, diese in den Nachhaltigkeitsbericht zu integrieren. Für andere Teile, z.B. für die Entsprechenserklärung zum Corporate Governance Kodex, ist keine Integration vorgesehen. Entsprechendes gilt für den „neuen" Vergütungsbericht nach der angepassten EU-Aktionärsrechte-Richtlinie. Insofern ist davon auszugehen, dass auch die neue Nachhaltigkeitsrichtlinie der EU-Kommission lediglich eine Übergangslösung darstellen wird auf dem langfristigen Pfad einer integrierten Finanz- und ESG-Berichterstattung.

44 Nach der CSRD sollen große haftungsbeschränkte EU-Unternehmen, große EU-Kreditinstitute sowie Versicherungen zur Erstellung eines Nachhaltigkeitsberichts verpflichtet werden, sofern 2 der folgenden Kriterien (20 Mio. EUR Bilanzsumme, 40 Mio. EUR Umsatzerlöse und 250 Mitarbeiter) an 2 aufeinanderfolgenden Geschäftsjahren überschritten werden. Ferner sollen sämtliche in der EU börsennotierten Unternehmen – mit Ausnahme der Mikro-Unternehmen – unter die Berichtspflicht fallen. Nicht-EU-Unternehmen mit einem Umsatz innerhalb der EU und mit EU-Niederlassungen oder EU-Tochterunternehmen mit über 150 Mio. EUR Umsatz fallen künftig ebenfalls unter die Berichtspflicht. Für alle anderen Non-PIE-Unternehmen ist keine Pflicht zur Nachhaltigkeitsberichterstattung vorgesehen, wobei die EU-Kommission **unverbindliche Empfehlungen** für eine „maßgeschneiderte" Berichterstattung **auch für die SMEs** erlassen möchte. Unabhängig von der konkreten Berichtspflicht nach der CSRD wird die Integration von Nachhaltigkeit in die Corporate Governance über die Beachtung der Sorgfaltspflichten nach dem LkSG und der geplanten CSDD-Richtlinie auch für (kapitalmarktferne) mittelständische Unternehmen relevant. Insofern bedarf es einer Diskussion, inwiefern die ehemals nur für PIEs regulierte Vergütungs- und Corporate-Governance-Berichterstattung (inkl. der Befolgung der Empfehlungen des nationalen Corporate Governance Kodex) mit dem neuen ESG-Bericht nach der CSRD und der geplanten CSDD-Richtlinie noch aufrechterhalten werden kann.

4.2 Nachhaltigkeitspflichten des Aufsichtsrats

4.2.1 Nachhaltigkeitsexpertise

45 Mit dem BilMoG aus dem Jahr 2009 wurde in § 100 Abs. 5 AktG die sog. Finanzexpertise im Aufsichtsrat bzw. Prüfungsausschuss implementiert.

So mussten nach dem BilMoG kapitalmarktorientierte Kapitalgesellschaften i. S. d. § 264d HGB mind. 1 Mitglied im Aufsichtsrat vorweisen, welches über Sachverstand auf den Gebieten Rechnungslegung oder Abschlussprüfung verfügt. Bei Einrichtung eines Prüfungsausschusses musste dieser Finanzexperte nach § 107 Abs. 4 AktG Mitglied des Prüfungsausschusses sein. Nach dem FISG müssen gem. § 100 Abs. 5 AktG mind. 1 Mitglied des Aufsichtsrats mit Sachverstand auf dem Gebiet Rechnungslegung und mind. 1 weiteres Mitglied mit Sachverstand auf dem Gebiet Abschlussprüfung, d. h. mind. 2 Finanzexperten, in den Aufsichtsrat bzw. Prüfungsausschuss von PIEs berufen werden.

Durch das AReG aus dem Jahr 2016 erfolgte eine inhaltliche Erweiterung um die Branchenexpertise des Aufsichtsrats in § 100 Abs. 5 AktG. Demnach müssen die Mitglieder des Aufsichtsrats bzw. des Prüfungsausschusses in ihrer Gesamtheit mit dem Sektor, in dem die Gesellschaft tätig ist, vertraut sein. Neben der Finanz- und Branchenexpertise sind bislang keine zusätzlichen inhaltlichen Fähigkeiten gesetzlich vorgesehen oder geplant. 46

Infolge der durch das CSR-RUG eingeführten Prüfungspflicht des Aufsichtsrats bei der nichtfinanziellen Erklärung und der durch die EU-Regulierungen zu Sustainable Finance ansteigenden Vernetzungen zwischen Rechnungs- und Finanzwesen mit CSR-Aspekten ist die bisherige gesetzliche Reduzierung auf Finanz- und Branchenexpertise im Aufsichtsrat fragwürdig.[66] Daher wird im betriebswirtschaftlichen Fachschrifttum eine angemessene Berücksichtigung von Nachhaltigkeitsexpertise im Aufsichtsrat zur Stärkung seiner Überwachungs- und Prüfungspflicht explizit in jüngerer Zeit befürwortet.[67] Insofern wäre zu diskutieren, analog zur gesetzlichen Implementierung von 2 Finanzexperten im Aufsichtsrat bzw. Prüfungsausschuss von PIEs eine Mindestanzahl oder -quote von CSR-Expertise in § 100 Abs. 5 AktG vorzuschreiben.[68] Die Einführung eines Nachhaltigkeitsexperten im Aufsichtsrat hatte auch der SFB in seinem Abschlussbericht explizit befürwortet.[69] 47

Die Neufassung des **DCGK 2022** sieht in diesem Kontext eine Empfehlung vor, wonach das **Kompetenzprofil des Aufsichtsrats** auch Nachhaltigkeitsexpertise inkludieren soll. Zudem sollen die beiden nach dem FISG zwingenden Finanzexperten im Prüfungsausschuss gleichzeitig Nachhaltigkeits-

---

[66] Vgl. u. a. Simon-Heckroth/Borcherding, WPg 2020, S. 1104.
[67] Vgl. u. a. Scheid/Needham, DB 2020, S. 1777; Schmidt, DB 2020, S. 240; Simon-Heckroth/Borcherding, WPg 2020, S. 1101.
[68] Simon-Heckroth/Borcherding sprechen sich für die Berufung von mind. einem Nachhaltigkeitsexperten im Aufsichtsrat aus; vgl. Simon-Heckroth/Borcherding, WPg 2020, S. 1105.
[69] Vgl. Sustainable-Finance-Beirat der Bundesregierung, Shifting the Trillions. Ein nachhaltiges Finanzsystem für die Große Transformation, 2021, S. 95.

expertise entweder im Bereich Rechnungslegung oder Abschlussprüfung vorweisen. Eine der beiden Personen soll weiterhin als unabhängiger Finanz- und Nachhaltigkeitsexperte den Vorsitz des Prüfungsausschusses übernehmen. Vor dem Hintergrund der noch darzustellenden Überwachungs- und Prüfungspflichten ist die Zuweisung der Nachhaltigkeitsexpertise beim Prüfungsausschuss nach dem DCGK sinnvoll.

48 Analog zu den Überlegungen zu einer verpflichtenden Einrichtung eines CSO oder eines Nachhaltigkeitsausschusses auf Ebene des Vorstands ist zu diskutieren, inwiefern bei PIEs auch ein **Nachhaltigkeitsausschuss** des Aufsichtsrats sachgerecht ist oder eine Existenz dieser Expertise im Prüfungsausschuss vorzugswürdiger erscheint.[70] Mit Blick auf die Überwachungs- und Prüfungspflichten der §§ 111, 107 Abs. 3 und 171 AktG wäre die letztgenannte Option vorzugswürdig. Bei Implementierung eines CSR-Ausschusses im Aufsichtsrat muss nach § 171 Abs. 2 S. 2 Halbs. 2 AktG und nach § 289f Abs. 2 Nr. 3 HGB hierüber berichtet werden.[71] Nachhaltigkeitsausschüsse im Aufsichtsrat sollten sich vorwiegend mit strategischen Fragestellungen befassen i. S. d. Beratungsfunktion gegenüber dem Vorstand.

49 Es ist davon auszugehen, dass in Zukunft verstärkte Fort- und Weiterbildungsangebote für den Aufsichtsrat mit Blick auf ESG-Themen bereitgestellt werden, um die Überwachungstätigkeit bei den internen Corporate-Governance-Systemen und die Prüfungsqualität bei der nichtfinanziellen Erklärung bzw. des künftigen Nachhaltigkeitsberichts zu steigern. Bei einer Neubesetzung empfiehlt sich, Mitglieder mit beruflichen und/oder akademischen Erfahrungen im Sozial- und Umweltbereich zu berufen. Da die universitären Ausbildungsprofile erst in jüngerer Zeit eine stärkere Integration von Nachhaltigkeitsaspekten vornehmen, z. B. in betriebswirtschaftlichen Studiengängen, müsste der akademische Ausbildungsweg durch einschlägige Praxiserfahrungen im Nachhaltigkeitsfeld belegt werden.

4.2.2 Überwachungs- und Prüfungspflichten

50 Die Ausweitung der Inhalte der nichtfinanziellen Erklärung sowie eine Integration von Nachhaltigkeitspflichten in das betriebliche Risikomanagementsystem und in die Sorgfaltspflichten des Vorstands könnten eine Klarstellung der §§ 111, 107 Abs. 3, 171 AktG für den Aufsichtsrat nach sich ziehen. So schlägt der SFB in seinem Abschlussbericht vor, die Überwachung des Aufsichtsrats um die „langfristige Entwicklung und angemessene Berücksichtigung von Nachhaltigkeits- und Klimarisiken sowie Stakeholder-

---

[70] Vgl. Simon-Heckroth/Borcherding, WPg 2020, S. 1105.
[71] Vgl. Bachmann, ZGR 2018, S. 241.

Erwartungen in Bezug auf Nachhaltigkeit"⁷² auszudehnen. Eine analoge Ausweitung der Überwachungspflichten des Aufsichtsrats bzw. des Prüfungsausschusses sieht auch der DCGK vor.

Die h. M. im rechtswissenschaftlichen Schrifttum, welche eine gleichwertige Intensität der Prüfung der Finanzberichterstattung und der nichtfinanziellen Erklärung durch den Aufsichtsrat verneint, steht im Gegensatz zur zunehmenden Forderung nach einer verlässlichen Nachhaltigkeitsberichterstattung bei Shareholdern und anderen Stakeholder-Gruppen. Daher sollte die Rechtmäßigkeits-, Ordnungsmäßigkeits-, und Zweckmäßigkeitsprüfung der Nachhaltigkeitsberichterstattung analog zur Finanzberichterstattung durch den Aufsichtsrat in den Fokus rücken.⁷³ Dieses Verständnis zeigt sich auch in der CSRD, welche die Überwachungspflichten des Prüfungsausschusses in Bezug auf die Nachhaltigkeitsberichterstattung sowie die dahinterstehenden Systeme explizit kodifiziert. Hierbei wird eine Gleichwertigkeit der Überwachungstätigkeit zur bestehenden Finanzberichterstattung hergestellt. Kritisch zu beurteilen ist allerdings das implementierte EU-Mitgliedstaatenwahlrecht, wonach auch ein eigens eingerichteter Ausschuss (z. B. Nachhaltigkeitsausschuss) und nicht der Prüfungsausschuss für die Überwachung des Nachhaltigkeitsberichts zuständig sein kann.

51

Ferner müsste analog zur Prüfung der nichtfinanziellen Erklärung bzw. des neuen Nachhaltigkeitsberichts aktienrechtlich klargestellt werden, dass der Aufsichtsrat gem. § 171 AktG ebenfalls eine Prüfung der Erklärung zur Unternehmensführung durchführen muss.⁷⁴ Entsprechendes gilt ebenfalls für die Prüfung des Vergütungsberichts nach § 162 AktG. Da der Vergütungsbericht gemeinsam durch Vorstand und Aufsichtsrat zu erstellen ist, erwächst insbes. bei der Corporate-Governance-Berichterstattung aus Sicht des Aufsichtsrats ein erhöhtes Selbstprüfungsrisiko, welches zu einer Beeinträchtigung der Qualität der in Rede stehenden Angaben führen kann.⁷⁵ Entscheidend ist ferner, dass sich die CSR-Pflichten des Aufsichtsrats nicht nur auf die Prüfung der nichtfinanziellen Erklärung nach § 171 AktG erstreckt, sondern die „Unternehmensführung zu CSR-Themen – angefangen von der Strategie über die organisationalen Prozesse bis hin zur Berichterstattung"⁷⁶ begleitet und insofern die vorausschauende Überwachungsaufgabe bzw. Beratung des Vorstands – auch in den Kommentierungen – in den Fokus rücken sollte. Insofern bleibt mit Spannung abzuwarten, wie die

52

---

72 Sustainable-Finance-Beirat der Bundesregierung, Shifting the Trillions. Ein nachhaltiges Finanzsystem für die Große Transformation, 2021, S. 96.
73 Vgl. Naumann/Siegel, WPg 2017, S. 1177.
74 Vgl. Velte, AG 2018, S. 272.
75 Vgl. Velte, StuB 2020, S. 58.
76 Richter/Mattheus, Der Aufsichtsrat 2019, S. 4.

aufgezeigten Normierungen die Integration von ökologischen und sozialen Nachhaltigkeitszielen in die Corporate Governance beeinflussen werden.

Literaturtipps

- Bachmann, CSR-bezogene Vorstands- und Aufsichtsratspflichten und ihre Sanktionierung, ZGR 2018, S. 231 ff.
- Böcking/Althoff, Corporate Social Responsibility als Instrument guter Corporate Governance, Festschrift für Klaus J. Hopt zum 80. Geburtstag, 2020, S. 83 ff.
- Fleischer, Gesetzliche Unternehmenszielbestimmungen im Aktienrecht, ZGR 2017, S. 411 ff.
- Hommelhoff, CSR-Vorstands- und -Aufsichtsratspflichten, NZG 2017, S. 1361 ff.
- Illert/Schneider, ESG-relevante Themen für den Vorstand einer börsennotierten AG, DB 2021, S. 27 ff.
- Needham/Müller, Sustainable Corporate Governance. Analyse der Empfehlungen des Sustainable Finance-Beirats zur Weiterentwicklung der Corporate Governance, ZCG 2021, S. 136 ff.
- Schmidt/Strenger, Die neuen nichtfinanziellen Berichtspflichten – Erfahrungen mit der Umsetzung aus Sicht institutioneller Investoren, NZG 2019, S. 481 ff.
- Schön, Der Zweck der Aktiengesellschaft – geprägt durch europäisches Gesellschaftsrecht?, ZHR 2016, S. 279 ff.
- Stave/Velte, Regulierung eines nachhaltigen Lieferkettenmanagements. Bestandsaufnahme bisheriger Normierungen und Ausblick auf die geplante EU-Gesetzgebung, DB 2021, S. 1791 ff.
- Velte, Prüfung von Nachhaltigkeitsberichten nach dem Entwurf einer „EU-CSR-Richtlinie 2.0". Vergleichende Analyse der Reformmaßnahmen und kritische Würdigung, WPg 2021, S. 613 ff.
- Velte, Regulierung von Corporate-Governance-Systemen durch das geplante FISG. Eine kritische Würdigung, WPg 2021, S. 387 ff.
- Velte, Sustainable Corporate Governance. Integration von Nachhaltigkeit in das Aktien- und Bilanzrecht, DB 2021, S. 1054 ff. (Teil I) und S. 1113 ff. (Teil II)
- Velte, Die Lieferkette im Fokus der nichtfinanziellen Berichterstattung. Normative Reichweite, empirische Befunde und Reformdiskussion, DStR 2020, S. 2034 ff.
- Velte/Simon-Heckroth/Borcherding, Zur Notwendigkeit eines „CSR-RUG 2.0". Eine Bestandsaufnahme empirischer Befunde zur Entscheidungsnützlichkeit der nichtfinanziellen Erklärung, WPg 2020, S. 1349 ff.

- Velte/Stave, Zum Entwurf einer EU-Richtlinie zur Corporate Sustainability Due Diligence (CSDD), WPg 2022, S. 724 ff. und S. 790 ff.
- Velte/von Werder, Zur Schließung der „Verlässlichkeitslücke" beim Corporate Governance Reporting, DB 2022, S. 1593 ff.
- Velte/Weber, Sustainable corporate purpose and sustainable corporate governance: Integrative theoretical framework and reform recommendations, Journal of Environmental Law and Policy 2021, S. 287 ff.
- Walden, Corporate Social Responsibility: Rechte, Pflichten und Haftung von Vorstand und Aufsichtsrat, NZG 2020, S. 50 ff.

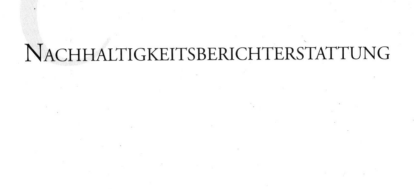

C Nachhaltigkeitsberichterstattung

§ 8 Frameworks, Standards, Guidance

> **Überblick**
>
> Viele Unternehmen erstellen bislang – ggf. zusätzlich zu gesetzlich normierten Vorgaben zur nichtfinanziellen Berichterstattung im (Konzern-)Lagebericht – einen umfassenden und in sich geschlossenen Nachhaltigkeitsbericht. In der Praxis der Unternehmensberichterstattung werden dazu überwiegend Rahmenwerke genutzt, die Form, Inhalt und zeitliche Gestaltung dieser Rechenschaftslegung vorgeben. Diverse Organisationen haben in den beiden letzten Jahrzehnten auf internationaler, europäischer und deutscher Ebene solche Rahmenwerke (fort)entwickelt.

1 Frameworks und Standards

1.1 Climate Disclosure Standards Board (CDSB)

Für die Erfassung und Berichterstattung von Treibhausgasemissionen und Naturkapital wurde über die Jahre eine Vielzahl von Rahmenwerken entwickelt,[1] doch eine fehlende Harmonisierung hat zu uneinheitlichen Daten und einer erhöhten Berichtslast für die Unternehmen geführt.[2] Um diese Hürde i. S. d. Adressaten zu überbrücken, wurde beim Weltwirtschaftsforum 2007 das Climate Disclosure Standards Board (CDSB, Rat für Standards zu Umweltangaben) als gemeinnützige Organisation gegründet. Es stellt eine **Arbeitsgemeinschaft globaler Wirtschafts- und Umweltorganisationen** dar, zu der bspw. das Carbon Disclosure Project (CDP; Rz 135 ff.), die Coalition for Environmentally Responsible Economies (CERES), die Internationale Emissions Trading Association (IETA), das World Council for Business and Sustainable Development (WCBSD), das Weltwirtschaftsforum (WEF) und das World Resources Institute (WRI) gehören.

1

Die Aufgabe des CDSB lag in der Förderung und Weiterentwicklung von Angaben in Bezug auf den Klimawandel mittels der Entwicklung eines Rahmenkonzepts für die Unternehmensberichterstattung. Der initiale Schwerpunkt des **CDSB-Rahmenkonzepts** fokussierte sich auf Risiken und Chancen, die der Klimawandel für die Strategie und die finanzielle

2

---

[1] OECD Guidelines for Multinational Enterprises, 2011.
[2] Europäische Kommission, Emissions monitoring and reporting, https://climate.ec.europa.eu/eu-action/climate-strategies-targets/progress-made-cutting-emissions/emissions-monitoring-reporting_en, abgerufen am 3.1.2023.

Lage und Leistung eines Unternehmens mit sich bringt. Die zu berichtenden Umweltinformationen umfassten ein breites Spektrum an Angaben, wie
- Abhängigkeiten von Naturkapital,
- Umweltergebnisse,
- Umweltrisiken und Umweltchancen,
- Umweltpolitik, Strategien und Ziele,
- Leistung im Vergleich zu den Umweltzielen.

So wurde das Rahmenwerk bereits 2018 umfassend aktualisiert, um u. a. noch enger mit den Empfehlungen der Task Force on Climate-related Financial Disclosures (**TCFD**, Rz 159ff.) in Übereinstimmung zu sein.

3   Grds. besteht die Zielsetzung eines einheitlichen Berichtsrahmens für die Umweltberichterstattung zum einen in einer vereinfachten Bereitstellung von vergleichbaren Informationen für Investoren, die Darstellung der Verbindung mit der Unternehmensstrategie sowie Lage und Entwicklung eines Unternehmens, zum anderen in der Minimierung der Berichtslast und der Berichterstattungsprozesse. Übergeordnetes Ziel ist eine grds. Angleichung der Umweltberichterstattung an die klassische Finanzberichterstattung.

4   In diesem Kontext ist das CDSB im Juni 2022 mit allen seinen Organen in die Strukturen der IFRS Foundation übergegangen; verbunden mit dem Ansatz, dass Unternehmen zukünftig Umweltinformationen so in ihrem Reporting verankern, dass diese klar, prägnant und vergleichbar sind und sich ganzheitlich in den Unternehmenskontext einbetten.

Mit dem **Übergang des CDSB in die IFRS Foundation** ist die Schließung des CDSB erfolgt. Doch auch wenn keine technischen Arbeiten oder Inhalte mehr unter dem Label des CDSB erfolgen, so finden die Leitlinien des CDSB Eingang in die IFRS-Standards des ISSB (IFRS Sustainability Disclosure Standards) zur Offenlegung von Nachhaltigkeitsinformationen. Die Leitlinien des CDSB zu den Angaben über Klima, Wasser und biologische Vielfalt werden für Unternehmen so lange nützlich bleiben, bis das ISSB seine IFRS-Standards für die Offenlegung von Nachhaltigkeitsinformationen zu diesen Themen endgültig finalisiert hat.[3]

5   Zum Juni 2022 ging neben dem Climate Disclosure Standards Board (**CDSB**) die Value Reporting Foundation (**VRF**; Rz 97ff.) – die das Integrated Reporting Framework und die SASB-Standards beherbergt – in das neu gegründete International Sustainability Standards Board (**ISSB**; Rz 53ff.) über, das unter dem Schirm der IFRS Foundation eine umfassende globale Basis von qualitativ hochwertigen Standards für die Offenlegung von Nach-

---

[3] Siehe www.ifrs.org/sustainability/climate-disclosure-standards-board/, abgerufen am 3.1.2023.

haltigkeitsdaten entwickeln soll. Dies wurde während des COP26-Treffens der Staats- und Regierungsvertreter in Glasgow von den Trustees der IFRS Foundation verkündet.

Die IFRS Foundation beabsichtigt, die bestehenden Beratungsgruppen des CDSB und der VRF zu nutzen, in denen Investoren und andere Experten vertreten sind, die sich seit langem für eine verbesserte Offenlegung von Nachhaltigkeitsdaten einsetzen.

1.2 Deutscher Nachhaltigkeitskodex (DNK)

1.2.1 Rat für Nachhaltige Entwicklung

Der **Rat für Nachhaltige Entwicklung** (RNE) wurde erstmals im April 2001 einberufen. Er soll eine beratende Funktion für die Bundesregierung zur Nachhaltigkeitspolitik ausüben. Zu den **Aufgaben** des RNE gehören insbes.: 6

- Erarbeitung von Beiträgen zur Weiterentwicklung und Umsetzung der Deutschen Nachhaltigkeitsstrategie sowie der globalen Ziele einer nachhaltigen Entwicklung,
- Stellungnahme zu Fragen des Staatssekretärausschusses für nachhaltige Entwicklung[4] sowie
- Förderung des gesellschaftlichen Dialogs zur nationalen und internationalen nachhaltigen Entwicklung.

Dem RNE gehören 15 Mitglieder des öffentlichen Lebens aus Zivilgesellschaft, Wirtschaft, Wissenschaft und Politik an. Der RNE ist in seiner Tätigkeit unabhängig und wird alle 3 Jahre von der Bundesregierung neu berufen.[5] 7

Der RNE versteht Nachhaltigkeit als Voraussetzung für eine Sicherstellung des Wohlstands für alle, ohne negative Auswirkungen auf andere Länder oder Menschen bzw. nachfolgende Generationen. Nachhaltiges Wirtschaften wird demnach als ein Handeln verstanden, welches ökologische, soziale und wirtschaftliche Aspekte gleichermaßen berücksichtigt.[6] 8

Ende November 2010 veröffentlichte der RNE einen ersten Entwurf des **Deutschen Nachhaltigkeitskodex** (DNK) und stellte diesen zur öffentlichen Diskussion. Nach dem Dialogprozess und einer Praxisphase hinsichtlich der Anwendbarkeit durch knapp 30 Unternehmen verabschiedete der 9

---

[4] Siehe www.bundesregierung.de/breg-de/themen/nachhaltigkeitspolitik/der-staatssekretaersausschuss/staatssekretaersausschuss-fuer-nachhaltige-entwicklung-426412, abgerufen am 3.1.2023.
[5] Siehe www.nachhaltigkeitsrat.de/ueber-den-rat/, abgerufen am 3.1.2023.
[6] Vgl. RNE, Leitfaden zum Deutschen Nachhaltigkeitskodex, 2020, S. 2.

RNE den DNK im Oktober 2011.[7] Durch die Bundesregierung werden Unternehmen ermutigt, den DNK zur Förderung eines nachhaltigen Wirtschaftens zu nutzen.[8]

1.2.2 Anpassungen des DNK

10 Seit der Einführung des DNK im Jahr 2011 wurde der Kodex aufgrund der rechtlichen Entwicklungen bereits mehrfach fortentwickelt. So wurde im August 2014 durch den RNE eine aktualisierte Fassung des DNK beschlossen. Ursächlich für diese Aktualisierung war vornehmlich eine Anpassung der im DNK angewandten Bezugsgrößen (Rz 20).[9]

11 Um Unternehmen im Kontext des am 18.4.2017 verkündeten „Gesetz zur Stärkung der nichtfinanziellen Berichterstattung der Unternehmen in ihren Lage- und Konzernlageberichten (CSR-Richtlinie-Umsetzungsgesetz)" die Option zu eröffnen, den DNK als Rahmenwerk für die Berichterstattung nach dem **CSR-RUG** zu nutzen, wurde der DNK erneut aktualisiert (siehe zum Aufstellungsprozess Rz 27).

12 Insbes. die **Einhaltung von Menschenrechten** ist in den letzten Jahren immer stärker in den Fokus gerückt. Zu den Berichtsanforderungen des DNK gehören somit seit Ende 2018 auch Angaben zur menschenrechtlichen Sorgfaltspflicht. Unternehmen können darüber hinaus zusätzlich zur Erfüllung des „Kriteriums 17: Menschenrechte" freiwillig i.S.d. Nationalen Aktionsplans Wirtschaft und Menschenrechte (NAP) berichten.[10]

13 Im Jahr 2020 erfolgte durch den RNE eine Überarbeitung der Aspekte zum „Kriterium 2: Wesentlichkeit". Die Änderungen wurden in der DNK-Datenbank (Rz 26) und auf der Webseite hinterlegt. Zudem findet sich seit Juli 2020 im DNK-Leitfaden ein eigenes Kapitel zum Thema **Wesentlichkeit und Wesentlichkeitsanalyse**.[11]

14 Zur Frage der verstärkten **Integration der Sustainable Development Goals** (SDGs; Rz 148ff.) in den DNK wurden durch den RNE ebenfalls im Jahr 2020 eine Chancen-Risiken-Analyse sowie Konsultationen von Experten und der breiten Öffentlichkeit durchgeführt. Aufgrund des diversen Meinungsbilds wurde jedoch entschieden, die Anforderungen zur Berichterstattung zu den SDGs vorerst im DNK nicht zu verändern. Somit können

---

[7] Vgl. RNE, Empfehlungen, S. 18.
[8] Vgl. RNE, Maßstab, S. 5.
[9] Vgl. DNK, Der Nachhaltigkeitskodex, www.deutscher-nachhaltigkeitskodex.de/de-DE/Home/DNK/DNK-Overview, abgerufen am 3.1.2023.
[10] Vgl. DNK, Der Nachhaltigkeitskodex.
[11] Vgl. DNK, DNK-Weiterentwicklung: Wesentlichkeit und Sustainable Development Goals (SDGs) im DNK, Weiterentwicklung 2019.

derzeit Unternehmen, die sich den SDGs verpflichtet haben, in „Kriterium 3: Ziele" unverändert ihren Beitrag zu den SDGs darstellen. In der Berichterstattung nach dem DNK kann an geeigneten Stellen Bezug auf die entsprechenden SDGs genommen werden.[12]

Um allen Unternehmen, die bereits nach dem CSR-RUG der Verpflichtung zur Aufstellung einer nichtfinanziellen (Konzern-)Erklärung und dementsprechend den Vorgaben der EU-Taxonomie-Verordnung unterliegen, eine Möglichkeit der Berichterstattung zu geben, haben auch die erforderlichen Angaben gem. der **EU-Taxonomie-Verordnung** Eingang in das Rahmenwerk des DNK gefunden.[13] Die Integration erfolgt als Berichtsoption nach den Kriterien 11–13 („Umweltbelange"). Die Integration in den DNK wurde wissenschaftlich durch ein Gutachten der Universität Hamburg begleitet und juristisch durch eine Anwaltskanzlei geprüft. Beide Gutachten sind zu dem Ergebnis gekommen, dass der DNK für eine Berichterstattung i. S. d. EU-Taxonomie geeignet sei.[14]

15

Zu beachten ist, dass der DNK keine inhaltlichen Vorgaben macht, welche Taxonomie-Angaben zu veröffentlichen sind, wie die Darstellungen konkret zu erfolgen haben und wo die Informationen zur Erfüllung der Verpflichtungen nach Art. 8 der EU-Taxonomie-Verordnung letztendlich zu veröffentlichen sind (siehe zu den Inhalten der Taxonomie-Verordnung § 12).

Auch in Sachen **Umweltberichterstattung** hat sich das Büro des Deutschen Nachhaltigkeitskodex im Jahr 2022 noch breiter aufgestellt: zusammen mit dem Umweltgutachterausschuss hat es eine Orientierungshilfe erstellt, die Unternehmen Einblicke gibt, wie sie **EMAS** (Eco Management and Audit Scheme) **und den DNK gemeinsam nutzen** können, um ein ganzheitliches Nachhaltigkeitsmanagement mit dezidierter Berichterstattung aufzubauen.[15]

16

Zudem hat der RNE im Herbst 2022 eine **Kooperation mit dem DRSC** im Hinblick auf die Unterstützung von KMUs zur Umsetzung der CSRD (§ 9 Rz 55 ff.) und der Anwendung der damit verbundenen EFRAG ESRS (§ 9A) initiiert. In ihrer Kooperationsvereinbarung „Gemeinsam die Nachhaltigkeitsberichterstattung in Deutschland stärken" streben RNE und DRSC eine gemeinsam organisierte KMU-Pilotgruppe an, um die Nachhaltigkeitsberichterstattung von KMU proaktiv zu diskutieren. Die Erkenntnisse der

17

---

12 Vgl. DNK, DNK-Weiterentwicklung: Wesentlichkeit und Sustainable Development Goals (SDGs) im DNK, Weiterentwicklung 2019.
13 DNK, Der Nachhaltigkeitskodex.
14 Siehe www.deutscher-nachhaltigkeitskodex.de/de-DE/Home/News/Sustainability-Code/2022/eu-taxonomie-im-dnk, abgerufen am 3.1.2023.
15 Siehe www.deutscher-nachhaltigkeitskodex.de/de-DE/Home/News/Press-Releases/2022/DNK-EMAS-Wegweiser-fur-eine-Transformation-in-Rich, abgerufen am 3.1.2023.

Pilotgruppe und die Erfahrungen mit dem DNK sollen auch in den Standardsetzungsprozess der EFRAG eingebracht werden.[16]

1.2.3 Deutscher Nachhaltigkeitskodex: Kriterien und Erklärung

18 Der DNK bietet Unternehmen als Anwendern einen Einstieg in die Nachhaltigkeitsberichterstattung. Bei dem DNK handelt es sich um einen **branchenübergreifenden Standard**, mittels dem Unternehmen – unabhängig von ihrer Rechtsform und Größe – über ihre Nachhaltigkeitsleistung berichten können (DNK-Erklärung).[17] Obwohl der DNK ein nationales Rahmenwerk darstellt, können auch Anwender mit Sitz im Ausland den Standard nutzen. Durch eine regelmäßige Berichterstattung ist es Anwendern möglich, ihre Entwicklung im Zeitablauf sichtbar zu machen. Derzeit umfasst die DNK-Datenbank Erklärungen von mehr als 800 Unternehmen.

19 Der DNK erfordert für die Nachhaltigkeitsberichterstattung die Beachtung von 20 Kriterien zu ökologischen, sozialen und ökonomischen Dimensionen der Nachhaltigkeit. Diese sind in die nachfolgenden 4 Bereiche untergliedert:

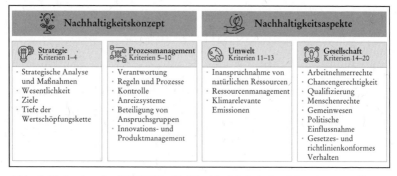

Abb. 1: Kriterien des DNK für die Nachhaltigkeitsberichterstattung[18]

Zu jedem der vorstehenden Kriterien ist gem. des DNK die Angabe von qualitativen Informationen erforderlich. Die jeweiligen Kriterien werden anhand von Aspekten mit detaillierten Berichtsanforderungen konkretisiert.

20 Darüber hinaus stellt der DNK einen Bezug von einzelnen Kriterien zu ausgewählten, konkret benannten Leistungsindikatoren der Global Reporting Initiative (GRI; Rz 28 ff.) bzw. der European Federation of Financial

---

[16] Siehe www.deutscher-nachhaltigkeitskodex.de/de-DE/Home/News/Press-Releases/2022/ Kooperationsvereinbarung-RNE-und-DRSC, abgerufen am 3.1.2023.
[17] Vgl. RNE, Leitfaden zum Deutschen Nachhaltigkeitskodex, 2020, S. 4.
[18] In Anlehnung an RNE, Leitfaden zum Deutschen Nachhaltigkeitskodex, 2020, S. 7.

Analysts Societies (EFFAS) her. Hierdurch ist auch quantitativen Informationserfordernissen nachzukommen. Die Entscheidung für eine Berichterstattung nach den dort genannten Leistungsindikatoren der GRI oder der EFFAS ist durchgängig für die gesamte Berichterstattung beizubehalten und durch das berichtende Unternehmen nach den unternehmensindividuellen Anforderungen zu bestimmen:

Bereiche	DNK-Kriterien		GRI-SRS-Indikatoren	EFFAS-Indikatoren
Strategie	01.	Strategische Analyse und Maßnahmen		
	02.	Wesentlichkeit		
	03.	Ziele		
	04.	Tiefe der Wertschöpfungskette		
Prozessmanagement	05.	Verantwortung	GRI SRS-102-16	EFFAS S0-01
	06.	Regeln und Prozesse		EFFAS S06-02
	07.	Kontrolle		
	08.	Anreizsysteme	GRI SRS-102-35	
			GRI SRS-102-38	
	09.	Beteiligung von Anspruchsgruppen	GRI SRS-102-44	
	10.	Innovations- und Produktmanagement	G4-FS11	EFFAS E13-01
				EFFAS V04-12
Umwelt	11.	Inanspruchnahme von natürlichen Ressourcen	GRI SRS-301-1	EFFAS E04-01
			GRI SRS-302-1	EFFAS E05-01
	12.	Ressourcenmanagement	GRI SRS-302-4	
			GRI SRS-303-3	
			GRI SRS-306-2	
	13.	Klimarelevante Emissionen	GRI SRS-305-1	EFFAS E02-01
			GRI SRS-305-2	
			GRI SRS-305-3	
			GRI SRS-305-5	
Gesellschaft	14.	Arbeitnehmerrechte	GRI SRS-403-9	EFFAS S03-01
	15.	Chancengerechtigkeit	GRI SRS-403-10	EFFAS S10-01
	16.	Qualifizierung	GRI SRS-403-4	EFFAS S10-02
			GRI SRS-404-1	EFFAS S02-02
			GRI SRS-405-1	
			GRI SRS-406-1	

Bereiche	DNK-Kriterien	GRI-SRS-Indikatoren	EFFAS-Indikatoren
	17. Menschenrechte	GRI SRS-412-3	EFFAS S07-02 II
		GRI SRS-412-1	
		GRI SRS-414-1	
		GRI SRS-414-2	
	18. Gemeinwesen	GRI SRS-201-1	
	19. Politische Einflussnahme	GRI SRS-415-1	EFFAS G01-01
	20. Gesetzes- und richtlinienkonformes Verhalten	GRI SRS-205-1	EFFAS V01-01
		GRI SRS-205-3	EFFAS V02-01
		GRI SRS-419-1	

Tab. 1: DNK-Kriterien, GRI- und EFFAS-Indikatoren im Überblick[19]

21 Die DNK-Erklärung unterliegt grds. dem Prinzip der **doppelten Wesentlichkeit** (§ 9 Rz 74), d.h. sowohl der geschäftsbezogenen Perspektive als auch der darüber hinausgehenden Betrachtung in Bezug auf die Auswirkungen der Geschäftstätigkeit.[20] Nachhaltigkeitsthemen werden dann als wesentlich angesehen, wenn diese zum einen mit Chancen oder Risiken für den Geschäftsverlauf, die Lage des Unternehmens oder den Jahresabschluss verbunden sind (**Outside-in-Perspektive**) oder wenn zum anderen sich Geschäftstätigkeiten, Geschäftsbeziehungen sowie Produkte und Dienstleistungen wahrscheinlich positiv oder negativ auf die Nachhaltigkeit auswirken (**Inside-out-Perspektive**). Darüber hinaus ist erforderlich, dass die Nachhaltigkeitsthemen von zentralen Stakeholdern als wesentlich erachtet werden (**Stakeholder-Perspektive**).[21]

22 Bei den qualitativen und quantitativen Angaben, welche in einer DNK-Erklärung zu erfolgen haben, ist jeweils entweder über die Erfüllung (**Comply**) der Kriterien zu berichten oder eine Erklärung (**Explain**) bei entsprechenden Auslassungen darzulegen. Wird eine Explain-Angabe gemacht, ist zusätzlich anzugeben, ab wann mit einer Veröffentlichung der derzeit noch fehlenden Informationen zu rechnen ist.[22]

---

[19] In Anlehnung an RNE, Leitfaden zum Deutschen Nachhaltigkeitskodex, 2020, S. 125.
[20] Vgl. DNK, DNK-Weiterentwicklung: Wesentlichkeit und Sustainable Development Goals (SDGs) im DNK, Weiterentwicklung 2019.
[21] Vgl. DNK, DNK-Weiterentwicklung: Wesentlichkeit und Sustainable Development Goals (SDGs) im DNK, Weiterentwicklung 2019.
[22] Vgl. RNE, Maßstab, S. 17.

Zur Unterstützung der Unternehmen bei der (Erst-)Anwendung des DNK wird vom RNE ein **Leitfaden** als Orientierungshilfe zur Verfügung gestellt.[23] 23

> **Hinweis**
>
> Zusätzlich haben mehrere Verbände **branchenspezifische Ergänzungen** für die Berichterstattung entwickelt:
> - Branchenleitfaden für Abfallwirtschaft und Stadtreinigung,
> - Orientierungshilfe Bankenverband,
> - Branchenleitfaden Energiewirtschaft,
> - Branchenleitfaden Ernährungsindustrie,
> - Branchenleitfaden für die Freie Wohlfahrtpflege,
> - Branchenleitfaden Handwerk,
> - Leitfaden Hochschul-DNK,
> - Berichtsrahmen Nachhaltige Kommune,
> - Branchenleitfaden Maschinen- und Anlagenbau,
> - Anwendungshilfe Soziokultur,
> - Leitfaden Sparkassen,
> - Leitfaden Stiftungen,
> - Branchenleitfaden Weinbaubetriebe und
> - Branchenleitfaden Wohnungswirtschaft.[24]

Für die DNK-Erklärung können Unternehmen Berichte nutzen, die bereits 24 nach anderen Standards erstellt wurden (sowie vice versa). Dafür werden insbes. Berichte als geeignet angesehen, die aufgestellt wurden nach:
- Sustainability Reporting Standards (SRS) der Global Reporting Initiative (GRI; Rz 28 ff.),
- UN Global Compact (Fortschrittsbericht; Rz 77 ff.),
- OECD-Leitsätze für multinationale Unternehmen, Ausgabe 2011,
- ISO 26000,
- Eco-Management and Audit Scheme, EMAS (EU-Verordnung 1221/2009),
- Carbon Disclosure Project (CDP; Rz 135 ff.),
- Task Force on Climate-related Financial Disclosures (TCFD; Rz 159 ff.),
- International Integrated Reporting Council (IIRC; Rz 99 ff.),
- Sustainability Accounting Standards Board (SASB; Rz 118 ff.),

---

[23] Vgl. RNE, Leitfaden zum Deutschen Nachhaltigkeitskodex, 2020.
[24] Vgl. DNK, Der DNK für Ihre Branche, www.deutscher-nachhaltigkeitskodex.de/de-DE/Home/DNK/DNK-for-industry, abgerufen am 3.1.2023.

- Corporate-Governance-Bericht i.S.d. Deutschen Corporate Governance Kodex (DCGK) und Entsprechenserklärung zum DCGK i.S.v. § 161 AktG.[25]

25 Darüber hinaus können Unternehmen als Hilfestellung eine vom RNE bereitgestellte **Checkliste** für die Erklärung nach dem DNK verwenden. Diese enthält einen Überblick über die Aspekte des DNK sowie über die zugehörigen Leistungsindikatoren nach GRI bzw. EFFAS und bietet ferner eine Anbindung zur Berichterstattung i.S.d. NAP sowie zu den Berichtsanforderungen des CSR-RUG.[26]

26 Nach Übermittlung der DNK-Erklärung an das DNK-Büro zum Zweck einer formalen Überprüfung kann diese in der DNK-Datenbank veröffentlicht werden.[27] Seitens des DNK-Büros erfolgt keine inhaltliche Prüfung. Die Durchführung einer (inhaltlichen) externen Überprüfung einzelner oder sämtlicher Angaben der DNK-Erklärung wird jedoch vom RNE ausdrücklich empfohlen.[28]

Nach Erfassung der DNK-Erklärung in der DNK-Datenbank ist diese öffentlich einsehbar.[29] Im Anschluss wird den Unternehmen ein DNK-Signet zur Verfügung gestellt, um auf die Anwendung des DNK in der Unternehmenskommunikation (z.B. in Form von E-Mails) hinweisen zu können.[30]

> **Praxis-Tipp**
>
> In der DNK-Datenbank finden sich alle bisher veröffentlichten Erklärungen der DNK-Anwender. Die DNK-Datenbank verfügt u.a. über Filteroptionen (z.B. nach Unternehmensbranchen), so dass sich Unternehmen an Erklärungen von bestehenden DNK-Anwendern orientieren können.[31]

27 Für die Aufstellung einer DNK-Erklärung – am Beispiel für CSR-RUG berichtspflichtige Unternehmen – wird in Anlehnung an den RNE der folgende Prozess empfohlen:

---

[25] Vgl. RNE, Maßstab, S. 18.
[26] Vgl. RNE, Maßstab, S. 34ff.
[27] Vgl. DNK, Fünf Schritte auf dem Weg zur DNK-Erklärung.
[28] Vgl. DNK, FAQs – Häufig gestellte Fragen.
[29] Vgl. DNK, Datenbank.
[30] Vgl. DNK, Fünf Schritte auf dem Weg zur DNK-Erklärung.
[31] Vgl. DNK, Datenbank.

Frameworks, Standards, Guidance § 8

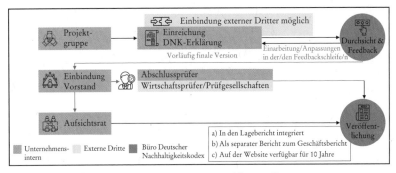

Abb. 2: Aufstellungsprozess einer DNK-Erklärung[32]

1.3 Global Reporting Initiative (GRI)[33]

1.3.1 Entwicklung

Die GRI ist eine gemeinnützige Multi-Stakeholder-Stiftung. Sie wurde 1997 in Boston gegründet, nachdem der Skandal über die Umweltschäden der Exxon-Valdez-Ölpest in der Öffentlichkeit bekannt wurde. Der Ursprung der Stiftung liegt in dem Zusammenschluss der US-amerikanischen Organisation Coalition for Environmentally Responsible Economies (CERES) mit dem Tellus Institute unter der Beteiligung des United Nations Environment Programme (UNEP). Im Jahr 2002 verlegte die GRI ihren Hauptsitz nach Europa (Amsterdam). Obwohl die GRI unabhängig ist, arbeitet sie eng u. a. mit dem UNEP sowie dem Global Compact der Vereinten Nationen (UNGC; Rz 63 ff.) zusammen.[34]

28

Die GRI hat es sich zur Aufgabe gemacht, weltweit anwendbare Richtlinien für die Erstellung von Nachhaltigkeitsberichten auf Unternehmensebene zu entwickeln. Ziel der GRI ist es, durch strukturierte Grundsätze und Leitlinien ein verantwortungsvolles Verhalten der Unternehmen gegenüber ihrer Umwelt zu erreichen. Diese Prinzipien wurden im Verlauf um soziale und wirtschaftliche Aspekte sowie Aspekte der Unternehmensführung erweitert.[35]

29

Zur Erreichung einer **standardisierten Nachhaltigkeitsberichterstattung** wurde ein entsprechender Berichtsrahmen erarbeitet und weiterentwickelt, der zu einer Harmonisierung aller essenziellen Standards führen soll. Die

30

---

32 In Anlehnung an RNE, Leitfaden zum Deutschen Nachhaltigkeitskodex, 2020, S. 14.
33 Unter Mitarbeit von Mario Beck.
34 Vgl. GRI, Our Mission and history, www.globalreporting.org/about-gri/mission-history/, abgerufen am 3.1.2023.
35 Vgl. GRI, Our Mission and history, www.globalreporting.org/about-gri/mission-history/, abgerufen am 3.1.2023.

GRI hat sich darüber hinaus mit 4 weiteren Organisationen zusammengeschlossen, um Fortschritte auf dem Weg zu einem einheitlichen Regelwerk für eine umfassende und globale Berichterstattung zu erzielen.[36] Diese Absicht wird gemeinsam mit dem Carbon Disclosure Project (**CDP**; Rz 135 ff.), dem ehemaligen Climate Disclosure Standards Board (**CDSB**), dem International Integrated Reporting Council (**IIRC**; Rz 99 ff.) und dem Sustainability Accounting Standards Board (**SASB**; Rz 128 ff.) vertreten. Der Zusammenschluss der Organisationen wurde unter dem Namen des Global Sustainability Standards Board (GSSB) im September 2020 bekannt gegeben.[37] Durch die Zusammenarbeit der Organisationen sollen folgende Kernpunkte erreicht werden:

- Gemeinsame Marktorientierung darüber, wie Rahmenwerke und Standards komplementär und additiv angewendet werden können;
- Entwicklung eines gemeinsamen Ziels, wie sich die Bestandteile der allgemein anerkannten Rechnungslegungsgrundsätze (Financial GAAP) ergänzen und als natürlicher Ausgangspunkt für Fortschritte auf dem Weg zu einem kohärenteren, umfassenderen System der Unternehmensberichterstattung dienen könnten;
- ein gemeinsames Engagement für die Verwirklichung dieses Ziels durch ein fortlaufendes Programm zur Vertiefung der Zusammenarbeit zwischen GSSB und die erklärte Bereitschaft, eng mit anderen interessierten Akteuren zusammenzuarbeiten.[38]

31 Auch wenn sich im Lauf des Jahres 2022 die organisatorische Aufstellung einiger Mitgliedsorganisationen verändert hat, so ist das GSSB immer noch aktiv und engagiert sich als **Multi-Stakeholder-Gruppe** für das Fortschreiten transparenter Nachhaltigkeitsberichterstattung.[39]

Im Kontext der Entwicklungen einheitlicher Berichtsstandards hat die GRI im März 2022 noch näher **Anschluss an das ISSB** gefunden. Mit einem Memorandum of Understanding haben beide Organisationen vereinbart, ihre Bemühungen in der Standardentwicklung und damit verbundene Arbeitsprogramme stärker miteinander abzustimmen. Außerdem besteht die Absicht, sich personell in den jeweiligen Gremien der beiden Organisationen stärker zu verzahnen.[40]

---

[36] Vgl. GRI, Statement from the Global Sustainability Standards Board (GSSB).
[37] Siehe www.globalreporting.org/news/news-center/2020-09-11-a-powerful-interim-step-towards-a-single-coherent-global-set-of-reporting-standards, abgerufen am 3.1.2023.
[38] Siehe www.integratedreporting.org/wp-content/uploads/2023/01/Statement-of-Intent-to-Work-Together-Towards-Comprehensive-Corporate-Reporting.pdf, abgerufen am 3.1.2023.
[39] Siehe www.globalreporting.org/standards/global-sustainability-standards-board/, abgerufen am 3.1.2023.
[40] Siehe www.globalreporting.org/news/news-center/ifrs-foundation-and-gri-to-align-capital-market-and-multi-stakeholder-standards/, abgerufen am 3.1.2023.

Mithilfe der durch die GRI entwickelten Standards wurden der Prozess einer globalen Nachhaltigkeitsberichterstattung wesentlich beeinflusst und eine internationale Standardisierung, Vergleichbarkeit und Transparenz gefördert.

Die erste Version des damaligen GRI-Leitfadens (G1) wurde im Jahr 2000 veröffentlicht und bildete den ersten globalen Rahmen für die Nachhaltigkeitsberichterstattung. Im Jahr 2002 wurde die erste Aktualisierung der Leitlinien (G2) veröffentlicht. Da die Nachfrage nach GRI-Berichterstattung und die Akzeptanz bei den Organisationen stetig wuchsen, wurden die Leitlinien erweitert und verbessert, was zu G3 (2006) und G4 (2013) führte.

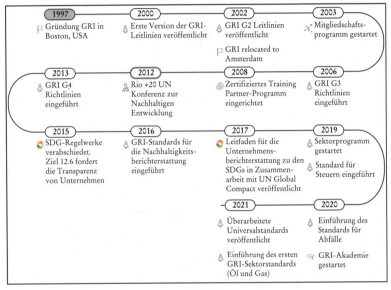

Abb. 3: Entwicklung der GRI-Standards[41]

1.3.2 GRI-Standards

Im Jahr 2016 ging die GRI von der Bereitstellung von Leitlinien zur Festlegung der ersten **globalen Standards für die Nachhaltigkeitsberichterstattung** über – den GRI-Standards. Die Standards werden kontinuierlich aktualisiert und ergänzt, einschl. neuer themenspezifischer Standards.

So wurden im Oktober 2021 die universellen Standards der GRI umfassend aktualisiert. Diese geänderten universellen Standards sind für Unternehmen bereits seit Januar 2023 verpflichtend anzuwenden.

---

41 Vgl. GRI, Our Mission and history.

Die aktuell seit 2016 bzw. 2023 zu verwendenden GRI-Standards gliedern sich in die **3 universellen Standards** GRI 1, GRI 2 und GRI 3 sowie in die **themenspezifischen Standardreihen** GRI 200, GRI 300 und GRI 400.
Eine Übersicht der überarbeiteten Struktur ist in Abb. 4 dargestellt:

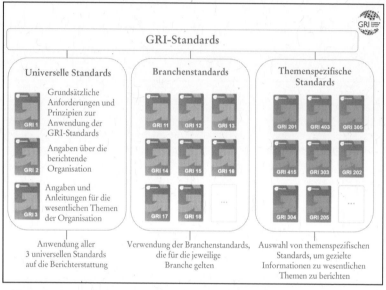

Abb. 4: Systematik der neuen GRI-Standards[42]

Im folgenden Abschnitt werden die wesentlichen Änderungen der universellen Standards skizziert. Die GRI unterstützt Anwender durch ein Mapping der neuen Anforderungen im Vergleich zu den bisherigen allgemeinen Standardangaben.[43] Eine Anwendung der aktualisierten universellen Standards ist für Unternehmen ab 2023 verpflichtend umzusetzen.

34   Der Standard GRI 1 beinhaltet die Grundlagen der Berichterstattung. GRI 2 beschäftigt sich mit allgemeinen Angaben zu der berichtenden Organisation. Der GRI Standard 3 bietet eine Anleitung zur Bestimmung der wesentlichen Themen und enthält auch Angaben zum Umgang mit den einzelnen Themen. Die – unveränderten – themenspezifischen Standards aus der GRI-200er-Reihe befassen sich mit den Auswirkungen der Organisation zu ökonomi-

---

[42] In Anlehnung an Global Reporting Initiative, GRI 1: Foundation 2021, S. 6.
[43] Vgl. GRI, Mapping between GRI Universal Standards 2021 and GRI Universal Standards 2016, www.globalreporting.org/media/rgopim1f/mapping-between-gri-universal-standards-2021-and-gri-universal-standards-2016.xlsx, abgerufen am 3.1.2023.

schen Themen, die der GRI-300er-Reihe zu ökologischen und die der GRI-400er-Reihe zu sozialen Themen.

Im Standard „GRI 1: Grundlagen" werden die Schlüsselkonzepte, die grundlegenden Prinzipien der GRI-Berichterstattung sowie Anforderungen an eine Berichterstattung in Übereinstimmung mit den Standards der GRI dargelegt.

Folgende **Schlüsselkonzepte** sind nach GRI zu berücksichtigen:
- Auswirkung,
- wesentliche Themen,
- Due Diligence,
- Stakeholder.

Das Schlüsselkonzept der **Auswirkung** bezieht sich auf die Auswirkungen, die eine Organisation auf die Wirtschaft, die Umwelt und die Menschen hat oder haben könnte, einschl. der Auswirkungen auf ihre Menschenrechte, die sich aus den Aktivitäten oder Geschäftsbeziehungen der Organisation ergeben. Die Auswirkungen können tatsächlich oder potenziell, negativ oder positiv, kurzfristig oder langfristig, beabsichtigt oder unbeabsichtigt und umkehrbar oder unumkehrbar sein. Diese Auswirkungen zeigen den negativen oder positiven Beitrag der Organisation zur nachhaltigen Entwicklung.[44]

Das Konzept der **wesentlichen Themen** besagt, dass eine Organisation viele Auswirkungen identifizieren kann, über die sie berichten möchte. Bei der Anwendung der GRI-Standards muss die Organisation jedoch vorrangig über die Themen berichten, die ihre wichtigsten Auswirkungen auf die Wirtschaft, die Umwelt und die Menschen, einschl. der Auswirkungen auf ihre Menschenrechte darstellen. In den GRI-Standards werden diese Themen als die wesentlichen Themen der Organisation bezeichnet. Wenn es nicht möglich ist, alle identifizierten Auswirkungen auf die Wirtschaft, Umwelt und Menschen auf einmal anzugehen, sollte die Organisation die Reihenfolge, in der die potenziellen negativen Auswirkungen angegangen werden sollen, auf der Grundlage ihrer Schwere und Wahrscheinlichkeit festlegen. Im Fall von möglichen negativen Auswirkungen auf die Menschenrechte hat die Schwere der Auswirkung Vorrang vor der Eintrittswahrscheinlichkeit.[45]

Das Konzept der **Due Diligence** bezieht sich auf den Prozess, durch den eine Organisation ihre tatsächlichen und potenziellen negativen Auswirkungen auf Wirtschaft, Umwelt und Gesellschaft identifiziert, verhindert und Rechenschaft darüber ablegt, wie sie mit ihren tatsächlichen und potenziellen

---

[44] Vgl. Global Reporting Initiative, GRI 1: Foundation 2021, S. 10.
[45] Vgl. Global Reporting Initiative, GRI 1: Foundation 2021, S. 10 f.

negativen Auswirkungen auf die Wirtschaft, Umwelt und Menschen, einschl. der Auswirkungen auf ihre Menschenrechte, umgeht. Die Organisation sollte potenziellen negativen Auswirkungen durch Vorbeugung oder Milderung entgegenwirken. Sie soll tatsächliche negative Auswirkungen durch Abhilfemaßnahmen angehen, wenn die Organisation feststellt, dass sie diese Auswirkungen verursacht oder zu ihnen beigetragen hat.[46]

39   Der Standard GRI 1 nimmt zusätzlich **Stakeholder** bzw. den Prozess des Stakeholder-Engagements in den Fokus der Schlüsselkonzepte. Stakeholder sind Einzelpersonen oder Gruppen, die Interessen haben, die von den Aktivitäten einer Organisation betroffen sind oder betroffen sein könnten. Übliche Kategorien von Stakeholdern für Organisationen sind Geschäftspartner, Verbraucher, Kunden, Arbeitnehmer, Regierungen, lokale Gemeinschaften, Nichtregierungsorganisationen, Shareholder, Lieferanten, Gewerkschaften sowie gefährdete Gruppen. Die Interessen der Stakeholder können durch die Aktivitäten der Organisation negativ oder positiv beeinflusst werden. Die Sorgfaltspflicht konzentriert sich darauf, die Interessen der Stakeholder zu identifizieren, die durch die Aktivitäten der Organisation beeinträchtigt werden oder beeinträchtigt werden könnten. Die Einbindung von Stakeholdern hilft der Organisation, ihre negativen und positiven Auswirkungen zu erkennen und zu steuern.[47]

40   Die **Prinzipien der Berichterstattung** zur Sicherung der Berichtsqualität lauten:
- Genauigkeit,
- Ausgewogenheit,
- Verständlichkeit,
- Vergleichbarkeit,
- Vollständigkeit,
- Nachhaltigkeitskontext,
- Zuverlässigkeit,
- Aktualität.[48]

Genauigkeit bedeutet im Kontext der Berichterstattung, dass die veröffentlichten Informationen so konkret und detailliert beschrieben werden, dass eine Bewertung der Auswirkungen ermöglicht wird. Dies betrifft sowohl die qualitativen als auch die quantitativen Angaben der Organisation.

Um dem Konzept der **Ausgewogenheit** gerecht zu werden, müssen die berichteten Informationen positive und negative Auswirkungen der berichtenden Organisation widerspiegeln. Hierbei ist deutlich zwischen Fakten

---

[46] Vgl. Global Reporting Initiative, GRI 1: Foundation 2021, S. 11 f.
[47] Vgl. Global Reporting Initiative, GRI 1: Foundation 2021, S. 12.
[48] Vgl. Global Reporting Initiative, GRI 1: Foundation 2021, S. 23.

und Interpretation zu unterscheiden. Dadurch soll eine Bewertung der Auswirkungen möglich sein.

Nach dem Prinzip der **Verständlichkeit** sollen die Informationen nachvollziehbar und verständlich aufbereitet sein und in zugänglicher Weise zur Verfügung gestellt werden.

Das Prinzip der **Vergleichbarkeit** dient zum einen dazu, die im Bericht enthaltenen Informationen mit anderen Organisationen vergleichbar zu machen. Zum anderen soll die Berichterstattung dadurch im Zeitverlauf beurteilbar und analysierbar sein. Entsprechend wichtig ist es, eine Vergleichbarkeit zwischen aktuellen und historischen Informationen zu ermöglichen.

Nach dem Prinzip der **Vollständigkeit** hat die Organisation ausreichende Informationen zur Verfügung zu stellen, um eine Bewertung der Auswirkungen der Organisation während des Berichtszeitraums zu ermöglichen.

Das Prinzip des **Nachhaltigkeitskontextes** besagt, dass die Organisation Informationen über ihre Auswirkungen im weiteren Kontext der nachhaltigen Entwicklung berichten soll. So wird empfohlen, sich auf objektive Informationen und maßgebliche Maßnahmen zur nachhaltigen Entwicklung zu stützen (z. B. wissenschaftliche Forschung).

Darüber hinaus ist nach dem Prinzip der **Zuverlässigkeit** erforderlich, dass die Informationen derart ermittelt, aufbereitet und veröffentlicht werden, dass sie überprüfbar und analysierbar sind. Die Qualität und Wesentlichkeit der Informationen sollen durch interne Kontrollen und Dokumentationen sichergestellt werden.

Gem. des Grundsatzes der **Aktualität** soll gewährleistet werden, dass die Berichterstattung regelmäßig erfolgt und dass die Informationen den Stakeholder-Gruppen rechtzeitig zur Verfügung stehen.[49]

Um die Anwendung der GRI-Standards anzuzeigen, haben Organisationen die Möglichkeit, sich auf die **Übereinstimmung mit den Standards** zu beziehen (*„in accordance"*). Hierzu muss eine Organisation alle folgenden **9 Anforderungen** erfüllen:
1. Anwendung der Berichterstattungsgrundsätze,
2. Berichterstattung der Angaben in GRI 2: Allgemeine Angaben 2021,
3. Bestimmung der wesentlichen Themen,
4. Berichterstattung der Angaben in GRI 3: Wesentliche Themen 2021,
5. Berichterstattung der Angaben aus den GRI themenspezifischen Standards für jedes wesentliche Thema,

---

[49] Vgl. Global Reporting Initiative, GRI 1: Foundation 2021, S. 23 ff.

6. Angabe von Gründen für die Auslassung von Angaben und Anforderungen,
7. Veröffentlichung eines GRI-Inhaltsindex,
8. Bereitstellung einer Erklärung zur Verwendung,
9. GRI benachrichtigen.[50]

42 Die Möglichkeit zur Wahl der vorherigen Berichtsoptionen „Kern" sowie „Umfassend" ist mit der Aktualisierung der universellen Standards entfallen. Bzgl. der Anforderung 5 sind nunmehr zur Erklärung der Übereinstimmung mit den Standards alle relevanten GRI-Angaben je verwendetem Themenstandard erforderlich. Es besteht jedoch weiterhin die Möglichkeit der Verwendung der Option „**in Anlehnung an GRI**" *(with reference to)*. Hier konzentrieren sich die Berichtsanforderungen vornehmlich auf eine verringerte Anzahl an Indikatoren und lassen eine Berichterstattung zu den jeweiligen Managementansätzen weitestgehend außer Acht.[51]

> **Praxis-Beispiel**
> Anwendungsebene „In Übereinstimmung mit" (GRI 2–5): „Dieser Bericht wurde in Übereinstimmung mit den GRI-Standards erstellt."
>
> Anwendungsebene „Selektive Anwendung": „Nachfolgende Informationen beruhen auf der selektiven Anwendung des GRI 305–1 Direkte THG-Emissionen (Scope 1)."

43 In Ausnahmefällen können Angaben ausgelassen werden. Sofern **Auslassungen** (sog. *omissions*) erfolgen, ist darzulegen, welche Informationen aus welchem Grund nicht angegeben wurden. Die GRI erachtet für Auslassungen grds. die nachfolgenden Fälle als möglich an:
- eine Standardangabe, ein Teil der Standardangabe oder der Indikator ist nicht anwendbar;
- es bestehen spezifische gesetzliche Verbote bzgl. der Veröffentlichung von Informationen;
- eine Information unterliegt speziellen Vertraulichkeitsauflagen;
- die Information ist derzeit nicht verfügbar.[52]

Das Nichtvorliegen von Informationen kommt in der Praxis am häufigsten vor. In diesem Fall sind vom Unternehmen die Schritte zu beschreiben, um an die Informationen künftig zu gelangen, einschl. des erforderlichen Zeitrahmens:

---

[50] Vgl. Global Reporting Initiative, GRI 1: Foundation 2021, S. 11.
[51] Vgl. Global Reporting Initiative, GRI 2: Foundation 2021, S. 11.
[52] Vgl. Global Reporting Initiative, GRI 1: Foundation 2021, S. 14ff., zu Verbot von Auslassungen siehe Rz 45.

> **Beispielformulierung**
>
> „Eine Aufschlüsselung des Abfalls nach der Zusammensetzung ist derzeit nicht möglich. Eine softwaregestützte mengenmäßige Datenerfassung wurde eingeleitet, so dass die Informationen für das kommende Berichtsjahr verfügbar sind."

GRI 2 besteht aus 5 Bereichen mit insgesamt 30 Angaben. Die Bereiche sind untergliedert in folgende Abschnitte:
- Organisation und Berichtspraxis,
- Aktivitäten und Beschäftigte,
- Governance,
- Strategie, Politik und Praktiken,
- Stakeholder-Engagement.[53]

Auslassungen sind für alle Angaben in GRI 2 zulässig, außer für folgende 5 Angaben des ersten Abschnitts „Die Organisation und ihre Berichtspraxis":
- 2–1: Organisatorische Details,
- 2–2: Unternehmen, die in die Nachhaltigkeitsberichterstattung der Organisation einbezogen sind,
- 2–3: Berichtszeitraum, Häufigkeit und Kontaktstelle,
- 2–4: Anpassungen von Informationen,
- 2–5: Externe Prüfung.[54]

Zusätzlich ist hervorzuheben, dass die GRI Angabe 2–5 bei einer erfolgten **externen Prüfung** u. a. den Verweis auf den Prüfungsvermerk sowie eine Beschreibung dessen, was geprüft bzw. was nicht geprüft worden ist, beinhalten soll.[55]

> **Beispielformulierung**
>
> „Der Nachhaltigkeitsbericht wurde von der Wirtschaftsprüfungsgesellschaft XY einer externen Prüfung nach ISAE 3000 (Rev.) zur Erlangung einer begrenzten Sicherheit für das Prüfungsurteil unterzogen. Der Prüfungsvermerk, der u. a. die Beschreibung des Prüfungsgegenstands beinhaltet, kann *unter dem Link* abgerufen werden."

---

[53] Vgl. Global Reporting Initiative, GRI 2: General Disclosures 2021, S. 3f.
[54] Vgl. Global Reporting Initiative, GRI 2: General Disclosures 2021, S. 6ff.; zu den beiden zusätzlich unzulässigen Auslassungen GRI 3-1 sowie 3-2 siehe GRI 1: Foundation 2021, S. 14.
[55] Vgl. Global Reporting Initiative, GRI 2: General Disclosures 2021, S. 12.

46 Im Standard „GRI 2: Allgemeine Angaben" wird gefordert, dass die Organisation Informationen über ihre Strategie für eine nachhaltige Entwicklung sowie diesbzgl. Richtlinien und Praktiken darstellen soll. Dieser Fokus auf u. a. menschenrechtliche Sorgfaltspflichten beruht auf schon vorhandenen zwischenstaatlichen Instrumenten wie der Internationalen Labour Organization (ILO), OECD sowie den UN-Leitprinzipien für Wirtschaft und Menschenrechte.[56]

47 Der aktualisierte Standard „GRI 3: Wesentliche Themen" bietet eine Anleitung, wie die wesentlichen Themen bestimmt werden. Für den Prozess der **Wesentlichkeitsanalyse** wird ein 4-stufiger Ansatz empfohlen. Die Befolgung dieser Schritte ist nicht verpflichtend. Die Struktur der Identifikation wird im Folgenden verdeutlicht:

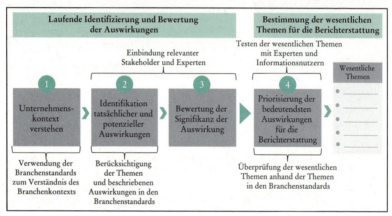

Abb. 5: Prozess der Wesentlichkeitanalyse[57]

48 Die weiteren GRI-Reihen (GRI-200er-Reihe, GRI-300er-Reihe, GRI-400er-Reihe) betrachten die ökonomischen, umweltbezogenen und sozialen Auswirkungen. So enthält die GRI-200er-Reihe Berichtsanforderungen aus der wirtschaftlichen Perspektive, bspw. „GRI 202: Marktpräsenz" oder „GRI 205: Korruptionsbekämpfung" sowie „GRI 207: Steuern". Es folgt mit der 300er-Reihe die ökologische Dimension mit u. a. „GRI 301: Materialien", „GRI 305: Emissionen" sowie „GRI 306: Abfall". Abschließend werden mit der 400er-Reihe Themen wie „GRI 405: Diversität und Chancengleichheit" und „GRI 408: Kinderarbeit" berichtet.

---

[56] Vgl. Global Reporting Initiative, GRI 2: General Disclosures 2021, S. 34
[57] In Anlehnung an Global Reporting Initiative, GRI 3: Material Topics 2021, S. 7.

In Ergänzung zu den neuen GRI-Standards wurden und werden vom unabhängigen GRI Global Sustainability Standards Board (**GSSB**) derzeit 40 **sektorspezifische Standards** für die 4 Bereiche „Grundstoffe und Grundbedarf", „Industrie", „Verkehr, Infrastruktur und Tourismus" sowie „Sonstige Dienstleistungen und Leichtindustrie" entwickelt. Zudem widmet sich das GSSB themenspezifischen Vertiefungen wie z.b. „Biodiversität" oder der Weiterentwicklung und Überarbeitung von u.a. den Menschenrechtsthemen in den existierenden Standards. | 49

Dies soll die GRI-Standards ergänzen und die jeweiligen Organisationen unterstützen, welche Themen sie bei der Wesentlichkeitsanalyse berücksichtigen sollten.[58] Die Organisation ist verpflichtet, bei der Bestimmung ihrer wesentlichen Themen die anwendbaren Branchenstandards zu verwenden, die für ihre Sektoren gelten.[59]

Ein erster spezifischer Standard wurde für die Nachhaltigkeitsberichterstattung im Öl- und Gassektor veröffentlicht. Dieser fokussiert sich auf die wesentlichen Themen auf Grundlage der wichtigsten Auswirkungen des Sektors auf Wirtschaft, Umwelt und die Menschen, einschl. Menschenrechte. Der Standard ist in 2 Abschnitte gegliedert: Abschn. 1 bietet einen umfassenden Überblick des Öl- und Gassektors bzgl. seiner Aktivitäten, Geschäftsbeziehungen, Kontext sowie Verknüpfung zu den SDGs der Vereinten Nationen. Abschn. 2 gibt einen Leitfaden über die 22 wahrscheinlich wesentlichen Themen wie u.a. Treibhausgasemissionen, Klimaanpassung, Resilienz und Transformation, Biodiversität, Abfall, Anti-Korruption sowie Zwangsarbeit und moderne Sklaverei.[60] | 50

Weitere Sektorstandards wurden mit dem GRI 12 (Kohle) sowie GRI 13 (Landwirtschaft, Aquakultur und Fischerei) veröffentlicht. Die verpflichtende Berücksichtigung der Sektorenstandards sieht GRI 11 für den Öl- und Gassektor für Veröffentlichungen ab 2023 und für GRI 12 (Kohle) sowie GRI 13 (Landwirtschaft, Aquakultur und Fischerei) ab 2024 vor.[61] | 51

Im Zuge der Entwicklung der Standards zur Nachhaltigkeitsberichterstattung der EFRAG wurde von der GRI eine Analyse der **ESRS** im Vergleich zu den GRI-Standards durchgeführt. | 52

Das **technische Mapping** kann als formeller Beitrag der GRI zur öffentlichen Konsultation über die 1. Reihe von ESRS-Entwürfen gesehen werden.

---

[58] Siehe www.globalreporting.org/media/mqznr5mz/gri-sector-program-list-of-prioritized-sectors.pdf, abgerufen am 3.1.2023.
[59] Vgl. Global Reporting Initiative, GRI 1: Foundation 2021, S. 12.
[60] Vgl. Global Reporting Initiative, GRI 11: Oil and Gas Sector 2021, S. 9ff.
[61] Vgl. GRI-Sektorenprogramm, www.globalreporting.org/standards/sector-program/, abgerufen am 3.1.2023.

Die Analyse enthält sowohl grundlegende Anmerkungen als auch detaillierte Ratschläge zu den einzelnen Standardentwürfen und stützt sich auf das Feedback, das der EFRAG bereits während der Beteiligung der GRI am Entwicklungsprozess übermittelt wurde.

Das Mapping kann zudem als eine Ressource für Interessengruppen und Unternehmen dienen, die verstehen wollen, wie die ESRS die globale Konvergenz der Offenlegungsanforderungen erreichen können.[62]

1.4 International Sustainability Standards Board (ISSB)

1.4.1 Hintergrund

53 Als gemeinnützige Organisation hat es sich die IFRS Foundation bereits vor über 20 Jahren zum Ziel gesetzt, ein einheitliches Paket qualitativ hochwertiger, verständlicher, durchsetzbarer und weltweit anerkannter Rechnungslegungs- und Nachhaltigkeitsstandards zu entwickeln. Als Organ der Stiftung legt das International Accounting Standards Board (IASB) durch die IFRS-Rechnungslegungsstandards fest, wie ein Unternehmen über seine Vermögens-, Finanz- und Ertragslage berichtet.[63]

54 Das am 3.11.2021 ebenfalls durch die IFRS Foundation neu geschaffene International Sustainability Standards Board (ISSB) hat in 2022 in Anlehnung an die Prinzipien der IFRS erstmals einen eigenen einheitlichen Rahmen für die Offenlegung von Nachhaltigkeitsinformationen entwickelt. Dieser soll initial für Umweltbelange, später auch für andere Elemente der nachhaltigen Unternehmensführung definieren, wie ein Unternehmen Informationen zu Klima- und anderen Umwelt-, Sozial- und Governance-Themen (**ESG**) offenlegt (§ 9A).[64]

Sowohl das CDSB (Rz 1 ff.) als auch die VRF (Rz 97 ff.) sind zum Juni 2022 in das ISSB übergegangen (Rz 5).

In Anbetracht der Dringlichkeit und der Forderung nach einer soliden Grundlage für die Aufnahme der Tätigkeiten haben die Trustees der IFRS Foundation die Technical Readiness Working Group (**TRWG**) eingesetzt (siehe zu deren Zusammensetzung Rz 58), die die Entwicklung der Standards vorantreiben und auch die Anschlussfähigkeit an andere Standardsetzungsaktivitäten sicherstellen soll.

---

[62] Vgl. GRI, Encouraging progress on EU standards – with deeper alignment the next step, June 2022.
[63] Siehe www.ifrs.org/about-us/who-we-are/, abgerufen am 3.1.2023.
[64] Siehe www.ifrs.org/projects/work-plan/general-sustainability-related-disclosures/, www.ifrs org/projects/work-plan/climate-related-disclosures/, jew. abgerufen am 3.1.2023.

Ziel ist es, durch einheitliche internationale Standards eine größere **Transparenz** und somit eine bessere **internationale Vergleichbarkeit** von Nachhaltigkeits- und Finanzinformationen zu schaffen. Anhand dieser Informationen können von unterschiedlichen Interessengruppen fundierte wirtschaftliche Entscheidungen getroffen werden, und die Informationslücke an Nachhaltigkeitsinformationen für Kapitalgeber und Unternehmen kann verringert werden.[65]

55

1.4.2 Organisation und Auftrag des ISSB

Um anhand des Unternehmenswerts genaue Investitionsentscheidungen treffen zu können, sollen die vom ISSB zu entwickelnden Vorgaben als umfassende und globale Grundlage dienen und so dem Bedarf an transparenten und einheitlichen Nachhaltigkeitsinformationen nachkommen. Durch einen einheitlichen und globalen Basisansatz ist es möglich, eine weltweite Vergleichbarkeit unter Unternehmen zu schaffen, die für Anleger von entscheidender Bedeutung ist. In diesem Licht ist genau zu beobachten, inwiefern die Standards des ISSB mit denen anderer Initiativen, z.B. den ESRS der EFRAG auf europäischer Ebene (§ 9A), korrespondieren werden. Denn Ziel aller Standards ist die Schaffung von Vergleichbarkeit und Transparenz; und dies kann nur dann gelingen, wenn die Unternehmen sich nicht in einem Konglomerat verschiedenster divergierender Standards verlieren.

56

Aktuell sind die Finanzberichterstattung und die Offenlegung von Klima- und Nachhaltigkeitsinformationen noch nicht offiziell miteinander verbunden. Dies soll künftig geändert werden.[66] Da in der Finanzberichterstattung die Vorgaben zu spezifischen Daten und deren Qualität deutlich standardisierter sind und bereits mehr als 140 Länder von den Unternehmen verlangen, nach den IFRS-Rechnungslegungsstandards zu berichten, sollen auch Nachhaltigkeitsinformationen mit der gleichen Stringenz und globalen Vergleichbarkeit erstellt werden wie Finanzinformationen. Diese sollen sich gegenseitig ergänzen und so zu einer vollständigen Berichterstattung führen.

57

Die Technical Readiness Working Group (**TRWG**) setzt sich aus Vertretern
- des ehemaligen Climate Disclosure Standards Board (CDSB),
- der Task Force on Climate-related Financial Disclosures (TCFD),
- des World Economic Forum (WEF),
- der ehemaligen Value Reporting Foundation (VRF) und
- des International Accounting Standards Board (IASB)

58

---

[65] Siehe www.ifrs.org/groups/international sustainability-standards-board/, abgerufen am 3.1.2023.

[66] Vgl. IFRS, General Sustainability-related Disclosures and Climate-related Disclosures, Staff Paper, www.ifrs.org/content/dam/ifrs/meetings/2022/november/issb/ap3a-and-4b-current-and-anticipated-financial-effects-and-connected-information.pdf, abgerufen am 3.1.2023.

zusammen und wird von der International Organization of Securities Commissions (IOSCO) und ihrer Technical Expert Group der Wertpapieraufsichtsbehörde unterstützt.

59 Das ISSB hat im März 2022 eine Konsultation zu seinen ersten beiden vorgeschlagenen Standards eingeleitet. Der Exposure Draft IFRS S1 *General Requirements for Disclosure of Sustainability-related Financial Information* sieht allgemeine Anforderungen an ein Unternehmen vor, nachhaltigkeitsbezogene Finanzinformationen über seine wesentlichen nachhaltigkeitsbezogenen Risiken und Chancen offenzulegen. Der zweite Standardentwurf IFRS S2 bezieht sich auf die Offenlegung von klimabezogenen Angaben.[67] Die vorgeschlagenen Standards sollen nach ihrer Fertigstellung eine umfassende globale Grundlage für nachhaltigkeitsbezogene Angaben bilden.

Governance und Struktur des ISSB	Das ISSB wird neben dem IASB tätig sein und von den Treuhändern beaufsichtigt werden. Die Arbeit des ISSB wird nach dem Konsultationsprozess der IFRS-Stiftung erfolgen. Die fachliche Beratung des ISSB erfolgt durch einen neuen beratenden Ausschuss für Nachhaltigkeit, die strategische Beratung durch den IFRS-Beirat, dessen Aufgabenbereich entsprechend erweitert werden wird.
Auftrag	Der ISSB wird globale Standards und Angabevorschriften entwickeln, um eine konsistente und vergleichbare Berichterstattung von Unternehmen in verschiedenen Rechtskreisen zu erleichtern und so dazu beizutragen, Kapital in langfristige, widerstandsfähige Unternehmen im Übergang zu einer kohlenstoffarmen Wirtschaft zu lenken.
Bezeichnung der Standards	Der Name der vom ISSB zu entwickelnden Standards wird „**IFRS Sustainability Disclosure Standards**" lauten.
Zusammensetzung	Der ISSB besteht i. d. R. aus 14 Mitgliedern, von denen einige auch Teilzeitmitglieder sein können. Die wichtigsten Voraussetzungen für die Mitgliedschaft im ISSB sind fachliche Kompetenz und einschlägige Berufserfahrung.

---

[67] Siehe www.ifrs.org/projects/work-plan/general-sustainability-related-disclosures/#published-documents, www.ifrs.org/projects/work-plan/climate-related-disclosures/#published-documents, jew. abgerufen am 3.1.2023.

Vorsitzende	Das Board des ISSB ist international besetzt. Vorsitzender mit Wirkung zum 1.1.2022 ist Emmanuel Faber.[68]
Organisationssitz	Die Standorte der Büros des ISSB sind weltweit zu finden und erstrecken sich von Nord- und Südamerika, Asien, Europa, dem Nahen Osten bis nach Afrika. Es gibt einige Städte mit Büros, welchen eine spezielle Aufgabe zugeteilt worden ist. Seit Anfang 2022 dient das Büro in Frankfurt am Main als Sitz des Verwaltungsrats und Büro des Vorsitzenden, während das Büro in Montreal für wichtige Funktionen zur Unterstützung des neuen Verwaltungsrats und zur Vertiefung der Zusammenarbeit mit regionalen Interessengruppen zuständig ist. Die Büros in San Francisco und London liefern technische Unterstützung und sind Plattformen für eine engere Zusammenarbeit mit regionalen Interessengruppen.[69]

1.4.3 Herausforderungen

Als am 3.11.2021 die IFRS Foundation die Gründung des ISSB ankündigte, gab es danach einige Zweifel zwecks der Umsetzung „einer umfassenden globalen Basis von qualitativ hochwertigen Standards für die Nachhaltigkeitsberichterstattung". 60

Denn auch wenn die Organe der IFRS Foundation aufgrund ihrer Kompetenz und langjährigen Erfahrung in der Standardisierung der Finanzberichterstattung einerseits prädestiniert sind für eine weitergehende Professionalisierung und Vereinheitlichung der Nachhaltigkeitsberichterstattung, so folgt diese doch auch eigenen Regeln in der gelebten Praxis. 61

> **Hinweis**
>
> Es sei angemerkt, dass bei einem Unternehmenswertansatz die Gefahr besteht, dass negative Auswirkungen auf die Umwelt, welche durch das Unternehmen verursacht werden, aber finanziell unerheblich sind, in der

---

[68] Siehe www.ifrs.org/groups/international-sustainability-standards-board/#members, abgerufen am 3.1.2023.

[69] Siehe www.ifrs.org/groups/international-sustainability-standards-board/issb-frequently-asked-questions/, abgerufen am 3.1.2023.

> Berichterstattung nicht berücksichtigt werden. Ein doppelter Wesentlichkeitsansatz würde durch seine Betrachtung der finanziellen Wesentlichkeit und der ökologischen bzw. gesellschaftlichen Wesentlichkeit mehr Transparenz liefern. Ebenso findet die Berichterstattung zum derzeitigen Zeitpunkt noch auf freiwilliger Basis statt, und durch die weitere Ausbreitung unterschiedlichster Berichterstattungsinitiativen ist die Landschaft der Nachhaltigkeitsberichterstattung derzeit eher divers und uneinheitlich als vergleichbar oder gar standardisiert.

62 Die Entwicklung und Umsetzung der ISSB-Standards in verbindliche lokale Rechtsvorschriften wird vermutlich einige Jahre dauern – eine Zeitspanne, in der die Entwicklung anderer Standardinitiativen ebenfalls weiter voranschreiten wird (§ 9A).

1.5 United Nations Global Compact (UNGC)

1.5.1 Entstehung

63 Der United Nations Global Compact (UNGC) wurde offiziell im Juli 2000 auf Initiative des damaligen UN-Generalsekretärs KOFI ANNAN gegründet. Vorangegangen war sein Angebot beim Weltwirtschaftsforum in Davos Anfang 1999 an die Unternehmen, einen Pakt mit der UN einzugehen, um die Globalisierung sozialer und ökologischer zu gestalten. Nach anfänglicher Zurückhaltung verfolgte die Internationale Handelskammer (ICC) den Gedanken weiter, und man einigte sich auf eine enge Zusammenarbeit zwischen ICC und UN. Schließlich gelang es der ICC, mehrere Unternehmen von dem Vorhaben zu überzeugen, so dass im Jahr 2000 die Idee Realität wurde.[70]

64 Seit dem hat sich der UNGC von anfänglich 44 Unternehmen zur **weltweit größten unternehmerischen Nachhaltigkeitsinitiative** und globalen Bewegung mit mehr als 12.000 Unternehmen und mehr als 3.000 nicht unternehmerischen Interessengruppen aus 160 Ländern entwickelt.[71]

1.5.2 Ziele und Strategie

65 Der UNGC verfolgt 2 übergeordnete Ziele:
1. Organisationen sollen ihre Strategie und ihre Geschäftstätigkeiten an den 10 Prinzipien des UNGC (Rz 72 ff.) zu Menschenrechten, Arbeitsnormen, Umwelt und Korruptionsprävention ausrichten.

---

[70] Vgl. UN Global Compact – ICC Germany, www.iccgermany.de/ueber-icc-germany/un-global-compact/, abgerufen am 3.1.2023.
[71] Vgl. UNGC, UN Global Compact Strategy 2021–2023, 2021, S. 4.

2. Organisationen sollen strategische Maßnahmen ergreifen, um umfassende gesellschaftliche Ziele wie die UN Sustainable Development Goals (SDGs; Rz 148 ff.) voranzutreiben.

Während die 10 Prinzipien zeitlos sind und grds. definieren, wie Organisationen arbeiten und mit der Gesellschaft interagieren, gibt es für die SGDs einen klaren begrenzten Rahmen bis 2030.[72]

66

Der Schwerpunkt des UNGC liegt auf Kooperation und Kollaboration. Neben übergeordneten Aktionen, Unterstützungsangeboten und Ressourcen wird der UNGC über lokale Netzwerke organisiert (Rz 69). Er richtet sich an Unternehmen jeglicher Größe und Sektoren. Die Erwartungshaltung unterscheidet sich jedoch für multinationale, nationale oder kleine und mittlere Unternehmen.[73]

67

Im Jahr 2021 hat sich der UNGC eine neue 3-Jahres-Strategie (2021–2023) gegeben, die u. a. die Gegebenheiten der Corona-Pandemie berücksichtigt. Die Strategie zielt insbes. darauf ab, UNGC-Mitglieder stärker in die Verantwortung zur Erreichung der Ziele zu nehmen, die lokalen Netzwerke zu stärken und gleichzeitig die weltweite Abdeckung zu erhöhen, die Auswirkungen in 5 Fokusbereichen zu messen, die kollektive Stärke von kleineren und mittleren Unternehmen zu nutzen sowie enger mit UN-Einrichtungen zusammenzuarbeiten.[74]

68

1.5.3 Lokale Netzwerke

UNGC besteht aus 69 lokalen Netzwerken in 75 Ländern. Die Netzwerke befinden sich in unterschiedlichen Entwicklungsstadien. Insbes. in Afrika ist der Reifegrad sowie allgemein die Abdeckung noch gering. Darüber hinaus sind 2 regionale Netzwerke in Planung für die Karibik und West-Afrika. Die regionalen Netzwerke sollen ähnliche Unterstützungsmöglichkeiten wie lokale Netzwerke bieten und als Vorstufe für zukünftige lokale Netzwerke dienen.[75]

69

Das **deutsche Netzwerk** ist eines der ersten (Gründung bereits im Jahr 2000) und größten und umfasst mittlerweile mehr als 800 Teilnehmende, davon die überwiegende Mehrheit Unternehmen. Daneben sind Vertreter der Zivilgesellschaft, der Wissenschaft und des öffentlichen Sektors Teil des Netzwerks.

70

---

[72] Vgl. UN Global Compact, Our Mission, www.unglobalcompact.org/what-is-gc/mission, abgerufen am 3.1.2023.
[73] Vgl. UNGC, UN Global Compact Strategy 2021–2023, 2021, S. 4 ff.
[74] Vgl. UNGC, UN Global Compact Strategy 2021–2023, 2021, S. 31.
[75] Vgl. UNGC, UN Global Compact Strategy 2021–2023, 2021, S. 24.

Es bietet vielfältige Lern- und Dialogformate und fördert den Wissensaustausch unter den Mitgliedern.[76]

71 Um Mitglied im UNGC und damit auch im deutschen Netzwerk zu werden, muss ein vorgesehenes Verfahren eingehalten werden, dessen wesentlicher Teil die schriftliche Erklärung – der sog. **Letter of Commitment** (Verpflichtungserklärung) – zur Unterstützung der 10 Prinzipien und der SDGs sowie zur Abgabe eines Fortschrittsberichts (Rz 77 ff.) ist. Die Erklärung muss von der Geschäftsführung unterzeichnet werden.[77]

1.5.4 10 Prinzipien

72 Die 10 Prinzipien bilden das Herzstück des UNGC und decken die Bereiche Menschenrechte, Arbeitsnormen, Umwelt und Korruptionsprävention ab. Sie definieren eine Art **Minimumstandard**, der von Organisationen in Strategien, Richtlinien, Verfahrensabläufen, der Unternehmenskultur etc. integriert werden sollte. Die 10 Prinzipien basieren auf den folgenden internationalen Normen und Rahmenwerken: der Allgemeinen Erklärung der Menschenrechte, der Erklärung der Internationalen Arbeitsorganisation zu grundlegenden Prinzipien und Rechten bei der Arbeit, der Rio-Erklärung über Umwelt und Entwicklung sowie dem Übereinkommen der Vereinten Nationen gegen Korruption.[78]

Menschenrechte

1. Unternehmen sollen den Schutz der internationalen Menschenrechte unterstützen und achten.
2. Unternehmen sollen sicherstellen, dass sie sich nicht an Menschenrechtsverletzungen mitschuldig machen.

Arbeitsnormen

3. Unternehmen sollen die Vereinigungsfreiheit und die wirksame Anerkennung des Rechts auf Kollektivverhandlungen wahren.
4. Unternehmen sollen für die Beseitigung aller Formen von Zwangsarbeit eintreten.
5. Unternehmen sollen für die Abschaffung von Kinderarbeit eintreten.

---

[76] Vgl. Global Compact Netzwerk Deutschland, Über uns, www.globalcompact.de/ueber-uns/deutsches-global-compact-netzwerk, abgerufen am 3.1.2023.
[77] Vgl. Global Compact Netzwerk Deutschland, Beitrittsprozess für Business, www.globalcompact.de/teilnehmen/beitrittsprozess-business, abgerufen am 3.1.2023.
[78] Vgl. UN Global Compact, The Ten Principles of the UN Global Compact, www.unglobalcompact.org/what-is-gc/mission/principles, abgerufen am 3.1.2023.

> 6. Unternehmen sollen für die Beseitigung von Diskriminierung bei Anstellung und Erwerbstätigkeit eintreten.
>
> **Umwelt**
> 7. Unternehmen sollen im Umgang mit Umweltproblemen dem Vorsorgeprinzip folgen.
> 8. Unternehmen sollen Initiativen ergreifen, um größeres Umweltbewusstsein zu fördern.
> 9. Unternehmen sollen die Entwicklung und Verbreitung umweltfreundlicher Technologien beschleunigen.
>
> **Korruptionsprävention**
> 10. Unternehmen sollen gegen alle Arten der Korruption eintreten, einschl. Erpressung und Bestechung.

Tab. 2: Die 10 Prinzipien des UNGC

Menschenrechte

Das 1. Prinzip ist eine allumfassende Erwartungshaltung. Gemeinsam mit dem 2. Prinzip werden die Anforderungen der UN-Leitprinzipien für Wirtschaft und Menschenrechte widergespiegelt, die 2011 vom UN-Menschenrechtsrat verabschiedet wurden und als **einer der wichtigsten internationalen Standards** zur Unternehmensverantwortung und zu menschenrechtlichen Sorgfaltspflichten gelten. In Deutschland ist die Umsetzung dieser Prinzipien eng mit dem Lieferkettensorgfaltspflichtengesetz (LkSG) verknüpft (§ 15).[79]

Arbeitsnormen

Die 4 Prinzipien im Bereich Arbeitsnormen sind inhaltlich eng mit denen der Menschenrechte verbunden, weshalb die Beschreibungen im Fortschrittsbericht häufig zusammengefasst werden. Die zu diesen Prinzipien gemachten Angaben stehen oftmals im Zusammenhang mit **arbeitsrechtlichen Grundlagen** und greifen auf die Anforderungen der Internationalen Arbeitsorganisation zu grundlegenden Prinzipien und Rechten bei der Arbeit zurück.[80]

Umwelt

Die Prinzipien zu Umwelt beschäftigen sich mit den **Auswirkungen der Geschäftstätigkeit** auf die Umwelt und adressieren damit v. a. Umwelt-

---
[79] Vgl. UN Global Compact, Principle Two: Human Rights, www.unglobalcompact.org/what-is-gc/mission/principles/principle-2, abgerufen am 3.1.2023.
[80] Vgl. UN Global Compact, Labour, www.unglobalcompact.org/what-is-gc/our-work/social/labour, abgerufen am 3.1.2023.

risiken und den notwendigen Umweltschutz. Das 9. Prinzip mit Bezug zu umweltfreundlichen Technologien zeigt aber auch ganz klar die möglichen Chancen für Unternehmen auf.[81]

76 **Korruptionsprävention**

Korruption ist ein wesentliches Hindernis für die wirtschaftliche und soziale Entwicklung von Gesellschaften. Die Prävention oder Bekämpfung von Korruption ist daher entscheidend für nachhaltiges Wachstum. Das 10. Prinzip des UNGC adressiert diesen Sachverhalt und fordert dazu auf, gegen alle Arten der Korruption einzutreten. Weltweit kommen neue oder schärfere Gesetze zu Anti-Korruption auf und Unternehmen benötigen dementsprechend **robuste Prozesse**, um diesen Anforderungen gerecht zu werden.[82]

1.5.5 Fortschrittsbericht

77 Der jährliche Fortschrittsbericht, auch **Communication on Progress** (CoP) genannt, stellt ein wichtiges Medium für die Verbindlichkeit der Umsetzung der Prinzipien dar und dient gleichzeitig als Grundlage für den Dialog mit verschiedenen Stakeholdern.

> **Hinweis**
>
> Zum Kalenderjahr 2023 wird das UNGC ein neues Format für den Fortschrittsbericht einführen, mit dem man von einem narrativen Format zu einem standardisierten Fragebogen übergeht, der von einer digitalen Plattform unterstützt wird. Alle Teilnehmer müssen ab 2023 ihre Fortschritte mithilfe des neuen Systems offenlegen.

UNGC kooperiert außerdem mit anderen bestehenden Rahmenwerken wie der **GRI** (Rz 28 ff.), um Anwendern die Berichterstattung zu erleichtern und eine größere Vergleichbarkeit zu ermöglichen.[83]

UNGC hat eine **CoP-Richtlinie** entwickelt, die die Mindestanforderungen an Fortschrittsberichte definiert. Mit Beginn des Jahres 2023 gibt es 2 Mindestanforderungen:
- Zum einen muss **online** ein **CoP-Fragebogen** ausgefüllt werden. Der Fragebogen ist in 5 Bereiche unterteilt. Neben den 4 thematischen Berei-

---

[81] Vgl. UN Global Compact, Environment, www.unglobalcompact.org/what-is-gc/our-work/environment, abgerufen am 3.1.2023.
[82] Vgl. UN Global Compact, Anti-Corruption, www.unglobalcompact.org/what-is-gc/our-work/governance/anti-corruption, abgerufen am 3.1.2023.
[83] Vgl. UN Global Compact, The Communication on Progress (CoP) in Brief, www.unglobalcompact.org/participation/report/cop, abgerufen am 3.1.2023.

chen, die die 10 Prinzipien abdecken, gibt es einen vorangestellten Teil zur Governance, also der allgemeinen Unternehmensführung.

- Zum anderen muss eine elektronische **Erklärung der Geschäftsführung** eingereicht werden, äquivalent zur aktuellen Mindestanforderung (Rz 77). Letztere sichert die fortlaufende Unterstützung zum UNGC zu und erneuert gleichzeitig das Commitment zur Initiative und Verpflichtung der Prinzipien.[84]

Die Webseite des UNGC bietet zahlreiche Tools, Webinare und Leitfäden mit Unternehmensbeispielen (auch deutschsprachig), die bei der Erstellung des CoP unterstützen.[85] Darüber hinaus bietet das deutsche Netzwerk eine Vielzahl von Publikationen als Hilfestellung.[86] 78

Die Teilnahme am UNGC für Unternehmen ist **freiwillig**, die Berichterstattung bei Teilnahme dann aber **verpflichtend**. Ab 2023 wird das UNGC eine allgemeine Einreichungsfrist einführen, die jedes Jahr vom 1.3. bis zum 30.6. läuft. 79

Jeder Bereich enthält Fragen zu Prozessen und Richtlinien, die das Commitment des Unternehmens zum Fortschritt adressieren, zu Maßnahmen, die negative Auswirkungen des Unternehmens verhindern, zu Kennzahlen sowie zu Wiedergutmachungs- und Berichtsmechanismen zur Adressierung von Verstößen und Reflexion von Erfahrungen. In den Themenbereichen Menschenrechte und Umwelt gibt es zusätzliche, bspw. sektorspezifische Fragen.[87] 80

1.5.6 Praktische Umsetzung

Die Verpflichtung zu den 10 Prinzipien und die Erstellung des Fortschrittsberichts müssen auf einer entsprechenden Umsetzung im Unternehmen fußen. Hierfür ist es notwendig, sich intensiv mit den Prinzipien auseinanderzusetzen, eine Strategie abzuleiten, Chancen und Risiken zu bewerten, Maßnahmen zu definieren und umzusetzen und Ergebnisse zu messen. Hierfür wurde das **UNGC Management Model** entwickelt. Es ist ein dynamischer Prozess mit dem Ziel, die Nachhaltigkeitsleistung kontinuierlich zu verbessern.[88] 81

---

[84] Siehe www.unglobalcompact.org/participation/report/cop, abgerufen am 3.1.2023.
[85] Siehe www.unglobalcompact.org/participation/report/cop, abgerufen am 3.1.2023.
[86] Vgl. Global Compact Netzwerk Deutschland, Publikationen.
[87] Vgl. UNGC, Questionnaire, Communication on Progress, 2021, S. 2.
[88] Vgl. UNGC & Deloitte, UN Global Compact Management Model, Framework for Implementation, 2010, S. 10.

Abb. 6: UN Global Compact Management Model[89]

1.6 United Nations Guiding Principles (UNGP) Reporting Framework

1.6.1 Entstehung

82 Im Jahr 2011 wurden die UN-Leitprinzipien für Wirtschaft und Menschenrechte vom UN-Menschenrechtsrat verabschiedet. Als UN-Sonderbeauftragter für Wirtschaft und Menschenrechte war der Politikwissenschaftler JOHN RUGGIE von 2005 bis 2011 mit dem Mandat betraut, einen Bericht über die menschenrechtliche Verantwortung von Unternehmen zu erstellen. Die UN-Leitprinzipien, auch RUGGIE-Prinzipien genannt, gelten als einer der wichtigsten weltweit anerkannten Standards der Verantwortung für Menschenrechte.[90] „*The UN Guiding Principles Reporting Framework is an indispensable*

---

[89] Entnommen UNGC & Deloitte, UN Global Compact Management Model, Framework for Implementation, 2010.
[90] Siehe www.unepfi.org/humanrightstoolkit/framework.php, abgerufen am 3.1.2023.

tool that companies have been waiting for. This tool will mark a major breakthrough in company relations with individuals and communities whose lives they impact", so JOHN RUGGIE, Hauptverfasser der UN-Leitprinzipien für Wirtschaft und Menschenrechte.[91]

Es werden 31 Leitprinzipien definiert, die auf 3 Grundpfeilern beruhen: *Protect, Respect, Remedy* (Schutz, Achtung, Abhilfe). Diese 3 Grundpfeiler stehen für die staatliche Pflicht, Menschenrechte zu schützen, und für die politische Erwartung, dass Unternehmen Menschenrechte respektieren und im Fall von Menschenrechtsverletzungen Zugang zu Abhilfe schaffen.[92]

83

Das UN Guiding Principles Reporting Framework stellt das erste umfassende Rahmenwerk dar, nach dem Unternehmen ihre Sorgfaltspflichten berichten können. Es wurde im Februar 2015 veröffentlicht und von der Human Rights Reporting and Assurance Framework Initiative (RAFI) entwickelt. Hinter RAFI stehen die Organisationen Shift, eine NGO gegründet vom Beratungsteam von JOHN RUGGIE, sowie MAZARS, eine internationale Wirtschaftsprüfungs- und Unternehmensberatungsgesellschaft.[93]

84

1.6.2 Rahmenwerk

1.6.2.1 Grundlagen

Das UN Guiding Principles Reporting Framework bietet Unternehmen eine Möglichkeit, ihre Fortschritte in Bezug auf die menschenrechtlichen Sorgfaltspflichten sinnvoll und stimmig zu berichten. 3 Ziele sind damit verbunden:
1. Unternehmen Hinweise zu geben, wie Informationen berichtet werden können,
2. die praktische Anwendung sicherzustellen im Zusammenhang mit Kapazitätsbeschränkungen im Unternehmen,
3. bei der Verbesserung der Managementsysteme zu helfen.

85

Das Rahmenwerk kann für **eigenständige Menschenrechtsberichte**, aber auch für die Berichterstattung zu Menschenrechten in anderen Veröffentlichungsformaten, wie z.B. dem **Geschäftsbericht** oder dem **Nachhaltigkeitsbericht**, angewendet werden und ergänzt sich mit anderen Rahmenwerken, etwa GRI (Rz 28 ff.).[94]

86

---

[91] UN Guiding Principles Reporting Framework, www.ungpreporting.org/about-us/, abgerufen am 3.1.2023.
[92] Vgl. UN, Guiding Principles on Business and Human Rights, 2011, S. 1 ff.
[93] Vgl. UN Guiding Principles Reporting Framework, About us.
[94] Vgl. Shift & Mazars, UN Guiding Principles Reporting Framework with implementation guidance, 2015, S. 14.

87 Das Rahmenwerk beschreibt zum einen übergeordnete Fragen und Informationsanforderungen in 3 Teilen, die durch unterstützende Fragen erweitert werden. Zum anderen gibt es 7 Grundsätze vor, die bei der Berichterstattung beachtet werden sollen.[95]

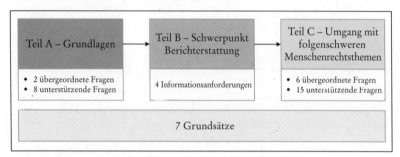

Abb. 7: Überblick UNGP Reporting Framework

1.6.2.2 Die 7 Grundsätze

88 Die Grundsätze beschreiben, wie das Unternehmen bei der Umsetzung des Rahmenwerks vorgehen sollte.

Grundsätze	Beispiele/Hinweise zur Umsetzung
1. Menschenrechtliche Berichterstattung im Unternehmenskontext verorten	• Das Geschäftsmodell sollte dargestellt werden, um den Gesamtkontext besser einordnen zu können. Dazu gehören auch bspw. die Organisationsstruktur, die Governance, Strategie und geografische Lage. • Auf diese Informationen kann auch verwiesen werden, sollten sie an anderer Stelle öffentlich zugänglich sein (z. B. im Geschäftsbericht oder Nachhaltigkeitsbericht).

---

[95] Vgl. Shift & Mazars, UN Guiding Principles Reporting Framework with implementation guidance, 2015, S. 6 ff.

Grundsätze	Beispiele/Hinweise zur Umsetzung
2. Mindestinformationsanforderungen erfüllen	• Mindestanforderungen sind 8 übergeordnete Fragen aus Teil A und C sowie die Informationsanforderungen aus Teil B (Rz 90). • Diese Fragen sind von allen Unternehmen unabhängig vom Reifegrad/Umsetzungsstand in Bezug auf die menschenrechtlichen Sorgfaltspflichten zu beantworten.
3. Laufende Verbesserungen zeigen	• Die Umsetzung der Anforderungen der UN Guiding Principles oder auch des Lieferkettensorgfaltspflichtengesetzes brauchen Zeit. Es ist ein kontinuierlicher Prozess, und die Fortschritte sollten entsprechend in der Berichterstattung gezeigt werden. • Änderungen in der Geschäftstätigkeit, dem operativen Umfeld oder den Geschäftsbeziehungen können zu Veränderungen führen, die fortlaufend berücksichtigt werden müssen.
4. Fokus auf die Achtung der Menschenrechte legen	• Fokus der Berichterstattung sollte auf dem 11. Leitprinzip der UN Guiding Principles beruhen, also der Vermeidung der Beeinträchtigung von Menschenrechten und der Adressierung von möglichen nachteiligen Auswirkungen. • Soziale Investitionen oder philanthropische Aktivitäten sind nicht unbedingt Teil der geforderten Berichterstattung.
5. Auf die schwerwiegendsten Beeinträchtigungen von Menschenrechten konzentrieren	• Unternehmen sollten sich auf die potenziell und tatsächlich schwerwiegendsten Auswirkungen fokussieren. • Die Sichtweise ist dabei, dass es ein menschenrechtliches Risiko sein muss und nicht ein geschäftliches Risiko, wobei diese eng zusammenhängen.

Grundsätze	Beispiele/Hinweise zur Umsetzung
6. Ausgewogene Beispiele aus relevanten Regionen anführen	• Die Fragen des Rahmenwerks sollten möglichst mit konkreten Informationen, insbes. Beispielen beantwortet werden. • Die Beispiele sollten ausgewogen und repräsentativ sein und sich auf relevante Regionen und die schwerwiegendsten Menschenrechtsrisiken konzentrieren.
7. Das Fehlen wichtiger Angaben erklären	• In Ausnahmefällen können geforderte Informationen vom Unternehmen nicht berichtet werden und müssen entsprechend begründet werden. • Gründe können bspw. Vertraulichkeit, gesetzliche Verbote oder das Fehlen von verlässlichen Informationen sein.

Tab. 3: Grundsätze der Berichterstattung[96]

1.6.2.3 Die 3 Teile des Rahmenwerks

89 Die Struktur des UN Guiding Principles Reporting Framework umfasst 3 Teile:
- Teil A: Grundlagen für die Achtung der Menschenrechte,
- Teil B: Schwerpunkt der Berichterstattung,
- Teil C: Umgang mit folgenschweren Menschenrechtsthemen.

90 Als Mindestanforderungen zur Nutzung des Rahmenwerks gelten die 8 übergeordneten Fragen, die in Teil A und Teil C verortet sind, und die Informationsanforderungen in Teil B. Die unterstützenden Fragen sind nicht verpflichtend, sondern dienen zur Verbesserung der Qualität der übergeordneten Fragen.

Es ist nicht notwendig, die Reihenfolge der Fragen aus dem Rahmenwerk einzuhalten. Vielmehr geht es um die Erstellung einer stimmigen Berichterstattung. Eine Vorlage für einen Index ist verfügbar, der die Zuordnungen der Berichtsinhalte zu den erforderlichen Fragen ermöglicht.[97]

---

[96] In Anlehnung an Shift & Mazars, UN Guiding Principles Reporting Framework with implementation guidance, 2015.
[97] Vgl. Shift & Mazars, UN Guiding Principles Reporting Framework with implementation guidance, 2015, S. 19 und 112.

Der **Grundlagenteil** besteht aus 2 übergeordneten Fragen: 91
- A1: Wie äußert sich das Unternehmen öffentlich über seine Selbstverpflichtung zur Achtung der Menschenrechte?
- A2: Wie zeigt das Unternehmen, welche Bedeutung es der Umsetzung seiner Grundsatzerklärung zu den Menschenrechten beimisst?

Beide Fragen werden insgesamt durch 8 unterstützende Fragen unterfüttert.

Ziel des Teils A ist es zu erläutern, wie das berichtende Unternehmen seine 92
Verantwortung für die Achtung der Menschenrechte versteht und wie es die daraus resultierenden Erwartungen an seine Mitarbeiter, Geschäftspartner sowie andere Unternehmen oder andere Einrichtungen weitergibt, die direkt mit seiner Geschäftstätigkeit, seinen Produkten oder Dienstleistungen in Verbindung stehen.

Teil B dient als **Filter** für die weitere Berichterstattung. Es werden 4 Informationen abgefragt, die die Schwerpunkte der Berichterstattung für Teil C bestimmen: 93
- B1: Nennung der folgenschweren Menschenrechtsthemen,
- B2: Prozess der Festlegung der folgenschweren Menschenrechtsthemen,
- B3: Festlegung geografischer Schwerpunkte,
- B4: Weitere schwerwiegende Auswirkungen.[98]

Folgenschwere Menschenrechtsthemen, die sog. *„salient issues"*, sind die 94
Menschenrechte, die durch die Geschäftstätigkeiten oder Geschäftsbeziehungen des Unternehmens am meisten gefährdet sind. Die Gefährdung ist eine Kombination aus Eintrittswahrscheinlichkeit und Schwere der Auswirkungen. *„Salient issues"* sind mit einer hohen Eintrittswahrscheinlichkeit verbunden (bzw. ggf. ist schon eine Menschenrechtsverletzung eingetreten) und haben schwerwiegende negative Auswirkungen für die Rechteinhaber. Die Schwere der Auswirkungen lässt sich bspw. über die Anzahl der Betroffenen oder die Möglichkeit zur Umkehr/Wiedergutmachung bestimmen.[99]

Folgenschwere Menschenrechtsthemen sind gleichzeitig mit einem besonders hohen **Risiko** für das Unternehmen verbunden.[100]

---

[98] Vgl. Shift & Mazars, UN Guiding Principles Reporting Framework with implementation guidance, 2015, S. 9 ff.
[99] Vgl. Introduction to Salient Human Rights Issues – Shift, https://shiftproject.org/resource/salient-humanrights/, abgerufen am 3.1.2023.
[100] Vgl. Shift & Mazars, UN Guiding Principles Reporting Framework with implementation guidance, 2015, S. 22.

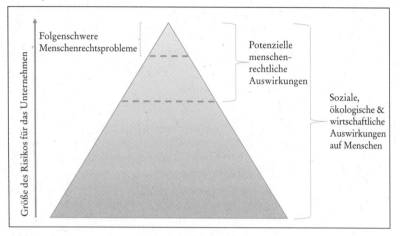

Abb. 8: Zusammenhang zwischen folgenschweren Menschenrechtsproblemen und Risiken für das Unternehmen[101]

95 Teil C erfordert die Beschreibung zum Umgang mit den in Teil B identifizierten Menschenrechtsthemen. Er besteht aus 6 übergeordneten Fragen:
- C1: Verfügt das Unternehmen über spezielle Vorschriften zu folgenschweren Menschenrechtsproblemen und falls ja, welche?
- C2: Wie geht das Unternehmen vor, um seine Stakeholder an der Lösung folgenschwerer Menschenrechtsprobleme zu beteiligen?
- C3: Wie stellt das Unternehmen fest, inwieweit sich die verschiedenen folgenschweren Menschenrechtsprobleme im Lauf der Zeit ändern?
- C4: Wie berücksichtigt das Unternehmen seine Erkenntnisse in Bezug auf die einzelnen folgenschweren Menschenrechtsprobleme in seinen Entscheidungsprozessen und Maßnahmen?
- C5: Wie stellt das Unternehmen fest, ob seine Maßnahmen zur Minderung folgenschwerer Menschenrechtsrisiken in der Praxis wirken?
- C6: Wie gewährleistet das Unternehmen wirkungsvolle Abhilfe, wenn Menschen durch die Handlungen oder Entscheidungen des Unternehmens im Zusammenhang mit folgenschweren Menschenrechtsproblemen zu Schaden kommen?

Die Fragen werden insgesamt durch 15 unterstützende Fragen unterfüttert.[102]

---

[101] Quelle: Shift & Mazars, UN Guiding Principles Reporting Framework, Berichtsrahmen für die UN-Leitprinzipien für Wirtschaft und Menschenrechte mit Umsetzungshinweisen, 2015, S. 25.
[102] Vgl. Shift & Mazars, UN Guiding Principles Reporting Framework with implementation guidance, 2015, S. 9f.

1.6.3 UN Guiding Principles Assurance Guidance

Neben dem Rahmenwerk zur Berichterstattung wurde eine Hilfestellung für die Überprüfung erstellt. Diese richtet sich an die Interne Revision, externe Experten oder Assurance-Dienstleister. Ziel der Assurance Guidance ist, eine wirksame Überprüfung zu ermöglichen, um so die Risikoprozesse der Unternehmen in Bezug auf Menschenrechte zu verbessern. Das Dokument enthält **praktische Hilfestellung** in Bezug auf mögliche Nachweise und notwendige Kompetenzen. Prüfungshandlungen und damit mögliche Nachweise für die Aussagen, die das Unternehmen trifft, können z. b. eine Medienanalyse, Interviews mit Mitarbeitern oder der Austausch mit einer lokalen NGO sein. Auf diese Weise kann der Assurance-Dienstleister in Erfahrung bringen, ob es evtl. Verstöße gegen Menschenrechte gab oder ob die beschriebenen Maßnahmen des Unternehmens tatsächlich durchgeführt wurden. Beispiele für notwendige Kompetenzen sind Unabhängigkeit, eine kritische Grundhaltung und Unvoreingenommenheit.[103]

96

1.7 Value Reporting Foundation (VRF)

1.7.1 Ziel und Zusammensetzung

Das International Integrated Reporting Council (**IIRC**; Rz 99 ff.) und das Sustainability Accounting Standards Board (**SASB**; Rz 128 ff.) haben am 9.6.2021 offiziell ihren **Zusammenschluss** zur Value Reporting Foundation (**VRF**) bekanntgegeben. Ziel der VRF sollte es sein, insbes. die Entscheidungsfindung von Unternehmen und Investoren mit den nachfolgenden 3 Schlüsselressourcen zu unterstützen:

97

- Integrated Thinking Principles,
- Integrated Reporting Framework,
- SASB Standards.

Mit Wirkung zum 1.7.2022 wurde der Zusammenschluss zwischen VRF und der IFRS-Stiftung (Rz 53 ff.) beschlossen.[104]

98

Unabhängig vom Zusammenschluss sind die Standards des SASB sowie das Framework des IIRC durch Anwender weiterhin getrennt voneinander i. S. v. Richtlinien zur Orientierung der Nachhaltigkeitsberichterstattung nutzbar.

---

[103] Vgl. Shift & Mazars, Guidance Part II: Assurance of Human Rights Performance and Reporting, 2017, S. 10 ff.
[104] Siehe www.valuereportingfoundation.org/, abgerufen am 3.1.2023.

1.7.2 International Integrated Reporting Council (IIRC)

99 Beim IIRC handelt es sich um eine weltweite Vereinigung von u. a. Investoren, Unternehmen, Standardsetzern und Nichtregierungsorganisationen. Ziel des Zusammenschlusses ist es, die Berichterstattung von Unternehmen unter Berücksichtigung ihrer Wertschöpfung weiterzuentwickeln. Vor dem Hintergrund dieser Zielsetzung wurde im Dezember 2013 ein **Rahmenkonzept** zum Integrated Reporting für die Berichterstattung sowohl über finanzielle als auch nichtfinanzielle Informationen geschaffen, welches im Januar 2021 aktualisiert wurde.[105]

Die Grundidee des IIRC-Rahmenkonzepts besteht aus einer in sich geschlossenen Berichterstattung, die Informationen über die Strategie, Führung und Leistung des Unternehmens sowie über die kurz-, mittel- und langfristige Prognose zur Veränderung des Unternehmenswerts geben soll.[106] In der Berichterstattung nach IIRC wird einem sog. „integrierten Denken" eine hohe Bedeutung beigemessen.

Der integrierte Bericht nach IIRC ist nicht lediglich eine additive Darstellung von finanziellen und nichtfinanziellen Informationen. Er ist vielmehr auf die Darstellung der Interdependenzen unterschiedlicher Themen im Hinblick auf die kurz-, mittel- und langfristige Wertschöpfung eines Unternehmens gerichtet. Dieser Denkansatz findet sich auch in der sich immer stärker verzahnenden Berichterstattung im Kontext der CSRD (§ 9 Rz 55ff.) oder des ISSB wieder.

100 Nach dem Rahmenkonzept des IIRC sollen die Investoren durch den integrierten Bericht in ihrer Entscheidungsfindung zur Bereitstellung von Kapital unterstützt werden.[107] Die Wertschöpfung kann zwar für das Unternehmen selbst (in Form von finanziellen Rückflüssen an Investoren) oder für die sonstigen Stakeholder bestehen. Letztere Wertschöpfung wird jedoch nur als relevant für die Berichterstattung angesehen, sofern diese für die finanziellen Rückflüsse an die Investoren wesentlich ist.[108]

101 Das Rahmenkonzept des IIRC besteht aus einem prinzipienbasierten Ansatz, der sowohl eine Flexibilität in der Berichterstattung als auch eine Vergleichbarkeit von Berichterstattungen unterschiedlicher Unternehmen

---

[105] Vgl. VRF, International <IR> Framework – Integrated Reporting; vgl. zum Rahmenkonzept 2013: IDW, WPH Edition 2021, Assurance, Kap. J, Rz. 132ff.
[106] Vgl. International Integrated Reporting Council, <IR> Framework January 2021, Rz. 1.1ff.
[107] Vgl. International Integrated Reporting Council, <IR> Framework January 2021, Rz. 1.1ff.
[108] Vgl. International Integrated Reporting Council, <IR> Framework January 2021, Rz. 1.7f. und 2.4ff.

vereinen soll. Eine Vorgabe zu Angaben z.B. von bestimmten Leistungsindikatoren oder konkreten Informationen erfolgt jedoch nicht.[109]

Der **integrierte Bericht** nach IIRC kann als eigenständiger Bericht aufgestellt oder in bestehende Berichte einbezogen werden. Im Fall eines Einbezugs z.B. in den Lagebericht hat der integrierte Bericht nach IIRC auch den Erfordernissen des Rahmenkonzepts zu entsprechen.[110] Nach dem Rahmenkonzept des IIRC soll die Berichterstattung periodisch erfolgen.[111]

102

Das Rahmenkonzept des IIRC soll vorrangig privatwirtschaftlich organisierten Unternehmen dienen, wobei Unternehmen der öffentlichen Hand sowie gemeinnützige Unternehmen das Rahmenkonzept ebenso verwenden können.[112]

103

Der integrierte Bericht nach IIRC basiert maßgeblich auf der Betrachtung von verschiedenen Kapitalarten und dem damit verbundenen Prozess der Wertschöpfung. Die Kapitalarten sind als Wertspeicher (Silos) zu verstehen, die durch die Unternehmenstätigkeit verändert werden.[113] Das Rahmenwerk des IIRC empfiehlt die Verwendung der nachfolgenden 6 Kapitalarten zur Berichterstattung, eine verpflichtende Anwendung dieser Kategorisierung ist allerdings nicht gefordert:

104

- Finanzkapital,
- Produktionskapital,
- geistiges Kapital,
- Humankapital,
- Sozial- und Netzwerkkapital,
- natürliches Kapital.[114]

Praxis-Beispiel
Durch externe Schulungsmaßnahmen hat ein Unternehmen in Humankapital investiert und dadurch den Wert des Humankapitals um X erhöht. Zugleich verringert sich der Wert des Finanzkapitals um den Wert Y. Es erfolgt eine Umwandlung von Finanz- in Humankapital.[115]

---

[109] Vgl. International Integrated Reporting Council, <IR> Framework January 2021, Rz. 1.9 f.
[110] Vgl. International Integrated Reporting Council, <IR> Framework January 2021, Rz. 1.12 ff.
[111] Vgl. International Integrated Reporting Council, <IR> Framework January 2021, Glossary Nr. 53.
[112] Vgl. International Integrated Reporting Council, <IR> Framework January 2021, Rz. 1.4.
[113] Vgl. International Integrated Reporting Council, <IR> Framework January 2021, Rz. 2.3 und 2.11.
[114] Vgl. International Integrated Reporting Council, <IR> Framework January 2021, Rz. 2.10.
[115] Vgl. International Integrated Reporting Council, <IR> Framework January 2021, Rz. 2.12.

105 Das **Finanzkapital** besteht nach dem Rahmenkonzept des IIRC aus dem Eigen- oder Fremdkapital des Unternehmens, das zur Produktion von Erzeugnissen oder für die Erbringung von Dienstleistungen zur Verfügung steht.

Als **Produktionskapital** werden Güter angesehen, die einem Unternehmen für die Herstellung von Erzeugnissen oder für die Erbringung von Dienstleistungen zur Verfügung stehen, wie z. B. Gebäude oder eine vorhandene Infrastruktur.

Nach dem Rahmenkonzept des IIRC besteht das **geistige Kapital** sowohl aus immateriellen geistigen Vermögenswerten, wie z. B. Patenten und Lizenzen, als auch aus einem organisatorischen geistigen Kapital, wie z. B. Systemen und Verfahren.

Unter dem **Humankapital** werden Fähigkeiten, Erfahrungen und Innovationsfreude der Mitarbeiter verstanden, einschl. der Motivation und Loyalität zum Unternehmen sowie der Bereitschaft zur Beachtung ethischer Werte und Normen.

Das **Sozial- und Netzwerkkapital** besteht sowohl aus der Struktur als auch aus der Fähigkeit zur Förderung des individuellen und allgemeinen Wohls und beinhaltet u. a.:
- gemeinsame Werte, Normen und Verhaltensweisen,
- Beziehungen zu den wesentlichen Stakeholder-Gruppen, einschl. der Bereitschaft, Beziehungen zu externen Gruppen aufzubauen, sowie
- immaterielle Werte wie Markennamen oder Reputation.

Das **natürliche Kapital** beinhaltet Umweltressourcen, wie Luft, Wasser, Land, Mineralien, Wälder, Artenreichtum und Intaktheit von Ökosystemen.[116]

106 Die Kapitalarten sind Ausgangspunkt für die unternehmerische Tätigkeit und zugleich Ergebnis dieser Tätigkeit. Sie sind somit ein wesentlicher Teil des Prozesses der Wertschöpfung:

---

[116] Vgl. International Integrated Reporting Council, <IR> Framework January 2021, Rz. 2.15.

Frameworks, Standards, Guidance § 8

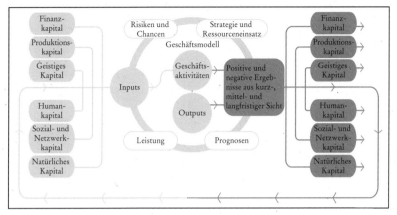

Abb. 9: Wertschöpfungsprozess[117]

Die unternehmerische Tätigkeit selbst lässt sich durch verschiedene, durch das IIRC vorgegebene Inhaltselemente beschreiben, wobei insbes. auf die Interdependenzen (Rz 99) zwischen den Elementen einzugehen ist:
- Unternehmen und Unternehmensumfeld,
- Unternehmensführung,
- Geschäftsmodell,
- Risiken und Chancen,
- Strategie und Ressourceneinsatz,
- Leistung und
- Prognosen.[118]

107

Auch wenn durch die Vorgabe von Inhaltselementen eine Vergleichbarkeit der Berichterstattungen nach IIRC gefördert werden soll, können Unternehmen über den Einbezug der Elemente in die Berichterstattung unter Beachtung ihrer individuellen Gegebenheiten entscheiden.

I. R. d. Beschreibung des Unternehmens und Unternehmensumfelds soll auf den Gegenstand der **Geschäftstätigkeit** eingegangen und die Faktoren erläutert werden, unter denen die Geschäftstätigkeit des Unternehmens betrieben wird. Die Darstellung soll die unternehmerischen Ziele und Visionen umfassen, einschl.
- Unternehmenskultur, -ethik und -werte,
- Eigentümer- und Organisationsstruktur,

108

---

[117] In Anlehnung an International Integrated Reporting Council, <IR> Framework January 2021, S. 22.
[118] Vgl. International Integrated Reporting Council, <IR> Framework January 2021, Rz. 4.1 ff.

- wesentliche Geschäftsaktivitäten und Märkte,
- Wettbewerbsstruktur und Marktposition sowie
- Lieferkettenposition.

Darüber hinaus werden als wesentliche **Faktoren des Unternehmensumfelds** rechtliche, wirtschaftliche, soziale, ökologische und politische Aspekte angesehen, die die Fähigkeit des Unternehmens beeinflussen, eine kurz-, mittel- oder langfristige Wertschöpfung zu schaffen. Diese können das Unternehmen direkt oder indirekt beeinflussen (z. B. aufgrund der Verfügbarkeit, Qualität und der Kosten des Kapitals).[119]

109 In einem integrierten Bericht soll gem. IIRC dargestellt werden, wie die Unternehmensführung die Fähigkeit des Unternehmens, kurz-, mittel- und langfristige Werte zu schaffen, beeinflusst. Daher soll darin Aufschluss darüber gegeben werden, wie u. a. die folgenden Aspekte mit der Fähigkeit des Unternehmens, Werte zu schaffen, zusammenhängen:
- Führungsstruktur des Unternehmens, einschl. seiner Fähigkeiten und Vielfalt,
- Prozesse für strategische Entscheidungen und zur Festlegung und Überwachung der Unternehmenskultur,
- Maßnahmen zur Beeinflussung und Überwachung der strategischen Ausrichtung des Unternehmens und der Ansatz zum Risikomanagement,
- Kultur, Ethik und Werte des Unternehmens, einschl. der Beziehungen zu wichtigen Stakeholder-Gruppen,
- Vergütung und Anreize, mit denen die kurz-, mittel- und langfristige Wertschöpfung verknüpft ist.[120]

110 Ein integrierter Bericht nach IIRC soll das **Geschäftsmodell** beschreiben, einschl. der wichtigsten Inputs, Geschäftsaktivitäten, Outputs und Ergebnisse.

In der Beschreibung soll auch eine Verbindung zu Informationen aus anderen Inhaltselementen wie den Risiken und Chancen oder der Strategie und Leistung hergestellt werden.[121]

111 Ein integrierter Bericht nach IIRC hat ferner die wichtigsten **Risiken und Chancen** des Unternehmens zu identifizieren. Diese Identifizierung kann umfassen:
- die spezifische Quelle der Risiken und Chancen,
- die vom Unternehmen vorgenommene Bewertung der Wahrscheinlichkeit, dass das Risiko oder die Chance eintritt und wie groß die Auswirkungen sind, sofern der Eintritt erfolgt,

---

[119] Vgl. International Integrated Reporting Council, <IR> Framework January 2021, Rz. 4.4 ff.
[120] Vgl. International Integrated Reporting Council, <IR> Framework January 2021, Rz. 4.8 f.
[121] Vgl. International Integrated Reporting Council, <IR> Framework January 2021, Rz. 4.10 ff.

- Schritte, um Schlüsselrisiken zu vermindern oder zu managen oder Chancen in der Wertschöpfung zu nutzen.

Grundlegende Risiken, die die Fähigkeit des Unternehmens beeinflussen können, Werte zu schaffen, und die schwerwiegende Konsequenzen haben könnten, sind in den integrierten Bericht aufzunehmen, selbst wenn die Wahrscheinlichkeit des Eintritts als gering angesehen wird.[122] | 112

I. R. d. Strategie und des Ressourceneinsatzes sind die kurz-, mittel- und langfristigen Ziele des Unternehmens, einschl. der strategischen Maßnahmen zur Zielerreichung, darzustellen. In diesem Zusammenhang sollen auch die Verfahren zur Messung der Zielerreichung und Pläne zur Allokation von Ressourcen hinsichtlich einer strategischen Zielerreichung erläutert werden.[123] | 113

Der integrierte Bericht nach IIRC hat zudem Informationen über die erzielten Leistungen zu enthalten, insbes. soll das Erreichen von strategischen Zielen unter Einbezug der Auswirkungen auf die verschiedenen Kapitalarten dargestellt werden. In diesem Zusammenhang werden sowohl qualitative Aussagen als auch wichtige Leistungsindikatoren, die finanzielle Kennzahlen mit anderen Informationen verknüpfen (z. B. das Verhältnis der Treibhausgasemissionen zum Umsatz), als sinnvoll erachtet.[124] | 114

Nach dem IIRC hat ein integrierter Bericht auch unternehmerische **Prognosen**, insbes. i. R. v. Herausforderungen und Unsicherheiten bei der Verfolgung der Unternehmensstrategie zu berücksichtigen. Er soll weiterhin darstellen, welche potenziellen Auswirkungen auf das Geschäftsmodell und die künftige Leistung des Unternehmens bestehen.[125] | 115

Der integrierte Bericht nach IIRC soll unter Berücksichtigung der folgenden 7 **Leitprinzipien** aufgestellt werden:
- Unternehmensstrategie und Zukunftsorientierung,
- Wechselwirkungen,
- Beziehungen zu Stakeholdern,
- Wesentlichkeit,
- Prägnanz,
- Verlässlichkeit und Vollständigkeit sowie
- Stetigkeit und Vergleichbarkeit.[126] | 116

---

122 Vgl. International Integrated Reporting Council, <IR> Framework January 2021, Rz. 4.23 ff.
123 Vgl. International Integrated Reporting Council, <IR> Framework January 2021, Rz. 4.28 ff.
124 Vgl. International Integrated Reporting Council, <IR> Framework January 2021, Rz. 4.31 ff.
125 Vgl. International Integrated Reporting Council, <IR> Framework January 2021, Rz. 4.35.
126 Vgl. International Integrated Reporting Council, <IR> Framework January 2021, Rz. 3.1.

117 Nach dem Leitprinzip der **Unternehmensstrategie und Zukunftsorientierung** hat der integrierte Bericht nach IIRC einen Einblick in die Strategie des Unternehmens zu geben. Es soll erläutert werden, wie sich diese Strategie auf die Fähigkeit des Unternehmens zur kurz-, mittel- und langfristigen Wertschöpfung auswirkt. Auch ist auf die Verfügbarkeit, Qualität und Erschwinglichkeit der wesentlichen Kapitalarten einzugehen, die dazu beitragen, die strategischen Unternehmensziele in der Zukunft zu erreichen und Werte zu schaffen.[127]

118 Gem. des Leitprinzips der **Wechselwirkungen** sollen Zusammenhänge, Verflechtungen und Abhängigkeiten zwischen den einzelnen Faktoren dargestellt werden, die die Fähigkeit des Unternehmens beeinflussen, im Lauf der Zeit Werte zu schaffen. Je mehr das integrierte Denken in die Aktivitäten eines Unternehmens eingebettet ist, desto stärker wird die Vernetzung der Informationen in die Berichterstattung gegenüber der Unternehmensführung, Analyse und Entscheidungsfindung und schließlich in den integrierten Bericht erfolgen. Das IIRC bezieht die Wechselwirkungen auf z. B. unterschiedliche Zeitperioden, Kapitalarten oder Arten von Informationen (quantitative oder qualitative).[128]

119 Der integrierte Bericht nach IIRC soll zudem Einblick in die Art und Qualität der **Beziehungen zu** den wichtigsten **Stakeholdern** geben, einschl. wie und in welchem Umfang das Unternehmen die Bedürfnisse und Interessen seiner Stakeholder versteht und berücksichtigt.[129]

120 Nach dem Leitprinzip der **Wesentlichkeit** sind nur Informationen über Sachverhalte darzulegen, die sich auf die Fähigkeit des Unternehmens zur Wertschöpfung auf kurz-, mittel- und langfristige Sicht wesentlich auswirken. I. R. d. integrierten Berichts beinhaltet der Prozess zur Bestimmung der Wesentlichkeit u.a. die Identifizierung relevanter Sachverhalte auf Grundlage der Fähigkeit, die Wertschöpfung zu beeinflussen. Ebenso haben eine Priorisierung dieser Sachverhalte sowie eine Bestimmung der Informationen über diese wesentlichen Sachverhalte zu erfolgen, die Eingang in die Berichterstattung finden sollen.[130]

121 Nach dem Leitprinzip der **Prägnanz** hat die Berichterstattung derart ausreichend ausgestaltet zu sein, dass ein Einblick in die Strategie des Unternehmens, Führung und Leistung sowie künftige Entwicklung mög-

---

[127] Vgl. International Integrated Reporting Council, <IR> Framework January 2021, Rz. 3.3 und 3.5.
[128] Vgl. International Integrated Reporting Council, <IR> Framework January 2021, Rz. 3.6 ff.
[129] Vgl. International Integrated Reporting Council, <IR> Framework January 2021, Rz. 3.10.
[130] Vgl. International Integrated Reporting Council, <IR> Framework January 2021, Rz. 3.17 ff.

lich ist, ohne die Berichterstattung mit unwesentlichen Informationen zu belasten.[131]

Ein integrierter Bericht nach IIRC soll gem. des Leitprinzips der **Verlässlichkeit und Vollständigkeit** alle wesentlichen Sachverhalte, sowohl positive als auch negative, in einer ausgewogenen Weise und ohne wesentliche Fehler enthalten. Die Verlässlichkeit von Informationen kann durch Mechanismen wie robuste interne Kontroll- und Berichtssysteme, die Einbeziehung von Stakeholdern oder eine externe Prüfung erhöht werden. Ob die Informationen hinreichend verlässlich sind, um in den integrierten Bericht nach IIRC aufgenommen zu werden, ist durch die Unternehmensführung zu beurteilen. Nach dem Prinzip der Vollständigkeit sollen Informationen in einem ausreichenden Umfang sowie mit ausreichender Genauigkeit dargestellt werden.[132]

122

Der integrierte Bericht nach IIRC soll nach dem Leitprinzip der **Stetigkeit und Vergleichbarkeit** intertemporär – über einzelne Berichtsperioden hinweg – und unternehmensübergreifend vergleichbar erfolgen. Eine Durchbrechung des Prinzips der Stetigkeit ist zu erläutern, daraus resultierende Änderungen sind zu beschreiben. Das Leitprinzip der unternehmensübergreifenden Vergleichbarkeit findet Unterstützung durch die Anwendung der Inhaltselemente, wird jedoch gleichzeitig vor dem Hintergrund einer geforderten unternehmensindividuellen Berichterstattung erschwert.[133]

123

Ein integrierter Bericht nach IIRC hat die Anforderungen des Rahmenwerks zu erfüllen. Informationen in der Berichterstattung auszulassen ist nur möglich, soweit keine zuverlässige Informationslage gegeben ist oder spezifische rechtliche Verbote hinsichtlich einer Angabe bestehen. In diesem Fall sollen die Art der weggelassenen Information dargelegt sowie der Grund des Auslassens erläutert werden. Bei Nichtverfügbarkeit von Informationen sind die Schritte, die das Unternehmen geplant hat, um diese zu erheben, sowie der dafür benötigte Zeitrahmen anzugeben.[134]

124

Ein integrierter Bericht nach IIRC soll zudem die Grundlagen seiner Erstellung beinhalten, einschl. einer:
- Zusammenfassung des Verfahrens des Unternehmens zur Bestimmung der Wesentlichkeit,
- Beschreibung der festgelegten Berichtsgrenzen,

125

---

131 Vgl. International Integrated Reporting Council, <IR> Framework January 2021, Rz. 3.36 ff.
132 Vgl. International Integrated Reporting Council, <IR> Framework January 2021, Rz. 3.39 f., 3.42 und 3.48.
133 Vgl. International Integrated Reporting Council, <IR> Framework January 2021, Rz. 3.54ff.
134 Vgl. International Integrated Reporting Council, <IR> Framework January 2021, Rz. 1.17.

- Zusammenfassung der wesentlichen Rahmenwerke und Methoden, die zur Quantifizierung oder Bewertung wesentlicher Sachverhalte dienen.[135]

Die Berichtsgrenzen können grds. entsprechend des Konsolidierungskreises aus der Finanzberichterstattung festgelegt werden. Risiken, Chancen und Ergebnisse mit wesentlichem Einfluss auf die Wertschöpfung des Unternehmens, die von nicht in den Konsolidierungskreis einbezogenen Unternehmen ausgehen, sind jedoch ebenfalls einzubeziehen:[136]

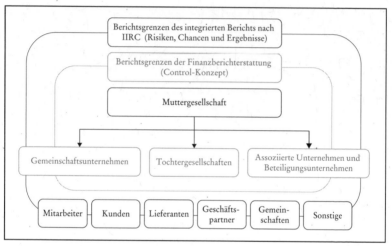

Abb. 10: Berichtsgrenzen[137]

Praxis-Beispiel
In der Textilbranche sind Arbeitspraktiken für die Fähigkeit des Unternehmens, Werte zu schaffen, wesentlich. Der integrierte Bericht sollte daher auch Informationen über Arbeitspraktiken der Zulieferer enthalten.

126 In einer **Erklärung** der mit der Unternehmensführung Beauftragten soll der integrierte Bericht nach IIRC Angaben enthalten zu:
- Anerkennung ihrer Verantwortung für die Sicherstellung der Gewissenhaftigkeit des integrierten Berichts,

---

[135] Vgl. International Integrated Reporting Council, <IR> Framework January 2021, Rz. 4.41 ff.
[136] Vgl. International Integrated Reporting Council, <IR> Framework January 2021, Rz. 3.30 ff. und 4.44 ff.
[137] In Anlehnung an International Integrated Reporting Council, <IR> Framework January 2021, S. 32.

- Einschätzung darüber, ob oder inwieweit der integrierte Bericht in Übereinstimmung mit dem Framework des IIRC aufgestellt wurde. Sofern rechtliche oder regulatorische Anforderungen eine Verantwortungserklärung der für die Unternehmensführung Verantwortlichen ausschließen, soll dieses erläutert werden.[138]

Auch wenn das IIRC seit 2022 Teil der IFRS Foundation ist, so ist der konzeptionelle Rahmen immer noch als Orientierungshilfe geeignet, wenn sich ein Unternehmen auf den Weg zum integrierten Bericht (nach CSRD) macht.[139]

1.7.3 Sustainability Accounting Standards Board (SASB)

Das SASB wurde im Jahr 2011 als gemeinnützige Organisation mit dem Ziel gegründet, Unternehmen und Investoren zu unterstützen, ein einheitliches branchenspezifisches Verständnis über die finanziellen Auswirkungen einer nachhaltigen Unternehmensführung zu erlangen. Entsprechend dieser Zielsetzung sollen durch die vom SASB erlassenen Standards die Teile der Umwelt-, Sozial- und Governance-Themen (ESG) identifiziert werden, die für die finanzielle Leistung einer Unternehmensbranche (Sektoren) am bedeutsamsten sind.[140] Dabei ordnet das SASB seine Standards und die damit verbundene Berichterstattung zwischen der Finanzberichterstattung und einer klassischen Nachhaltigkeitsberichterstattung ein:

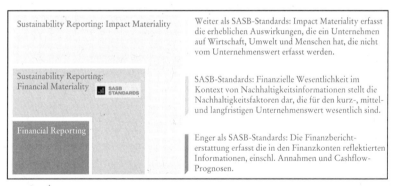

Abb. 11: Einordnung der SASB-Standards zwischen Finanz- und Nachhaltigkeitsberichterstattung[141]

---

[138] Vgl. International Integrated Reporting Council, <IR> Framework January 2021, Rz. 1.20.
[139] Siehe www.integratedreporting.org/the-iirc-2/, abgerufen am 3.1.2023.
[140] Vgl. VRF, SASB Standards, About Us, www.sasb.org/about/, abgerufen am 3.1.2023.
[141] Vgl. VRF, SASB Standards, Materiality Finder.

129 Zur Erfüllung des branchenspezifischen Ansatzes werden die Unternehmen nach dem **SASB's Sustainability Industry Classification System** (SICS) folgenden 11 Sektoren zugeordnet:
- Konsumgüter,
- Extraktive & Mineralienverarbeitung,
- Finanzen,
- Lebensmittel und Getränke,
- Gesundheitsfürsorge,
- Infrastruktur,
- Nachwachsende Rohstoffe & Alternative Energien,
- Ressourcentransformation,
- Dienstleistungen,
- Technologie & Kommunikation,
- Transport.

Die 11 Sektoren beinhalten insgesamt 77 untergeordnete Sektoren, zu denen jeweils ein sektorspezifischer SASB-Standard entwickelt wurde.[142]

130 Die sektorspezifischen Standards beruhen auf dem **SASB Conceptual Framework**, in dem die grundlegenden Prinzipien und Zielsetzungen des SASB beschrieben werden. Hiernach sind mittels der Standards solche Informationen darzulegen, die als wesentlich für die finanzielle Unternehmensleistung anzusehen, aus Investorensicht entscheidungsnützlich sowie kosteneffizient in der Bereitstellung sind.[143]

131 Als eine bedeutsame Hilfestellung für Unternehmen kann die sog. **Wesentlichkeitskarte** des SASB angesehen werden, die zahlreiche Nachhaltigkeitsherausforderungen, aufgeteilt nach Branchen und Sektoren, beinhaltet.[144]

132 Bis zum August 2022 befand sich das SASB Conceptual Framework in Überarbeitung. Von August bis Ende Dezember 2020 hatte eine öffentliche Konsultation zum Entwurf des aktualisierten Frameworks stattgefunden. Die Ergebnisse aus der Konsultation standen bis zum Zusammenschluss mit dem ISSB noch aus.[145] Durch den Zusammenschluss mit dem ISSB ist auch das Projekt der Aktualisierung des Frameworks sowie dessen weiterer Eingang in die Entwicklung eigener Standards durch das ISSB übertragen worden (siehe zu den Entwürfen von Standards des ISSB Rz 59).

---

[142] Vgl. VRF, SASB Standards, Find Your Industry.
[143] Vgl. VRF, SASB Standards, Conceptual Framework, S. 9.
[144] Vgl. VRF, SASB Standards, Exploring Materiality.
[145] Siehe www.sasb.org/standards/conceptual-framework/, abgerufen am 3.1.2023.

Alle 77 sektorspezifischen SASB-Standards weisen einheitlichen, grundlegenden Inhalt auf:[146]

- **Offenlegungsthemen**: ein Mindestmaß an sektorspezifischen Themen, die mit hoher Wahrscheinlichkeit wesentliche Informationen darstellen, einschl. einer kurzen Beschreibung, wie sich der Umgang mit diesen Themen auf die Wertschöpfung des Unternehmens auswirkt.
- **Leistungskennzahlen**: quantitative und/oder qualitative Leistungsindikatoren zur Messung der Leistung für jedes sektorspezifische Thema.
- **Technische Protokolle**: jeder Leistungsindikator wird von einem technischen Protokoll begleitet, das Definitionen und Anleitungen zur Umsetzung und Darstellung enthält.
- **Aktivitätsmetriken**: übergeordnete Kennzahlen, die den Umfang der Geschäftstätigkeiten eines Unternehmens quantifizieren und i. V. m. den Leistungsindikatoren die Vergleichbarkeit der Informationen erleichtern sollen.

133

Die SASB-Standards bieten Unternehmen durch die Branchenfokussierung eine einfache Umsetzbarkeit. Allerdings sollten die branchenspezifischen Standards nicht unabhängig von Vollständigkeits- oder Wesentlichkeitsüberlegungen als eine reine Checkliste angesehen werden.

134

> **Hinweis**
>
> Auch wenn die Standards des Sustainability Accounting Standards Board in Deutschland eher unbekannt sind, bieten sie einen guten Überblick über aus Investorensicht potenziell wesentliche Nachhaltigkeitsthemen. Die SASB-Standards können insofern von Unternehmen dazu verwendet werden, um finanziell wesentliche Nachhaltigkeitsinformationen zu identifizieren, steuern und gegenüber Investoren zu vertreten.

2 Guidance

2.1 Carbon Disclosure Project (CDP)

2.1.1 Hintergrund und Zielsetzung

Das Carbon Disclosure Project (CDP) ist eine im Jahr 2000 in London gegründete gemeinnützige Organisation mit dem Ziel, als globales Offenlegungssystem von Umweltdaten für Investoren, Unternehmen, Städte, Staaten und Regionen zu fungieren. Einmal jährlich erhebt das CDP im Namen

135

---

[146] Vgl. bspw. Sustainability Accounting Standards Board, Apparel, Accessoires & Footwear, S. 4, Stand: 10/2018.

von Investoren anhand von standardisierten Bewertungsfragebögen auf freiwilliger Basis Daten und Informationen zu CO_2-Emissionen, Klimarisiken und Reduktionszielen und -strategien von Unternehmen, um eine nachhaltige Wirtschaft zu unterstützen. Im Jahr 2020 unterstützten 590 Investoren mit einem Vermögen von 110 Billionen US-Dollar und mehr als 200 Einkaufsorganisationen mit einer Kaufkraft von 4 Billionen US-Dollar die Forderung des CDP nach Offenlegung.[147]

2022 verzeichnete des CDP mit rund 20.000 Unternehmen, die ihre Umweltdaten via CDP offenlegten, ein Rekordjahr.[148]

136   Das CDP hat sich seit seiner Gründung als Instanz der **Nachhaltigkeitsbewertung** etabliert. In manchen Ländern wie z.B. in den USA fließt das CDP-Reporting bereits in die Finanzbewertung ein (Deutsche Börse, Reuters, Google Finance). Mehr als 700 institutionelle Anleger unterstützen das Projekt als sog. „*Signatory Investors*". Das CDP ist unabhängig und finanziert sich durch ein breites Spektrum an Sponsoren, außerdem durch Mitgliedsbeiträge und i.R.v. besonderen Projekten und Partnerschaften. Die von den Unternehmen freigegebenen Daten und die jährlichen CDP-Berichte sind auf der Internetseite des CDP für alle Interessenten frei verfügbar. Die Investoren, die das CDP unterstützen, erhalten auch Zugang zu nicht öffentlichen Informationen.

137   Neben dem Hauptsitz in London unterhält das CDP Büros in New York, Dublin, Paris, Berlin, São Paulo, Stockholm und Tokio. Insgesamt erhebt das CDP in etwa 60 Ländern Daten, wobei die Zusammenarbeit mit Partnerorganisationen eine wichtige Rolle spielt. So ist das CDP als Teil von verschiedensten Initiativen wie der Science Based Targets Initiative (SBTi), der We Mean Business Coalition, der The Investor Agenda und der Net Zero Asset Managers Initiative aktiv und möchte eine größere Transparenz und Rechenschaftspflicht von Unternehmen, Städten und Regierungen erreichen.[149]

138   Im Jahr 2021 hat das CDP eine 5-Jahres-Strategie entworfen. Eines der Ziele ist es, bis 2025 über relevante Umweltdaten für einen noch größeren Anteil der öffentlichen und privaten Unternehmen zu verfügen, einschl. 90 % der Unternehmen mit den größten Umweltauswirkungen (z.B. beim Ausstoß von Emissionen, Landnutzung, Wasserverbrauch etc.). CDP will die Unter-

---

[147] Vgl. CDP, Who we are, www.cdp.net/en/info/about-us, abgerufen am 3.1.2023.
[148] Siehe www.cdp.net/en/articles/media/nearly-20-000-organizations-disclose-environmental-data-in-record-year-as-world-prepares-for-mandatory-disclosure, abgerufen am 3.1.2023.
[149] Vgl. CDP, Accelerating the Rate of Change, S. 25, https://cdn.cdp.net/cdp-production/comfy/cms/files/files/000/005/094/original/CDP_STRATEGY_2021-2025.pdf, abgerufen am 3.1.2023.

nehmen dadurch auf ihrem Weg zu nachhaltiger Entwicklung weiter unterstützen.

Außerdem sollen Investoren in die Lage versetzt werden, Risiken für ihre Investitionsentscheidungen, wie etwa die unterschiedlichen Auswirkungen des Klimawandels auf die einzelnen Unternehmen, Preisrisiken für Emissionszertifikate, Wetterrisiken oder steigende Energiepreise besser abzuschätzen.[150]

Um dieses Ziel zu erreichen, setzt das CDP bewusst den Fokus auf 8 Kernbereiche:
1. Ausweitung ihres Geltungsbereichs auf die planetarischen Grenzen,
2. Verfolgung und Bewertung der Fortschritte auf dem Weg des wissenschaftsbasierten Übergangs,
3. Vergrößerung des Einflusses ihres Systems durch Erreichen neuer Akteure,
4. Ermöglichung ehrgeiziger politischer Ziele durch Vorantreiben von Maßnahmen,
5. Nutzung der CDP-Plattform zur Umsetzung von Standards in großem Maßstab,
6. Katalysieren und Skalierung von ortsbezogenen Maßnahmen,
7. Verbesserung der Transparenz und Verringerung der Komplexität durch neue Technologien,
8. Verbesserung der sozialen und Governance-Metriken in der CDP-Plattform.

2.1.2 Berichterstattung

Investoren, Unternehmen, politische Entscheidungsträger, Wissenschaftler und Medien nutzen die CDP-Daten, um sich über **klimarelevante Daten und Strategien** von Unternehmen zu informieren. Investoren verwenden diese Daten u. a. zur Bewertung langfristiger Chancen und Risiken ihrer Portfoliounternehmen, zur Festlegung ihrer Investmentstrategie, zur Entwicklung von Anlageprodukten und Indizes sowie zur Einreichung von Anträgen auf Hauptversammlungen und zur direkten Zusammenarbeit mit dem Unternehmensmanagement.[151]

Unternehmen und Städte legen ihre Daten offen, weil sie sich dadurch langfristig einen nennenswerten Vorteil erwarten. Während Städte durch die Offenlegung eine verbesserte Vergleichbarkeit untereinander haben und

---

150 Vgl. CDP, Accelerating the Rate of Change, S. 3.
151 IHS Markit, The confusion is real: How private market investors are tackling ESG challenges, https://ihsmarkit.com/research-analysis/the-confusion-is-real-private-market-investors-ESG.html, abgerufen am 3.1.2023.

eine bessere Nachverfolgung von Fortschritten erreichen können,[152] haben Unternehmen den Vorteil, vorausschauender auf Risiken reagieren zu können und gleichzeitig eine positive Bewertung von Finanzgebern und anderen Stakeholder-Gruppen zu erzielen.[153]

142 Im CDP-Fragebogen zu Climate Change werden 4 Aspekte des nachhaltigen Wirtschaftens von Unternehmen untersucht:
- Einschätzungen des Managements über die mit dem Klimawandel einhergehenden Risiken und Chancen für das Unternehmen,
- systematische Erfassung von Treibhausgasemissionen (Carbon Accounting),
- Strategien des Managements hinsichtlich der Reduktion von Treibhausgasemissionen, Risikosteuerung und Erschließung von Potenzialen,
- Corporate Governance hinsichtlich des Klimawandels.

2.1.3 Datenerhebungsprozesse

143 CDP unterstützt Unternehmen, Städte, Staaten und Regionen, ihre Daten offenzulegen, und bietet verschiedene Plattformen an, welche die Informationen durch Vereinheitlichung vergleichbarer gestalten sollen. Einige Unternehmen werden von ihren Investoren gebeten, am CDP teilzunehmen, während andere von ihren Kunden über das Supply Chain Modul befragt werden. Für die unterschiedlichen Organisationsformen gibt es verschiedene Systeme der Datenerfassung.

144 Die Übermittlung der Daten von **Unternehmen** läuft über das Dashboard des CDP und das Online Response System (ORS). Aus dem Dashboard geht hervor, welche Fragebögen das jeweilige Unternehmen beantworten muss, und man erhält einen Link zur Aktivierung der Fragebögen. CDP bietet für Unternehmen **3 Fragebögen** aus den Bereichen **Klimawandel, Forstwesen und Wassersicherheit** an.[154] Im ORS werden die jeweiligen Informationen eingegeben und abgesendet.[155]

145 Das CDP liefert mit „ICLEI – Local Governments for Sustainability" eine einheitliche **Plattform für die Klimaberichterstattung von Städten**, um die Datenerfassung zu vereinfachen. Die jeweilige Stadt wird vom CDP per E-Mail benachrichtigt und erhält einen individuellen Link für den Zugang zur Plattform. In den Fragebögen werden Umweltdaten aus folgenden Themenbereichen abgefragt:

---

[152] Vgl. CDP, Why your city should disclose.
[153] Vgl. CDP, Why disclose as a company.
[154] Vgl. CDP, Guidance for companies.
[155] Vgl. CDP, Using CDP's Disclosure Platform – Companies, S. 5.

- Regierungsführung,
- Klimagefahren, Anpassung,
- stadtweite Emissionen,
- Emissionsreduzierung, Möglichkeiten,
- Emissionen der lokalen Verwaltung,
- Energie, Gebäude, Verkehr,
- Stadtplanung,
- Lebensmittel, Abfall,
- Sicherheit der Wasserversorgung.[156]

Das CDP-Programm „Staaten und Regionen" bietet eine globale **Plattform für subnationale Regierungen**, um Umweltinformationen über Treibhausgasemissionen, Risiken des Klimawandels und Strategien zur Eindämmung und Anpassung an den Klimawandel zu veröffentlichen. Staaten und Regionen können den Fragebogen über die CDP-Berichtsplattform beantworten. Diese ist zugänglich über einen individuellen Aktivierungslink, der per E-Mail von CDP verschickt wird.[157]

146

Auf der CDP-Website gibt es für die jeweilige Datenberichterstattung einen einzuhaltenden Zeitrahmen, um in die Bewertung des jeweiligen Jahres aufgenommen zu werden.[158]

147

2.2 Sustainable Development Goals (SDGs)

2.2.1 Entstehung und Bedeutung

„Wir müssen über uns hinauswachsen, um die Nachhaltigkeitsziele zu retten – und unserem Versprechen von einer Welt treu bleiben, die von Frieden, Würde und Wohlstand auf einem gesunden Planeten geprägt ist", so ANTÓNIO GUTERRES, Generalsekretär der Vereinten Nationen.[159]

148

Im Jahr 2015 wurde von allen Mitgliedstaaten der Vereinten Nationen die Agenda 2030 für eine nachhaltige Entwicklung verabschiedet. Die Agenda 2030 umfasst **17 Ziele für eine nachhaltige Entwicklung**, die sog. Sustainable Development Goals (SDGs).[160] Sie traten an die Stelle der im Jahr 2000 verabschiedeten „*Millennium Development Goals*", die nur für die Länder des globalen Südens galten und darauf abzielten, diesen bis 2015 gute Entwicklungsmöglichkeiten zu geben. Die Sustainable Development Goals (SDGs)

---

156 Vgl. CDP, Guidance for cities.
157 Vgl. CDP States and Regions 2022 Questionnaire.
158 Vgl. CDP, How to disclose as a company.
159 United Nations, Ziele für nachhaltige Entwicklung, Bericht 2022, S. 68, www.un.org/Depts/german/pdf/SDG%20Bericht%20aktuell.pdf, abgerufen am 3.1.2023.
160 Vgl. United Nations, The 17 Goals.

nehmen hingegen alle Länder und Organisationsformen gleichermaßen in die Verantwortung.

149 Auch als nicht bindende Leitplanken lohnt sich ein Blick auf die SDGs, die Unternehmen und Regierungsorganisationen als Orientierungshilfe für die Ziele und Tätigkeiten dienen und von immer mehr Ratings und Rankings als **Maßstab verantwortungsvollen unternehmerischen Handelns** herangezogen werden.

Mit ihrer Vielfalt bieten die SDGs privatwirtschaftlichen wie staatlichen Organisationen die Möglichkeit, die ihnen zugeschriebene Verantwortung entlang von Lieferketten (§ 15) und in Bezug auf Materialität konkret zu überprüfen und pragmatisch zu gestalten.

2.2.2 Die Ziele und ihre Umsetzung

150 Zentrale Aspekte der Ziele sind das Voranbringen des Wirtschaftswachstums, die Reduzierung von Disparitäten im Lebensstandard, die Schaffung von Chancengleichheit sowie ein nachhaltiges Management von natürlichen Ressourcen, das den Erhalt von Ökosystemen gewährleistet und deren Resilienz stärkt. In der Ausgestaltung der Ziele wird die Bedeutung der Menschen, welche „das Zentrum einer nachhaltigen Entwicklung sind", betont. Dabei ist v. a. die Wahrung von Menschenrechten ein wichtiger Aspekt.[161]

151 Je nach Branche, Geschäftsmodell und Region bieten die SDGs die Möglichkeit, unterschiedliche Risiken zu adressieren und damit verbundene Chancen wahrzunehmen.[162] Zu jedem Ziel wurden umfangreiche spezifische und praktisch umsetzbare Unterziele formuliert (in Summe sind dies 169 Unterziele). Diese sollen dazu beitragen, die Anwendung der Oberziele auf nationaler und lokaler Ebene zu vereinfachen.[163]

152 Die **169 Zielvorgaben** lassen sich unterteilen in 107 inhaltliche Ziele, die für die SDGs 1 bis 16 mit arabischen Ziffern gekennzeichnet sind, und in 62 Umsetzungsmaßnahmen („*Means of Implementation*"), mit denen meist finanzielle oder institutionelle Strukturen beschrieben werden. SDG 17 enthält ausschl. Umsetzungsmaßnahmen.[164]

---

[161] Siehe www.globalgoals.org/, abgerufen am 3.1.2023.
[162] Vgl. Tretter/Lotze, in Pechlaner/Tretter (Hrsg.), Keine Strategie ohne Verantwortung, 2018, S. 29 ff.
[163] Vgl. EWIK, Broschüre zu den SDGs mit allen 169 Unterzielen, www.globaleslernen.de/de/imfokus/sustainable-development-goals-sdg/broschuere-zu-den-sdgs-mit-allen-169-unterzielen, abgerufen am 3.1.2023.
[164] United Nations, Linkages between the Means of implementation of the Sustainable Development Goals and the Addis Ababa Action Agenda, www.un.org/esa/ffd/wp-content/uploads/sites/2/2015/07/SDG-MoIs_AAAA.pdf, abgerufen am 3.1.2023.

Abb. 12: Sustainable Development Goals (SDGs)[165]

Es gibt keine gesetzliche Verpflichtung für Unternehmen oder Organisationen, sich bei der Nachhaltigkeitsberichterstattung auf die SDGs zu beziehen. Die Sustainable Development Goals 2030 sind auch kein konkretes Rahmenwerk zur Erfüllung der EU-Berichtspflicht, wie es etwa die Standards der Global Report Initiative (GRI; Rz 28 ff.) und des Deutschen Nachhaltigkeitskodex (DNK; Rz 6 ff.) darstellen. Sie sind aber eine gute inhaltliche Orientierung für Unternehmen und Organisationen, die über ihre Nachhaltigkeitsleistungen berichten. Um den Einstieg in die Berichterstattung im Einklang mit den SDGs zu erleichtern, haben UN Global Compact und GRI den sog. **SDG Compass** entwickelt. 153

Zur Kontrolle der Umsetzung der Nachhaltigkeitsziele stellen jährlich über 40 UN-Mitgliedstaaten im Hochrangigen politischen Forum über nachhaltige Entwicklung (High-level Political Forum on Sustainable Development – HLPF) ihre nationalen Berichte zu den SDGs vor.[166] Zudem richten immer mehr Unternehmen und öffentliche Organisationen weltweit ihre Nachhaltigkeitsstrategien und ihre Berichterstattung an den SDGs aus, um langfristig zu einer positiven globalen Entwicklung beizutragen. 154

---

[165] Quelle: www.un.org/sustainabledevelopment/; mit freundlicher Genehmigung der UN unter Hinweis: „the content of this publication has not been approved by the United Nations and does not reflect the views of the UnitedNations or its officials or Member States".
[166] Vgl. Vereinte Nationen, Eine Pandemie verdeutlicht die gegenseitige Abhängigkeit, https://zeitschrift-vereinte-nationen.de/publications/PDFs/Zeitschrift_VN/VN_2020/Heft_5_2020/04_Interview_Steiner_VN-5-2020_6-10-2020_web.pdf, abgerufen am 3.1.2023.

155 Sowohl das Deutsche Global Compact Netzwerk als auch die Homepage der Vereinten Nationen stellen zahlreiche Ressourcen für die praktische Umsetzung der SDGs zur Verfügung.[167] Diese interaktiven, digitalen Tools richten sich v. a. an Unternehmen und sollen Analysen, Maßnahmenplanung sowie die Erfolgskontrolle und die Verankerung von Nachhaltigkeitsthemen in Managementprozessen unterstützen.

2.2.3 Herausforderungen in der Umsetzung

2.2.3.1 Datenlage

156 Nach dem altbekannten Spruch[168] „nur was man messen kann, kann auch gesteuert werden" steht und fällt die Umsetzung und der Erfolg der SDGs mit den verfügbaren Daten. Schützende Maßnahmen, Programme und Ressourcen werden zwangsläufig zu kurz greifen, wenn Daten fehlen, anhand derer Interventionen gezielt ausgerichtet werden können.[169] In der Globalen Datenbank für die Zielindikatoren liegen für 8 der 17 Nachhaltigkeitsziele für weniger als die Hälfte der 193 Länder oder Gebiete international vergleichbare Daten vor. Dieser Mangel an landesbezogenen Daten ist für das Klimaschutzziel (SDG 13) besonders besorgniserregend: Hier liegen im Schnitt nur für etwa 20 % der Länder Daten vor. Die Datenerhebung wurde in den letzten Jahren dazu noch stark durch die zur Eindämmung von Covid-19 verhängten Beschränkungen behindert, was die Disparitäten zwischen den Ländern in ihrer Fähigkeit zur Berichterstattung über viele der Indikatoren weiter vergrößert hat.[170]

2.2.3.2 Auswirkungen der Corona-Pandemie

157 Die Covid-19-Pandemie hatte starke Auswirkungen auf die Verwirklichung der Agenda 2030, und bereits erzielte Fortschritte wurden vielfach massiv gebremst. Nach über 20 Jahren stieg die extreme Armut, und die Zahl der Menschen, welche unter chronischem Hunger leiden, erhöhte sich ebenfalls. Auch die Bildung und das Wohlergehen von Kindern litten unter der Krise. Man hatte es sich mit dem Klimaziel (SDG 10) zum Ziel gemacht, die Ungleichheit zwischen den Ländern zu verringern, jedoch wurde durch die Pandemie diese Ungleichheit eher noch verstärkt. Im Kontext der Pandemie ist deutlich sichtbar geworden, welchen globalen gesellschaftlichen Proble-

---

[167] Vgl. United Nations, Transforming our world: the 2030 Agenda for Sustainable Development; Deutsches Global Compact Netzwerk, Tools.
[168] In Anlehnung an Peter F. Drucker.
[169] Vgl. United Nations, Ziele für nachhaltige Entwicklung – Bericht 2022, S. 3.
[170] Vgl. United Nations, Ziele für nachhaltige Entwicklung – Bericht 2022, S. 4.

men wir uns in Zukunft stellen müssen.¹⁷¹ So sind in diesem Kontext rasant steigende Lebensmittelpreise, fehlender Zugang zu Bildung – v. a. für Mädchen – und eine weitreichende Zerstörung von Lebensraum unter vielen anderen Themen zu nennen.

Regelmäßig zieht das Global Policy Forum Zwischenbilanz zur Erreichung der Ziele, auch im Kontext aktueller globaler Entwicklungen wie der Covid-Pandemie.¹⁷² Das Ausmaß und die Geschwindigkeit, mit denen Unternehmen weltweit nachhaltigere und inklusivere Geschäftsmodelle entwickeln, werden maßgeblich die erfolgreiche Umsetzung der SDGs bestimmen. Auch der fortschreitenden Digitalisierung wird eine erfolgskritische Rolle zukommen. Die digitale Transformation bietet große Chancen. Es gilt aber auch, gewaltige Umbrüche und die damit verbundenen Risiken in der nahen Zukunft effektiv zu meistern.¹⁷³

158

2.3 Task Force on Climate-related Financial Disclosures (TCFD)

2.3.1 Hintergrund

Der Klimawandel bringt Unternehmen sowohl ungeahnte Risiken als auch Chancen. Laut einem Bericht der Economist Intelligence Unit werden im Jahr 2100 Vermögenswerte im Gesamtwert von geschätzt 43 Billionen USD Klimarisiken ausgesetzt sein.¹⁷⁴ Dies umfasst Risiken wie starke Regenfälle, Hitzewellen, Sturmfluten, langfristige Klimaveränderungen, aber auch Risiken, die sich aus den Veränderungen in der Gesellschaft und der Anpassung zu einer kohlenstoffarmen Wirtschaft ergeben (siehe zu den Risiken Rz 166). Gleichzeitig bieten sich enorme Chancen für Unternehmen als Teil der Neugestaltung (siehe zu den Chancen Rz 167). Einem Bericht der New Climate Economy zufolge könnte der Übergang zu einem nachhaltigen, kohlenstoffarmen Wachstum wirtschaftliche Vorteile im Wert von 26 Billionen USD bis 2030 bringen im Vergleich zu „business as usual".¹⁷⁵

159

Die finanziellen Auswirkungen wurden in der Vergangenheit nicht ausreichend analysiert, bewertet, berichtet und veröffentlicht. Ohne diese Informationen können jedoch Finanzmärkte Risiken und Chancen nicht adäquat

160

---

171 Vgl. Welthungerhilfe, Corona: Vielschichtige Krise für die Ärmsten, www.welthungerhilfe.de/aktuelles/projektupdate/2020/corona-auswirkungen-fuer-die-aermsten-weltweit/, abgerufen am 3.1.2023.
172 Siehe www.reflectiongroup.org/en, abgerufen am 3.1.2023.
173 Vgl. Betriebswirtschaftliche Implikationen der digitalen Transformation, ZfbF Sonderheft 72/17, 2018.
174 Vgl. The Economist Intelligence Unit, The Cost of Inaction: Recognising the Value at Risk from Climate Change, 2015, S. 2.
175 Vgl. The New Climate Economy, Unlocking the Inclusive Growth Story of the 21ˢᵗ Century: Accelerating Climate Action in Urgent Times, 2018, S. 12.

bepreisen, was zu plötzlichen Wertverschiebungen und destabilisierenden Kosten führen kann.[176]

2.3.2 Financial Stability Board (FSB)

161 Das FSB (auch als Finanzstabilitätsrat bezeichnet) ist ein internationales Gremium, welches das globale Finanzsystem überwacht und Empfehlungen dazu abgibt. Das FSB koordiniert nationale Finanzbehörden und internationale Standardsetter bei der Entwicklung einer starken Regulierungs- und Aufsichtspolitik. Dabei sollen ein „*level playing field*" und eine kohärente Umsetzung über Sektoren und Jurisdiktionen hinweg geschaffen werden. Ziel ist die Stärkung der einzelnen Finanzsysteme sowie die Stabilisierung der internationalen Finanzmärkte.[177]

162 Das FSB hat im Jahr 2015 die Task Force on Climate-related Financial Disclosures (**TCFD**) ins Leben gerufen mit dem Ziel, verlässliche klimabezogene Finanzinformationen für Investitions-, Kredit- und Versicherungsentscheidungen zu generieren. Damit soll der Übergang zu einer stabileren und nachhaltigeren Wirtschaft erleichtert werden. Die TCFD besteht aus 31 Mitgliedern der G20: 17 Experten aus dem Finanzsektor, 8 aus nichtfinanziellen Sektoren sowie 6 weitere. Den Vorsitz führt MICHAEL R. BLOOMBERG, Mitbegründer der Bloomberg L.P., die als eine der weltweit führenden Anbieter von Finanzinformationen gilt.[178]

2.3.3 TCFD-Empfehlungen

163 Im Jahr 2017 veröffentlichte die Task Force die 1. Fassung ihrer Empfehlungen. Durch die Anwendung sollen Vorteile in 3 Bereichen erzielt werden:
- **Risikobewertung**: effektive Bewertung von Klimarisiken des eigenen Unternehmens, der Lieferanten und Wettbewerber;
- **Kapitalallokation**: fundierte Entscheidung zum Einsatz von Kapital;
- **strategische Planung**: bessere Beurteilung von Risiken und der entsprechenden Exposition auf kurze, mittlere und lange Sicht.[179]

164 Die TCFD-Empfehlungen richten sich grds. an alle Unternehmen, unabhängig von der Größe und dem Sektor. Die daran anschließenden Empfehlungen zur Berichterstattung unterteilen sich in allgemeine Hinweise und Hinweise für ausgewählte Sektoren (Rz 173). Die resultierende Berichterstattung sollte in Finanzberichte integriert werden. Neben den Empfehlungen veröffent-

---

[176] Siehe www.fsb-tcfd.org/about/, abgerufen am 3.1.2023.
[177] Siehe www.fsb.org/about/, abgerufen am 3.1.2023.
[178] Siehe www.fsb-tcfd.org/about/, abgerufen am 3.1.2023.
[179] Siehe www.fsb-tcfd.org/, abgerufen am 3.1.2023.

licht die TCFD weitere Hilfestellungen zur Implementierung sowie Statusberichte.[180]

2.3.3.1 Klimabezogene Risiken, Chancen und finanzielle Auswirkungen

Viele Unternehmen berichten bereits ihren sog. CO_2-Fußabdruck. Dieser beschreibt die vom Unternehmen verursachten CO_2-Emissionen entlang der Wertschöpfungskette und damit die Auswirkungen, die die Geschäftstätigkeit auf den Klimawandel hat. Die TCFD fokussiert auf eine 2. Sichtweise: die Auswirkungen des Klimawandels auf die Geschäftstätigkeit und damit insbes. die **Finanzwirkung von Klimarisiken und Klimachancen**.

165

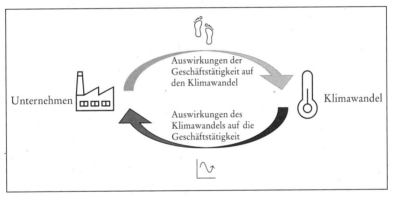

Abb. 13: Auswirkungen auf und durch den Klimawandel

Die Risiken lassen sich in 2 übergeordnete Risikokategorien unterteilen: transitorische Risiken und physische Risiken. **Transitorische Risiken** entstehen aufgrund der Transition hin zu einer kohlenstoffarmen Wirtschaft. Diese Risiken sind bspw. besonders hoch für Unternehmen in CO_2-intensiven Branchen wie der Öl- und Gasindustrie. **Physische Risiken** sind direkte Folgen des Klimawandels und können akut oder chronisch sein. Die finanziellen Auswirkungen können bspw. durch den direkten Schaden an Vermögenswerten entstehen oder indirekt durch Ausfälle in der Lieferkette.[181]

166

---

[180] Vgl. TCFD, Final Report, Recommendations of the Task Force on Climate-related Financial Disclosures, 2017, S. iii f.
[181] Vgl. TCFD, Final Report, Recommendations of the Task Force on Climate-related Financial Disclosures, 2017, S. 5 f.

Transitorische Klimarisiken		Physische Klimarisiken	
Politische und rechtliche Risiken	Politische Maßnahmen zur Einschränkung von klimaschädlichen Aktivitäten bzw. zur Förderung der Anpassung an den Klimawandel, z.B. CO_2-Steuer	Akute Risiken	Ereignisbedingte Risiken (z.B. Waldbrände oder Stürme), einschl. einer Zunahme des Ausmaßes von Extremwetterereignissen
Technologische Risiken	Risiken aus der Substituierung von neuen Technologien	Chronische Risiken	Langfristige Änderungen des Klimas (z.B. anhaltend höhere Temperaturen), welche bspw. einen Anstieg des Meeresspiegels verursachen können
Marktrisiken	Änderungen in Angebot und Nachfrage für gewisse Rohstoffe, Produkte und Dienstleistungen		
Reputationsrisiken	Änderungen in der Wahrnehmung der Kunden / der Gesellschaft		

Tab. 4: Klimarisiken[182]

167 Neben Risiken entstehen durch Klimaschutz oder Anpassung an den Klimawandel auch Chancen, z.B. durch Ressourceneffizienz, die Nutzung von neuen Energiequellen oder die Entwicklung neuer Produkte und Dienstleistungen. Die TCFD hat 5 übergeordnete Bereiche für **Chancen** identifiziert:
- **Ressourceneffizienz:** z.B. Reduktion der Betriebskosten, insbes. im Zusammenhang mit dem Energieeinsatz;
- **Energieträger:** z.B. Einsatz von erneuerbaren Energien;
- **Produkte und Dienstleistungen:** z.B. Entwicklung von kohlenstoffarmen Produkten;

---

[182] TCFD, Final Report, Recommendations of the Task Force on Climate-related Financial Disclosures, 2017.

- **Märkte:** z.B. Zugang zu neuen Märkten durch Zusammenarbeit mit Regierungen, Entwicklungsbanken oder lokalen Kleinstunternehmen;
- **Resilienz:** z.B. Anpassung durch Umstellung der Produktionsprozesse.[183]

Die **bessere Berichterstattung der finanziellen Auswirkungen** der Risiken und Chancen ist das Hauptziel der TCFD. Diese können sich in der Gewinn- und Verlustrechnung, der Kapitalflussrechnung oder der Bilanz abzeichnen. Während grds. alle Unternehmen betroffen sind, unterscheiden sich die Art und Schwere der Auswirkung stark je nach Sektor und geografischer Lage. Die finanziellen Folgen sind nicht immer direkt und können Unternehmen vor Herausforderungen in der Identifikation stellen. Dies liegt insbes. an fehlenden Kenntnissen oder Kapazitäten, der Fokussierung auf kurzfristige Risiken sowie den Schwierigkeiten in der Quantifizierung.[184]

168

2.3.3.2 Themenbereiche der TCFD-Empfehlungen

Die Empfehlungen der TCFD gliedern sich in 4 Themenbereiche, die die Kernelemente der Arbeitsweise von Organisationen repräsentieren – Unternehmensführung, Strategie, Risikomanagement, Kennzahlen und Ziele. Die 4 Themenbereiche werden unterfüttert mit empfohlenen Angaben zur Berichterstattung.[185]

169

---

[183] Vgl. TCFD, Final Report, Recommendations of the Task Force on Climate-related Financial Disclosures, 2017, S. 6f.
[184] Vgl. TCFD, Final Report, Recommendations of the Task Force on Climate-related Financial Disclosures, 2017, S. 7.
[185] Vgl. TCFD, Final Report, Recommendations of the Task Force on Climate-related Financial Disclosures, 2017, S. 13f.

§ 8   Frameworks, Standards, Guidance

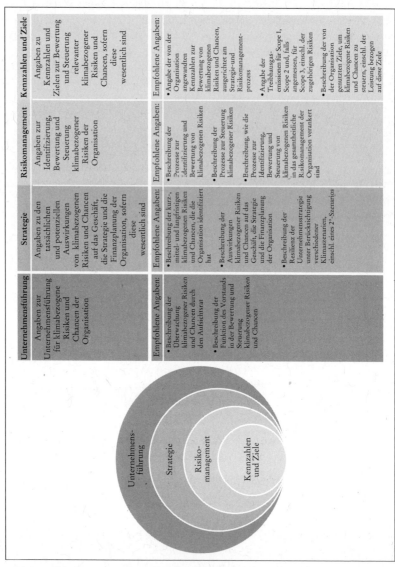

Abb. 14: Übersicht der TCFD-Empfehlungen[186]

---

[186] TCFD, Final Report, Recommendations of the Task Force on Climate-related Financial Disclosures, 2017.

Laut dem aktuellen Statusreport der TCFD von 2022 berichten die meisten Unternehmen über ihre Scope 1, 2 und 3 Emissionen (Themenfeld Kennzahlen und Ziele). Hier gab es einen sprunghaften Anstieg im Vergleich zum Vorjahr, in dem die identifizierten Chancen und Risiken (Themenbereich Strategie) noch dominierten. Unverändert berichten Unternehmen am wenigsten zur Resilienz unter verschiedenen Szenarien (Themenbereich Strategie). Auch die beiden Angaben zur Unternehmensführung werden bisher noch sehr selten veröffentlicht.[187]

170

2.3.3.3 Grundsätze für die effektive Berichterstattung

Als Hilfestellung für die Berichterstattung hat die TCFD 7 Prinzipien entwickelt, die größtenteils mit Grundsätzen aus anderen internationalen Rahmenwerken für die Berichterstattung, wie z. B. GRI (Rz 28 ff.), konsistent sind. Die 7 Grundsätze sollen qualitativ hochwertige und entscheidungsrelevante Offenlegung fördern.[188]

171

Grundsätze	Beispiele/Hinweise zur Umsetzung
1. Angabe von relevanten Informationen	• Es sollten keine unwesentlichen Informationen berichtet und es sollten Redundanzen vermieden werden. Es kann jedoch hilfreich sein, Informationen darüber aufzunehmen, dass z. B. gewisse Risiken nicht relevant für das Unternehmen sind. • Der Detailgrad, in dem Informationen zur Verfügung gestellt werden, sollte adressatengerecht sein. • Generische Informationen, die keinen Mehrwert liefern, sollten vermieden werden.
2. Spezifische und vollständige Angaben	• Unternehmen sollten einen umfassenden Überblick geben. • Die Angaben sollten sowohl historische als auch zukunftsorientierte Informationen beinhalten. • Insbes. bei zukunftsorientierten Angaben sollten die zugrunde gelegten Annahmen offengelegt werden.

---

[187] Vgl. TCFD, 2022 Status Report, S. 59.
[188] Vgl. TCFD, Final Report, Recommendations of the Task Force on Climate-related Financial Disclosures, 2017, S. 18.

Grundsätze	Beispiele/Hinweise zur Umsetzung
3. Klare, ausgewogene und verständliche Angaben	• Die gemachten Angaben sollten für eine Reihe von Stakeholdern (z. B. Investoren, Versicherer, Analysten) nützlich sein. • Das Verhältnis zwischen qualitativen und quantitativen Angaben sollte ausgewogen sein. • Eine ausgewogene Darstellung erfordert außerdem, dass sowohl Risiken als auch Chancen unvoreingenommen berichtet werden. • Verwendete Fachbegriffe sollten erklärt/definiert werden.
4. Im Zeitablauf konsistente Angaben	• Format, Sprache, Kennzahlen sollten konsistent im Zeitablauf sein. • Änderungen erfordern eine Erklärung.
5. Vergleichbare Angaben	• Die Offenlegung sollte aussagekräftige Vergleiche zwischen Unternehmen sowie innerhalb von Sektoren und geografischer Lage ermöglichen.
6. Verlässliche, überprüfbare und objektive Angaben	• Die gemachten Angaben sollten von hoher Qualität sein. • Insbes. für zukunftsorientierte Angaben sollte soweit wie möglich auf objektive Daten und *Best-in-class*-Methoden zurückgegriffen werden. • Eine externe Überprüfung ist nicht verpflichtend, Informationen sollten aber entsprechend aufbereitet sein, dass diese möglich wäre.
7. Zeitnahe Veröffentlichung	• Die Offenlegung sollte mind. jährlich erfolgen. • Insbes. bei akuten Klimaereignissen sollte ein zeitnahes Update erfolgen.

Tab. 5: Grundsätze für die effektive Berichterstattung[189]

---

[189] TCFD, Annex: Implementing the Recommendations of the Task Force on Climate-related Financial Disclosures, 2021.

In der Praxis kann es bei der Anwendung der Grundsätze hin und wieder zu Konflikten kommen. Bspw. kann die Aktualisierung einer genutzten Methodik gem. dem Grundsatz der Vergleichbarkeit im Widerspruch zum Grundsatz der Konsistenz stehen. Solche Spannungen sind angesichts der weitreichenden und manchmal konkurrierenden Bedürfnisse der Nutzer und Ersteller unvermeidlich. Es ist wichtig, ein Gleichgewicht zu finden, um den Empfehlungen und Prinzipien angemessen gerecht zu werden und gleichzeitig unnötige Informationen zu vermeiden.[190]   172

2.3.3.4 Sektorspezifische Informationen

Für den Finanzsektor sowie für Sektoren, die potenziell am stärksten vom Klimawandel und Übergang zu einer kohlenstoffarmen Wirtschaft betroffen sind, hat die TCFD ergänzende Erläuterungen veröffentlicht. Die Erläuterungen für den Finanzsektor sind unterteilt nach Banken, Versicherungen, Vermögenseigentümern und Vermögensverwaltern. Diesen kommt eine besondere Rolle als Multiplikator zu. Im Nicht-Finanzbereich gibt es spezifische Orientierungshilfen für die Energiebranche, den Transportsektor, das Baugewerbe sowie für Landwirtschaft, Lebensmittel und Forstprodukte.[191]   173

2.3.3.5 Szenarioanalysen

Szenarioanalysen sind ein wichtiges und nützliches Tool für das Verständnis der strategischen Implikationen von klimabezogenen Risiken und Chancen. Die Empfehlungen der TCFD sehen die Anwendung verschiedener **Klimaszenarien** für den Themenbereich **Strategie** vor (siehe Abb. 14). Szenarioanalysen können qualitativ, semi-quantitativ oder quantitativ sein. Sie ermöglichen einen Blick darauf, wie die Zukunft aussehen könnte, wenn gewisse Trends anhalten oder gewisse Konditionen eintreten. Dies bedeutet, Unternehmen können die Implikationen für ihr Geschäft, ihre Strategie und damit auch ihre finanzielle Performance unter Berücksichtigung verschiedener Kombinationen von transitorischen und physischen Klimarisiken beurteilen.[192]   174

Grds. lassen sich **2 Arten von Klimaszenarien** unterscheiden: Szenarien, die unterschiedliche politische Ergebnisse und die daraus resultierenden Pfade für Energie und Wirtschaft darstellen, oder Szenarien, die von der atmosphärischen Treibhausgaskonzentration ausgehen und die sich daraus ergebenden   175

---

[190] Vgl. TCFD, Annex: Implementing the Recommendations of the Task Force on Climate-related Financial Disclosures, 2021, S. 72.
[191] Vgl. TCFD, Final Report, Recommendations of the Task Force on Climate-related Financial Disclosures, 2017, S. 15.
[192] Vgl. TCFD, Final Report, Recommendations of the Task Force on Climate-related Financial Disclosures, 2017, S. 25 f.

Temperaturbereiche aufzeigen. Die 2 bekanntesten Quellen für diese Szenarien sind die International Energy Agency (**IEA**) sowie das Intergovernmental Panel on Climate Change (**IPCC**).[193]

176

> **Praxis-Tipp**
>
> In der Praxis ist es wichtig, Szenarioanalysen nicht als einmalige Maßnahme zu betrachten. Am sinnvollsten sind Szenarioanalysen, wenn sie **in den regulären Planungs- und Risikoprozess integriert** werden. Aufgrund der erhöhten Komplexität werden entsprechende Kompetenzen und Kapazitäten benötigt. Vielfach greifen Unternehmen bei der ersten Durchführung auf externe Unterstützung zurück, um den Transfer auf das eigene Geschäftsmodell zu ermöglichen und diese in die bestehenden Prozesse zu integrieren.
>
> Die **TCFD** hat als Hilfestellung für die Einführung von Szenarioanalysen einen separaten **Leitfaden** erstellt, der mit vielen Praxis-Beispielen und Case Studies ausgestaltet ist.[194]

2.3.4 Anwendung und Verbreitung der TCFD-Empfehlungen

177 Der Statusbericht der TCFD zeigt, dass in 2021 mehr als 2.600 Organisationen aus 89 Ländern die TCFD-Empfehlungen offiziell unterstützen, darunter über 1.000 Finanzinstitutionen, die Vermögenswerte im Wert von 194 Billionen USD repräsentieren.[195]

178 Die Empfehlungen der TCFD sind freiwillig, gewinnen jedoch immer mehr an Bedeutung und sind in einigen Ländern bereits Teil einer verpflichtenden Berichterstattung, so z.B. im Vereinigten Königreich, in Neuseeland und der Schweiz.[196] Auch die Corporate Sustainability Reporting Directive (CSRD) der EU-Kommission (§ 9 Rz 55 ff.), sieht Teile der TCFD-Empfehlungen als verpflichtend vor.[197]

---

[193] Vgl. TCFD, Technical Supplement, The Use of Scenario Analysis in Disclosure of Climate-Related Risks and Opportunities, 2017, S. 12.
[194] Vgl. TCFD, Guidance on Scenario Analysis for Non-Financial Companies, 2020, S. 11 ff.
[195] Vgl. TCFD, 2021 Status Report, S. 3.
[196] Vgl. TCFD, 2022 Status Report, S. 100 ff.
[197] Vgl. Richtlinie hinsichtlich der Nachhaltigkeitsberichterstattung von Unternehmen, 10.11.2022, www.europarl.europa.eu/doceo/document/TA-9-2022-0380_DE.html, abgerufen am 3.1.2023.

Das International Sustainability Standards Board (**ISSB**; Rz 53 ff.) greift ebenfalls auf die Empfehlungen der TCFD zurück. Vertreter der TCFD waren Teil der **Technical Readiness Working Group**, die die vorbereitenden Arbeiten für das ISSB durchgeführt hat.[198]

Darüber hinaus integrieren andere freiwillige Rahmenwerke die Empfehlungen der TCFD, so z. B. UN PRI (Rz 184 ff.), CDP (Rz 135 ff.), CDSB (Rz 1 ff.) oder SASB (Rz 128 ff.).

2.3.5 Praxistipps zur Anwendung der TCFD-Empfehlungen

Die TCFD-Empfehlungen bieten eine hohe Flexibilität in der Anwendung. Es ist wichtig, diese als Prozess oder Evolution zu verstehen, bei der gilt: „Etwas zu machen, ist besser als nichts zu machen." Wie es für die Umsetzung fast aller Themen im Nachhaltigkeitsbereich der Fall ist, ist auch die Umsetzung der TCFD-Empfehlungen eine **Querschnittsaufgabe**. Insbes. die Geschäftsführung, das Rechnungswesen und Controlling, die Risikoabteilung und auch operative Einheiten sind von Bedeutung.

Im 1. Schritt sollte unternehmensweit das notwendige Bewusstsein für die Konzepte des Klimawandels und die potenziellen Auswirkungen geschaffen werden. Es bietet sich an, mit einer Bestandsaufnahme i. V. m. einem „**Gap Assessment**" zu starten. Es ist wichtig zu verstehen, auf welche Prozesse bspw. im Risikomanagement bereits zurückgegriffen werden kann und inwieweit Informationen zu den eigenen Klimaauswirkungen erhoben werden. Im 2. Schritt sollte eine Auseinandersetzung mit den möglichen Szenarien erfolgen, zuerst qualitativ, dann quantitativ, was sicherlich die größte Herausforderung darstellt. Auf dieser Basis können strategische Implikationen abgeleitet werden.

> **Praxis-Tipp**
>
> Für Unternehmen, die bereits über Nachhaltigkeit berichten, bietet sich die Möglichkeit, einen **TCFD-Index** einzuführen, der bestehende Informationen aus dem Bericht mit den geforderten TCFD-Angaben verknüpft. Dies ermöglicht einen sachten Einstieg in die Thematik.

---

[198] Vgl. Summary of the Technical Readiness Working Group's Programme of Work, www.ifrs.org/content/dam/ifrs/groups/trwg/summary-of-the-trwg-work-programme.pdf, abgerufen am 3.1.2023.

2.4 United Nations Principles for Responsible Investment (UN PRI)

2.4.1 Hintergrund

184 In den 1980er-Jahren kam es zu weit verbreiteten Desinvestitionen in Südafrika als Protest gegen die Apartheid. Dies kann als einer der ersten Schritte für verantwortungsvolle Investitionen gesehen werden. Anfang der 1990er wurden erste Indizes zu sozialem Investment gegründet und 1999 folgte schließlich die Einführung der Dow Jones Sustainability Indizes. Seitdem wurden zahlreiche Initiativen zu nachhaltigem Investieren gegründet und Indizes erstellt.[199]

185 Nachhaltiges oder verantwortungsvolles Investieren steht für die Strategie oder Praxis, Umwelt-, Sozial- und Governance-Faktoren (ESG) in Investitionsentscheidungen und aktive Beteiligungen zu integrieren.

2.4.2 United Nations Environment Programme Finance Initiative und United Nations Global Compact

186 Die United Nations Environment Programme Finance Initiative (UNEP FI) ist eine Partnerschaft zwischen UNEP und dem globalen Finanzsektor mit dem Ziel der Mobilisierung von Finanzmitteln des Privatsektors für eine nachhaltige Entwicklung. Die Partnerschaft arbeitet mit mehr als 450 Banken, Versicherern und Investoren und nutzt dabei die Hebelwirkung durch die UN.[200]

187 Gemeinsam mit dem United Nations Global Compact (UNGC; Rz 63ff.) hat UNEP FI im Jahr 2006 die UN Principles for Responsible Investment (PRI) ins Leben gerufen. Bereits 2005 haben auf Einladung des damaligen Generalsekretärs KOFI ANNAN eine Gruppe von institutionellen Investoren aus 12 Ländern sowie Vertreter verschiedener Interessengruppen (Investmentindustrie, zwischenstaatliche Organisationen und Zivilgesellschaft) die PRI entwickelt.[201]

2.4.3 Organisation und Commitment

188 PRIs Mission ist die Schaffung eines wirtschaftlich effizienten, nachhaltigen globalen Finanzsystems zur langfristigen Wertschöpfung. Dieses Ziel soll durch die Förderung sowie die Zusammenarbeit bei der Umsetzung der 6 Prinzipien (Rz 193) erreicht werden. Gute Unternehmensführung, Integrität

---

[199] Siehe www.unpri.org/an-introduction-to-responsible-investment/what-is-responsible-investment/4780.article, abgerufen am 3.1.2023.
[200] Siehe www.unepfi.org/about/, abgerufen am 3.1.2023.
[201] Vgl. PRI, PRI brochure 2021, S. 6.

und die Übernahme von Verantwortung sowie die Beseitigung von Hindernissen für ein nachhaltiges Finanzsystem, die im Bereich Marktpraktiken, Strukturen und Regulierung liegen, sind weitere Bausteine.[202]

PRI besteht aus einem internationalen Netzwerk von sog. Signatories (Unterzeichnenden). Zur Gründung hatte PRI 51 Signatories, darunter z.B. die Munich Re, BNP Paribas Asset Management und Amundi. Im Jahr 2021 lag die Zahl der Signatories bei 4.300 aus 60 Ländern mit ca. 120 Billionen USD verwaltetem Vermögen.[203]

189

Um Signatory werden zu können, muss man in eine der folgenden Kategorien fallen:
a) Eigentümer von Vermögenswerten (Asset Owner): Besitzer von langfristigen Altersvorsorge-, Versicherungs- oder anderer Vermögenswerte, z.B. Pensionsfonds, Staatsfonds, Versicherungsgesellschaften;
b) Investment Manager: Dritte, die Investmentfonds verwalten oder kontrollieren und einen institutionellen Markt und/oder den Privatkundenmarkt bedienen;
c) Dienstleistungsanbieter (Professional Service Partner): Dienstleister, die Produkte oder Dienstleistungen für Vermögenseigentümer und/oder Anlageverwalter anbieten.

190

Signatories der Kategorie a. stellen die Mehrheit der Unterzeichner. Je nach Kategorie muss ein bestimmter Mitgliedsbeitrag gezahlt werden, über den sich PRI finanziert.[204]

Anlässlich des 10-jährigen Jubiläums im Jahr 2016 hat sich PRI eine neue 10-Jahres-Vision gesetzt: *„A Blueprint for Responsible Investment"*. Der Blueprint beschreibt 3 Bereiche, in denen sich PRI über 10 Jahre (2017–2027) weiterentwickeln will.
1. Verantwortungsvolle Investoren: Dieser Bereich steht für den Kernbereich der PRI, der weiter ausgebaut und vertieft werden soll.
2. Nachhaltige Märkte: Der 2. Bereich zielt auf die Abschaffung von Barrieren für ein nachhaltiges Finanzsystem.
3. Eine prosperierende Welt für alle: Der 3. Bereich steht für die tatsächlichen Auswirkungen, die durch nachhaltiges Investieren erreicht werden können.[205]

191

Alle 3 Jahre erarbeitet PRI eine Strategie, die die Ziele des Blueprint voranbringen soll. Die aktuelle 3-Jahres-Strategie (2021–2024) steht unter dem

192

---

[202] Vgl. PRI, PRI brochure 2021, S. 6.
[203] Vgl. PRI, PRI brochure 2021, S. 5.
[204] Siehe www.unpri.org/signatory-resources/become-a-signatory/5946.article, abgerufen am 3.1.2023.
[205] Vgl. PRI, A Blueprint for Responsible Investment, 2017, S. 5.

strategischen Thema: „*Building a Bridge between Financial Risk, Opportunities and Real World Outcomes*". Für jeden der 3 Bereiche des Blueprint legt die Strategie Einzelmaßnahmen fest.[206]

193   PRI und damit auch alle Signatories verpflichten sich zu den 6 Prinzipien. Die Prinzipien fungieren als Plattform zur **Formalisierung und Fokussierung von nachhaltigem Investieren**.

> 1. Wir werden ESG-Themen in die Analyse- und Entscheidungsprozesse im Investmentbereich einbeziehen.
> 2. Wir werden aktive Anteilseigner sein und ESG-Themen in unserer Investitionspolitik und -praxis berücksichtigen.
> 3. Wir werden Unternehmen und Körperschaften, in die wir investieren, zu einer angemessenen Offenlegung in Bezug auf ESG-Themen anhalten.
> 4. Wir werden die Akzeptanz und die Umsetzung der Prinzipien innerhalb der Investmentbranche vorantreiben.
> 5. Wir werden zusammenarbeiten, um unsere Wirksamkeit bei der Umsetzung der Prinzipien zu steigern.
> 6. Wir werden über unsere Aktivitäten und Fortschritte bei der Umsetzung der Prinzipien Bericht erstatten.

Abb. 15: Die 6 Prinzipien[207]

194   Das 1. Prinzip fordert die Unterzeichnenden auf, ESG-Themen in Investment- und Entscheidungsfindungsprozessen zu berücksichtigen. Mögliche Bereiche für Maßnahmen zur umfassenden Umsetzung sind Research- und Analyseaktivitäten, Portfolio-Gestaltung oder Training und Capacity Building von Mitarbeitenden.[208]

195   Bei der Berücksichtigung in Investmentprozessen gibt es grds. 2 Strategien – Core-Strategien und Broad-Strategien. Bei Core-Strategien wird im 1. Schritt die ESG-Analyse durchgeführt und dann erst die finanzielle Analyse. Dies bedeutet, dass von vornherein gewisse Anlagemöglichkeiten ausgeschlossen werden. Beispiele für diese Art von Strategien sind Negativ-Screening, Positiv-Screening oder *Best-in-class*-Ansätze. Bei Broad-Strategien erfolgt die ESG- und finanzielle Analyse integriert. Es geht um die Beurteilung einzelner

---

[206] Vgl. PRI, PRI Strategic Plan 2021–24, 2021, S. 6f.
[207] In Anlehnung an PRI, PRI brochure 2021, S. 7.
[208] Vgl. PRI, PRI brochure 2021, S. 7.

Risiko-Rendite-Profile und kann bis zur bewussten Einflussnahme reichen. Beide Strategiearten können auch kombiniert angewendet werden.[209]

Das 2. Prinzip fordert die Signatories dazu auf, ihre Einflussmöglichkeiten aktiv zu nutzen und entsprechend in der Anlagepolitik zu verankern. Die gezielte Ausübung der Stimmrechte, die Einreichung von Aktionärsanträgen zu ESG-Themen oder das direkte Engagement mit Unternehmen zu ESG-Themen seien als beispielhafte Maßnahmen genannt. Die Möglichkeiten des Engagements werden für die unterschiedlichen Anlageklassen variieren. Teilw. sind sie durch Mechanismen wie die genannten Aktionärsanträge formalisiert.

196

Die Schaffung von Transparenz durch die Berichterstattung zu ESG-Themen steht im Fokus des 3. Prinzips. Das Einfordern einer standardisierten Berichterstattung von den investierten Organisationen zu Nachhaltigkeit (separat oder integriert in die Finanzberichterstattung) oder zumindest die Abfrage zur Einhaltung oder Anwendung von relevanten Standards oder Normen (z. B. UN Global Compact; Rz 63 ff.) sind Möglichkeiten, dieses Prinzip in die Praxis umzusetzen.

197

Mit dem 4. Prinzip soll die Reichweite der PRI innerhalb der Investmentbranche vergrößert werden. Dies macht deutlich, dass die Mission der PRI nicht durch einzelne Akteure erreicht werden kann. Insbes. bei der Zusammenarbeit mit Investmentdienstleistern sollten die Signatories die ESG-Anforderungen klar kommunizieren und notwendige Konsequenzen bei der Nicht-Einhaltung ziehen. Grds. kann bspw. die Unterzeichnung der PRI-Prinzipien als Voraussetzung im Auswahlprozess für Dienstleister festgelegt werden.

198

Prinzip 5 ermutigt die Unterzeichnenden zur Zusammenarbeit. Kollaborative Initiativen, Beteiligung an Netzwerken, Teilen von Informationen und Ressourcen und das gegenseitige voneinander Lernen sind mögliche Maßnahmen zur Umsetzung.

199

Das 6. Prinzip formuliert die klare Verpflichtung zu einer jährlichen Berichterstattung der Signatories. Diese Berichterstattung soll den Fortschritt in Bezug auf die ersten 5 Prinzipien nach dem „Comply or explain"-Ansatz darstellen. Hierfür gibt es ein eigens entwickeltes Rahmenwerk.[210]

200

Während es im Jahr 2006 mit einer einfachen Self-Assessment-Umfrage zur Erfüllung der Berichtspflicht startete, gibt es seit 2012 ein umfassendes **Rahmenwerk**. Im Jahr 2020 wurde dieses Rahmenwerk erneut komplett

201

---

[209] Vgl. Bundesministerium für Umwelt, Naturschutz und Reaktorsicherheit, Nachhaltig und verantwortlich investieren – ein Leitfaden, 2012, S. 17 f.
[210] Vgl. PRI, PRI brochure 2021, S. 7.

überarbeitet und 2021 ein neues Online-Reporting-Tool eingeführt. Aufgrund von technischen Schwierigkeiten und dem umfassend eingeholten Feedback der Signatories zum neuen Rahmenwerk wurde der Berichterstattungszyklus für 2022 ausgesetzt, um die notwendigen Überarbeitungen durchzuführen.[211]

202 Das neue Rahmenwerk aus dem Jahr 2020 führt ein „Core"- und „Plus"-Modell ein. Die „**Core**"-Komponenten, die verpflichtend zu berichten sind, bestehen hauptsächlich aus geschlossenen Fragen und sollen im Zeitablauf stabil berichtet werden. Diese Angaben sind prozessfokussiert und müssen veröffentlicht werden. Die „**Plus**"-Komponenten stellen freiwillige Inhalte dar, die veröffentlicht werden können. Sie sind sowohl prozess- als auch ergebnisfokussiert und bestehen aus offenen Fragen. Abb. 16 zeigt die Struktur des Rahmenwerks inkl. der „Core"- und „Plus"-Komponenten.[212]

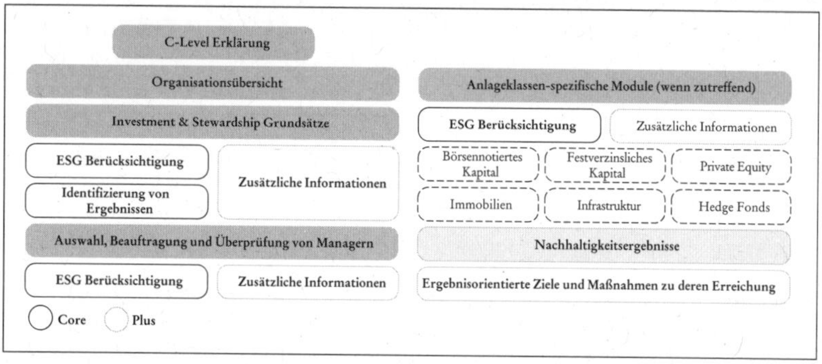

Abb. 16: Struktur des PRI-Berichterstattungsrahmenwerks[213]

203 Für alle 6 übergeordneten Module der Berichterstattung finden sich **Vorlagen**, detaillierte **Leitfäden** und **FAQs** auf der Seite von PRI.[214]

204 Die C-Level-Erklärung steht für die Erklärung eines Mitglieds auf C-Ebene, d.h. Ebene der Geschäftsführung. Sie soll das Bewusstsein erhöhen und sicherstellen, dass die Prinzipien tatsächlich intern umgesetzt und in die Entscheidungsfindung integriert sind. Die C-Level-Erklärung besteht aus 2 Teilen. Der 1. Teil gibt den Kontext, wer der Signatory ist und welche generelle Überzeugung in Bezug auf nachhaltiges Investieren besteht. Der

---

[211] Vgl. PRI, Investor reporting guidance, www.unpri.org/reporting-and-assessment/investor-reporting-guidance/5373.article#update, abgerufen am 3.1.2023.
[212] Vgl. PRI, PRI Reporting Framework – Overview and structure, 2020, S. 6.
[213] In Anlehnung an PRI, PRI Reporting Framework – Overview and structure, 2020, S. 6.
[214] Vgl. PRI, Investor reporting guidance.

2. Teil beschreibt die Fortschritte und Leistungen des vergangenen Jahres. Die C-Level-Erklärung ist ein „Core"-Modul.[215]

Das Modul Organisationsübersicht, das verpflichtend ist, besteht hauptsächlich aus strukturellen Fragen zum Hauptsitz, den Mitarbeitenden sowie einer Aufschlüsselung der Vermögenswerte. Die Antworten aus diesem Modul bedingen, welche weiteren Module oder Indikatoren im Rahmenwerk bearbeitet werden müssen.[216] 205

Das Modul Investment & Stewardship-Grundsätze befasst sich vorrangig mit Angaben zum grds. Ansatz der Berücksichtigung von ESG-Themen, was Informationen zu Richtlinien, zur Strategie, zu Kompetenzen oder auch TCFD (Rz 163 ff.) umfasst. Diese Angaben sind verpflichtend. Darüber hinaus können in diesem Modul freiwillige „Plus"-Informationen berichtet werden, die Kontext für die Pflichtangaben oder zu neuen verantwortungsvollen Investmentpraktiken liefern.[217] 206

Das Modul Auswahl, Beauftragung und Überprüfung von Managern muss ausschl. von Investoren beantwortet werden, die ihre Investmentaktivitäten an externe Investmentmanager ausgelagert haben. Geforderte „Core"-Informationen zielen insbes. auf den Auswahlprozess der externen Investmentmanager sowie die vertraglichen Vereinbarungen in Bezug auf nachhaltiges Investieren. Die Tiefe und Häufigkeit der Überprüfung dieser Vereinbarungen oder bestehende Eskalationsprozesse sind weitere notwendige Angaben. Freiwillige Informationen können u. a. zu den Ergebnissen in Bezug auf die Nachhaltigkeit der externen Investments berichtet werden.[218] 207

Es werden 6 Anlageklassen unterschieden und je nach Auswahl im Modul Organisationsübersicht müssen verpflichtende Angaben bspw. zu relevanten Richtlinien sowie Pre- und Post-Investitionsprozessen für die jeweilige Anlageklasse gemacht werden. Daneben können wie beim Modul zu Investment & Stewardship-Grundsätze freiwillige „Plus"-Informationen zum Kontext der Pflichtangaben oder zu neuen Investmentpraktiken angegeben werden.[219] 208

Das Modul der Ergebnisse ist ein freiwilliges „Plus"-Modul. Es umfasst Informationen zu Zielen, Einzelmaßnahmen und den Fortschritten in Bezug auf die Ziele.[220] 209

---

[215] Vgl. PRI, PRI Reporting Framework – Overview and structure, 2020, S. 8f.
[216] Vgl. PRI, PRI Reporting Framework – Overview and structure, 2020, S. 9.
[217] Vgl. PRI, PRI Reporting Framework – Overview and structure, 2020, S. 9f.
[218] Vgl. PRI, Selection, Appointment and Monitoring of External Managers, 2021, S. 1.
[219] Vgl. PRI, PRI Reporting Framework – Overview and structure, 2020, S. 10f.
[220] Vgl. PRI, PRI Reporting Framework – Overview and structure, 2020, S. 11.

2.4.4 Sonstige Aktivitäten

210 Neben den beschriebenen Prinzipien und dem Berichterstattungsrahmenwerk bietet PRI zahlreiche Hilfestellungen und Tools. Es gibt eine eigene PRI Academy mit Schulungsangeboten zum nachhaltigen Investieren, Webinare, Podcasts, Netzwerkveranstaltungen und diverse Publikationen zu ESG-Themen.

2.5 Value Balancing Alliance (VBA)

2.5.1 Hintergrund

211 Gesellschaften, Volkswirtschaften und Geschäftsmodelle befinden sich in einem grundlegenden Wandel hin zu mehr Nachhaltigkeit und gerechter Verteilung und Bewertung von Inputfaktoren. Um die Transformation von Wirtschaftsaktivitäten diesbzgl. zu unterstützen und voranzutreiben, benötigen Regulierungsbehörden, Finanzmarktakteure und Unternehmen belastbare und maßgeschneiderte Informationen über die Leistung und die eingesetzten externen Faktoren von Unternehmen. Allerdings ist die Methodenlandschaft zur Bewertung der Leistung von Unternehmen aus dieser Perspektive immer noch sehr fragmentiert. Hier will die Value Balancing Alliance (VBA) eine Lücke schließen.[221]

212 Als gemeinnütziger Verein vereint die VBA internationale Unternehmen aus verschiedenen Branchen und Regionen. Sie wurde 2019 als ein Zusammenschluss multinationaler Unternehmen gegründet, mit dem gemeinsamen Ziel, den Wert der Beiträge von Unternehmen für Gesellschaft, Wirtschaft und Umwelt **messbar** und **transparent** zu machen. Ökologische und soziale Auswirkungen sollen in vergleichbare Finanzdaten übersetzt werden und Kennzahlen liefern, die sich bisher nicht in der Bilanz eines Unternehmens wiederfinden. Durch gemeinsame Entwicklung und Verprobung der Methodiken und Kennzahlen soll ein standardisierter Ansatz zur Ermittlung eines ganzheitlichen Unternehmenswerts geschaffen und ein Offenlegungsrahmen für eine bessere Vergleichbarkeit der Daten entwickelt werden.[222]

213 Die VBA entwickelt und testet Konzepte, um reale Werte von unternehmerischen Aktivitäten und Geschäftsmodellen zu ermitteln (Externalitäten) und die ökologischen und sozialen Auswirkungen in vergleichbare Finanzdaten zu übersetzen (Internalisierung; siehe Abb. 17).

---

[221] Vgl. Forbes, Werte als Währung, 2021, www.forbes.at/artikel/werte-als-waehrung.html, abgerufen am 3.1.2023.
[222] Vgl. Value Balancing Alliance, Who we are and what we fight for, www.value-balancing.com/en/about-us.html, abgerufen am 3.1.2023.

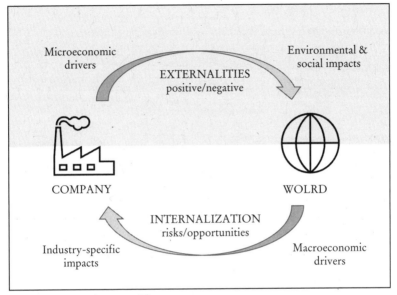

Abb. 17: Internalisierung[223]

Die VBA ist Mitglied in der EU Platform on Sustainable Finance; sie wurde von der EU mit der Entwicklung von Grundsätzen für eine umweltgerechte Rechnungslegung beauftragt und arbeitet mit der OECD an integrativen Wertschöpfungsketten. Dabei wird die VBA von Wirtschaftsprüfungsgesellschaften, Forschern und Akademikern unterstützt und arbeitet auch in enger Abstimmung mit Standardsetzern an dem Ziel, eine einheitliche, international anerkannte Bewertungsmethode für die Berechnung zuverlässiger Nachhaltigkeitskennzahlen zu etablieren.

2.5.2 Doppelte Wesentlichkeit

Im Kontext der VBA wird das Konzept der doppelten Wesentlichkeit zum einen durch den „**Value to Society**"– und zum anderen durch den „**Value to Business**"–Ansatz geprägt (siehe Abb. 18). Während sich die erste Sichtweise mit dem Wertbeitrag bzw. den Auswirkungen der Organisation auf Umwelt und Gesellschaft beschäftigt, befasst sich die zweite Perspektive mit

---

[223] Quelle: Value Balancing Alliance e.V., 2021.

den Folgen auf die (längerfristige) finanzielle Leistung des Unternehmens unter Einfluss von Nachhaltigkeitskriterien. Beide Perspektiven sind inhärent miteinander verbunden.²²⁴

216   Gem. der VBA ist der wahre Wert eines Unternehmens nicht aus der Bilanz allein ablesbar, sondern beinhaltet auch die Zukunftsaussichten der Organisation und ihrer immateriellen Vermögenswerte, wie den Wert der Produkte für die Kunden, die Fähigkeiten seiner Mitarbeiter oder die Ökoeffizienz seiner Produktionsprozesse.

217   Die Entwicklung eines Standards, um diese Werte messbar und vergleichbar zu machen, hat sich die VBA auf die Fahne geschrieben und eine entsprechende Bewertungsmethode auf Basis unterschiedlicher aktueller wissenschaftlicher Erkenntnisse entwickelt. In einer Pilotanwendung bei den Mitgliedsunternehmen wurde die Ausgangsmethode weiterentwickelt.

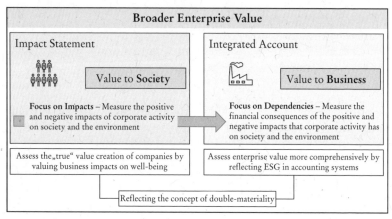

Abb. 18: Broader Enterprise Value²²⁵

2.5.3 Pilotprozess

218   Aufbauend auf der Arbeit führender Universitäten, der Erfahrung von Mitgliedsunternehmen sowie bestehender Rahmenwerke wurden 2020 und 2022 weltweit strukturierte Pilotprozesse durchgeführt, um die methodischen Ansätze der VBA in der unternehmerischen Praxis zu testen und

---

²²⁴ Siehe bzgl. doppelter Wesentlichkeit u. a. Accountancy Europe, Interconnected Standard Setting for Corporate Reporting, 2020; CDSB, Falling short?, 2020; EFRAG ESRS E1 Climate Change as of November 2022; Natural Capital Coalition, Natural Capital Protocol, 2016, S. 15.
²²⁵ Quelle: Value Balancing Alliance e. V., 2021.

die zugrunde liegende Dokumentation zu detaillieren.[226] Kriterien zur Pilotierung waren Machbarkeit, Skalierbarkeit, Robustheit, Vergleichbarkeit, Konnektivität und Relevanz.

Um Entscheidungen bewerten zu können, die direkte und indirekte Auswirkungen auf die Gesellschaft oder die Umwelt haben, wie z. B. die indirekte Auswirkung von Lieferanten oder Materialien auf die Lieferkette eines Unternehmens, gilt es, die Auswirkungen der Beziehung zwischen Unternehmen und Umfeld (ökologisch und sozial) zu bewerten. Die Bewertung ist erforderlich, auch wenn der Einfluss außerhalb der engen Grenzen der gängigen Finanzberichterstattung liegt,[227] dafür aber Auswirkungen direkter oder indirekter Art in der Wertschöpfungskette erkennbar sind.[228]

2.5.4 Bewertungsmethode

2.5.4.1 Allgemeine Anforderungen

Bewertung (auch häufig als **Impact Valuation** bezeichnet) bedeutet, dass die Auswirkungen auf die Gesellschaft, die Kunden, die Mitarbeiter und die Umwelt entlang der Wertschöpfungskette quantifiziert und in Geldeinheiten umgerechnet werden, wodurch ein Vergleich des Wirkungsgrads zwischen den verschiedenen Bereichen ermöglicht wird. Die Messung und Bewertung der Auswirkungen ermöglicht es, vorfinanzielle Informationen in die Finanzberichte zu integrieren, was der Realität der Finanzmärkte und der Unternehmenswelt entspricht.[229] Als Grundlage für die Bewertung der Auswirkungen dient ein gemeinsames Verständnis darüber, wie Aktivitäten und Inputs mit den Auswirkungen auf das menschliche Wohlbefinden zusammenhängen. Die VBA erläutert in ihrem Grundsatzdokument „Allgemeine Methodik" die Hintergründe der Notwendigkeit der Bewertung und die rechnerische Basis des Ansatzes.[230]

Die „Allgemeine Methodik" führt in die Berechnungsmethodik für monetäre Folgenabschätzung ein, gefolgt von vertiefenden Themenpapieren zu sozioökonomischen und ökologischen Auswirkungen. Das **Allgemeine Methodenpapier** definiert den übergreifenden Rahmen sowie die Schlüsselkonzepte und den Prozess der Methodenentwicklung. Das **Papier zur Umweltmethode** erläutert die Details der Wirkungsmessung für spezifische Umweltthemen und das **Sozioökonomische Methodenpapier** erläutert die

---

[226] Vgl. VBA Publications, www.value-balancing.com/en/downloads.html, abgerufen am 3.1.2023.
[227] Siehe www.value-balancing.com/en/our-work.html, abgerufen am 3.1.2023.
[228] Siehe https://news.sap.com/2019/08/value-balancing-alliance-sap-founding-member/, abgerufen am 3.1.2023.
[229] Vgl. Impact Valuation Roundtable, Operationalizing Impact Valuation, 2017.
[230] Siehe www.value-balancing.com/en/our-work.html, abgerufen am 3.1.2023.

Details für bestimmte sozioökonomische Themen. Alle Dokumente und beschriebenen Methoden befinden sich in einem kontinuierlichen Entwicklungsstadium und werden nach den Pilotphasen und verschiedenen Peer-Learning-Phasen im Jahr 2023 (nach aktuellem Plan) abgeschlossen sein.[231] Bis dahin sind alle Ausarbeitungen „work-in-progress", die fortwährend mit externen Experten und den Mitgliedern erprobt, diskutiert und verbessert werden, um langfristig zu einem robusten Standardansatz zu gelangen.[232]

2.5.4.2 Allgemeines Methodenpapier

222 Das Allgemeine Methodenpapier ist das grundlegende Dokument. Es legt die Leitlinien fest, skizziert den Methodenentwicklungsprozess, erläutert den Entwicklungsprozess des Dokuments und fasst Schlüsselkonzepte und allgemeine Entscheidungen zusammen, die getroffen werden müssen und für alle wirtschaftlichen, ökologischen und sozialen Auswirkungen allgemeingültig sein sollten.

223 Ziel dieses Dokuments ist es, eine standardisierte Methodik für ein breiteres Spektrum von unternehmerischen Auswirkungen (**Impacts**) – über die Finanzen hinaus – darzustellen, um eine breite Akzeptanz durch Unternehmen weltweit zu erlangen. Folgende 4 **Ziele** bilden die Basis für die Entwicklung der VBA-Methodik:
- **Entscheidungsrelevanz**: die Methodik soll Anwendern zu besseren Entscheidungen verhelfen.
- **Standardisierung**: Ansätze sollen soweit wie möglich vereinheitlicht werden.
- **Konnektivität**: die VBA-Methode soll an bereits existierende (de facto) Standards anschlussfähig sein.
- **Skalierbarkeit**: die Methodik soll auch in verschiedenen Kontexten und gem. individueller Unternehmensstrukturen anwendbar sein.

224 Das Allgemeine Methodenpapier erläutert den Anwendern den Mehrwert von Impact Valuation (siehe Abb. 19) und gibt eine umfangreiche Einführung in die Basis der Anwendung von den Grenzen der Wertschöpfungsketten über die Klassifizierungstypen von Daten bis hin zum OECD Wellbeing-Konzept.[233]

---

[231] Vgl. VBA, Methodology Impact Statement Focus: Environment, Version 0.1, March 2021.
[232] Vgl. VBA, Methodology Impact Statement General Paper, Version 0.1, Feb. 2021.
[233] OECD, How's Life? Measuring Well-Being, 2011.

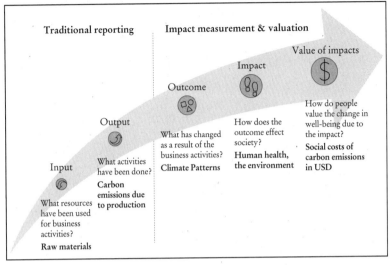

Abb. 19: From inputs to (valued) impacts[234]

2.5.4.3 Methodenpapier „Umwelt"

Folgende klimarelevante Themen wurden von der VBA initial als besonders erfolgskritisch beurteilt und haben wie folgt Eingang in das Papier zur Umweltmethode gefunden:

1. **Greenhouse Gas Emissions**: Durch Treibhausgase in unserer Atmosphäre wird der Klimawandel gefördert, unabhängig davon, wodurch sie verursacht oder wo sie emittiert werden. Folgen sind u. a.:
   - Verschiebung der Klimamuster,
   - steigende Meeresspiegel,
   - zunehmende extreme Wetterereignisse und
   - steigende Durchschnittstemperaturen.
2. **Andere Emissionen in die Luft**: Im Gegensatz zu Treibhausgasen, die weltweit zum Klimawandel beitragen, sind die Auswirkungen der Luftverschmutzung in erster Linie lokal oder regional. Darüber hinaus beeinflussen lokale oder regionale Faktoren, wie Wetterbedingungen und Bevölkerungsdichte, die Schwere der Auswirkungen von Luftschadstoffen.[235]

---

[234] Entnommen VBA, Methodology Impact Statement General Paper, Version 0.1, Feb. 2021, S. 9.
[235] Vgl. VBA, Methodology Impact Statement Focus: Environment, Version 0.1, Feb. 2021.

3. **Wasserverbrauch**: „Der Wasserverbrauch ist definiert als die Wassermenge, die verdunstet, in ein Produkt eingearbeitet oder so stark verschmutzt wird, dass es unbrauchbar wird."[236]
Dort wo der Wasserverbrauch sehr hoch ist, sind meist auch die sanitären Verhältnisse schlecht, die Wasserversorgungsinfrastruktur unzureichend, die Armut groß und die Gesundheitsversorgung schlecht. Die Verantwortung für die Auswirkungen des Wasserverbrauchs tragen die Unternehmen, andere Wasserverbraucher und v. a. die lokalen und nationalen Regierungen. Die VBA-Methodik bewertet die Auswirkungen des Wasserverbrauchs von Unternehmen unter Berücksichtigung des lokalen Kontextes.
4. **Wasserverschmutzung**: Die Verschmutzung von Gewässern beeinträchtigt das menschliche Wohlbefinden und verursacht dadurch gesellschaftliche Kosten, die in diesem Kontext bewertet werden.
5. **Landnutzung**: Natürliche Landflächen mit hoher biologischer Vielfalt bringen eine Reihe an Leistungen für die Gesellschaft mit sich, indem sie Güter und Dienstleistungen, die den Lebensunterhalt sichern, liefern und eine Erholungsmöglichkeit bieten. Durch die Umwandlung von natürlichen Landflächen zu landwirtschaftlich genutzten Flächen entstehen für nachfolgende Generationen unterschiedlichste Herausforderungen. Das Ziel der Umweltmethodik ist es, den wirtschaftlichen Wert der verlorenen Ökosystemleistungen zu bewerten, die mit der Umwandlung und Nutzung natürlicher Landflächen verbunden sind. Diese Werte sind verbunden mit dem Nutzen, den die Gesellschaft aus den Ökosystemen zieht, wie z. B. Klimaregulierung, Bioprospektion, Nahrungs- und Treibstoffgewinnung.
6. **Abfall**: Die Entsorgung von Abfall führt zu einer Reihe von Umweltauswirkungen, die das menschliche Wohlergehen beeinträchtigen und Kosten entstehen lassen. Ziel der VBA-Methodik ist es, diese Kosten zu identifizieren und monetär zu quantifizieren. Es wird dabei nicht versucht, Kosten im Zusammenhang mit Konstruktions- oder Produktionsfehlern zu bewerten, die durch das Vorhandensein von Abfall entstanden sind, sondern die Art des Abfalls und die Methode seiner Entsorgung sind Schlüsselfaktoren, die die Umweltauswirkungen bestimmen.[237]

2.5.4.4 Methodenpapier „Sozioökonomie"

Das Papier zur Sozioökonomie erläutert Details für spezifische sozioökonomische Themen sowie spezifische Teilindikatoren. Aufgenommen werden die folgenden Unterpunkte und ihre Auswirkungen auf das Unternehmen:

---

[236] Mekonnen/Hoekstra, National water footprint accounts: the green, blue and grey water footprint of production and consumption, UNESCO-IHE, 2011.
[237] Vgl. VBA, Methodology Impact Statement Focus: Environment, Version 0.1, Feb. 2021.

1. **Gesundheit und Sicherheit am Arbeitsplatz:** Berufskrankheiten oder Unfälle am Arbeitsplatz können zu verringerter Produktivität im Unternehmen führen und auch höhere Kosten verursachen.
2. **Training:** Obwohl jede Ausbildung von Mitarbeitenden mit Kosten verbunden ist, steigert sie auch die Fähigkeiten und das Wissen der Mitarbeitenden und kann somit zu gesteigerten Einnahmeströmen führen.
3. **Kinderarbeit:** Während eine Beschäftigung grds. positiv für eine Person sein kann, ist das Gegenteil der Fall, wenn es um Kinderarbeit geht. Unter Kinderarbeit versteht man die Beteiligung von Kindern an Arbeiten, die über das gesetzlich zulässige Maß hinausgehen. Der Indikator des Methodenpapiers konzentriert sich auf die gesellschaftlichen Auswirkungen von Kinderarbeit in vorgelagerten Wertschöpfungsstufen und eigenen Betrieben.
4. **Zwangsarbeit:** Zwangsarbeit kann definiert werden als Arbeit und/oder Dienstleistungen, die eine Person unfreiwillig unter Androhung von Strafe verrichtet. Übliche Mittel, um Menschen in solche Situationen zu zwingen, sind Gewalt, manipulierte Schulden oder das Zurückhalten von Ausweispapieren. Das Methodenpapier konzentriert sich auf die gesellschaftlichen Auswirkungen, die dadurch entstehen, dass Arbeitnehmende gezwungen sind, die Arbeit in vorgelagerten Wertschöpfungsstufen und eigenen Betrieben zu verrichten.
5. **Living Wages:**[238] Löhne können als wichtiger Faktor für das Humankapital angesehen werden und haben einen großen Einfluss auf die Gesundheit der Arbeitnehmenden. Das Methodenpapier konzentriert sich mit diesem Indikator auf die gesellschaftlichen Auswirkungen, die sich aus den Löhnen ergeben, die den Beschäftigten in den vorgelagerten und eigenen Betrieben im Vergleich zum Existenz sichernden Lohn auf Landesebene gezahlt werden.
6. **Bruttowertschöpfung** (BWS): Sie ist ein Maß für den Beitrag zum Bruttoinlandsprodukt (BIP), den eines einzelnen Produzenten, Wirtschaftszweigs oder Sektors. Das BIP ist seit langem eine Bewertungsmöglichkeit der wirtschaftlichen Leistung und somit des Wohlstands. Die BWS dient der Bewertung des Werts von Investitionen.[239]

2.5.4.5 Methodenpapier „Erweiterte Input-Output-Modellierung"

Das Methodenpapier „Erweiterte Input-Output-Modellierung" ist als Ergänzung zu den allgemeinen methodischen Richtlinien und spezifischen

---

[238] Siehe auch www.unglobalcompact.org/what-is-gc/our-work/livingwages, abgerufen am 3.1.2023.
[239] Vgl. VBA, Methodology Impact Statement, Topic-Specific Method Paper: Social and Economic, Version 0.2, Okt. 2022.

Methodenpapieren der VBA zu verstehen: So entwickelte der Ökonom WASSILY LEONTIEF in den 1930er und 1940er Jahren das System der Input-Output-Analyse (IO-Analyse) und erhielt 1973 den Nobelpreis für Wirtschaftswissenschaften.[240] Ein wichtiges Ziel der IO-Analyse besteht darin, die Wechselwirkungen zwischen Produktion und Gütern innerhalb einer Volkswirtschaft im Detail zu untersuchen. Es existiert eine breite Palette unterschiedlicher IO-Modelle und Anwendungen auf Basis von IO-Tabellen. Einfache statische IO-(Mengen-)Modelle dienen oft als Ausgangspunkt i.R.d. grundlegenden Wirkungsanalyse. Diese Modelle, die für vergleichend-statische Wirkungsanalysen (Szenarios) verwendet werden, ermöglichen Messungen der wirtschaftlichen Tätigkeit eines Unternehmens (oder eines Teils seiner Tätigkeiten) im Hinblick auf die vorgelagerten Industrien. Zudem werden in diesem Methodenpapier ausgewählte Datenbanken hinsichtlich ihrer Relevanz für die Wirkungsbewertung verglichen und den Anwendern ein detaillierter Einblick in die möglichen Anwendungsfelder gegeben.[241]

228 Zum Jahresende 2021 hat die VBA das „**Disclosure Concept for Material Sustainability Matters**" veröffentlicht, das die Angabe von rück- und vorausschauenden Informationen in Bezug auf den Unternehmenswert und die Auswirkungen auf die Gesellschaft vorsieht.[242]

Treiber für die vergangenen und zukünftigen Aktivitäten der VBA sind die großen Herausforderungen unserer Zeit, allen voran die Klimakrise. Lösungen werden auf allen Ebenen benötigt und so könne man laut Gründungsmitglied SAORI DUBOURG (Vorständin der BASF) „nicht mit der Betriebswirtschaft des letzten Jahrhunderts die Herausforderungen der nächsten Dekade lösen, sondern müss(e) über den Tellerrand blicken und neu über Impact nachdenken". In diesem Zusammenhang könnten Werte zur neuen Währung werden.[243]

---

[240] Siehe www.econlib.org/library/Enc/bios/Leontief.html, abgerufen am 3.1.2023.
[241] Vgl. VBA, Methodology Impact Statement Extended Input-Output Modelling, Version 0.1, Mai 2021.
[242] Vgl. VBA, Disclosure Concept for Material Sustainability Matters, www.value-balancing.com/_Resources/Persistent/7/2/a/2/72a28deeed4e259bc414148b2660e631e0dfe3d3/VBA_Disclosure_Concept.pdf, abgerufen am 3.1.2023.
[243] Vgl. Forbes, Werte als Währung, 2021, www.forbes.at/artikel/werte-als-waehrung.html, abgerufen am 3.1.2023.

Literaturtipps

- EWIK, Broschüre zu den SDGs mit allen 169 Unterzielen, www.globaleslernen.de/de/fokusthemen/fokus-sustainable-development-goals-sdg/broschuere-zu-den-sdgs-mit-allen-169-unterzielen, abgerufen am 3.1.2023
- GRI 1: Foundation 2021
- GRI 2: General Disclosures 2021
- GRI 3: Material Topics 2021
- GRI 11: Oil and Gas Sector 2021
- Integrated Reporting, International Framework, January 2021
- PRI, PRI brochure 2021
- PRI, PRI Reporting Framework – Overview and structure, 2020
- RNE, Der Deutsche Nachhaltigkeitskodex, Maßstab für nachhaltiges Handeln, 2020, https://www.nachhaltigkeitsrat.de/wp-content/uploads/2020/03/RNE_DNK_BroschuereA5_2019_DE.pdf, abgerufen am 3.1.2023
- RNE, Leitfaden zum Deutschen Nachhaltigkeitskodex, Orientierungshilfe für Einsteiger, 2020, www.nachhaltigkeitsrat.de/wp-content/uploads/2019/01/DNK_Leitfaden_BITV_DE_190226_1.pdf, abgerufen am 3.1.2023
- RNE, Der Deutsche Nachhaltigkeitskodex (DNK), Empfehlungen des Rates für Nachhaltige Entwicklung und Dokumentation des Multistakeholderforums am 26.09.2011, 2012, www.nachhaltigkeitsrat.de/wp-content/uploads/migration/documents/RNE_Der_Deutsche_Nachhaltigkeitskodex_DNK_texte_Nr_41_Januar_2012_02.pdf, abgerufen am 3.1.2023
- Shift & Mazars, Guidance Part II: Assurance of Human Rights Performance and Reporting, 2017
- Shift & Mazars, UN Guiding Principles Reporting Framework with implementation guidance, 2015
- Sustainability Accounting Standards Board (SASB) SASB Conceptual Framework, February 2017
- TCFD, Final Report, Recommendations of the Task Force on Climate-related Financial Disclosures, 2017
- TCFD, Annex: Implementing the Recommendations of the Task Force on Climate-related Financial Disclosures, 2021
- TCFD, Summary of Changes: 2017 to 2021 TCFD Implementing Guidance Annex, 2021
- UNGC & Deloitte, UN Global Compact Management Model, Framework for Implementation, 2010
- UN, Guiding Principles on Business and Human Rights, 2011
- VRF, SASB Standards, Materiality Finder, www.sasb.org/standards/materiality-finder/, abgerufen 3.1.2023

§ 9 Handelsrechtliche Nachhaltigkeitsberichterstattung

> **Überblick**
>
> Mit dem CSR-Richtlinie-Umsetzungsgesetz wurden erstmals für Geschäftsjahre, die nach dem 31.12.2016 beginnen, zusätzliche Berichtspflichten über nichtfinanzielle Informationen für bestimmte Unternehmen des öffentlichen Interesses geschaffen. Den gesetzlichen Vertretern dieser Unternehmen stellt sich damit die Herausforderung, zusätzlich zu den bereits bestehenden Pflichten eine nichtfinanzielle (Konzern-)Erklärung aufzustellen. Damit ist ein breites Spektrum von Berichtsanforderungen zu Umwelt-, Arbeitnehmer- und Sozialbelangen, zur Achtung der Menschenrechte und zur Bekämpfung von Korruption und Bestechung verbunden. Die nichtfinanziellen Berichtspflichten werden durch die CSRD inhaltlich erweitert und zudem einen weitaus größeren Kreis an Unternehmen verpflichtend betreffen.

1 Nichtfinanzielle Erklärung

1.1 Pflicht zur Aufstellung

Mit Verabschiedung der sog. **CSR-Richtlinie** am 15.11.2014 im Amtsblatt der EU wurde erstmalig die Aufstellung einer nichtfinanziellen Erklärung für bestimmte Unternehmen von öffentlichem Interesse eingeführt.[1] Zweck der Richtlinie war es, die Transparenz einer Sozial- und Umweltberichterstattung durch rechtliche Mindestanforderungen auf ein vergleichbar hohes Niveau anzuheben.[2] Die Transformation der Richtlinie in nationales Recht erfolgte durch das am 18.4.2017 im Bundesgesetzblatt veröffentlichte CSR-Richtlinie-Umsetzungsgesetz (CSR-RUG).[3] Durch das Gesetz wurde die europäische Richtlinie annähernd eins zu eins umgesetzt.[4]

Das **CSR-RUG** verpflichtet i. W. Kapitalgesellschaften und haftungsbeschränkte Personenhandelsgesellschaften i.S.d. § 264a HGB (siehe zur

---

[1] Richtlinie 2014/95/EU des Europäischen Parlaments und des Rates vom 22.10.2014 zur Änderung der Richtlinie 2013/34/EU im Hinblick auf die Angabe nichtfinanzieller und die Diversität betreffender Informationen durch bestimmte große Unternehmen und Gruppen, ABl. EU v. 15.11.2014, L 330/1 ff.
[2] Richtlinie 2014/95/EU, Erwägungsgründe 1 und 5.
[3] Gesetz zur Stärkung der nichtfinanziellen Berichterstattung der Unternehmen in ihren Lage- und Konzernlageberichten (CSR-Richtlinie-Umsetzungsgesetz) vom 11.4.2017, BGBl. 2017 I, S. 802 ff.
[4] BT-Drs. 18/11450 v. 8.3.2017, S. 43.

nichtfinanziellen Konzernerklärung Rz 51 ff.), für Geschäftsjahre mit Beginn nach dem 31.12.2016 eine sog. nichtfinanzielle Erklärung aufzustellen, sofern diese

- in 2 aufeinanderfolgenden Geschäftsjahren die Kriterien für große Gesellschaften nach § 267 Abs. 3 S. 1 HGB überschreiten,
- kapitalmarktorientiert i.S.d. § 264d HGB sind[5] und
- in 2 aufeinanderfolgenden Geschäftsjahren im Jahresdurchschnitt mehr als 500 Arbeitnehmer beschäftigen.[6]

Die Fiktion gem. § 267 Abs. 3 S. 2 HGB, wonach kapitalmarktorientierte Unternehmen stets als große Unternehmen i.S.d. § 267 HGB gelten, ist aufgrund des Verweises in § 289b Abs. 1 Nr. 1 HGB als unbeachtlich anzusehen.

3 Darüber hinaus unterliegen Kreditinstitute, Versicherungsunternehmen und Finanzdienstleistungsinstitute[7] bei Erfüllung der vorstehenden Kriterien dieser Verpflichtung. Das Kriterium der Kapitalmarktorientierung ist von diesen Unternehmen nicht zwingend zu erfüllen.

4 Die Festlegung der **Kriterien gem. § 267 HGB** (Bilanzsumme, Umsatzerlöse und durchschnittliche Arbeitnehmerzahl) hat auf Grundlage der Abschlussbestandteile (Bilanz, GuV und Anhang) zu erfolgen.

5 Unter den **Arbeitnehmerbegriff** werden alle Beschäftigten subsumiert, die weisungsgebundene Tätigkeiten gegen Entlohnung ausführen. Leiharbeitnehmer sind dementsprechend bei der Ermittlung der beschäftigten Arbeitnehmer nicht zu berücksichtigen. Auch Leitungsorgane gelten i.d.R. nicht als Arbeitnehmer i.S.v. § 267 HGB. Unerheblich ist ferner, ob die Arbeitsverhältnisse einer zeitlichen Befristung unterliegen. Eine Umrechnung auf Vollarbeitskräfte hat nicht zu erfolgen. Der Jahresdurchschnitt der Arbeitnehmerzahl ist als Durchschnitt aus den Zahlen zum 31.3., 30.6., 30.9. und 31.12. des jeweiligen Geschäftsjahrs zu ermitteln.[8]

6 Sind die Voraussetzungen des § 289b Abs. 1 HGB erfüllt, haben die berichtspflichtigen Unternehmen ihren Lagebericht um eine nichtfinanzielle Erklärung zu erweitern (siehe zu den Möglichkeiten der Verortung Rz 36 ff.).

---

[5] Die Kapitalmarktorientierung muss dagegen nicht an 2 aufeinanderfolgenden Stichtagen gegeben sein.
[6] Vgl. § 289b Abs. 1 HGB, Art. 80 EGHGB.
[7] Vgl. §§ 340a Abs. 1a HGB, 341a Abs. 1a HGB und § 340 Abs. 4 i.V.m. § 340a Abs. 1a HGB.
[8] Vgl. IDW Positionspapier, Pflichten und Zweifelsfragen zur nichtfinanziellen Erklärung als Bestandteil der Unternehmensführung, Stand: 14.6.2017, S. 12.

1.2 Befreiung

Nach § 289b Abs. 2 HGB ist ein Unternehmen von der Pflicht zur Erweiterung des Lageberichts um eine nichtfinanzielle Erklärung befreit, sofern es **in den Konzernlagebericht eines Mutterunternehmens einbezogen** wird und das Mutterunternehmen eine nichtfinanzielle Konzernerklärung im Einklang mit der Richtlinie 2013/34/EU aufstellt und veröffentlicht.

Für die Befreiung unerheblich ist, ob das (befreiende) Mutterunternehmen seinen Sitz in der EU, dem EWR oder einem Drittstaat hat. Auch ist es für die Befreiung unbeachtlich, ob die Aufstellung der nichtfinanziellen Konzernerklärung beim Mutterunternehmen aufgrund einer gesetzlichen Verpflichtung oder freiwillig erfolgt.

Der um eine nichtfinanzielle Erklärung ergänzte Konzernlagebericht entfaltet nur dann eine **befreiende Wirkung**, wenn dieser nach Maßgabe des nationalen Rechts eines Mitgliedstaats der EU oder eines EWR-Vertragsstaats im Einklang mit der EU-Bilanzrichtlinie aufgestellt wird, eine nichtfinanzielle Konzernerklärung beinhaltet sowie in deutscher oder englischer Sprache öffentlich zugänglich gemacht wird. Nach dem Wortlaut des § 289b Abs. 2 S. 1 Nr. 2 HGB muss der Konzernlagebericht einschl. der nichtfinanziellen Konzernerklärung nach Maßgabe des nationalen Bilanzrechts eines EU/EWR-Staats im Einklang mit der EU-Bilanzrichtlinie aufgestellt werden. Nach dem Sinn und Zweck ist es jedoch ausreichend, wenn lediglich die nichtfinanzielle Konzernerklärung diesen Anforderungen entspricht. Gleiches gilt für die Sprache, in der die Veröffentlichung erfolgt. Auch hier ist vertretbar, wenn nur die nichtfinanzielle Konzernerklärung dieser Anforderung genügt.

Die Inanspruchnahme der Befreiung ist gem. § 289b Abs. 2 S. 3 HGB im Lagebericht des Tochterunternehmens anzugeben. Zusätzlich ist im Lagebericht des Tochterunternehmens aufzunehmen, wer das den Konzernlagebericht erstellende Mutterunternehmen ist und wo dieser Konzernlagebericht öffentlich zugänglich ist.

Darüber hinaus sind Unternehmen von der Aufstellung einer nichtfinanziellen Erklärung befreit, wenn diese aufgrund anderer Befreiungsvorschriften keinen Lagebericht aufstellen müssen. Die Pflicht zur Erstellung der nichtfinanziellen Erklärung knüpft an die Pflicht zur Aufstellung eines Lageberichts an.[9]

---

[9] Vgl. §§ 264 Abs. 3, 264b HGB.

11 Die Möglichkeit zur Befreiung gilt gem. § 289b Abs. 2 S. 2 HGB entsprechend für den Fall des Einbezugs in einen sog. **gesonderten nichtfinanziellen Konzernbericht** des Mutterunternehmens.[10]

1.3 Inhalt der nichtfinanziellen Erklärung

1.3.1 Gesetzliche Anforderungen

12

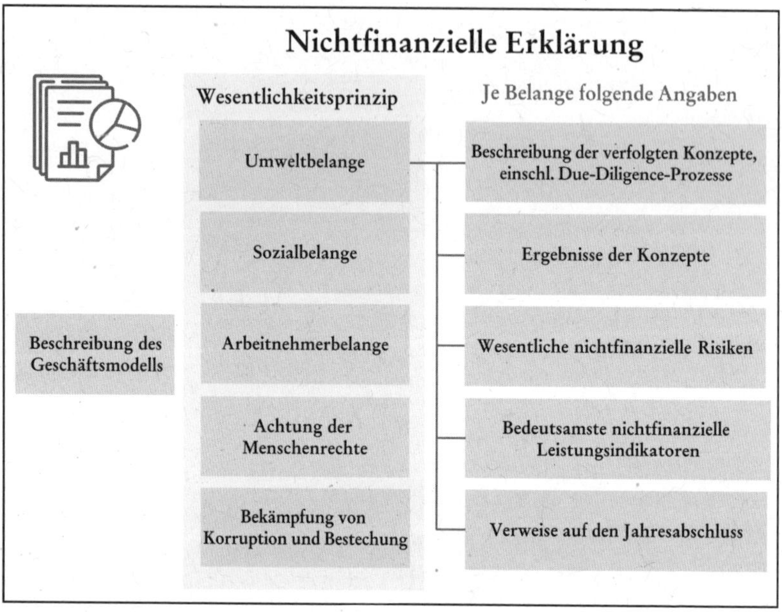

Nichtfinanzielle Erklärung

Beschreibung des Geschäftsmodells

Wesentlichkeitsprinzip:
- Umweltbelange
- Sozialbelange
- Arbeitnehmerbelange
- Achtung der Menschenrechte
- Bekämpfung von Korruption und Bestechung

Je Belange folgende Angaben:
- Beschreibung der verfolgten Konzepte, einschl. Due-Diligence-Prozesse
- Ergebnisse der Konzepte
- Wesentliche nichtfinanzielle Risiken
- Bedeutsamste nichtfinanzielle Leistungsindikatoren
- Verweise auf den Jahresabschluss

Abb. 1: Inhalt der nichtfinanziellen Erklärung gem. § 289c HGB

In der nichtfinanziellen Erklärung[11] ist das **Geschäftsmodell** des Unternehmens gem. § 289c Abs. 1 HGB kurz darzustellen. Das Gesetz trifft zur konkreten inhaltlichen Ausgestaltung der Beschreibung keine näheren Aussagen. Es kann davon ausgegangen werden, dass die inhaltlichen Anforderungen zur Beschreibung des Geschäftsmodells für die nichtfinanzielle Er-

---

[10] Zu den Voraussetzungen der Befreiungen s.a. Störk/Schäfer/Schönberger, Beck'scher Bilanzkommentar, 12. Aufl., 2020, § 289b HGB, Rz. 30 ff.; Bertram/Kessler/Müller, HGB Bilanz Kommentar, 13. Aufl., 2022, § 289b, Rz. 16.

[11] Im Folgenden werden aus Gründen der besseren Lesbarkeit die Formen der nichtfinanziellen (Konzern-)Erklärung, des gesonderten nichtfinanziellen (Konzern-)Berichts sowie der zusammengefassten nichtfinanziellen Erklärung und des zusammengefassten gesonderten nichtfinanziellen Berichts unter dem Begriff der nichtfinanziellen Erklärung zusammengefasst.

klärung nicht von den Anforderungen des allgemeinen Lageberichtsteils abweichen. Sofern die Beschreibung des Geschäftsmodells bisher die nichtfinanziellen Belange nicht berücksichtigt, empfiehlt es sich jedoch, bestehende Ausführungen zur Darstellung des Geschäftsmodells auf diese Belange zu erweitern.

Die nichtfinanzielle Erklärung hat sich gem. § 289c Abs. 2 HGB mind. auf nachfolgende Aspekte zu beziehen: 13
- Umweltbelange,
- Arbeitnehmerbelange,
- Sozialbelange,
- Achtung der Menschenrechte sowie
- Bekämpfung von Korruption und Bestechung.

Umweltbelange können sich z.B. auf Angaben zu Sachverhalten wie Treibhausgasemissionen, Wasserverbrauch, Luftverschmutzung, Nutzung von erneuerbaren und nicht erneuerbaren Energien oder den Schutz der biologischen Vielfalt beziehen. **Arbeitnehmerbelange** können u.a. umfassen: Sicherstellung der Geschlechtergleichstellung, Umsetzung grundlegender Übereinkommen der Internationalen Arbeitsorganisation, Gesundheitsschutz oder Sicherheit am Arbeitsplatz. **Sozialbelange** können z.B. den Dialog auf kommunaler bzw. regionaler Ebene oder Maßnahmen, die zur Sicherstellung des Schutzes und der Entwicklung lokaler Gemeinschaften ergriffen wurden, beinhalten. I.R. d. **Achtung der Menschenrechte** können sich die Angaben bspw. auf die Vermeidung von Menschenrechtsverletzungen beziehen. Der Aspekt der **Bekämpfung von Korruption und Bestechung** kann u.a. vorhandene Instrumente zur Bekämpfung von Korruption und Bestechung umfassen.[12]

Zwar sind die vorstehenden Aspekte als Mindestaspekte anzusehen, die jedoch unter dem Vorbehalt der **Wesentlichkeit** stehen. In Ausnahmefällen können einzelne Aspekte in der nichtfinanziellen Erklärung eines Unternehmens unter Angabe der Gründe als unwesentlich anzusehen sein. 14

> **Praxis-Beispiel**
> Für ein Start-up-Unternehmen aus dem Bereich Banken und Finanzen, welches seine Geschäftstätigkeit in gemieteten Räumen ausübt, kann bspw. der Umweltbelang unwesentlich sein, im Gegensatz zu einem produzierenden Unternehmen bspw. aus der Stahlbranche.

---

[12] Vgl. § 289c Abs. 2 HGB.

15 Sollten weitere Aspekte (z. B. Kundenbelange, Produktbelange, Datenschutz bzw. Datensicherheit) durch das Unternehmen als wesentlich erachtet werden, sind diese zwingend zusätzlich in die nichtfinanzielle Erklärung aufzunehmen.[13]

16 Nach § 289c Abs. 3 HGB sind zu diesen Aspekten und Sachverhalten diejenigen Informationen darzulegen, die für das Verständnis des Geschäftsverlaufs, des Geschäftsergebnisses, der Lage des Unternehmens (Geschäftsrelevanz) und gleichzeitig für das Verständnis der Auswirkungen der Unternehmenstätigkeit auf diese Aspekte bzw. Sachverhalte (Auswirkungsrelevanz) erforderlich sind (siehe dazu abweichend Rz 74 ff.).

Unternehmen haben in der nichtfinanziellen Erklärung zu den einzelnen Aspekten bzw. Sachverhalten nachfolgende Angaben aufzunehmen:
- Konzepte (einschl. Due-Diligence-Prozesse),
- Ergebnisse der Konzepte,
- wesentliche Risiken, die
  - mit der eigenen Geschäftstätigkeit verknüpft sind und sehr wahrscheinlich schwerwiegende negative Auswirkungen auf die Aspekte bzw. Sachverhalte haben bzw. haben werden,
  - mit den Geschäftsbeziehungen sowie den Produkten und Dienstleistungen verbunden sind und sich sehr wahrscheinlich schwerwiegend negativ auf die Aspekte bzw. Sachverhalte auswirken bzw. auswirken werden,
- bedeutsamste nichtfinanzielle Leistungsindikatoren sowie
- ggf. Hinweise auf im Jahresabschluss ausgewiesene Beträge.

17 Die verfolgten **Konzepte** sind auf Grundlage der Ziele und Maßnahmen des Unternehmens zu beschreiben. I. R. d. Beschreibung sind Ziele einschl. des Ausmaßes und Zeitbezugs, sofern intern festgelegt, zu erläutern. Dabei sind Maßnahmen grds. stets mit Inhalt und Zeitbezug darzustellen.[14]

Praxis-Beispiel
Es wird das Ziel verfolgt, die gesamten Emissionen in den nächsten 5 Jahren um 40 % zu senken. Um dieses Ziel zu erreichen, erfolgt in den nächsten 3 Jahren die Umstellung auf den Bezug von Ökostrom. Zusätzlich wird der Fuhrpark in den kommenden 5 Jahren sukzessive von Verbrennungsmotoren auf Elektrofahrzeuge umgestellt.

---

[13] Vgl. IDW Positionspapier, Pflichten und Zweifelsfragen zur nichtfinanziellen Erklärung als Bestandteil der Unternehmensführung, Stand: 14.6.2017, S. 13.
[14] Vgl. DRS 20.265 und DRS 20.267 f.

Bei Darstellung der **Due-Diligence-Prozesse** ist auf angewandten Verfahren zur Erkennung, Verhinderung oder Abschwächung von bestehenden oder potenziellen negativen Auswirkungen auf die nichtfinanziellen Aspekte bzw. Sachverhalte einzugehen. Umfasst ein Konzept hingegen keine Due-Diligence-Prozesse, muss diesbzgl. keine Berichterstattung erfolgen.[15]

18

In der nichtfinanziellen Erklärung ist darüber hinaus über die **Ergebnisse der verfolgten Konzepte** zu berichten. Zur Darstellung von Ergebnissen aus verfolgten Konzepten eignen sich Beschreibungen über Ausmaß der Zielerreichung oder den Stand der Maßnahmenrealisierung. Sofern ausnahmsweise ein Konzept zu keinen Ergebnissen geführt hat, ist auch dies zu berichten.[16]

19

Wird durch das Unternehmen zu einem oder mehreren Aspekten kein Konzept verfolgt, so ist dieses gem. § 289c Abs. 4 HGB klar und begründet darzulegen („**Comply or explain**"). Sollte für einen Aspekt kein Konzept bestehen, so bleiben die weiteren Angabeverpflichtungen, z.B. zu den wesentlichen Risiken, davon unberührt.

20

Gem. § 289c Abs. 3 Nr. 3 und 4 HGB sind die **wesentlichen Risiken**, die mit der eigenen Geschäftstätigkeit, den Geschäftsbeziehungen oder den Produkten und Dienstleistungen verknüpft sind und die sehr wahrscheinlich schwerwiegende Auswirkungen auf die nichtfinanziellen Aspekte haben oder haben werden, anzugeben. Das Gesetz definiert jedoch nicht, was unter dem Begriff der Risiken zu verstehen ist. Darüber hinaus ist die Handhabung dieser Risiken durch das Unternehmen zu beschreiben. Die Angabe von Risiken, die mit den Geschäftsbeziehungen sowie den Produkten oder Dienstleistungen des Unternehmens verbunden sind, steht unter dem Vorbehalt der Bedeutsamkeit und Verhältnismäßigkeit.

21

In der nichtfinanziellen Erklärung sind nur solche Risiken darzustellen, die von der Geschäftstätigkeit des Unternehmens, den Geschäftsbeziehungen sowie Produkten und Dienstleistungen im Hinblick auf die **nachhaltigkeitsbezogenen Aspekte** bestehen. Risiken, die hingegen auf das Unternehmen wirken (z.B. going-concern-Risiken aus der Finanzberichterstattung), sind nicht Gegenstand dieser Betrachtung.

Die Bestimmung der **bedeutsamsten nichtfinanziellen Leistungsindikatoren** hat sich am Kriterium einer internen Steuerungsrelevanz zu bemessen. Neben der quantitativen Unternehmensleistung in Bezug auf die nichtfinan-

22

---

[15] Vgl. DRS 20.269f. und DRS 20.295.
[16] Vgl. DRS 20.275f.

ziellen Aspekte bzw. Sachverhalte sind die wesentlichen Veränderungen der Leistungsindikatoren darzulegen und zu erläutern.[17]

> **Praxis-Beispiel**[18]
> - Tonnen CO_2-Ausstoß pro Jahr (Umweltbelange),
> - Mitarbeiterzufriedenheit (Arbeitnehmerbelange),
> - Spenden an gemeinnützige Organisationen (Sozialbelange),
> - Anzahl der Fälle von Kinderarbeit bei überprüften Lieferanten (Achtung der Menschenrechte),
> - Anzahl bestätigter Korruptionsfälle im Geschäftsjahr (Bekämpfung von Korruption und Bestechung).

23 Eine Beschreibung von Konzepten sowie Darstellung von Risiken und Leistungsindikatoren sollten grds. auf Sachverhaltsebene vorgenommen werden. Eine übergreifende Darstellung von Informationen kann vereinfachend erfolgen, sofern sich mehrere Sachverhalte auf einen Aspekt beziehen.[19]

24 Sofern für das Verständnis der nichtfinanziellen Erklärung im Zusammenhang mit dem Jahresabschluss erforderlich, sind Hinweise auf **Beträge im Jahresabschluss** erläuternd aufzunehmen.[20]

25 Gem. § 289d HGB können zur Aufstellung einer nichtfinanziellen Erklärung **Rahmenwerke** vollständig oder auch nur in Teilen genutzt werden. Die Nutzung eines Rahmenwerks ist in der nichtfinanziellen Erklärung zu erläutern. Wurde indes kein Rahmenwerk verwendet, ist dies zu begründen. Bei der Nutzung eines Rahmenwerks ist zu beachten, dass für die nichtfinanzielle Erklärung die Vorschriften des HGB maßgeblich sind. Abweichungen zwischen den Vorschriften des HGB und einem verwendeten Rahmenwerk können sich z. B. aus unterschiedlichen Definitionen der Wesentlichkeit ergeben. Die nach dem HGB geforderten Informationen sind auch bei der Verwendung eines Rahmenwerks vollständig darzustellen.[21]

26 Nach § 289e HGB können **Angaben** zu künftigen Entwicklungen oder Belangen, über die Verhandlungen geführt werden, **entfallen**, sofern die Angaben nach vernünftiger kaufmännischer Beurteilung der Unternehmens-

---

[17] Vgl. DRS 20.284 i. V. m. DRS 20.106 und DRS 20.113.
[18] Vgl. DRS 20.286.
[19] Vgl. IDW Positionspapier, Pflichten und Zweifelsfragen zur nichtfinanziellen Erklärung als Bestandteil der Unternehmensführung, Stand: 14.6.2017, S. 13.
[20] Vgl. § 289c Abs. 3 Nr. 6 HGB.
[21] Vgl. IDW Positionspapier, Pflichten und Zweifelsfragen zur nichtfinanziellen Erklärung als Bestandteil der Unternehmensführung, Stand: 14.6.2017, S. 14.

leitung dazu geeignet sind, dem Unternehmen einen erheblichen Nachteil zuzufügen. Das Weglassen der Angaben darf zudem nicht ein den tatsächlichen Verhältnissen entsprechendes und ausgewogenes Verständnis des Geschäftsverlaufs, des Geschäftsergebnisses, der Lage des Unternehmens und der Auswirkungen seiner Tätigkeit auf die nachhaltigkeitsbezogenen Aspekte verhindern. Die Anwendung dieser Regelung ist nur **in Ausnahmefällen** möglich.[22] Unternehmen, die die Regelung anwenden, sind bei einem Wegfall der Voraussetzungen nach der Veröffentlichung der nichtfinanziellen Erklärung verpflichtet, die unterlassenen Angaben in die darauffolgende nichtfinanzielle Erklärung mit aufzunehmen.[23]

1.3.2 Unverbindliche Leitlinien

Am 5.7.2017 wurden die „Leitlinien für die Berichterstattung über nichtfinanzielle Informationen" durch die Europäische Kommission im Amtsblatt der EU veröffentlicht. Die Leitlinien haben lediglich einen unverbindlichen Charakter. Mit den unverbindlichen Leitlinien sollen die berichtspflichtigen Unternehmen unterstützt werden, die geforderten nichtfinanziellen Informationen u. a. auf eine relevante und vergleichbare Weise offenzulegen.[24]

27

Die unverbindlichen Leitlinien stellen kein selbstständiges Rahmenwerk dar, sondern wurden auf der Grundlage mehrerer anerkannter Rahmenwerke erarbeitet. Die Nutzung der Leitlinien lässt die Möglichkeit zur Verwendung eines Rahmenwerks nach § 289d HGB unberührt. Die unverbindlichen Leitlinien sind prinzipienorientiert ausgestaltet und gewährleisten damit die Anwendbarkeit für eine große Bandbreite an Unternehmen.[25] In den unverbindlichen Leitlinien werden **6 Grundsätze der Berichterstattung** aufgeführt:

28

- Offenlegung wesentlicher Informationen,
- den tatsächlichen Verhältnissen entsprechend, ausgewogen und verständlich,
- umfassend, aber prägnant,
- strategisch und zukunftsorientiert,
- Ausrichtung auf die Interessenträger sowie
- konsistent und kohärent.[26]

---

[22] Vgl. DRS 20.304.
[23] Vgl. § 289e Abs. 2 HGB.
[24] Europäische Kommission, Leitlinien für die Berichterstattung über nichtfinanzielle Informationen (Methode zur Berichterstattung über nichtfinanzielle Informationen), ABl. EU v. 5.7.2017, C 215/1 ff.
[25] Vgl. EU-Leitlinien, ABl. EU v. 5.7.2017, C 215/4 f.
[26] Vgl. EU-Leitlinien, ABl. EU v. 5.7.2017, C 215/5 ff.

29 Mittelpunkt der unverbindlichen Leitlinien bildet die Erläuterung der von der Richtlinie 2014/95/EU geforderten Inhalte einer nichtfinanziellen Erklärung. Sie enthalten ferner Detaillierungen zum Geschäftsmodell sowie zu Konzepten, Risiken und Leistungsindikatoren. Darüber hinaus werden durch die unverbindlichen Leitlinien Verweise auf spezifische weiterführende Informationen gegeben. In Bezug auf die einzelnen Aspekte enthalten sie Beispiele für Sachverhalte und Leistungsindikatoren.[27]

30 Am 20.6.2019 wurde durch die Europäische Kommission im Amtsblatt der EU ein **Nachtrag zur klimabezogenen Berichterstattung** zu den bestehenden Leitlinien für die Berichterstattung über nichtfinanzielle Informationen veröffentlicht.[28] Der Nachtrag zur klimabezogenen Berichterstattung dient ebenso wie die Leitlinien für die Berichterstattung über nichtfinanzielle Informationen als eine unverbindliche Hilfestellung. Durch den Nachtrag zur klimabezogenen Berichterstattung soll die Einbindung speziell klimabezogener Informationen in nichtfinanzielle Erklärungen gefördert, jedoch keine selbstständige Klimaberichterstattung geschaffen werden.[29]

31 Durch den **Nachtrag zur klimabezogenen Berichterstattung** werden i. W. Angaben empfohlen und Vorschläge für konkretere Informationen
- zum Geschäftsmodell,
- zu Konzepten, einschl. deren Ergebnisse,
- zu wesentlichen Risiken und
- insbes. auch zu Leistungsindikatoren in Bezug auf Klimawandel und Klimaschutz gegeben.[30]

32 Der Nachtrag zur klimabezogenen Berichterstattung basiert auf den Inhalten der Richtlinie 2014/95/EU sowie der Leitlinien für die Berichterstattung über nichtfinanzielle Informationen, enthält teilw. jedoch Abweichungen. So sollen gem. des Nachtrags zur klimabezogenen Berichterstattung bereits auch dann Angaben zum Klimawandel und zum Klimaschutz dargelegt werden, wenn dieser Sachverhalt lediglich aus einer der beiden Perspektiven (Geschäfts- oder Auswirkungsrelevanz) als wesentlich einzustufen ist. Die Perspektive der **Geschäftsrelevanz**, die die Auswirkungen des Klimawandels auf das Unternehmen zum Gegenstand hat, wird im Nachtrag zur klimabezogenen Berichterstattung als **finanzielle Wesentlichkeit** bezeichnet. Die **Auswirkungsrelevanz**, die die Auswirkungen des Unternehmens auf das Klima beinhaltet, umfasst die **ökologische und soziale Wesentlichkeit**:[31]

---

[27] Vgl. EU-Leitlinien, ABl. EU v. 5.7.2017, C 215/10 ff.
[28] Europäische Kommission, Leitlinien für die Berichterstattung über nichtfinanzielle Informationen: Nachtrag zur klimabezogenen Berichterstattung, ABl. EU v. 20.6.2019, C 209/1 ff.
[29] Vgl. EU-Leitlinien, ABl. EU v. 20.6.2019, C 209/2 ff.
[30] Vgl. EU-Leitlinien, ABl. EU v. 20.6.2019, C 209/8 ff.
[31] Vgl. EU-Leitlinien, ABl. EU v. 20.6.2019, C 209/4 f.

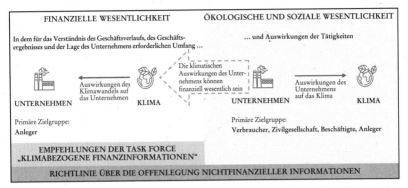

Abb. 2: Doppelte Wesentlichkeitsperspektive der Richtlinie über die Angabe nichtfinanzieller Informationen im Kontext der Angabe klimabezogener Informationen

Nach dem Nachtrag zur klimabezogenen Berichterstattung sollen sowohl Informationen zu klimabezogenen Risiken, die vom Unternehmen auf das Klima ausgehen, als auch Risiken, die durch den Klimawandel auf das Unternehmen hinwirken, angegeben werden. Zudem sollen Interdependenzen des Unternehmens von Natur-, Human- und Sozialkapital sowie klimabedingte Chancen durch Produkte/Dienstleistungen, die zum Klimaschutz bzw. zum Klimawandel beitragen, dargelegt werden:[32]

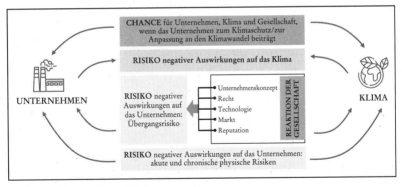

Abb. 3: Klimabedingte Risiken und Chancen

---

[32] Vgl. EU-Leitlinien, ABl. EU v. 20.6.2019, C 209/5 ff.

34 Bei der Beurteilung der Wesentlichkeit sowie der Angabe von Risiken, Abhängigkeiten und Chancen soll die **gesamte Wertschöpfungskette** des Unternehmens berücksichtigt werden.[33]

35 Der Nachtrag zur klimabezogenen Berichterstattung empfiehlt u. a. die Verwendung der nachfolgenden **Leistungsindikatoren**:
- die Treibhausgasemissionen,
- den Energieverbrauch/die Energieerzeugung aus erneuerbaren bzw. nicht erneuerbaren Quellen,
- den Anteil der Investitionen/des Umsatzes durch Produkte mit einem erheblichen Beitrag zum Klimaschutz und
- die Quote klimabezogener grüner Anleihen/Schuldtitel.[34]

1.3.3 Verortung der nichtfinanziellen Erklärung

36 Gem. § 289b Abs. 1 S. 1 HGB ist die nichtfinanzielle Erklärung als **Bestandteil des Lageberichts** anzusehen. Sofern die nichtfinanzielle Erklärung einen besonderen Abschnitt im Lagebericht bildet, darf zu nichtfinanziellen Angaben auf andere Stellen im Lagebericht verwiesen werden. Die nichtfinanzielle Erklärung kann darüber hinaus an geeigneten Stellen im Lagebericht erfolgen.

Die **Verweismöglichkeiten** im Lagebericht beschränken sich auf die Pflichtangaben der nichtfinanziellen Erklärung. Verweise auf Angaben im Anhang sind, bis auf die Ausnahme des § 289c Abs. 3 Nr. 6 HGB, nicht zulässig. Sofern die Verortung der nichtfinanziellen Erklärung innerhalb des Lageberichts an geeigneten Stellen erfolgt, sollten zur Übersichtlichkeit an zentraler Stelle (z.B. mittels einer Tabelle) entsprechende Verweise aufgenommen werden.

37 Darüber hinaus ist es zulässig, die nichtfinanzielle Erklärung in einem **gesonderten nichtfinanziellen Bericht** darzustellen. In diesem Fall hat der Lagebericht auf den gesonderten nichtfinanziellen Bericht Bezug zu nehmen. Der gesonderte nichtfinanzielle Bericht ist zudem entweder offenzulegen oder auf der Internetseite des Unternehmens spätestens 4 Monate nach dem Abschlussstichtag für mind. 10 Jahre öffentlich zugänglich zu machen.[35] Der gesonderte nichtfinanzielle Bericht kann als eigenständiger Bericht aufgestellt werden oder in einer anderen Berichterstattung, wie z.B. einer **Nachhaltigkeitsberichterstattung**, Eingang finden.[36]

---

[33] Vgl. EU-Leitlinien, ABl. v. 20.6.2019, C 209/5 ff.
[34] Vgl. EU-Leitlinien, ABl. EU v. 20.6.2019, C 209/13 ff.
[35] Vgl. § 289b Abs. 3 HGB.
[36] Vgl. DRS 20.252.

1.4 Prüfung der nichtfinanziellen Erklärung

Die nichtfinanzielle Erklärung unterliegt inhaltlich nicht der Abschlussprüfung. Gem. § 317 Abs. 2 S. 4 HGB ist im Hinblick auf die Vorgaben zur nichtfinanziellen Erklärung nur durch den Abschlussprüfer zu prüfen, ob die nichtfinanzielle Erklärung vorgelegt wurde. In diesem Zusammenhang hat der **Abschlussprüfer** gem. ISA [DE] 720 (Tz. 14f.) die nichtfinanzielle Erklärung **kritisch zu lesen**. Die inhaltliche Prüfung der nichtfinanziellen Erklärung obliegt nicht dem Abschlussprüfer. Jedoch hat der **Aufsichtsrat** gem. § 171 Abs. 1 S. 1 AktG die nichtfinanzielle Erklärung **inhaltlich zu prüfen**. Eine Prüfung der nichtfinanziellen Erklärung kann jedoch in Erweiterung der Prüfung des Lageberichts durch den Abschlussprüfer beauftragt werden. Soweit eine solche Prüfung durch den Abschlussprüfer erfolgt, muss diese zwingend zur Erzielung einer hinreichenden Sicherheit für das Prüfungsurteil durchgeführt werden (siehe zur Weiterentwicklung der Prüfungsstandards auch Rz 50).[37]

38

Im Fall der Veröffentlichung auf der Internetseite des Unternehmens spätestens 4 Monate nach dem Abschlussstichtag hat der Abschlussprüfer durch eine ergänzende Prüfung gem. § 317 Abs. 2 S. 5 HGB nachzuhalten, ob der gesonderte nichtfinanzielle Bericht vorgelegt wurde. Das Gesetz sieht eine ergänzende Prüfung für einen gesonderten nichtfinanziellen Bericht, der zusammen mit dem Lagebericht im Bundesanzeiger offengelegt wird, im Vergleich dazu nicht vor.[38]

39

Der Aufsichtsrat kann nach § 111 Abs. 2 S. 4 AktG eine **freiwillige Prüfung** der nichtfinanziellen Erklärung durch einen externen Dienstleister beauftragen. Eine solche Prüfung stellt eine betriebswirtschaftliche Prüfung i.S.v. § 2 Abs. 1 WPO dar und ist als Nichtprüfungsleistung keine Vorbehaltsaufgabe des Wirtschaftsprüfers. Derartige Prüfungen werden jedoch fast ausschl. durch Wirtschaftsprüfer durchgeführt. Nach § 289b Abs. 4 HGB ist, sofern die nichtfinanzielle Erklärung überprüft worden ist, auch die Beurteilung des Prüfungsergebnisses in gleicher Weise öffentlich zugänglich zu machen.

40

Eine freiwillige Prüfung der nichtfinanziellen Erklärung erfolgt überwiegend auf der Grundlage des internationalen Standards ISAE 3000 (Rev.)

41

---

[37] Zur inhaltlichen Prüfung der nichtfinanziellen Erklärung i.R.d. Abschlussprüfung wurde vom IDW im August 2022 der Entwurf eines Prüfungsstandards (IDW EPS 352) verabschiedet; siehe https://www.idw.de/idw/idw-aktuell/entwurf-eines-idw-pruefungsstandards-zur-pruefung-der-nichtfinanziellen-erklaerung-verabschiedet.html, abgerufen am 3.1.2023.

[38] Vgl. zur Behandlung der nichtfinanziellen Berichterstattung durch den Abschlussprüfer IDW PH 9.350.2.

"*Assurance Engagements Other than Audits or Reviews of Historical Financial Information*", in dem u. a. die Prüfungsmethodologie, Berichterstattung und Erteilung von Vermerken festgelegt sind.[39] Der Prüfungsstandard bietet die Möglichkeit einer Prüfung mit einer begrenzten Sicherheit oder hinreichenden Sicherheit für das Prüfungsurteil.[40]

Art und Umfang der durchzuführenden Prüfungshandlungen zur Erlangung von Nachweisen unterscheiden sich insbes. in Abhängigkeit von der zu erzielenden Sicherheit für das Prüfungsurteil.[41] Der Prüfungsstandard sieht grds. nachfolgende **Prüfungshandlungen** vor:
- Inaugenscheinnahme,
- Beobachtung,
- Bestätigung,
- überprüfende Berechnung,
- überprüfender Nachvollzug,
- analytische Prüfungshandlungen und
- Befragung.[42]

Bei der Prüfung hat der Prüfer Art, Umfang und Zeitraum der einzelnen Prüfungshandlungen festzulegen.

42 Die Grundlage dieser Festlegung erfolgt bei der Prüfung zur Erzielung einer **begrenzten Sicherheit** für das Prüfungsurteil aufgrund des Verständnisses über den Prüfungsgegenstand und die Identifizierung von Bereichen, in denen wesentlich falsche Darstellungen wahrscheinlich bestehen. I. R. e. Aufbauprüfung hat sich der Prüfer ein Verständnis über den Aufstellungsprozess einschl. des internen Kontrollsystems (IKS) zu verschaffen.[43] Bei Prüfungsaufträgen zur Erzielung einer begrenzten Sicherheit für das Prüfungsurteil werden vorwiegend analytische Prüfungshandlungen und Befragungen sowie ggf. weitere Einzelfallprüfungshandlungen vom Prüfer geplant und durchgeführt.[44]

43 Die Grundlage der Festlegung bei der Prüfung zur Erzielung einer **hinreichenden Sicherheit** für das Prüfungsurteil erfolgt hingegen aufgrund des Verständnisses vom Prüfungsgegenstand und der Identifizierung bzw. der Beurteilung von Risiken möglicher wesentlicher falscher Darstellungen. Hierbei sind zwingend Funktionsprüfungen des IKS durchzuführen, sofern

---

[39] IAASB, ISAE 3000.1 ff. (Rev.).
[40] Vgl. zu den nachfolgenden Ausführungen auch IDW, WPH Edition, Assurance, 2. Aufl., 2021, Kap. J, Tz. 304 ff.
[41] Vgl. IAASB, ISAE 3000.48L f. und ISAE 3000.48R f. (Rev.).
[42] Vgl. IAASB, ISAE 3000.A108 (Rev.).
[43] Vgl. IAASB, ISAE 3000.47L und ISAE 3000.A106 (Rev.).
[44] Vgl. IAASB, ISAE 3000.A3 (Rev.).

der Prüfer von wirksamen internen Kontrollen ausgeht oder analytische und einzelfallbezogene Prüfungshandlungen keine ausreichenden Nachweise liefern. Zudem werden – neben analytischen Prüfungshandlungen und Befragungen – Einzelfallprüfungshandlungen in einem deutlich größeren Ausmaß als bei einer Prüfung zur Erzielung einer begrenzten Sicherheit für das Prüfungsurteil geplant und durchgeführt.[45]

Bei der Prüfung einer nichtfinanziellen Erklärung zur Erzielung einer **begrenzten Sicherheit** für das Prüfungsurteil nach ISAE 3000 (Rev.) finden dementsprechend insbes. nachfolgende Prüfungshandlungen Anwendung: 44
- Verschaffung eines Verständnisses über die Struktur der Nachhaltigkeitsorganisation und die Einbindung von Stakeholdern,
- Befragungen der gesetzlichen Vertreter und relevanter Mitarbeiter, die in die Aufstellung der nichtfinanziellen Erklärung einbezogen wurden, über den Aufstellungsprozess, über das auf diesen Prozess bezogene IKS sowie über Angaben in der nichtfinanziellen Erklärung,
- Identifikation wahrscheinlicher Risiken wesentlicher falscher Angaben in der nichtfinanziellen Erklärung,
- analytische Beurteilungen von ausgewählten quantitativen Angaben der nichtfinanziellen Erklärung,
- Beurteilung der Darstellung der nichtfinanziellen Erklärung.

Bei der Prüfung einer nichtfinanziellen Erklärung zur Erzielung einer **hinreichenden Sicherheit** für das Prüfungsurteil nach ISAE 3000 (Rev.) können zusätzlich insbes. nachfolgende Prüfungshandlungen Anwendung finden: 45
- Prüfung der Wirksamkeit der internen Kontrollen des Aufstellungsprozesses der nichtfinanziellen Erklärung und
- einzelfallbezogene Prüfungshandlungen, wie z. B. Inaugenscheinnahmen, Beobachtungen, Bestätigungen, überprüfende Berechnungen, überprüfender Nachvollzug.

Als unabdingbaren Bestandteil der Auftragsdurchführung hat der Wirtschaftsprüfer ähnlich der Vollständigkeitserklärung eine **schriftliche Erklärung** einzuholen.[46] 46

Über das Ergebnis der Prüfung einer nichtfinanziellen Erklärung nach ISAE 3000 (Rev.) ist ein **Vermerk** zu erteilen. Der Vermerk kann wie folgt gegliedert werden: 47
- Verantwortung der gesetzlichen Vertreter,
- Unabhängigkeit und Qualitätssicherung der Wirtschaftsprüfungsgesellschaft,

---

[45] Vgl. IAASB, ISAE 3000.48R und ISAE 3000.A3 (Rev.).
[46] Vgl. IAASB, ISAE 3000.56ff. (Rev.).

- Verantwortung des Wirtschaftsprüfers,
- Prüfungsurteil,
- Verwendungsbeschränkung für den Vermerk.

48 Bei einem nicht modifizierten Vermerk über die Prüfung einer nichtfinanziellen Erklärung zur Erzielung einer **begrenzten Sicherheit** für das Prüfungsurteil gem. ISAE 3000 (Rev.) wird das Prüfungsurteil – wie nachfolgend dargestellt – **negativ formuliert**:[47] „Auf der Grundlage der durchgeführten Prüfungshandlungen und der erlangten Prüfungsnachweise sind uns keine Sachverhalte bekannt geworden, die uns zu der Auffassung gelangen lassen, dass die nichtfinanzielle Erklärung der xx für den Zeitraum vom yy bis zz nicht in allen wesentlichen Belangen in Übereinstimmung mit den §§ 289c bis 289e HGB aufgestellt worden ist."

49 In Abgrenzung dazu wird das Prüfungsurteil eines nicht modifizierten Vermerks über die Prüfung einer nichtfinanziellen Erklärung zur Erzielung einer **hinreichenden Sicherheit** für das Prüfungsurteil gem. ISAE 3000 (Rev.) **positiv formuliert**:[48] „Nach unserer Beurteilung ist die nichtfinanzielle Erklärung der xx für den Zeitraum vom yy bis zz in allen wesentlichen Belangen in Übereinstimmung mit den §§ 289c bis 289e HGB aufgestellt worden."

50 Wird eine freiwillige Prüfung der nichtfinanziellen Erklärung durchgeführt, ist die Beurteilung des Prüfungsergebnisses gem. § 289b Abs. 4 HGB gleichermaßen wie die nichtfinanzielle Erklärung öffentlich zugänglich zu machen.

Die Standards zur Prüfung von nichtfinanziellen Erklärungen unterliegen derzeit Weiterentwicklungen. So wurden vom IDW im November 2022 mit dem IDW EPS 990 und IDW EPS 991 2 Entwürfe zur Prüfung der nichtfinanziellen (Konzern-)Berichterstattung außerhalb der Abschlussprüfung zur Konsultation gestellt. Beide Entwürfe bauen auf dem ISAE 3000 (Rev.) auf. Änderungs- oder Ergänzungsvorschläge werden bis Ende April 2023 erbeten.[49]

2 Nichtfinanzielle Konzernerklärung

51 Die gesetzliche Verpflichtung zur Aufstellung einer nichtfinanziellen Erklärung gilt nach § 315b HGB auch für Konzerne, sofern das Mutterunternehmen i. S. d. § 264d HGB kapitalmarktorientiert ist und einschl. der Tochterunternehmen die Voraussetzungen für eine größenabhängige Befreiung nach

---

[47] Vgl. IDW, WPH Edition, Assurance, 2. Aufl., 2021, Kap. J, Tz. 399.
[48] Vgl. IDW, WPH Edition, Assurance, 2. Aufl., 2021, Kap. J, Tz. 400.
[49] Siehe www.idw.de/idw/idw-aktuell/entwuerfe-fuer-idw-pruefungsstandards-zur-pruefung-der-nichtfinanziellen-berichterstattung-ausserhalb-der-abschlusspruefung.html, abgerufen am 3.1.2023.

§ 293 Abs. 1 S. 1 Nr. 1 oder 2 HGB in 2 aufeinanderfolgenden Geschäftsjahren nicht erfüllt sowie im Jahresdurchschnitt des laufenden und des Vorjahrs mehr als 500 Arbeitnehmer beschäftigt.

Für Kreditinstitute, Versicherungsunternehmen und Finanzdienstleistungsinstitute,[50] die Mutterunternehmen sind, entfällt in Bezug auf die Pflicht zur Aufstellung einer nichtfinanziellen Konzernerklärung das Kriterium der Kapitalmarktorientierung – wie auch schon bzgl. der Verpflichtung zur Abgabe einer nichtfinanziellen Erklärung (Rz 3). 52

Für die nichtfinanzielle Konzernerklärung gelten die **gleichen Vorschriften** wie für die nichtfinanzielle Erklärung in Bezug auf die Möglichkeit der Befreiung und die Optionen der Veröffentlichung,[51] auf die inhaltlichen Anforderungen sowie die Nutzung von Rahmenwerken.[52] Die in die nichtfinanzielle Konzernerklärung einzubeziehenden Unternehmen haben dem Konsolidierungskreis des Konzernabschlusses zu entsprechen.[53] 53

Analog zur Möglichkeit der Zusammenfassung von Konzernanhang und Anhang des Jahresabschlusses des Mutterunternehmens gem. § 298 Abs. 2 HGB können auch die nichtfinanzielle Konzernerklärung und die nichtfinanzielle Erklärung des Mutterunternehmens zusammengefasst werden.[54] Bei der Wahl der Option einer **zusammengefassten nichtfinanziellen Erklärung** ist kenntlich zu machen, welche Informationen sich auf den Konzern und welche sich lediglich auf das Mutterunternehmen beziehen.[55] 54

Dies gilt ebenso für Mutterunternehmen, die zugleich Tochterunternehmen sind und die genannten Kriterien erfüllen.[56] Ist ein Unternehmen befreit, hat es dies im Lagebericht/Konzernlagebericht anzugeben und Erläuterungen zu machen, welches Mutterunternehmen die nichtfinanzielle Konzernerklärung aufstellt und wo diese in deutscher oder englischer Sprache veröffentlicht oder offengelegt ist.[57]

---

[50] Vgl. §§ 340i Abs. 5, 341j Abs. 4 HGB und § 340 Abs. 4 i.V.m. § 340i Abs. 5 HGB.
[51] Vgl. § 315b Abs. 2 und 3 HGB.
[52] Vgl. § 315c HGB.
[53] Vgl. § 315b Abs. 1 S. 1 Nr. 2 HGB.
[54] Vgl. § 315b Abs. 1 S. 2 HGB.
[55] Vgl. § 298 Abs. 2 S. 3 HGB.
[56] Vgl. § 315b Abs. 2 HGB.
[57] Vgl. § 289b Abs. 2 S. 3 HGB.

3 Corporate Sustainability Reporting Directive (CSRD)

3.1 Hintergrund

55 Die Europäische Kommission kam im Zuge der sog. Fitness-Checks im Bereich der Unternehmensberichterstattung bereits im Jahr 2018 zu dem Ergebnis, dass die nichtfinanziellen Erklärungen oftmals nicht den Bedürfnissen der Adressaten, insbes. der Investoren, gerecht werden. Neben einer ungenügenden Verlässlichkeit und Vergleichbarkeit nichtfinanzieller Informationen wird u.a. hervorgehoben, dass Unternehmen relevante nichtfinanzielle Informationen teilw. nicht oder nur unvollständig veröffentlichen sowie häufig über irrelevante Informationen berichten.[58]

56 Entsprechend der Ankündigung am 11.12.2019 im EU Green Deal[59] entschied sich die Europäische Kommission daher für eine Revision der CSR-Richtlinie und startete Ende Februar 2020 eine öffentliche Konsultation[60] zu Themenbereichen wie Qualität und Umfang anzugebender nichtfinanzieller Informationen, Standardisierung, Wesentlichkeit oder Anwendungsbereich der Richtlinie. Im Juli 2020 wurden die Ergebnisse der Konsultation veröffentlicht. Sie umfassten u.a. den Wunsch nach einem einheitlichen Berichterstattungsstandard sowie nach strengeren Prüfungsanforderungen.[61]

57 Auf nationaler Ebene wurden ebenso Änderungen von allen politisch Verantwortlichen gefordert. So enthält der Bericht des Sustainable-Finance-Beirats der Bundesregierung mehr als 30 Handlungsempfehlungen, darunter z.B. die Ausweitung des Anwendungsbereichs des CSR-RUGs auf alle Unternehmen ab 250 Mitarbeitenden sowie eine Pflicht zur Verortung der Berichterstattung im Lagebericht und deren Prüfung durch externe Dritte. Der Beirat spricht sich zudem für eine Erweiterung der europäisch geführten Datenbank ESEF aus. In dieser sollen auch Nachhaltigkeitsinformationen von Unternehmen i.R.d. Berichtspflicht zentral erfasst und veröffentlicht werden.[62]

---

[58] Siehe https://eur-lex.europa.eu/legal-content/EN/TXT/PDF/?uri=CELEX:52021SC0081&rid=1, abgerufen am 3.1.2023; vgl. IDW, WPH Edition, Assurance, 2. Aufl., 2021, Kap. J, Tz. 213.

[59] Vgl. https://eur-lex.europa.eu/resource.html?uri=cellar:b828d165-1c22-11ea-8c1f-01aa75ed71a1.0021.02/DOC_1&format=PDF, S. 21, abgerufen am 3.1.2023.

[60] Vgl. Nachhaltigkeitsberichterstattung von Unternehmen, https://ec.europa.eu/info/law/better-regulation/have-your-say/initiatives/12129-Nachhaltigkeitsberichterstattung-von-Unternehmen_de, abgerufen am 3.1.2023.

[61] Vgl. Summary Report of the Public Consultation on the Review of the Non-Financial Reporting Directive, S. 3, https://eur-lex.europa.eu/legal-content/EN/TXT/PDF/?uri=PI_COM:Ares(2020)3997889&from=EN, abgerufen am 3.1.2023; vgl. IDW, WPH Edition, Assurance, 2. Aufl., 2021, Kap. J, Tz. 214.

[62] Vgl. Sustainable-Finance-Beirat der Bundesregierung, Shifting the Trillions – Ein nachhaltiges Finanzsystem für die große Transformation, S. 21f.; vgl. IDW, WPH Edition, Assurance, 2. Aufl., 2021, Kap. J, Tz. 215.

Am 21.4.2021 stellte die Europäische Kommission einen **Richtlinienentwurf zur Nachhaltigkeitsberichterstattung** vor,[63] der die bisherigen Regelungen zur nichtfinanziellen Erklärung größtenteils verdrängen soll. So soll auch der Begriff der nichtfinanziellen Erklärung nach dem Richtlinienvorschlag künftig die Bezeichnung „Nachhaltigkeitsberichterstattung" tragen, um mögliche Fehlinterpretationen zu vermeiden.[64]

Nach langen Verhandlungen zwischen den europäischen Institutionen sowie einer vorläufigen politischen Einigung im Juni 2022 wurde die CSRD am 10.11.2022 verabschiedet.[65]

3.2 Pflicht zur Aufstellung eines Nachhaltigkeitsberichts

Im Vergleich zum Entwurf der CSRD enthält dessen verabschiedete Fassung i. W. eine Verschiebung des erstmaligen Anwendungszeitpunkts vom 1.1.2023 um 1 Jahr für die bereits heute nach der NFRD berichtspflichtigen Unternehmen und um 2 Jahre für alle anderen großen Unternehmen.[66] Darüber hinaus werden erstmalig Unternehmen mit Sitz außerhalb der EU in den Anwendungsbereich fallen, sofern sie in 2 aufeinanderfolgenden Geschäftsjahren mehr als 150 Mio. EUR Umsatz innerhalb der EU erwirtschaften und entweder über ein großes Tochterunternehmen oder ein kapitalmarktorientiertes Tochterunternehmen (Ausnahme: EU-Mikro-Unternehmen) oder über eine Niederlassung in der EU mit einem Umsatz von mehr als 40 Mio. EUR verfügen.[67]

I. E. sieht die zeitliche Staffelung eine **Berichtspflicht** vor,
- ab dem 1.1.2024 für alle bisher zur Aufstellung einer nichtfinanziellen Berichterstattung verpflichteten Unternehmen,
- ab dem 1.1.2025 für alle anderen großen Unternehmen,
- ab dem 1.1.2026 für kapitalmarktorientierte kleine und mittlere Unternehmen,

---

[63] Vgl. Vorschlag für eine Richtlinie des Europäischen Parlaments und des Rates zur Änderung der Richtlinien 2013/34/EU, 2004/109/EG und 2006/43/EG und der Verordnung (EU) Nr. 537/2014 hinsichtlich der Nachhaltigkeitsberichterstattung von Unternehmen.
[64] Vgl. Wulf/Velte, ZCG 2021, S. 107.
[65] Vgl. Richtlinie (EU) 2022/2464 des Europäischen Parlaments und des Rates vom 14. Dezember 2022 zur Änderung der Verordnung (EU) Nr. 537/2014 und der Richtlinien 2004/109/EG, 2006/43/EG und 2013/34/EU hinsichtlich der Nachhaltigkeitsberichterstattung von Unternehmen, ABl. EU v. 16.12.2022, L 322/15 ff. (nachfolgend zitiert: verabschiedete CSRD); vgl. zu den Anforderungen der CSRD auch Borcherding et al., StuB 2022, S. 801 ff.
[66] Aufgrund der Verschiebung des Anwendungszeitpunkts erfolgt somit eine erstmalige Aufstellung nach der CSRD frühestens für das Geschäftsjahr 2024 mit einer veröffentlichten Berichterstattung darüber im Folgejahr 2025.
[67] Vgl. verabschiedete CSRD, 2013/34/EU, Art. 40a, ABl. EU v. 16.12.2022, L 322/57 f.

- ab dem 1.1.2028 für die betroffenen Unternehmen mit Sitz außerhalb der EU.

60 Für **kapitalmarktorientierte KMU** besteht ein Wahlrecht zu einem 2-jährigen Übergangszeitraum hinsichtlich der zeitlichen Anwendung. Sofern die Opt-out-Möglichkeit in Anspruch genommen wird, hat eine Erklärung im Lagebericht zu erfolgen, aus welchen Gründen auf die Aufstellung des Nachhaltigkeitsberichts verzichtet wurde.[68]

Somit sind von der kommenden Verpflichtung zur Nachhaltigkeitsberichterstattung nur nicht kapitalmarktorientierte KMU und sog. Kleinstunternehmen (EU-Mikro-Unternehmen) ausgenommen.

61 Es ist davon auszugehen, dass auch zahlreiche öffentliche Unternehmen von der Berichtspflicht (mittelbar) durch landesrechtliche Vorschriften, Satzungen oder Gesellschaftsverträge betroffen sein werden.[69]

62 Es ist davon auszugehen, dass innerhalb der EU die Zahl der berichtspflichtigen Unternehmen von derzeit ca. 12.000 auf rund 50.000 ansteigen wird. Allein in Deutschland werden von der Ausweitung der Berichtspflicht schätzungsweise 15.000 Unternehmen **direkt betroffen** sein, was im Gegensatz zur derzeitigen Rechtslage einer Verdreißigfachung entspricht.[70] Von der Berichtspflicht sollen nur Kapitalgesellschaften und ihnen gleichgestellte Unternehmen betroffen sein, somit also nicht kapitalistisch geprägte Personenhandelsgesellschaften der Aufstellungspflicht nicht unterliegen. Zusätzlich könnten schätzungsweise 18.500 öffentliche Unternehmen in Deutschland von den Neuerungen betroffen sein.[71]

63 Neben der Vielzahl von Unternehmen, die direkt von der Richtlinie neu betroffen sein werden, werden viele Unternehmen **indirekt tangiert**; denn es kann davon ausgegangen werden, dass z.B. i.R.d. Lieferkette von den berichtspflichtigen Unternehmen verstärkt nichtfinanzielle Informationen angefordert werden bzw. ihnen zur Verfügung gestellt werden müssen. Für alle nicht von der Berichtspflicht betroffenen Unternehmen ist vorgesehen, maßgeschneiderte unverbindliche Empfehlungen für eine Berichterstattung zu erlassen.

---

[68] Vgl. verabschiedete CSRD, 2013/34/EU, Art. 19a, ABl. EU v. 16.12.2022, L 322/42ff.; verabschiedete CSRD, Art. 5, ABl. EU v. 16.12.2022, L 322/77ff.
[69] Vgl. Schreiben des IDW an die Finanzministerien der Länder vom 8.9.2022, www.haufe.de/finance/jahresabschluss-bilanzierung/oeffentliche-unternehmen-nachhaltigkeitsberichterstattung_188_575018.html, abgerufen am 3.1.2023.
[70] Vgl. DRSC, www.drsc.de/app/uploads/2021/05/210526_DRSC_SN_BMJV_CSRD.pdf, abgerufen am 3.1.2023.
[71] Vgl. Schreiben des IDW an die Finanzministerien der Länder vom 8.9.2022, www.haufe.de/finance/jahresabschluss-bilanzierung/oeffentliche-unternehmen-nachhaltigkeitsberichterstattung_188_575018.html, abgerufen am 3.1.2023.

Darüber hinaus sieht die verabschiedete Richtlinie vor, dass auch Mutterunternehmen von großen Unternehmensgruppen zur Aufstellung eines Nachhaltigkeitsberichts verpflichtet werden. Der **Konzernnachhaltigkeitsbericht** muss die erforderlichen Angaben für den gesamten Konsolidierungskreis enthalten. Da die inhaltlichen Anforderungen an die Konzernnachhaltigkeitsberichterstattung jedoch als identisch anzusehen sind, wird im Folgenden lediglich auf die Nachhaltigkeitsberichterstattung aus Einzelunternehmenssicht eingegangen.[72] Für die Aufstellungspflicht eines Konzernnachhaltigkeitsberichts ist nicht entscheidend, ob das Mutterunternehmen selbst die Größenkriterien erfüllt, sondern die **Größenkriterien aus Sicht der Konzerngruppe** erfüllt werden.

64

3.3 Befreiung von der Nachhaltigkeitsberichterstattung

Nach der verabschiedeten CSRD sind Tochterunternehmen von der Pflicht zur Nachhaltigkeitsberichterstattung befreit, sofern sie **in einen Konzernnachhaltigkeitsbericht einbezogen** werden. Auch Tochterunternehmen eines im Drittland ansässigen Mutterunternehmens sind von der Pflicht zur Aufstellung befreit, sofern diese in den Konzernnachhaltigkeitsbericht einbezogen werden und der Konzernnachhaltigkeitsbericht als gleichwertig mit den entsprechenden Regelungen der Richtlinie angesehen werden kann. Ferner muss der Konzernlagebericht vergleichbar zum Recht des Mitgliedstaats, dem das befreite Unternehmen unterliegt, veröffentlicht werden.[73]

65

In Abweichung zum Entwurf der CSRD ist in der verabschiedeten Fassung eine **Befreiung für große kapitalmarktorientierte Unternehmen** indes nicht vorgesehen.[74]

66

3.4 Inhalt der Nachhaltigkeitsberichterstattung

Nach der verabschiedeten CSRD haben die zur Nachhaltigkeitsberichterstattung verpflichteten Unternehmen im Lagebericht Informationen aufzunehmen, die für das Verständnis der nachhaltigkeitsrelevanten Auswirkungen ihrer Unternehmenstätigkeiten sowie für das Verständnis der Auswirkungen von Nachhaltigkeitsaspekten auf Geschäftsverlauf, Geschäftsergebnis und Lage des Unternehmens erforderlich sind. Abweichend zur geltenden Rechtslage hinsichtlich der nichtfinanziellen Erklärung ist in der verabschiedeten Richtlinie ausschl. die **Verortung innerhalb des Lage-**

67

---

72 Vgl. verabschiedete CSRD, 2013/34/EU, Art. 29a, ABl. EU v. 16.12.2022, L 322/47 ff.
73 Vgl. verabschiedete CSRD, 2013/34/EU, Art. 19a Abs. 9, ABl. EU v. 16.12.2022, L 322/45.
74 Vgl. verabschiedete CSRD, 2013/34/EU, Art. 19a Abs. 10, ABl. EU v. 16.12.2022, L 322/46.

berichts vorgesehen. Die erforderlichen Angaben müssen im Lagebericht mittels eines eigenen Abschnitts klar erkenntlich erfolgen.[75]

68 Gem. der verabschiedeten CSRD haben die Informationen i. W. zu umfassen:
a) Kurze Beschreibung des **Geschäftsmodells** und der **Unternehmensstrategie**, einschl.
- Resilienz des Geschäftsmodells und der Unternehmensstrategie hinsichtlich der Nachhaltigkeitsaspekte (z.B. durch Beschreibung der Robustheit der Risikoabwehr und des Risikomanagements im Hinblick auf massive externe Störung sowie des chancenorientierten Innovationsmanagements);
- Chancen des Unternehmens im Zusammenhang mit Nachhaltigkeitsaspekten (z.B. durch Kosteneinsparungen, Vorteile der Mitarbeitergewinnung, neue Finanzierungsmöglichkeiten);
- Art und Weise, wie das Unternehmen plant sicherzustellen, dass das Geschäftsmodell und die Unternehmensstrategie mit dem Übergang zu einer nachhaltigen Wirtschaft und der Begrenzung der Erderwärmung auf 1,5°C nach dem Pariser Klimaschutzabkommen sowie dem Ziel einer klimaneutralen Wirtschaft bis 2050 vereinbar sind;
- Art und Weise, wie Belange der Anspruchsgruppen sowie nachhaltigkeitsrelevante Auswirkungen der Unternehmenstätigkeiten im Geschäftsmodell und der Unternehmensstrategie einbezogen werden (z.B. durch Beschreibung der wesentlichen Stakeholdergruppen, des jeweiligen Stakeholder-Dialogs sowie der Wesentlichkeitsanalyse);
- Art und Weise, wie die Unternehmensstrategie hinsichtlich der Nachhaltigkeitsaspekte umgesetzt wird (z.B. durch eine Beschreibung der Verankerung der Nachhaltigkeit im Geschäftsmodell);

b) Beschreibung der gesetzten zeitraumbezogenen **Nachhaltigkeitsziele** für mind. die Jahre 2030 und 2050, einschl. absoluter Emissionsreduktionsziele sowie der erreichten Fortschritte;

c) Beschreibung der **Rolle von Verwaltungs-, Leitungs- und Aufsichtsorganen** hinsichtlich der Nachhaltigkeitsaspekte, einschl. des Fachwissens und der Fähigkeiten zur Erfüllung der Rollen oder des Zugangs zu einer solchen Expertise bzw. Fähigkeit;

d) Beschreibung der unternehmerischen **Nachhaltigkeitspolitik**, einschl. der nachhaltigkeitsbezogenen Anreizsysteme für Verwaltungs-, Leitungs- und Aufsichtsorgane;

e) Beschreibung
- umgesetzter **Due-Diligence-Prozesse** mit Blick auf die Nachhaltigkeitsaspekte, unter Berücksichtigung der EU-Lieferkettenrichtlinie (Corporate Sustainability Due Diligence Directive – CSDDD);

---

[75] Vgl. verabschiedete CSRD, 2013/34/EU, Art. 19a Abs. 1, ABl. EU v. 16.12.2022, L 322/42f.

- der wichtigsten tatsächlichen oder möglichen negativen Auswirkungen, die mit der unternehmerischen **Wertschöpfungskette**, einschl. der eigenen Geschäftstätigkeiten, Produkte und Dienstleistungen, Geschäftsbeziehungen und Lieferkette verbunden sind, unter Berücksichtigung der CSDDD;
- sämtlicher Maßnahmen zur Vermeidung, Minderung oder Beseitigung tatsächlicher oder potenziell nachteiliger Auswirkungen auf die Nachhaltigkeitsaspekte sowie die Ergebnisse der Maßnahmen;

f) Beschreibung der **wesentlichen Risiken** hinsichtlich der Nachhaltigkeitsaspekte, einschl. der wesentlichen Abhängigkeiten von diesen Aspekten, sowie der Art und Weise, wie diese Risiken gesteuert werden;

g) relevante **Leistungsindikatoren** (§ 4) bezogen auf die erforderlichen Angaben nach a) bis f).[76]

Bzgl. der Angaben zur Wertschöpfungskette soll eine Übergangszeit von 3 Jahren ab dem Anwendungszeitraum für Unternehmen gelten, die über keine entsprechenden Informationen verfügen. Eine Begründung der Nichtangabe ist in diesen Fällen vorgesehen. Darüber hinaus sind die Pläne darzulegen, wie die fehlenden Informationen künftig erlangt werden sollen.[77]

Für **kapitalmarktorientierte KMU** bestehen neben den zeitlichen auch inhaltliche Erleichterungen. So sollen diese Unternehmen mind. berichten über ihr(e)
- Geschäftsmodell und Unternehmensstrategie,
- Nachhaltigkeitspolitik,
- wichtigsten tatsächlichen oder potenziellen negativen Auswirkungen sowie Maßnahmen zur Ermittlung, Überwachung, Verhinderung, Minderung oder Behebung der tatsächlichen oder potenziellen Auswirkungen,
- wichtigsten Risiken, denen sich das Unternehmen im Zusammenhang mit Nachhaltigkeitsaspekten konfrontiert sieht und wie der Umgang damit erfolgt,
- Schlüsselindikatoren für die vorstehenden Angaben.[78]

Nach der verabschiedeten Richtlinie können Mitgliedstaaten gestatten, dass Informationen in Ausnahmefällen nicht angegeben werden, sofern die Angaben der Geschäftslage des Unternehmens ernsthaft schaden würden, wenn der **Verzicht zur Angabe** ein den tatsächlichen Verhältnissen entsprechendes und ausgewogenes Verständnis
- des Geschäftsverlaufs,
- des Geschäftsergebnisses,

---

[76] Vgl. verabschiedete CSRD, 2013/34/EU, Art. 19a Abs. 2, ABl. EU v. 16.12.2022, L 322/43.
[77] Vgl. verabschiedete CSRD, 2013/34/EU, Art. 19a Abs. 3, ABl. EU v. 16.12.2022, L 322/43f.
[78] Vgl. verabschiedete CSRD, 2013/34/EU, Art. 19a Abs. 6.

- der Lage des Unternehmens und
- der Auswirkungen der Unternehmenstätigkeit nicht verhindert.[79]

72 Darüber hinaus sieht die verabschiedete CSRD vor, dass bei den Verfahren zur Ermittlung der Informationen nicht nur kurzfristige, sondern auch mittel- und langfristige Zeithorizonte berücksichtigt werden.[80]

3.4.1 EU-Rahmenwerk

73 Zur Konkretisierung der Berichtsinhalte (Rz 71 ff.) sieht die verabschiedete Richtlinie die Schaffung von **EU-Standards der Nachhaltigkeitsberichterstattung** vor. Die geplanten Standards sollen insbes. beinhalten:
a) Informationen zu Umweltfaktoren:
- Klimaschutz,
- Anpassung an den Klimawandel,
- Wasser- und Meeresressourcen,
- Ressourcennutzung und Kreislaufwirtschaft,
- Verschmutzung,
- Biodiversität und Ökosysteme;

b) Informationen zu Sozialfaktoren:
- Chancengleichheit, einschl. Geschlechtergleichheit und gleiches Entgelt für gleiche Arbeit, Aus- und Weiterbildung sowie Beschäftigung und Inklusion von Menschen mit Behinderungen,
- Arbeitsbedingungen, einschl. sicherer Beschäftigung, angemessener Löhne, sozialer Dialog, Einbeziehung der Arbeitnehmer, Vereinbarkeit von Beruf und Privatleben,
- Achtung der Menschenrechte, einschl. Grundfreiheiten, demokratischer Grundsätze im Einklang mit internationalen Menschenrechts-Standards;

c) Informationen zu Governance-Faktoren:
- Rolle der Verwaltungs-, Leitungs- und Aufsichtsorgane, auch hinsichtlich der Nachhaltigkeitsaspekte und deren Zusammensetzung sowie des Fachwissens und der Fähigkeiten zur Erfüllung der Rollen oder des Zugangs zu einer solchen Expertise bzw. Fähigkeit,
- Unternehmensethik und -kultur, einschl. der Bekämpfung von Korruption und Bestechung,
- politisches Engagement, einschl. Lobbyaktivitäten,
- Steuerung und Qualität von Beziehungen zu Geschäftspartnern, einschl. Zahlungsmodalitäten,

---

[79] Vgl. verabschiedete CSRD, 2013/34/EU, Art. 19a Abs. 3.
[80] Vgl. verabschiedete CSRD, 2013/34/EU, Art. 19a Abs. 2.

- interne Kontroll- und Risikomanagementsysteme, auch hinsichtlich des Berichterstattungsprozesses.[81]

> **Praxis-Tipp**
> Den von der verabschiedeten Richtlinie neu betroffenen Unternehmen ist anzuraten, sich frühzeitig mit der kommenden nichtfinanziellen Berichtspflicht auseinanderzusetzen, da insbes. der Prozess der Datenerhebung, -aggregation sowie -validierung eine erhebliche Herausforderung darstellen kann.

3.4.2 Doppelte Wesentlichkeit

Die verabschiedete CSRD stellt klar, dass sich die Nachhaltigkeitsberichterstattung nicht nur auf die finanzielle Sicht (**Outside-in-Perspektive**) bezieht. Dementsprechend müssen nicht nur die ESG-Faktoren, die für ein finanzielles Verständnis des Geschäftsverlaufs, des Geschäftsergebnisses, der Lage des Unternehmens (Geschäftsrelevanz) notwendig sind, in die Nachhaltigkeitsberichterstattung einbezogen werden, sondern auch Informationen, die für das Verständnis der nachhaltigkeitsrelevanten Auswirkungen (Auswirkungsrelevanz) der Tätigkeiten des Unternehmens (**Inside-out-Perspektive**) erforderlich sind. Insofern sind künftig alle Nachhaltigkeitsinformationen, die allein nur nach der Inside-out-Perspektive erforderlich sind, ebenfalls im Nachhaltigkeitsbericht aufzunehmen.[82]

74

Die Hervorhebung der doppelten Wesentlichkeit ist zu begrüßen, da sich die klassische Finanzberichterstattung vorwiegend auf die Outside-in-Perspektive stützt. Die verabschiedete Richtlinie zielt damit auf einen **umfassenden, von der Finanzberichterstattung losgelösten Nachhaltigkeitsbericht** ab. Durch die doppelte Wesentlichkeit werden im Vergleich zur derzeitigen Rechtslage mehr Themen als wesentlich einzustufen sein, da bereits **eine** der beiden Perspektiven eine entsprechende Angabeverpflichtung auslöst.

> **Praxis-Beispiel**
> Wurde über die Anzahl der Arbeitsunfälle in einem Unternehmen bisher nicht berichtet, da der Sachverhalt lediglich auswirkungsrelevant war, aber nicht geschäftsrelevant, so wäre zukünftig zwingend darüber zu berichten.

---

[81] Vgl. verabschiedete CSRD, 2013/34/EU, Art. 29b, ABl. EU v. 16.12.2022, L 322/50ff.
[82] Vgl. verabschiedete CSRD, Erwägungsgrund 29, ABl. EU v. 16.12.2022, L 322/24.

3.4.3 Arbeitsauftrag der EFRAG

75 Die konkrete Ausgestaltung der Berichtsanforderungen soll nach der verabschiedeten CSRD in künftigen EU-Standards zur Nachhaltigkeitsberichterstattung erfolgen. Diesbzgl. ist vorgesehen, dass die EU-Kommission delegierte Rechtsakte auf Grundlage fachlicher Beratung durch die European Financial Reporting Advisory Group (EFRAG) erlässt. Die Darstellung des am 15.11.2022 nach öffentlicher Konsultation veröffentlichten ersten Satzes dieser Standards – den ESRS – erfolgt ausführlich in § 9A.[83]

3.4.4 Arbeiten der IFRS Foundation

76 Ausweislich der verabschiedeten CSRD soll die Europäische Kommission bei der Annahme der delegierten Rechtsakte zu den Standards der Nachhaltigkeitsberichterstattung u.a. die Arbeit globaler Initiativen einbeziehen.[84] Der Vorschlag der IFRS Foundation, ein neues **Sustainability Standards Board** einzusetzen, ist in diesem Zusammenhang ebenso relevant wie die bisherige Arbeit etablierter Initiativen wie der Global Reporting Initiative (GRI),[85] des International Integrated Reporting Council (IIRC) oder des Climate Disclosure Standards Board (CDSB).[86]

3.5 Prüfung des Nachhaltigkeitsberichts

3.5.1 Prüfungsausschuss

77 Nach der verabschiedeten CSRD ist vorgesehen, die Prüfung des Nachhaltigkeitsberichts **gleichwertig** zur Prüfung der Finanzberichterstattung zu stellen. So soll die Überwachung sowohl des Finanzberichts als auch des Nachhaltigkeitsberichts durch den Prüfungsausschuss nachfolgende Aufgaben umfassen:
- Berichterstattung an den Verwaltungsrat bzw. Aufsichtsrat zum Prüfungsergebnis, zur Rolle des Prüfungsausschusses und darüber, wie die Prüfung zur Integrität der Finanz- und Nachhaltigkeitsberichterstattung beigetragen hat;
- Überwachung des Prozesses der Finanz- und Nachhaltigkeitsberichterstattung, einschl. der digitalen Berichterstattung (ESEF), des Prozesses

---

[83] Der erste Satz wurde bereits am 22.11.2022 seitens der EFRAG der EU-Kommission zur Verabschiedung übermittelt. Die Verabschiedung hat gem. der verabschiedeten CSRD bis zum 30.6.2023 zu erfolgen.
[84] Vgl. verabschiedete CSRD, 2013/34/EU, Art. 29b, ABl. EU v. 16.12.2022, L 322/52.
[85] Vgl. EFRAG PTF-ESRS und Global Reporting Initiative (GRI) erklären gemeinsame Zusammenarbeit, www.drsc.de/news/efrag-ptf-esrs-und-gri-zusammenarbeit/, abgerufen am 3.1.2023.
[86] Vgl. zum Sitz in Frankfurt www.haufe.de/finance/jahresabschluss-bilanzierung/issb-gruendung-standort-frankfurt-und-weitere-neuigkeiten_188_555564.html, abgerufen am 3.1.2023.

der Informationsgewinnung und des Erlasses von Empfehlungen oder Vorschlägen der Gewährung der Integrität;
- Überwachung der Effektivität des internen Kontroll- und Risikomanagementsystems sowie ggf. der internen Revision bezogen auf den Finanz- und Nachhaltigkeitsbericht, einschl. der digitalen Berichterstattung;
- Überwachung der externen Prüfung der Finanz- und Nachhaltigkeitsberichterstattung;
- Überwachung der Unabhängigkeit des Prüfers der Finanz- und Nachhaltigkeitsberichte, u.a. der Einhaltung des Verbots der Nichtprüfungsleistungen.[87]

Sofern die Befassung mit der Nachhaltigkeitsberichterstattung durch den Prüfungsausschuss erfolgt, hat dieser dem Aufsichtsrat über das Ergebnis der Prüfung zu berichten.

Neu durch die verabschiedete CSRD geschaffen wurde ein Mitgliedstaatenwahlrecht, wonach auch eine Übertragung der Überwachung der Nachhaltigkeitsberichterstattung an einen eigens dafür eingerichteten **Ausschuss des Aufsichtsrats** erfolgen kann.[88]

Die verabschiedete Richtlinie sieht keine regulatorische Verschärfung des Anforderungsprofils für Prüfungsausschüsse vor, z.B. in Form von Experten auf dem Gebiet der Nachhaltigkeit.[89] Darüber hinaus wird der Nachhaltigkeitsbericht Bestandteil des sog. Bilanzeids der gesellschaftlichen Vertreter werden.

3.5.2 Abschlussprüfer

Nach der verabschiedeten CSRD unterliegt die Nachhaltigkeitsberichterstattung einer materiellen Prüfungspflicht durch den Abschlussprüfer. Diese hat zunächst mit einer Prüfung zur Erlangung einer **begrenzten Sicherheit** für das Prüfungsurteil zu erfolgen. Die verabschiedete CSRD enthält bereits Aussagen zur **Ausweitung der Prüfungstiefe** auf eine hinreichende Sicherheit ab 2028.[90]

Bei Prüfungen zur Erlangung einer begrenzten Sicherheit für das Prüfungsurteil werden Art und Umfang der Prüfungshandlungen so bestimmt, dass eine Beurteilung des Prüfungsgegenstands in Form einer Negativaussage erklärt werden kann. Bei Prüfungen mit hinreichender Sicherheit werden hingegen umfangreichere Prüfungshandlungen durchgeführt, um das Risiko auf ein Maß zu reduzieren, welches eine Beurteilung des Prüfungsgegen-

---

[87] Vgl. verabschiedete CSRD, 2006/43/EG, Art. 39 Abs. 6, ABl. EU v. 16.12.2022, L 322/74.
[88] Vgl. verabschiedete CSRD, 2006/43/EU, Art. 39, ABl. EU v. 16.12.2022, L 322/74.
[89] Vgl. Wulf/Velte, ZCG 2021, S. 113 (bezogen auf den Richtlinienvorschlag).
[90] Vgl. verabschiedete CSRD, 2006/43/EG, Art. 26a, ABl. EU v. 16.12.2022, L 322/69.

stands in Form einer Positivaussage ermöglicht. Ein uneingeschränktes Prüfungsurteil zur nichtfinanziellen Berichterstattung wäre bei einer Prüfung mit begrenzter Sicherheit negativ formuliert („Auf Grundlage der durchgeführten Prüfungshandlungen und der erlangten Prüfungsnachweise sind uns keine Sachverhalte bekannt geworden, dass der nichtfinanzielle Bericht der Gesellschaft für den Zeitraum vom 1.1. bis 31.12.202x nicht in allen wesentlichen Belangen in Übereinstimmung mit den handelsrechtlichen Vorschriften aufgestellt worden ist."). Bei einer Prüfung mit hinreichender Sicherheit wird die Übereinstimmung mit den handelsrechtlichen Vorschriften bestätigt.[91]

81 Im Prüfungsurteil muss der Abschlussprüfer u. a. den Prozess der Informationsgewinnung für den Nachhaltigkeitsbericht, die Einhaltung der Markierung der Nachhaltigkeitsinformationen nach dem ESEF-Format sowie die Prüfung der sog. 3 Taxonomie-Quoten aus Art. 8 der Taxonomie-Verordnung (§ 12) berücksichtigen.

82 Eine Vorbehaltsaufgabe des Wirtschaftsprüfers sieht die verabschiedete Richtlinie für die Prüfung der Nachhaltigkeitsberichterstattung nicht vor. 2 Mitgliedstaatenwahlrechte bieten die Möglichkeit, dass die Prüfung des Nachhaltigkeitsberichts auch durch andere Wirtschaftsprüfer bzw. andere unabhängige Erbringer von Bestätigungsleistungen durchgeführt werden kann.[92]

83 Die verabschiedete CSRD sieht für die Nachhaltigkeitsberichterstattung zudem an Abschlussprüfer gem. Richtlinie 2006/43/EG gestellte gleichwertige Anforderungen für unabhängige Erbringer von Bestätigungsleistungen vor hinsichtlich der
- Ausbildung und Eignung,
- kontinuierlichen Fortbildung,
- Qualitätssicherungssysteme,
- Berufsgrundsätze,
- Bestellung und Abberufung,
- Untersuchungen und Sanktionen,
- Organisation der Arbeit,
- Meldung von Unregelmäßigkeiten.

84 Bemerkenswert ist, dass vergleichbar zur künftigen Implementierung eines EU-Rahmenwerks für die Nachhaltigkeitsberichterstattung auch ein

---

[91] Vgl. Borcherding/Freiberg/Skoluda, StuB 2021, S. 473.
[92] Vgl. verabschiedete CSRD, 2013/34/EU, Art. 34, ABl. EU v. 16.12.2022, L 322/56.

EU-Prüfungsstandard seitens der EU-Kommission durch einen delegierten Rechtsakt geschaffen werden soll.[93]

3.5.3 Enforcement und Prüfaufsicht

Aufgrund der geplanten Erweiterung der Abschlussprüfung werden die neuen Nachhaltigkeitsberichte einen Gegenstand der nationalen Enforcement-Prüfung bilden. In Deutschland betrifft dies fortan allein die BaFin.[94]

Die Prüfung der Nachhaltigkeitsberichterstattungen durch den Abschlussprüfer ist zudem von der Abschlussprüferaufsichtsstelle (APAS) – als nationale Prüferaufsicht – in die Aufsichtshandlungen einzubeziehen. In diesem Zusammenhang hat die European Securities and Markets Authority (ESMA) Empfehlungen für das Enforcement auf nationaler Ebene zu verabschieden.[95]

Literaturtipps

- Abschlussbericht Sustainable-Finance-Beirat, Shifting the Trillions, Ein nachhaltiges Finanzsystem für die Große Transformation, 2021
- Borcherding/Freiberg/Skoluda, Entwurf einer Corporate Sustainability Reporting Directive, StuB 2021, S. 469
- Borcherding/Möller/Schencking/Skoluda, Die Zukunft der nichtfinanziellen Berichterstattung, StuB 2022, S. 801
- Europäische Kommission, Leitlinien für die Berichterstattung über nichtfinanzielle Informationen: Methode zur Berichterstattung über nichtfinanzielle Informationen, ABl. EU v. 5.7.2017, C 215/1
- Europäische Kommission, Leitlinien für die Berichterstattung über nichtfinanzielle Informationen: Nachtrag zur klimabezogenen Berichterstattung, ABl. EU v. 20.6.2019, C 209/1
- Europäische Kommission, Richtlinie (EU) 2022/2464 des Europäischen Parlaments und des Rates vom 14. Dezember 2022 zur Änderung der Verordnung (EU) Nr. 537/2014 und der Richtlinien 2004/109/EG,

---

[93] So hat das International Auditing and Assurance Standards Board (IAASB) im September 2022 einen Projektvorschlag für einen neuen übergreifenden Standard zur Nachhaltigkeitsprüfung genehmigt und daraufhin bereits mit der Entwicklung des internationalen Standards zur Nachhaltigkeitsprüfung ISSA 5000 „*General Requirements for Sustainability Assurance Engagements*" begonnen; vgl. www.iaasb.org/latest-our-projects, abgerufen am 3.1.2023.
[94] Vgl. Stawinoga/Velte, DStR 2021, S. 2369.
[95] Vgl. zu den Empfehlungen der ESMA für 2022, www.esma.europa.eu/sites/default/files/library/esma32-63-1320_esma_statement_on_european_common_enforcement_priorities_for_2022_annual_reports.pdf, abgerufen am 3.1.2023.

2006/43/EG und 2013/34/EU hinsichtlich der Nachhaltigkeitsberichterstattung von Unternehmen, ABl. EU v. 16.12.2022, L 322/15
- Europäische Kommission, Vorschlag für eine Richtlinie des Europäischen Parlaments und des Rates zur Änderung der Richtlinien 2013/34/EU, 2004/109/EG und 2006/43/EG und der Verordnung (EU) Nr. 537/2014 hinsichtlich der Nachhaltigkeitsberichterstattung von Unternehmen vom 21.4.2021, https://eur-lex.europa.eu/legal-content/DE/TXT/PDF/?uri=CELEX:52021PC0189&from=EN, abgerufen am 3.1.2023
- Gesetz zur Stärkung der nichtfinanziellen Berichterstattung der Unternehmen in ihren Lage- und Konzernlageberichten (CSR-Richtlinie-Umsetzungsgesetz) v. 11.4.2017, BGBl 2017 I, S. 802
- IDW Positionspapier, Pflichten und Zweifelsfragen zur nichtfinanziellen Erklärung als Bestandteil der Unternehmensführung, Stand: 14.6.2017, www.idw.de/blob/101498/30d545b52d2fcc5d71a71035b8336a70/down-positionspapier-nachhaltigkeit-nichtfinanzielle-erklaerung-data.pdf, abgerufen am 3.1.2023
- Richtlinie 2014/95/EU des Europäischen Parlaments und des Rates vom 22.10.2014 zur Änderung der Richtlinie 2013/34/EU im Hinblick auf die Angabe nichtfinanzieller und die Diversität betreffender Informationen durch bestimmte große Unternehmen und Gruppen, ABl. EU v. 15.11.2014, L330/1
- Stawinoga/Velte, Der EU-Richtlinienentwurf zur Nachhaltigkeitsberichterstattung, DStR 2021, S. 2364
- Wulf/Velte, Der neue Nachhaltigkeitsbericht der EU, ZCG 2021, S. 107

§ 9A ESRS – die neuen Standards zur Nachhaltigkeitsberichterstattung

> **Überblick**
>
> Der Beitrag gibt einen Überblick über die nunmehr finalen Entwürfe der künftigen European Sustainability Reporting Standards (ESRS), die von der Projekt-Taskforce der European Financial Reporting Advisory Group (EFRAG) entwickelt wurden. Die endgültigen Standardentwürfe, die vom EFRAG Sustainability Reporting Board mit Unterstützung der EFRAG Technical Expert Group (TEG) genehmigt wurden, wurden der Europäischen Kommission am 22.11.2022 vorgelegt. Das Set an ESRS muss noch von der Europäischen Kommission bis spätestens 30.6.2023 angenommen werden.

1 Arbeitsauftrag der EFRAG

Die konkrete Ausgestaltung der Anforderungen an die Nachhaltigkeitsberichterstattung soll nach der verabschiedeten CSRD künftig in dedizierten Standards zur Nachhaltigkeitsberichterstattung erfolgen. Dazu ist vorgesehen, dass die EU-Kommission delegierte Rechtsakte auf Grundlage fachlicher Beratung durch die European Financial Reporting Advisory Group (EFRAG) erlässt. Dabei sind 3 verschiedene Arten von Standards zur Nachhaltigkeitsberichterstattung (European Sustainability Reporting Standards, ESRS) zu unterscheiden:

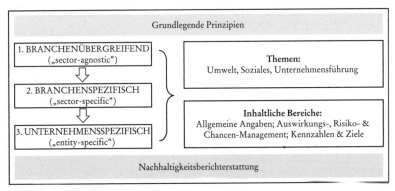

Abb. 1: Architektur der ESRS

2   Im September 2021 wurde auf der Webseite der EFRAG ein erster Prototyp für einen Standard veröffentlicht. Dieser **Prototyp zur Klimaberichterstattung** diente dazu, die Öffentlichkeit über den Stand der Arbeiten der EFRAG zu informieren und war nicht für Zwecke der öffentlichen Konsultation bestimmt.

3   Auf Grundlage des Prototyps wurde im Fortgang von der Projekt-Taskforce der EFRAG ein erster Satz (**branchenübergreifende Standards**) entwickelt. Der erste Satz an Standards zur Nachhaltigkeitsberichterstattung ESRS bestand insgesamt aus 13 Entwürfen. Die Entwürfe wurden von der EFRAG im April 2022 veröffentlicht und mit einer Frist zur Stellungnahme bis Anfang August 2022 öffentlich konsultiert. In der Konsultationsfrist ergaben sich weit über 750 Stellungnahmen.[1]

4   Auf Grundlage der eingegangenen Stellungnahmen wurden die konsultierten Entwürfe der Standards bereits im November 2022 durch das EFRAG Sustainability Reporting Board mit Unterstützung der EFRAG Technical Expert Group (TEG) genehmigt und der Europäischen Kommission am 22.11.2022 vorgelegt.

5   Nach der CSRD ist vorgesehen, diesen ersten Satz an Standards zur Nachhaltigkeitsberichterstattung bis zum 30.6.2023 zu verabschieden.[2] Darüber hinaus werden weitere branchenspezifische Normen sowie Normen für KMUs entwickelt. Die erste zusätzliche Norm soll von der Europäischen Kommission spätestens am 30.6.2024 angenommen werden.

> **Hinweis**
>
> Obwohl der erste Satz an Standards zur Nachhaltigkeitsberichterstattung unter dem Vorbehalt der Annahme seitens der Europäischen Kommission steht und somit noch Änderungen erfahren kann, sollten sich Unternehmen zeitnah mit den Anforderungen aus den Standards vertraut machen sowie die weiteren Entwicklungen der Standards verfolgen.

---

[1] Vgl. exemplarisch Stellungnahme des IDW, www.idw.de/idw/idw-aktuell/idw-zu-den-standardentwuerfen-der-efrag-zum-nachhaltigkeitsreporting.html, abgerufen am 3.1.2023.

[2] Vgl. Richtlinie (EU) 2022/2464 des Europäischen Parlaments und des Rates vom 14. Dezember 2022 zur Änderung der Verordnung (EU) Nr. 537/2014 und der Richtlinien 2004/109/EG, 2006/43/EG und 2013/34/EU hinsichtlich der Nachhaltigkeitsberichterstattung von Unternehmen, Art. 29b zur Änderung der Richtlinie 2013/34/EU, ABl. EU v. 16.12.2022, L322/50.

2 Struktur und Aufbau des ersten Satzes der ESRS

Im Vergleich zum konsultierten Stand der ESRS wurden der Europäischen Kommission i. R. d. ersten Satzes **12 Standards** der Nachhaltigkeitsberichterstattung vorgelegt.[3] Die ESRS orientieren sich in ihrer Struktur grds. am 3-teiligen ESG-Konzept (Environment, Social, Governance). Diese branchenunabhängigen Standards zur Nachhaltigkeitsberichterstattung sind von allen großen Unternehmen, unabhängig einer Branchenzugehörigkeit, zu beachten:[4]

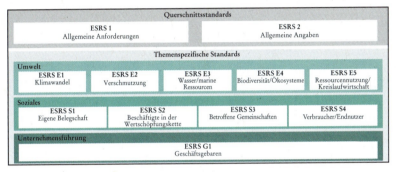

Abb. 2: Struktur des ersten Satzes der ESRS

Zu den wichtigsten Änderungen im Vergleich zu den konsultierten Entwürfen der Standards zur Nachhaltigkeitsberichterstattung gehören:
- Abänderung der in den Entwürfen vorgeschlagenen 3-Säulen-Struktur zur Vereinheitlichung mit der 4-Säulen-Struktur des TCFD Framework (Governance, Strategie, Risikomanagement, Messgrößen und Ziele), die die Grundlage der Vorschläge des International Sustainability Standards Board (ISSB) bilden.
- Weitere Angleichung der ESRS an die Vorschläge des ISSB, einschl. der Terminologie für qualitative Merkmale, finanzielle Stakeholder (Investoren, Kreditgeber und Gläubiger) und finanzielle Wesentlichkeit.[5]
- Wegfall der *„rebuttable presumption"*, wonach zunächst alle in den ESRS enthaltenen Angaben als wesentlich zu erachten waren. Allerdings wird für einige Angaben in den ESRS (ESRS 2 „Allgemeine Angaben" und ESRS E1 „Klimawandel"; zusätzlich ESRS S1-1 bis S1-9 bei einer Unter-

---

[3] Von zuvor 13 Entwürfen wurde einer der beiden vorgeschlagenen Governance-Standards in den Standards ESRS 2 und G1 zusammengefasst.
[4] Vorbehaltlich der Annahme durch die EU-Kommission (Rz 5).
[5] Seit Angleichung der finanziellen Wesentlichkeit mit dem ISSB-Entwurf hat das ISSB inzwischen allerdings vorläufig beschlossen, seine Definition zu ändern und den Bezug auf den Unternehmenswert zu streichen.

nehmensgröße von über 250 Mitarbeitenden) eine Angabepflicht eingeführt, unabhängig von Wesentlichkeitsüberlegungen (Rz 11ff.).
- Beibehaltung der Verweise auf die Zeithorizonte (kurz: bis zu 1 Jahr, mittel: bis zu 5 Jahren, lang: mehr als 5 Jahre), diese sind aber nunmehr als Orientierungshilfe anstatt als spezifische Vorgabe zu verstehen.
- Einstufung der Anwendungsleitlinien („Application Guidance") in obligatorische Anwendungsanforderungen („Application Requirements"), die einen integralen Bestandteil jedes ESRS bilden.

8 Der erste Satz an Standards zur Nachhaltigkeitsberichterstattung beinhaltet **2 Querschnittsstandards** – den ESRS 1 und ESRS 2 – sowie **10 themenspezifische Standards**. Die Querschnittsstandards enthalten mit dem ESRS 1 allgemeine Anforderungen zur Aufstellung und Darstellung der Nachhaltigkeitsberichte sowie dem ESRS 2 Berichtsanforderungen, die branchenunabhängig von allen großen Unternehmen anzuwenden sind. Die themenspezifischen ESRS konkretisieren wiederum die allgemeinen Vorgaben des ESRS 2. ESRS 2 und die themenspezifischen Standards weisen grds. nachfolgende Struktur auf:
- Zielsetzung,
- Interaktion mit anderen,[6]
- Berichtsanforderungen,
- Anhänge (A: Definitionen, B: Anwendungsvorgaben).[7]

Der weitere Aufbau der Struktur der Berichterstattung selbst ist in den Standards ebenfalls mehrgliedrig:

ESRS 2	Themenspezifische ESRS (Umwelt, Soziales, Unternehmensführung)
Grundlage für die Erstellung („Basis for preparation")	n/a
Unternehmensführung („Governance")	ESRS 2 Allgemeine Angaben („General disclosures")
Strategie („Strategy")	
Auswirkungs-, Risiko- & Chancen-Management („Impact, risk & opportunity management")	Impact, risk & opportunity management

---

[6] Nicht in ESRS 2 vorhanden.
[7] Zusätzlich sind in ESRS 2 weitere Anhänge vorhanden.

ESRS 2	Themenspezifische ESRS (Umwelt, Soziales, Unternehmensführung)
Kennzahlen & Ziele („Metrics & targets")	Metrics & targets

Tab. 1: Struktur der Berichterstattung von ESRS 2 und der themenspezifischen ESRS

3 Doppelte Wesentlichkeit der ESRS

Die ESRS enthalten das sog. Konzept der doppelten Wesentlichkeit. Danach ist ein Nachhaltigkeitsthema dann wesentlich und damit berichtspflichtig, sofern es sich auf,

- erhebliche potenzielle oder tatsächliche Auswirkungen des Unternehmens auf Menschen oder Umwelt bezieht („*impact materiality*") und/oder
- wenn es kurz-, mittel,- oder langfristig erhebliche finanzielle Auswirkungen auf das Unternehmen hat oder haben kann („*financial materiality*"; siehe zur doppelten Wesentlichkeit auch § 9 Rz 74).

Bei der Wesentlichkeitsanalyse nach ESRS (sog. „IRO-Assessment", Impacts, Risks and Opportunities) sind zur näheren Bestimmung der Auswirkungen Art und Umfang, die Möglichkeit zur Abhilfe sowie Eintrittswahrscheinlichkeiten mit zu berücksichtigen.

3.1 Due-Diligence-Prozesse

Nach ESRS 1-62 sollen zur **Beurteilung wesentlicher Auswirkungen** auf ein Nachhaltigkeitsthema die im Unternehmen implementierten Due-Diligence-Prozesse verwendet werden. Insofern wird klargestellt, dass nicht nur die Due-Diligence-Prozesse in der Nachhaltigkeitsberichterstattung selbst zu erläutern sind, sondern auch die festzulegenden Berichtsinhalte entscheidend von den implementierten Due-Diligence-Prozessen abhängen. Unter Due-Diligence-Prozessen werden dabei Verfahren zur Ermittlung, Überwachung und Minimierung/Beseitigung von wesentlichen potenziellen oder tatsächlichen negativen Auswirkungen verstanden.

3.2 Wesentliche Themen

Im Gegensatz zu den konsultierten Standards zur Nachhaltigkeitsberichterstattung hat eine Berichterstattung gem. der überarbeiteten Standards grds.

nur zu erfolgen, sofern ein Nachhaltigkeitsthema als wesentlich erachtet wird. Der Wegfall der sog. *„rebuttable presumption"* (Rz 7), wonach grds. jedes Thema als wesentlich einzustufen war und Angaben dazu nur unterlassen werden konnten, sofern Unternehmen jeweils erläutern konnten, dass eine Wesentlichkeit konkret im Einzelfall nicht gegeben ist, kann als eine deutliche **Erleichterung** in der Berichterstattung angesehen werden. Allerdings wurden im Zuge des Wegfalls einige von der Wesentlichkeitsfrage unabhängige, berichtspflichtige Teile neu geschaffen. So enthält ESRS 2 die nachfolgenden Berichtsanforderungen, die stets und unabhängig von Wesentlichkeitsüberlegungen von den Unternehmen zu beachten sind:

- Berichtsanforderungen gem. ESRS 2,
- Berichtsanforderungen im Zusammenhang mit Vorschriften aus den folgenden EU-Rechtsakten:
  - Offenlegungsverordnung (Verordnung (EU) 2019/2088) i. V. m. den wichtigsten nachteiligen Auswirkungen (*principal adverse indicators*),
  - Technische Durchführungsstandards der Europäischen Bankenaufsichtsbehörde zu aufsichtlichen Offenlegungen von ESG-Risiken gem. Artikel 449a Kapitaladäquanzverordnung (Richtlinie (EU) 575/2013, auch Säule-III-Berichterstattung genannt),
  - Offenlegungspflichten für Benchmark-Administratoren gem. Benchmark-Verordnung (Verordnung (EU) 2020/1816),
  - Europäisches Klimagesetz (Verordnung (EU) 2021/1119),
- Berichtsanforderungen gem. ESRS E1,
- bestimmte Berichtsanforderungen gem. ESRS S1 (gelten nur für Unternehmen mit mehr als 250 Mitarbeitenden generell als wesentlich):
  - ESRS S1-1: Politiken in Bezug auf die eigene Belegschaft,
  - ESRS S1-2: Verfahren zur Einbeziehung der eigenen Arbeitnehmer und Arbeitnehmervertreter in Bezug auf die Auswirkungen,
  - ESRS S1-3: Verfahren zur Behebung negativer Auswirkungen und Kanäle, über die die eigenen Arbeitnehmer Bedenken äußern können,
  - ESRS S1-4: Ergreifung von Maßnahmen in Bezug auf wesentliche Auswirkungen auf die eigene Belegschaft und Ansätze zur Minderung wesentlicher Risiken und zur Verfolgung wesentlicher Chancen in Bezug auf die eigene Belegschaft sowie Wirksamkeit dieser Maßnahmen,
  - ESRS S1-5: Ziele in Bezug auf den Umgang mit wesentlichen negativen Auswirkungen, die Förderung positiver Auswirkungen und den Umgang mit wesentlichen Risiken und Chancen,
  - ESRS S1-6: Merkmale der Mitarbeitenden des Unternehmens,
  - ESRS S1-7: Merkmale der nicht angestellten Mitarbeitenden in der eigenen Belegschaft des Unternehmens,
  - ESRS S1-8: Abdeckung durch Tarifverträge und sozialer Dialog,
  - ESRS S1-9: Indikatoren für Vielfalt,

Sofern ein Nachhaltigkeitsthema aus dem Ergebnis der Wesentlichkeitsanalyse heraus als wesentlich erachtet wird (Rz 11), sind die jeweiligen Berichtsanforderungen zu erfüllen. Nach ESRS 1-35 ist jedoch eine Berichtspflicht für die Kennzahlen nicht gegeben, sofern diese als unwesentlich angesehen werden können und das Ziel der Berichtsanforderungen durch das Auslassen nicht beeinträchtigt wird. Sollte ausnahmsweise ein themenspezifischer ESRS gänzlich nicht als wesentlich erachtet werden, ist dies zu erläutern.

> **Praxis-Tipp**
>
> Die kommende Berichterstattung erfordert eine Einrichtung von Prozessen zur Erhebung der notwendigen qualitativen und quantitativen Informationen. Dies sollte regelmäßig durch eine sog. **Gap-Analyse** unterstützt werden.

Die Nachhaltigkeitsberichterstattung hat nach ESRS 1-67 grds. die **gesamte Wertschöpfungskette** des Unternehmens einzubeziehen. Allerdings ist für den Zeitraum der ersten 3 Jahre nach Inkrafttreten der CSRD vorgesehen, dass Unternehmen keine Informationen über die Wertschöpfungskette veröffentlichen müssen, sofern die erforderlichen Informationen nicht verfügbar sind (*„phase-in"*). Für diesen Fall ist darzulegen,
- welche Anstrengungen unternommen wurden, um diese Informationen zu beschaffen,
- warum die Informationen nicht beschafft werden konnten und
- wie die Informationen in Zukunft beschafft werden sollen.

3.3 Verweise

Die Berichterstattung hat gem. der verabschiedeten CSRD innerhalb des (Konzern-)Lageberichts in einem eigenen Abschnitt zu erfolgen (§ 9 Rz 67). Gem. ESRS 1-120 können vereinzelt Verweise außerhalb des Abschnitts vorgenommen werden. Die Verweismöglichkeiten beschränken sich jedoch i.W. auf den (Konzern-)Lagebericht, Konzern- bzw. Jahresabschluss, Corporate-Governance-Bericht und Vergütungsbericht.

3.4 Übersicht über den Inhalt des ersten Satzes der ESRS

Nachfolgende Tabelle gibt zusammenfassend einen Überblick über den Inhalt des ersten Satzes an den Standards zur Nachhaltigkeitsberichterstattung:

Standard	Inhalt/Ziel
ESRS 1	**Allgemeine Anforderungen** Allgemeine Anforderungen an die Erstellung und Darstellung von Nachhaltigkeitsberichten
ESRS 2	**Allgemeine Angaben** Berichtsanforderungen, die für alle Unternehmen unabhängig von ihrem Tätigkeitsbereich und der Zuordnung zu den Nachhaltigkeitsthemen gelten
ESRS E1	**Klimawandel** • Auswirkungen des Unternehmens auf den Klimawandel • Anstrengungen des Unternehmens bzgl. Klimaschutz • Pläne und Fähigkeiten zur Anpassung des Geschäftsmodells u. a. im Einklang mit dem 1,5°C-Ziel • Sonstige Maßnahmen zur Vermeidung, Minderung, Behebung negativer Auswirkungen • Art, Ausmaß wesentlicher Risiken und Chancen aus Auswirkungen und Abhängigkeiten des Unternehmens von Klimaschutz und Klimawandel sowie Umgang mit diesen • Effekte aus klimabedingten Risiken und Chancen auf Unternehmenslage und Unternehmensentwicklung
ESRS E2	**Verschmutzung** • Auswirkungen des Unternehmens auf Verschmutzung von Luft, Wasser, Boden • Maßnahmen (und Ergebnisse) zur Vermeidung, Minderung, Behebung negativer Auswirkungen der Umweltverschmutzung • Pläne und Fähigkeiten zur Anpassung von Strategie und Geschäftsmodell u. a. im Einklang mit dem Erfordernis der Vermeidung, Kontrolle und Beseitigung der Umweltverschmutzung • Art, Ausmaß wesentlicher Risiken und Chancen aus umweltverschmutzungsbedingten Auswirkungen und Abhängigkeiten sowie aus Vermeidung, Kontrolle und Beseitigung • Effekte aus umweltverschmutzungsbedingten Risiken und Chancen auf Unternehmenslage, voraussichtliche Entwicklung, Wertschaffung

ESRS – die neuen Standards zur Nachhaltigkeitsberichterstattung § 9A

Standard	Inhalt/Ziel

ESRS E3	**Wasser und marine Ressourcen**
	• Auswirkungen des Unternehmens auf Wasser- und Meeresressourcen
	• Maßnahmen (und Ergebnisse) zum Schutz von Wasser- und Meeresressourcen
	• Beitrag des Unternehmens u. a. zu
	  – den Zielen des EU Green Deals, insbes. saubere Luft, sauberes Wasser, gesunder Boden und Biodiversität
	  – den Zielen der Wasserrahmenrichtlinie (Richtlinie 2000/60/EG) und weiteren Initiativen
	• Pläne und Fähigkeiten zur Anpassung von Strategie und Geschäftsmodell u. a. im Einklang mit dem Erfordernis der Erhaltung und Wiederherstellung der Wasser- und Meeresressourcen
	• Art, Ausmaß wesentlicher Risiken und Chancen aus Auswirkungen und Abhängigkeiten von Wasser- und Meeresressourcen
	• Effekte aus Risiken und Chancen aus den Auswirkungen auf Wasser- und Meeresressourcen auf Unternehmenslage, voraussichtliche Entwicklung, Wertschaffung

ESRS E4	**Biodiversität und Ökosysteme**
	• Auswirkungen des Unternehmens auf biologische Vielfalt und die Ökosysteme
	• Maßnahmen (und Ergebnisse) zur Vermeidung, Minderung, Behebung negativer Auswirkungen auf biologische Vielfalt und Ökosysteme sowie zu deren Schutz und Wiederherstellung
	• Pläne und Fähigkeiten zur Anpassung des Geschäftsmodells, u. a. im Einklang mit
	  – der Beachtung der planetaren Grenzen bzgl. Erhaltung der Lebensräume
	  – den Zielen des Post-2020 Global Biodiversity Framework, z. B. vollständige Erholung bis 2050
	  – der EU-Biodiversitätsstrategie für 2030
	• Art, Ausmaß wesentlicher Risiken und Chancen aus Auswirkungen auf und Abhängigkeiten von biologischer Vielfalt und Ökosystemen sowie Umgang mit diesen
	• Effekte aus Risiken und Chancen aus den Auswirkungen auf Biodiversität und Ökosysteme auf Unternehmenslage, voraussichtliche Entwicklung, Wertschaffung

Standard	Inhalt/Ziel

ESRS E5	**Ressourcennutzung und Kreislaufwirtschaft**
	• Auswirkungen des Unternehmens auf Ressourcennutzung inkl. der Ausbeutung nicht erneuerbarer Ressourcen und der regenerativen Erzeugung erneuerbarer Ressourcen
	• Maßnahmen (und Ergebnisse) zur Vermeidung, Minderung, Behebung negativer Auswirkungen aus der Ressourcennutzung und Kreislaufwirtschaft, inkl. Maßnahmen zur Entkoppelung von Wachstum und Ressourcenverbrauch
	• Pläne und Fähigkeiten zur Anpassung des Geschäftsmodells, u. a. im Einklang mit Grundsätzen der Kreislaufwirtschaft inkl.
	  – Abfallminimierung und
	  – Erhaltung von Nutzen und Wert von Produkten, Komponenten und Materialien auf dem höchsten Stand
	• Art, Ausmaß wesentlicher Risiken und Chancen aus Auswirkungen auf und Abhängigkeiten des Unternehmens von Ressourcen und Kreislaufwirtschaft
	• Effekte aus Risiken und Chancen im Zusammenhang mit den Auswirkungen und Abhängigkeiten des Unternehmens in Bezug auf die Ressourcennutzung und die Kreislaufwirtschaft auf Unternehmenslage, voraussichtliche Entwicklung, Wertschaffung

ESRS S1	**Eigene Belegschaft** • Auswirkungen des Unternehmens auf die eigene Belegschaft • Maßnahmen (und Ergebnisse) zur Vermeidung, Minderung, Behebung negativer Auswirkungen • Art, Ausmaß wesentlicher Risiken und Chancen aus Auswirkungen auf die Belegschaft und Abhängigkeiten von der Belegschaft • Effekte aus Risiken und Chancen auf Unternehmenslage, voraussichtliche Entwicklung, Wertschaffung

Standard	Inhalt/Ziel
ESRS S2	**Beschäftigte in der Wertschöpfungskette** • Auswirkungen des Unternehmens auf Arbeitnehmer in der Wertschöpfungskette • Maßnahmen (und Ergebnisse) zur Vermeidung, Minderung, Behebung negativer Auswirkungen • Art, Ausmaß wesentlicher Risiken und Chancen aus Auswirkungen auf die und Abhängigkeiten von Arbeitnehmer(n) in der Wertschöpfungskette • Effekte aus Risiken und Chancen, bezogen auf diese Auswirkungen und Abhängigkeiten auf Unternehmenslage, voraussichtliche Entwicklung, Wertschaffung
ESRS S3	**Betroffene Gemeinschaften** • Auswirkungen des Unternehmens auf das gesellschaftliche Umfeld, in den Bereichen, in denen Risiken am wahrscheinlichsten und bedeutsamsten sind • Maßnahmen (und Ergebnisse) zur Vermeidung, Minderung, Behebung negativer Auswirkungen • Art, Ausmaß wesentlicher Risiken und Chancen aus Auswirkungen auf das und Abhängigkeiten vom gesellschaftliche(n) Umfeld • Effekte aus Risiken und Chancen, bezogen auf diese Auswirkungen und Abhängigkeiten auf Unternehmenslage, voraussichtliche Entwicklung, Wertschaffung
ESRS S4	**Verbraucher und Endnutzer** • Auswirkungen des Unternehmens auf Endkunden und Verbraucher durch dessen Produkte und Dienstleistungen • Maßnahmen (und Ergebnisse) zur Vermeidung, Minderung, Behebung negativer Auswirkungen • Art, Ausmaß wesentlicher Risiken und Chancen aus Auswirkungen auf und Abhängigkeiten von Endkunden und Verbraucher(n) • Effekte aus Risiken und Chancen, bezogen auf diese Auswirkungen und Abhängigkeiten auf Unternehmenslage, voraussichtliche Entwicklung, Wertschaffung

Standard	Inhalt/Ziel
ESRS G1	Geschäftsgebaren • Unternehmerisches Verhalten (Strategie und Ansatz, Prozesse und Verfahren, Ergebnisse) hinsichtlich – Unternehmenskultur – Lieferantenbeziehungen – Bekämpfung von Korruption und Bestechung – Politische Einflussnahme/Lobbying – Schutz von Whistleblowern – Tierwohl – Zahlungspraktiken, insbes. bzw. gegenüber KMU

Tab. 2: Übersicht zum ersten Satz der ESRS

17

Praxis-Tipp

Angesichts der sich aus den ESRS ergebenden umfangreichen, teils sehr konkreten Anforderungen an die Nachhaltigkeitsberichterstattung sollten Unternehmen rechtzeitig eine entsprechende Ressourcenplanung durchführen, um die notwendige quantitative und qualitative Berichterstattung zeitgleich zur weiteren (Konzern-)Lageberichterstattung gewährleisten zu können.

Literaturtipps

- Auer/Paape, Die European Reporting Standards (ESRS) – Übersicht der Entwürfe, ESG 2022, S. 194
- Borcherding/Green, Green and more: Herausforderung Wesentlichkeitsanalyse, WPg 2022, S. 1156
- First Set of draft ESRS, November 2022 (Stand Übergabe EU), www.efrag.org/lab6, abgerufen am 3.1.2023

§ 10 Roadmap Nachhaltigkeitsberichterstattung

> **Überblick**
>
> Obwohl der Prozess zur Nachhaltigkeitsberichterstattung unternehmensspezifisch ist, kann er in 3 übergeordnete Phasen aufgeschlüsselt werden. So ergibt sich eine Roadmap zur Nachhaltigkeitsberichterstattung, welche als Wegweiser dienen kann. Während des Prozesses kommen außerdem Herausforderungen auf, wie die Wahl des passenden Rahmenwerks und das Bestehen einer erstmalig angedachten externen Prüfung. Mit einer strukturierten Vorgehensweise und einem Bewusstsein für häufige Hindernisse ist die Nachhaltigkeitsberichterstattung aber ein gut zu erreichendes Ziel.

1 Roadmap Nachhaltigkeitsintegration

Für viele Unternehmen besteht ein Teil der Herausforderung darin zu erkennen, wo sie anfangen sollen. Die Einführung und Umsetzung von Nachhaltigkeit und deren Berichterstattung werden nicht in jedem Unternehmen gleich erfolgen. In einigen Fällen kann ein Unternehmen mehrere Schritte überspringen oder gezwungen sein, an einem bestimmten Punkt zu starten – z. B. in der Phase „Aktivierend" (siehe Abb. 1). Wichtig ist zu verstehen, dass es sich um eine Entwicklung handelt, eine fortlaufende Reise, die an Wert und Bedeutung zunehmen wird, weswegen die in diesem Abschnitt beschriebene Roadmap keinen linearen Ansatz darstellt.

Die unten dargestellte 5-stufige **Maturity Roadmap** veranschaulicht beispielhaft den Weg der Nachhaltigkeitsintegration in ein Unternehmen. Sie soll dazu beitragen, die Komplexität von Nachhaltigkeit zu vereinfachen und den Wert zu fördern, den die Integration der Nachhaltigkeit für ein Unternehmen schaffen kann.

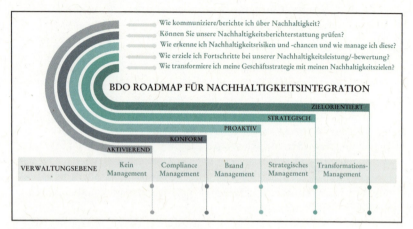

Abb. 1: Roadmap für Nachhaltigkeitsintegration

- **Aktivierend**: Ein Unternehmen in diesem Stadium versucht, seine Nachhaltigkeitsagenda zu aktivieren, indem es seine wesentlichen Risiken und Chancen aus der Perspektive verschiedener Stakeholder bewertet und priorisiert. Der Prozess umfasst Ausbildung, Schulung und eine Überprüfung der Geschäftsabläufe und der Governance-Strukturen.
- **Konform**: Ein Unternehmen in diesem Stadium hat bereits Elemente eines Nachhaltigkeitsprogramms eingeführt, wenn auch auf einer Ad-hoc-Basis, da es **reaktiv** ist und sich auf die Erfüllung der Anforderungen von Behörden und Interessengruppen konzentriert.
- **Proaktiv**: Ein Unternehmen, das sich in diesem Stadium befindet, ist an sein Nachhaltigkeitsprogramm mit einem systematischen, unternehmensweiten Ansatz herangegangen und versucht, die Wertschöpfungsmöglichkeiten sowohl intern als auch extern zu steigern.
- **Strategisch**: Ein Unternehmen in diesem Stadium hat das Thema Nachhaltigkeit in den meisten Bereichen des Unternehmens verankert und entwickelt Produkte und Dienstleistungen z.B. mit Schwerpunkt auf Kreislauf(wirtschaft) und Technologie und stellt sicher, dass diese einen positiven Einfluss auf die Märkte haben, in denen das Unternehmen tätig ist.
- **Zielorientiert**: Ein Unternehmen in diesem Stadium hat Nachhaltigkeit in allen Geschäftsbereichen verankert und nutzt soziale, wirtschaftliche und ökologische Kriterien, die über die gesetzlichen Anforderungen hinausgehen, um positive Auswirkungen in seiner Wertschöpfungskette zu erzielen.

2 Ausgangspunkt der Roadmap Nachhaltigkeitsberichterstattung

Das Ziel ist bekannt, aber was ist der Ausgangspunkt des Unternehmens? Wo befindet sich das Unternehmen in der Maturity Roadmap? Bei dieser Ermittlung kann eine **ESG-Readiness-Betrachtung** unterstützen. Mit der Beantwortung z. B. nachfolgender Fragen kann sich ein Unternehmen einen Überblick zu seinem Fortschritt als auch ggf. Rückstand hinsichtlich grundlegender Nachhaltigkeitsprozesse verschaffen. Die Auswertungsergebnisse können ein Wegweiser sein, um das vom Unternehmen erreichte Stadium und den Ausgangspunkt seiner Nachhaltigkeitsreise zu bestimmen. Die Antwortoptionen sind nach Fortschrittsstufen aufgereiht:

1. Berichten Sie bereits über Ihre Nachhaltigkeitsaktivitäten (ESG)?	Nein.	☐
	Ja, aber nur intern.	☐
	Ja, aber eher reaktiv auf der Webseite.	☐
	Ja, in einem externen Bericht ohne Prüfung.	☐
	Ja, in einem externen Bericht mit Prüfung.	☐
2. Wer ist für das Thema Nachhaltigkeit verantwortlich?	Keine direkte Verantwortlichkeit.	☐
	Zusätzliche Verantwortung in einer bestehenden Abteilung (z. B. Personal, Kommunikation oder Investor Relations).	☐
	Eigene Nachhaltigkeitsabteilung.	☐
	In alle Organisationseinheiten und Funktionen integriert.	☐
3. Inwieweit sind die Abteilungen Rechnungswesen und Controlling in ESG-Themen eingebunden?	Gar nicht.	☐
	Vereinzelt.	☐
	Sehr stark.	☐

4. Inwieweit ist die Geschäftsführung in Ihre Nachhaltigkeitsthemen involviert?	Gar nicht.	☐
	Sie lässt sich unregelmäßig dazu informieren.	☐
	Sie lässt sich regelmäßig dazu informieren.	☐
	Die Geschäftsführung legt die Nachhaltigkeitsziele fest und treibt deren Umsetzung voran.	☐
5. Inwiefern spielen Nachhaltigkeit/ESG-Themen bei (strategischen) Unternehmensentscheidungen eine Rolle?	Gar keine.	☐
	Untergeordnete Bedeutung.	☐
	Mittlere Bedeutung.	☐
	Hohe Bedeutung.	☐
	Entscheidendes Kriterium.	☐
6. Inwiefern sind ESG-Themen organisatorisch verankert (z.B. Governance-Strukturen, Prozesse, Ziele)?	Noch gar nicht.	☐
	Indirekt über andere Funktionen, wie z.B. Compliance, aber keine dezidierten Prozesse oder Ziele.	☐
	Für einzelne Themen (z.B. Energie oder Emissionen) gibt es Verantwortlichkeiten und Prozesse, jedoch nicht ganzheitlich.	☐
	Es bestehen übergeordnete Strukturen für ESG und entsprechende Prozesse und Ziele. Diese sind jedoch noch nicht auf alle Unternehmensbereiche ausgerollt/heruntergebrochen.	☐
	Es bestehen ganzheitliche (Organisations-)Strukturen für ESG mit entsprechenden Zielen auf allen Ebenen des Unternehmens.	☐

7. Sind ESG-Themen an Ihre interne Leistungsbeurteilung/ Incentivierungssysteme gekoppelt?	Nein.	☐
	Ja, aber nur für die oberste Führungsebene.	☐
	Ja, durchgängig für alle Mitarbeitenden.	☐
8. Nutzen Sie IT-Systeme zur Erfassung von ESG-Daten?	Nein.	☐
	Ja, als Kombination aus bestehenden Systemen, z. B. HR oder Einkauf.	☐
	Ja, eigenständige Sustainability Management Software.	☐
9. Nutzen Sie IT-Systeme für das ESG-Reporting?	Nein.	☐
	Ja, für bestimmte Teilbereiche des ESG-Reportings haben wir IT-Systeme im Einsatz.	☐
	Ja, wir haben ein vollumfängliches IT-System für das ESG-Reporting im Einsatz.	☐
10. Inwieweit werden ESG-Themen in Bezug auf Chancen und Risiken betrachtet?	Bisher nicht.	☐
	Sie werden teilw. berücksichtigt, aber unstrukturiert.	☐
	Es findet eine systematische Bewertung statt, aber außerhalb des klassischen Chancen- und Risikomanagements.	☐
	Die Bewertung von ESG-Chancen und -Risiken ist im klassischen Chancen- und Risikomanagement integriert.	☐

Tab. 1: ESG-Readiness-Fragebogen

3 Roadmap Nachhaltigkeitsberichterstattung: 3 fortlaufende Phasen

4 Die Integration von Nachhaltigkeit geht mit der Nachhaltigkeitsberichterstattung einher; es ist ein Entwicklungsprozess, der eine ständige Überwachung und Bewertung des Nachhaltigkeitsprogramms erfordert, selbst wenn ein Programm einmal entwickelt wurde. Im Folgenden wird ein Ansatz für den **kontinuierlichen Verbesserungsprozess** dargestellt, der darauf abzielt, das Engagement eines Unternehmens für eine nachhaltige Entwicklung zu konsolidieren; der Schwerpunkt liegt auf der Messung der Auswirkungen, den Unternehmenszielen und dem Veränderungsmanagement. Daher kann diese Roadmap auch von Unternehmen als Leitlinie verwendet werden, die schon ein Nachhaltigkeitsprogramm haben und/oder einen Nachhaltigkeitsbericht veröffentlicht haben.

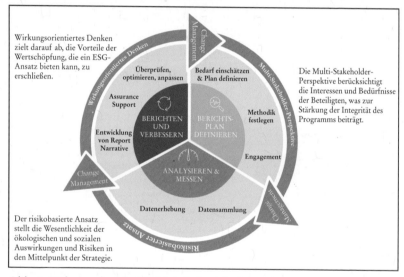

Abb. 2: 3 Phasen der Nachhaltigkeitsberichterstattung

5 In der **1. Phase** – Berichtsplan definieren – des kontinuierlichen Prozesses werden die vom Unternehmen durchzuführenden Aktivitäten hinsichtlich der Nachhaltigkeitsintegration und -berichterstattung ausgehend vom ermittelten Ausgangspunkt der Reise definiert und geplant. Dabei sollten die Unternehmensziele und die Übereinstimmung mit international anerkannten Standards für die Nachhaltigkeitsberichterstattung [z.B. GRI-Standards (§ 8 Rz 33 ff.), ESRS (§ 9A), SASB (§ 8 Rz 128 ff.)] und anderen als Good Practice anerkannten Regelwerken [z.B. Task Force on Climate-related

Financial Disclosures – TCFD (§ 8 Rz 163 ff.)] berücksichtigt werden. Es gilt die Methodik festzulegen bzgl. der Erhebung der notwendigen Daten sowie insbes. der **Wesentlichkeitsanalyse**. Es ist wichtig, klare Regeln und Methoden aufzustellen, um im Anschluss die Prüfbarkeit zu sichern. Teil der 1. Phase ist auch die Durchführung einer Risiko- und Chancenbewertung von Nachhaltigkeitsthemen, wobei diverse Stakeholder mit eingebunden werden sollten. Im Anschluss sollten zu den wesentlichen Themen Maßnahmen, Leistungsindikatoren und Ziele definiert und ergänzt werden (§ 4).

Klare Verantwortung(en) für Nachhaltigkeitsprogramm und -berichterstattung sind im Unternehmen verankert.	☐
Die Geschäftsführung ist mit an Bord.	☐
Die potenziellen und wesentlichen Nachhaltigkeitsthemen sind identifiziert (internes und externes Stakeholder Engagement).	☐
Die notwendigen Ressourcen für die Umsetzung sind vorhanden (z. B. Kompetenzen, Personal, externe Beratung, Budget, Zeit).	☐
Eine Nachhaltigkeitsstrategie ist aufgestellt (Vision, Ziele, Maßnahmen, KPIs).	☐
Es besteht ein Umsetzungsplan mit Aufgabenpaketen und Zuständigkeiten.	☐
Eine Methodik für die Erstellung der Berichterstattung ist festgelegt (u. a. Nutzung eines Rahmenwerks, Wesentlichkeitsanalyse, Datenerhebung, interne Kontrollen).	☐
…	☐

Tab. 2: Checkliste Phase 1 des Prozesses der Nachhaltigkeitsberichterstattung

In der **2. Phase** – analysieren und messen – werden die von einem Unternehmen kontinuierlich gemessenen und gesammelten Daten analysiert (§ 2 Rz 15). Dazu müssen diese effektiv erfasst werden. Dabei muss sichergestellt werden, dass der Prozess robust ist und die Daten korrekt erfasst und interpretiert werden. Es gibt einige Software-Tools auf dem Markt, die das Erheben von ESG-Daten erleichtern. Die Funktionen der Anbieter reichen von ESG-Datenkonsolidierungsplattformen bis zu spezifischen Tools für bspw. die EU-Taxonomie oder die Lieferkette.

6

Berichtsrelevante Daten sind identifiziert.	☐
Die nötigen Daten sind gesammelt und/oder erhoben.	☐
Die Daten sind analysiert und ausgewertet.	☐
Datenlücken sind identifiziert und geschlossen.	☐
Interne Kontrollen haben den Datenerfassungsprozess auf Robustheit, Nachverfolgbarkeit und Effektivität überprüft.	☐
ESG-IT-Tools sind im Prozess eingebunden (optional).	☐
...	☐

Tab. 3: Checkliste Phase 2 des Prozesses der Nachhaltigkeitsberichterstattung

7   In der **3. Phase** – berichten und verbessern – wird der endgültige Berichtsentwurf erstellt auf der Grundlage einer sorgfältigen Analyse und in Zusammenarbeit mit dem Management. Dabei müssen der Berichtsrahmen und die regulatorischen Anforderungen bei der Auswahl des Inhalts im Auge behalten werden. Auch die potenzielle Prüfbarkeit der Daten und Fakten spielt eine wichtige Rolle.

Berichtsnarrativ/Story Line/Roter Faden ist entwickelt.	☐
Die Texte sind verfasst.	☐
Der 1. Berichtsentwurf steht.	☐
Die externe Vorprüfung des Berichtsentwurfs ist gemacht (falls externe Prüfung vorgesehen).	☐
Die Hauptprüfung des Berichts ist gemacht (falls externe Prüfung vorgesehen).	☐
Alle 3 Phasen sind überprüft auf Anpassungs- und Optimierungsmöglichkeiten.	☐
...	☐

Tab. 4: Checkliste Phase 3 des Prozesses der Nachhaltigkeitsberichterstattung

4 Wahl des Rahmenwerks

8   Vorbehaltlich einer gesetzlich verpflichtenden Nachhaltigkeitsberichterstattung ist es Unternehmen freigestellt, ob und, falls ja, nach welchem **Rahmenwerk** und unter Verwendung welcher **Guidance** die Nachhaltigkeitsberichterstattung erfolgt (siehe zur Auswahl der zur Verfügung stehenden

Rahmenwerke und Guidance § 8). Die Verwendung ist nicht zwingend auf nur ein Rahmenwerk etc. begrenzt. Auch bei der derzeitigen Verpflichtung zu einer nichtfinanziellen Erklärung sieht der Gesetzgeber i.R.d. Aufstellung grds. die Nutzung von Rahmenwerken durch die Unternehmen vor (§ 9 Rz 25 ff.).

Eine Pflicht zu einer **externen Prüfung** der gesetzlichen Nachhaltigkeitsberichterstattung ist derzeit indes weder im europäischen noch im deutschen Recht verankert. Diese Verpflichtung ist aber i.R.d. CSRD vorgesehen (§ 9 Rz 73). Zahlreiche Unternehmen lassen bereits heute ihre Nachhaltigkeitsberichterstattung extern prüfen.[1] Dabei bedeutet eine Prüfung stets einen prüferischen Vergleich von einem Ist-Objekt zu einem Soll-Objekt. Vor diesem Hintergrund soll nachfolgend eine Hilfestellung gegeben werden, welche Rahmenwerke bzw. Guidance für welche Unternehmen Verwendung finden können. Falls eine externe Prüfung der Berichterstattung stattfinden soll, wird aufgezeigt, welche grds. Anforderungen auf den Aufsteller der Berichterstattung zukommen.

9

Für die Unternehmen bestehen vielfältige Möglichkeiten zur Nutzung von Rahmenwerken und/oder Hilfestellungen bei der Aufstellung ihrer Nachhaltigkeitsberichterstattung. Um Anwendern eine indikative Entscheidungshilfe zu geben, enthält Abb. 3 eine kriterienbasierte Zuordnung, welche Initiativen grds. zur Anwendung geeignet erscheinen. Eine Verpflichtung zur Anwendung besteht indes, vorbehaltlich der gesetzlichen Nachhaltigkeitsberichterstattung, gem. CSRD und den damit verbundenen ESRS, nicht. Alle Initiativen stehen allen (potenziellen) Anwendern zur Verfügung. Die Entscheidung darüber kann nur **unternehmensindividuell** getroffen werden:

10

---

[1] Vgl. BDO & Kirchhoff, DAX 160-Studie 2022: Nachhaltigkeit im Wandel – die nichtfinanzielle Berichterstattung im DAX 160.

Rahmenwerk	Grds. empfehlenswert für ... Unternehmen	Empfehlenswert für multinationale UN?	Börsennotierte UN?	Branchenspezifisch	Für Erstberichterstatter geeignet
Deutscher Nachhaltigkeitskodex DNK (§ 8 Rz 6 ff.)	kleine	nein	nein	branchenspezifische Empfehlungen teilw. vorhanden	nein
European Sustainability Reporting Standards ESRS (§ 9A)	initial mittlere und große	ja	ja	branchenspezifische Standards in der Entwicklung	nein/ja
Global Reporting Initiative GRI (§ 8 Rz 28 ff.)	mittlere und große	ja	ja	Entwicklung von Branchenstandards in Arbeit	ja
United Nations Global Compact UNGC (§ 8 Rz 63)	mittlere und große	ja	ja	nein	nein/ja
United Nation Guiding Principles UNGP Reporting Framework (§ 8 Rz 82 ff.)	mittlere und große	ja	ja	nein	ja
Sustainability Accounting Standards Board SASB (§ 8 Rz 128 ff.)	mittlere und große	für Unternehmen mit US-Bezug	ja	branchenspezifische Empfehlungen umfangreich vorhanden	ja
Carbon Disclosure Project CDP (§ 8 Rz 135 ff.)	mittlere und große	ja	ja	nein (themenbezogen: Klima, Wasser und Wälder)	ja
Sustainable Development Goals SDGs (§ 8 Rz 148 ff.)	mittlere und große	ja	ja	nein	ja
Task Force on Climate-related Financial Disclosures TCFD (§ 8 Rz 159 ff.)	mittlere und große	ja	ja	nein (spezifische Hilfestellung für Energiebranche, Transportsektor, Baugewerbe sowie für Landwirtschaft, Lebensmittel und Forstprodukte)	ja
United Nations Principles for Responsible Investments UNPRI (§ 8 Rz 184 ff.)	mittlere und große	ja	ja	Finanzsektor	ja
International Sustainability Standards Board ISSB (§ 8 Rz 53 ff.)	große	ja	ja	nein (unabhängiges, privatwirtschaftliches Gremium, das die IFRS SDS entwickelt und genehmigt)	ja
International Integrated Reporting Council IIRC (§ 8 Rz 99 ff.)	große	ja	ja	nein	ja
Value Balancing Alliance VBA (§ 8 Rz 211 ff.)	große	ja	ja	nein	ja

Abb. 3: Übersicht der Initiativen

5 Die externe Prüfung

Zahlreiche Unternehmen werden künftig erstmals aufgrund einer gesetzlichen Verpflichtung oder auf freiwilliger Basis ihre Nachhaltigkeitsberichterstattung einer externen Prüfung unterziehen. Damit verbunden ist häufig die Frage, was in diesem Zusammenhang auf die Unternehmen zukommt. Gegenstand einer externen Prüfung bildet stets das Ist-Objekt, also der nach einem Rahmenwerk aufgestellte Nachhaltigkeitsbericht. Dieser Nachhaltigkeitsbericht wird dann gegen das verwendete Soll-Objekt, z.B. HGB, GRI etc. geprüft. Die zentralen Fragestellungen einer externen Prüfung lauten:

Abb. 4: Fragestellungen bei der Prüfung des Nachhaltigkeitsberichts

Die 1. Frage bezieht sich auf die Wesentlichkeit und damit den Prozess der **Materialitätsanalyse**. Die 2. Frage hat die Korrektheit der berichteten Informationen zum Gegenstand. Bei der externen Überprüfung von Nachhaltigkeitsinformationen kommt i.d.R. der **Prüfungsstandard** ISAE 3000 (Rev.)[2] zur Anwendung, der unabhängig vom verwendeten Soll-Objekt die vom externen Prüfer durchzuführenden Prüfungskriterien und Prüfungshandlungen enthält:

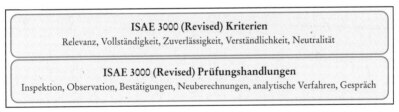

Abb. 5: Prüfungskriterien und -handlungen gem. ISAE 3000 (Rev.)

Dabei unterscheiden sich in der beauftragten Prüfungstiefe – begrenzte oder hinreichende Sicherheit – Art und Umfang der durchzuführenden Prüfungshandlungen. Während bei einer Beauftragung zur Erlangung einer **begrenzten Sicherheit** für das Prüfungsurteil analytische Prüfungshandlungen und Befragungen im Vordergrund stehen, werden zur Erlangung einer **hinrei-**

---

2 Siehe zur Weiterentwicklung der Prüfungsstandards Rz 17.

chenden **Sicherheit** umfangreichere Prüfungshandlungen erforderlich, die v.a. auf ein eingerichtetes internes Kontrollsystem (IKS) für die Nachhaltigkeitsinformationen abzielen (siehe zu Prüfungstiefe und Vermerk einer nichtfinanziellen Erklärung § 9 Rz 38 ff.).

13 Mittels der Prüfungshandlungen erfolgt die Einschätzung des externen Prüfers über die Entsprechung des Ist-Objekts mit dem Soll-Objekt. Am Beispiel einer nichtfinanziellen Erklärung sind die Prüfungshandlungen darauf ausgerichtet, die beauftragte Prüfungssicherheit zu erlangen, ob das aufgestellte Ist-Objekt den nachfolgenden gesetzlichen Vorgaben entspricht:

Bestandteile der Berichterstattung (§ 289c Abs. 2 HGB)	• Geschäftsmodell • Wesentlichkeit • Aspekte • Sachverhalte
Berichtsumfang (§ 289c Abs. 3 HGB)	• Konzepte • Ergebnisse • bedeutsamste Kennzahlen • nichtfinanzielle Risiken • ggf. Verweise auf den Jahresabschluss/Konzernabschluss

Tab. 5: Vorgaben des CSR-RUG

14 Bei der externen Prüfung handelt es sich um keine Vollprüfung, sondern um einen **risikoorientierten Ansatz**, der sich idealtypisch über einen längeren Zeitraum um den Bilanzstichtag des Unternehmens erstreckt und in eine Vor- und Hauptprüfung unterteilt werden kann. Abb. 6 zeigt beispielhafte **Prüfungshandlungen** in den unterschiedlichen Phasen der Prüfung einer nichtfinanziellen Erklärung oder eines Nachhaltigkeitsberichts auf:

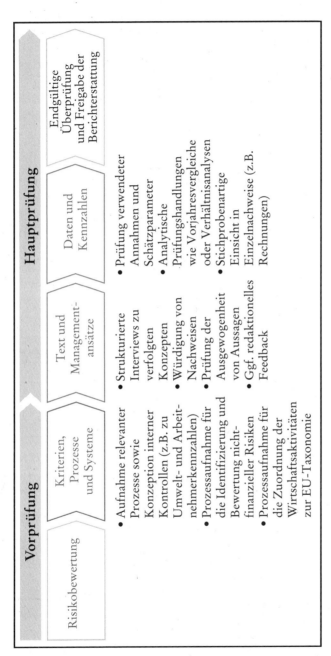

Abb. 6: Phasen einer externen Prüfung

15 Bei den Prozessaufnahmen handelt es sich i.d.R. um **Befragungen**, die der externe Prüfer mit den Verantwortlichen im Unternehmen durchführt. Diese können sich bspw. beziehen auf
- genaue Definition von qualitativen und quantitativen KPIs (z.B. Lieferantenaudits, Mitarbeiterzufriedenheit, Wasserverbrauch, Emissionen, Abfallmengen),
- Verständnis des Prozesses der Datenerhebung und Datenaggregation (z.B. manuell oder automatisch, zentral oder dezentral),
- Verständnis des Prozesses der Validierung und der Datenkontrollmechanismen (z.B. Überwachung durch QM, implementierte manuelle oder automatische Kontrollen),
- Einblicke in die Prozesse durch einen „Walk-through" (z.B. IT-System, Excel-Sheet-Berechnungen),
- Identifikation von und Umgang mit Risiken aus der Geschäftstätigkeit auf nichtfinanzielle Belange.

I.R.d. Befragungen werden i.d.R. vereinzelte **Prüfungsnachweise** vom zu prüfenden Unternehmen erbeten, die sich beziehen können auf
- prozessbezogene Einzelfallüberprüfungsmaßnahmen,
- qualitative und quantitative Maßnahmen zur Einzelfallprüfung.

16 Als Beispiele für solche zu erbringenden Prüfungsnachweise, einschl. der Anforderungen an ihre Eigenschaften, können angesehen werden:

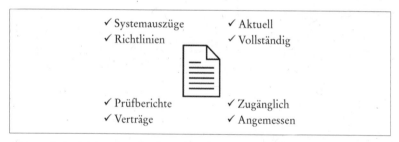

Abb. 7: Beispiele und Anforderungen für Nachweisdokumente

Der Verlauf der Prüfung kann als kontinuierlicher Austausch zwischen Prüfer und dem Aufsteller der Nachhaltigkeitsberichterstattung angesehen werden.

17 Derzeit unterliegen die Standards zur Prüfung von Nachhaltigkeitsinformationen einer Weiterentwicklung. So wurde beim International Auditing and Assurance Standards Board (IAASB) im September 2022 ein Projektvorschlag für einen neuen übergreifenden Standard zur Nachhaltigkeitsprüfung genehmigt und daraufhin mit der Entwicklung des internationalen Standards zur Nachhaltigkeitsprüfung ISSA 5000 *„General Requirements for Sustainability Assurance Engagements"* begonnen. Zudem wurden vom Institut der Wirtschaftsprüfer in Deutschland e. V. (IDW) im November 2022 mit dem **IDW EPS 990** und **IDW EPS 991** 2 Entwürfe zur Prüfung der nichtfinanziellen (Konzern-)Berichterstattung außerhalb der Abschlussprüfung zur Konsultation gestellt.[3]

6 Übliche Herausforderungen in der Nachhaltigkeitsberichterstattung und Empfehlungen

Unternehmen sind mit einer Reihe von Herausforderungen konfrontiert, die ihre Fähigkeit, eine verlässliche Nachhaltigkeitsberichterstattung zu entwickeln, beeinträchtigen können. Zu den üblichen Herausforderungen zählen:
- keine festgelegten Zuständigkeiten,
- begrenzte formale Governance-Struktur für die Überwachung der Berichterstattung und Genehmigungen,
- mangelnde Dokumentation und Rückverfolgbarkeit,
- Ziele, die nicht messbar sind,
- kein Link zur Gesamtstrategie,
- mangelnde Verfügbarkeit von Daten,
- Unsicherheiten bzgl. Erhebungs-/Schätzungsmethoden,
- fehlende (IT-)Prozesse und interne Kontrollen,
- Unstimmigkeiten mit der Finanzberichterstattung.

Meist gestaltet sich die Herausforderung entsprechend dem Nachhaltigkeits-Maturity-Level, das ein Unternehmen bisher erreicht hat. Unternehmen im aktivierenden oder konformen Stadium haben oft Schwierigkeiten mit der Definition, der Etablierung von Governance-Strukturen, der Datenerhebung und es mangelt an Kompetenzen. Unternehmen im proaktiven oder strategischen Stadium stehen hingegen vor der Herausforderung, Informationen entlang der Wertschöpfungskette zu berichten und Systeme und Prozesse für eine hinreichende Prüfungssicherheit vorzubereiten.

---

[3] Siehe www.iaasb.org/latest-our-projects, abgerufen am 3.1.2023; vgl. auch WPg 1/2023, S. 2.

Praxis-Tipp

Um den Herausforderungen in der Nachhaltigkeitsberichterstattung zu begegnen, sind folgende Maßnahmen hilfreich und zu empfehlen:
- **Frühzeitig anfangen**: Mit ausreichend zeitlichem Puffer bis zur Berichtsveröffentlichung können auch unvorhersehbare Hindernisse im Prozess bestritten werden. Ein Probelauf ist zu empfehlen.
- **Nachhaltigkeit auf Führungsebene** (*„tone from the top"*): Nachhaltigkeit muss für eine erfolgreiche Integration bei der Geschäftsleitung beginnen, um glaubhaft in das gesamte Unternehmen getragen zu werden.
- **Nachhaltige Governance-Strukturen über alle Bereiche/Abteilungen errichten**: Mittels dieser können nachhaltigkeitsbezogene Angelegenheiten im Unternehmen und in den Wertschöpfungsketten in Bezug auf die verschiedenen Nachhaltigkeitsthemen besser gesteuert und nachverfolgt werden.
- **Verschmelzung der finanziellen mit der nichtfinanziellen Berichterstattung**: Der Austausch zwischen den verantwortlichen Abteilungen kann zur Verbesserung der jeweiligen Prozesse führen. Besonders mit Blick auf die EU-Taxonomie sollten Schnittstellen etabliert werden.
- **Aufbau eines nichtfinanziellen IKS**: Notwendig ist die Anpassung/Erweiterung des bestehenden IKS auf Nachhaltigkeitsinformationen, damit relevante Kennzahlen gleichermaßen verlässlich steuer- und prüfbar sind.

§ 10A   Nachhaltigkeitsreporting bei der Vaillant Group

> **Überblick**
>
> Die Erweiterung der externen Berichtspflicht für nichtfinanzielle Kennzahlen von etwa 500 auf etwa 15.000 Unternehmen in Deutschland bringt zum Ausdruck, wie stark die Bedeutung von Nachhaltigkeit für Unternehmen zugenommen hat. Nachhaltigkeit ist ein wesentlicher Faktor für den Erfolg und die Zukunftsfähigkeit eines Unternehmens.
>
> Einige Unternehmen haben sich bereits vor vielen Jahren dieses Themas systematisch angenommen. Für sie ist es gelebte Praxis, neben Finanzkennzahlen auch über Nachhaltigkeitsziele und die Verbesserung der Nachhaltigkeitsleistung zu kommunizieren. Es ist zu erwarten, dass Unternehmen, die auf bestehenden Erfahrungen im Nachhaltigkeitsmanagement aufbauen können, es leichter haben werden, die zukünftigen Anforderungen der EU-weiten Corporate Sustainability Reporting Directive (CSRD) zu erfüllen, als solche, die sich jetzt erst auf den Weg machen.

1   SEEDS – das Nachhaltigkeitsprogramm der Vaillant Group

Nachhaltigkeit bedeutet für die Vaillant Group mehr als die Vermarktung besonders energiesparender Produkte. Es bedeutet, dass strategische und operative Entscheidungen in einem Unternehmen auch unter Nachhaltigkeitsgesichtspunkten getroffen werden.

> **Praxis-Beispiel**
> **Die Vaillant Group**
>
> Wir sorgen für ein besseres Klima in jedem Zuhause und unserer Umwelt. Unsere Unternehmensvision ist Motivation und Antrieb für rund 16.000 Mitarbeitende. Als ein weltweit führender Anbieter von Wärmepumpen, digitalen Servicedienstleistungen und effizienten Gas-Heizgeräten bieten wir unseren Kundinnen und Kunden in über 60 Ländern energiesparende, umweltfreundliche Technologien zum Heizen, Kühlen und zur Warmwasserbereitung. Mit einem umfassenden Nachhaltigkeitsprogramm tragen wir in unserem eigenen Verantwortungsbereich dazu bei, die weltweiten Klimaziele zu erreichen und den globalen Temperaturanstieg auf 1,5°C zu begrenzen.

2 Bereits seit 2011 steuert die Vaillant Group ihre Nachhaltigkeitsaktivitäten zentral in ihrem **Nachhaltigkeitsprogramm SEEDS** (Sustainability in Environment, Employees, Development & Solutions and Society). Es definiert für die Fokusfelder Umwelt, Mitarbeiterinnen & Mitarbeiter, Entwicklung & Lösungen und Gesellschaft ambitionierte Ziele und konkrete Maßnahmen.

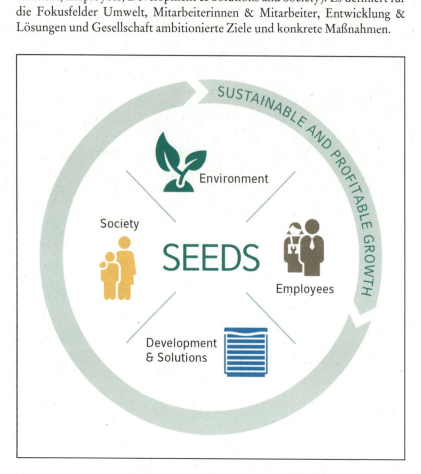

Abb. 1: Das Nachhaltigkeitsprogramm SEEDS der Vaillant Group

SEEDS bildet das „ethische Fundament" der Vaillant Group. Das Programm basiert auf einem ganzheitlichen Nachhaltigkeitsverständnis und unterstützt die Unternehmensvision der Vaillant Group *„Taking care of a better climate. Inside each home and the world around it"*. Alle Aktivitäten im Bereich Nachhaltigkeit stehen in einer Beziehung zum Kerngeschäft des Unternehmens und tragen damit zum langfristigen Erfolg des Unternehmens bei.

2 Nachhaltigkeitsberichterstattung gem. Corporate Sustainability Reporting Directive (CSRD)

2.1 Ausgangssituation

Das Nachhaltigkeitsmanagement der Vaillant Group erhebt bereits seit vielen Jahren systematisch die Nachhaltigkeitskennzahlen des Unternehmens in einer internen **Nachhaltigkeitsscorecard** und überwacht und steuert auf dieser Basis die gruppenweite Nachhaltigkeitsleistung. Mittels der Scorecard erfolgt zudem die Messung der Zielerreichung über die relevanten Nachhaltigkeitsthemen.

Ein externer Nachhaltigkeitsbericht wurde erstmals im Jahr 2011 erstellt. Dieser orientierte sich bereits am GRI-Standard. 2019 wurde der Nachhaltigkeitsbericht mit dem jährlichen Fortschrittsbericht (Communication on Progress) an den Global Compact der Vereinten Nationen kombiniert.

Eine wesentliche Basis der Nachhaltigkeitsaktivitäten und damit auch der externen Berichterstattung ist bereits von Anfang an die **Wesentlichkeitsanalyse**. Mit einer systematischen Befragung unter Kunden, Geschäftspartnern, Lieferanten, Mitarbeitern, Gesellschaftern, Kommunen und weiteren relevanten Stakeholdern wurden die wichtigsten Nachhaltigkeitsthemen dieser Stakeholder erhoben. In der Vaillant Group Wesentlichkeitsmatrix sind diese Themen zu Schwerpunktfeldern aggregiert.

Die neuen Anforderungen gem. der Corporate Sustainability Reporting Directive (CSRD; § 9 Rz 55 ff.) erfordern vom Unternehmen nun eine **standardisierte Berichterstattung**. Damit einher erhöht sich der vorgegebene Berichtsumfang deutlich. Zudem ergeben sich aus der CSRD und den begleitenden European Sustainability Reporting Standards (ESRS; § 9A) für die Vaillant Group erstmals konkrete Vorgaben an die Inhalte der externen Nachhaltigkeitsberichterstattung. Dies erfordert eine noch intensivere Einbindung der anderen Fachbereiche bei der Berichterstellung als in der Vergangenheit.

Die Vaillant Group ist verpflichtet, vereinfacht ausgedrückt, i. R. d. Jahresabschlusses einen Konzernabschluss, Konzernanhang und einen Zusammengefassten Lagebericht zu erstellen. Diese enthalten Informationen zum Geschäftsverlauf und zur finanziellen Lage des Konzerns. Gem. der CSRD muss der Lagebericht zukünftig um relevante Nachhaltigkeitsinformationen erweitert werden. In diesem Rahmen sind außerdem Angaben gem. den Anforderungen der EU-Taxonomie (§ 12) zu machen. Es ergibt sich daher die Notwendigkeit einer engen **Zusammenarbeit** zwischen dem **Nachhaltigkeitsmanagement** und dem **Finanzbereich**.

> **Praxis-Beispiel**
> **Projektorganisation bei der Vaillant Group**
>
> Hatten das Nachhaltigkeitsmanagement und der Finanzbereich in der Vergangenheit eher vereinzelte Berührungspunkte, so arbeiten die beiden Bereiche nun gemeinsam und eng verzahnt an einer kombinierten externen Berichterstattung.
>
> Bei der Vaillant Group haben wir daher den Ansatz gewählt, die Projektleitung gemeinsam aus Nachhaltigkeitsmanagement und Finanzbereich zu stellen. Aus beiden Bereichen arbeiten zudem zahlreiche Experten im Projektteam mit. Bei Bedarf sowie im weiteren Verlauf des Projekts werden vermehrt Experten aus anderen Unternehmensbereichen hinzugezogen.
>
> Es gibt ein interdisziplinäres Teammeeting sowie ein ebenfalls aus beiden Bereichen besetztes Steering Committee. Ein externer Berater unterstützt das Projekt. 
>
> | | Projektteam und Projektsteuerung | | | |
> |---|---|---|---|---|
> | | Nachhaltigkeitsmanagement (NH) und Finanzbereich (F) Externe Unterstützung durch Beratungsunternehmen (BU) | | Weitere Experten aus Nachhaltigkeitsmanagement und Finanzbereich sowie aus anderen Unternehmensbereichen | |
> | | **Steering Committee** | **Kernteam** | **Erweitertes Team** | **Experten** |
> | Wer | • Group Director NH + F
• **Teamleiter NH + F** (Gesamtprojektleitung)
• Experten NH + F
• Projektleitung BU | • Teamleiter und Experten NH + F
• Projektleitung und Experten BU | • Weitere relevante Fachbereiche | • Nach Bedarf |
> | Was | Kernaufgaben:
• Strategische Entscheidungen und Beschlüsse | Kernaufgaben:
• Verantwortung für die Implementierung
• Koordination und Kommunikation
• Formulierung von Handlungsempfehlungen und Beschlussvorlagen | Kernaufgaben:
• Verantwortung für definierte Arbeitspakete
• Unterstützung des Kernteams | |
> | | Start im kleinen Team, dann sukzessive Einbeziehung der beteiligten Bereiche/Experten | | | |
>
> Abb. 2: Projektorganisation in der Vaillant Group zur Umsetzung der CSRD und der EU-Taxonomie-Verordnung
>
> Die Erfüllung der Anforderungen aus der CSRD wird schwerpunktmäßig aus dem Nachhaltigkeitsbereich koordiniert. Die Umsetzung der Anforderungen gem. EU-Taxonomie-Verordnung verantwortet der Finanzbereich.

2.2 Wesentlichkeitsanalyse als Basis

8   Die Wesentlichkeitsanalyse ist die Grundlage der zukünftigen externen Berichterstattung. Die Erstellung der Wesentlichkeitsanalyse beruht gem. der European Sustainability Reporting Standards (ESRS; § 9A) nicht mehr vorrangig auf einer klassischen Stakeholderbefragung, sondern auf einer

objektiven Bewertung der Nachhaltigkeitsthemen auf Basis der doppelten Materialität. Die Berücksichtigung der finanziellen Risiken und Chancen i. R. d. Analyse verdeutlicht noch einmal das Zusammenwachsen von finanziellen und nichtfinanziellen Zielen und Kennzahlen.

Praxis-Beispiel
Erstellung der Wesentlichkeitsanalyse für die Vaillant Group

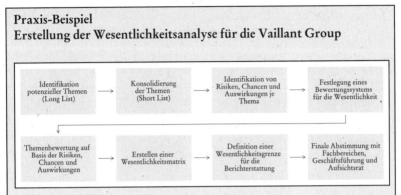

Abb. 3: Vorgehensweise Materialitätsanalyse

Ausgangspunkt der Wesentlichkeitsanalyse ist die Festlegung der Themen, welche in die Analyse einfließen. Bei der Vaillant Group haben wir zunächst eine **Long List** an Themen angelegt, die auf der vorherigen Wesentlichkeitsanalyse aufbaute. Diese haben wir um Themen ergänzt, die bis dato noch nicht in der externen Berichterstattung berücksichtigt waren, aber in den Entwurfsfassungen der ESRS genannt werden. Außerdem war ein Blick in freiwillige Nachhaltigkeitsberichtsstandards wie die branchenbezogene Materialitätsbewertung des Sustainability Accounting Standards Boards (SASB) hilfreich. Im nächsten Schritt wurden die Themen konsolidiert und über eine Zuordnung von Unterthemen voneinander abgegrenzt. Die **Short List** der konsolidierten Einzelthemen bildet die Basis der Wesentlichkeitsanalyse. Bei der Themendefinition haben wir insbes. auf Vollständigkeit und eine möglichst hohe Überschneidungsfreiheit geachtet.

Für die Durchführung der Wesentlichkeitsbewertung geben die CSRD und der ESRS 2 (zum Zeitpunkt der Durchführung noch als Entwurf) klare Kriterien vor. Die finanziellen Risiken und Chancen der Nachhaltigkeitsaspekte (Outside-in-Perspektive) sowie die Auswirkungen des Unternehmens auf Nachhaltigkeitsaspekte (Inside-out-Perspektive) bilden die beiden Achsen der neuen **Wesentlichkeitsmatrix**. Als Vaillant Group haben wir daher für jedes der Themen zunächst die wesentlichen Risiken und Chancen sowie die potenziellen negativen und positiven Auswirkungen identifiziert. Dies kann bspw. mittels eines bereichsübergreifenden Workshops und/oder auf Basis des Risikoradars im bestehenden Risk & Opportunity Management erfolgen. Herausfordernd für interne Stakeholder mag der **Perspektivwechsel** hinsichtlich der Auswirkungen des Unternehmens auf Gesellschaft, Mitarbeiter und Umwelt sein. Allerdings etabliert sich diese Sichtweise auf Nachhaltigkeit immer stärker in den derzeitigen und zukünftigen Regulierungen (z.B. im Lieferkettensorgfaltspflichtengesetz). Daher ist es wichtig, die beteiligten Personen für die neue Risikoperspektive zu sensibilisieren.

Im nächsten Schritt haben wir ein **Bewertungssystem** für die themenspezifischen Risiken, Chancen und Auswirkungen definiert. Die Bewertung erfolgte für die finanziellen Risiken und Chancen sowie für die positiven und negativen Auswirkungen jeweils getrennt voneinander. Auch die in ESRS 2 genannten Kriterien wurden einzeln bewertet, wobei wir die finanziellen Effekte noch einmal in kurz-/mittelfristig und langfristig unterteilt haben. Dabei waren 2 methodische Ansätze zentral: Zum einen haben wir die Risiken, Chancen und Auswirkungen auf einer Skala bewertet und mit einer Eintrittswahrscheinlichkeit multipliziert. Zum anderen haben wir lediglich das Risiko, die Chance oder die Auswirkung mit der größten Relevanz für das jeweilige Thema bewertet („Vorrang der maximalen Ausprägung"). Jedes Thema wurde am Ende in beiden Wesentlichkeitsdimensionen jeweils mit einem Score bewertet – konkret mit dem Maximum von finanziellem Risiko bzw. finanzieller Chance sowie dem Maximum von negativer bzw. positiver Auswirkung.

Zu Beginn der Bewertung haben wir uns die Frage gestellt, ob die Bewertung der Bruttorisiken oder der Nettorisiken erfolgen sollte. Bei einer Nettobetrachtung würden wir bestehende risikomindernde Prozesse und Maßnahmen in die Risikobewertung miteinbeziehen, so dass das Risiko sinkt und die Bewertung des jeweiligen Nachhaltigkeitsthemas tendenziell geringer ausfällt. Aus unserer Sicht hätte dies jedoch einen Zirkelschluss zur Folge, da Themen mit ausgeprägten Prozessen und Maßnahmen zur Risikominderung tendenziell als weniger relevant für die Vaillant Group eingestuft würden. Die Tatsache, dass ausgeprägte Prozesse und Maßnahmen existieren, widerspräche jedoch in vielen Fällen dieser Einstufung. Für die Wesentlichkeitsanalyse bedeutete dies, dass wir in der Bewertung stets auf das **Bruttorisiko** – oder auch das „inhärente Risiko" – abstellen, um die Wesentlichkeit der Themen innerhalb der definierten Methodik realistisch abzubilden.

> **Praxis-Tipp**
>
> Wir haben die Erfahrung gemacht, dass eine initiale Wesentlichkeitsbewertung durch das Nachhaltigkeitsmanagement für den weiteren Abstimmungsprozess sinnvoll ist. Auf diese Weise kann das Team mit einem konkreten Vorschlag auf die internen Stakeholder zugehen. Wichtig war aus unserer Sicht, diesen Entwurf ausführlich mit den betreffenden Fachbereichen zu besprechen und deren Input in der Finalisierung der Wesentlichkeitsmatrix zu berücksichtigen. Dies erhöht nicht nur die Akzeptanz der Ergebnisse in der Organisation, sondern stärkt auch die Objektivität der Bewertung. Besonders wertvoll war zudem der Abgleich mit dem bestehenden Risikomanagement, aber auch der Einbezug von bereits im Unternehmen existierenden Risikoanalysen (z.B. in den Bereichen Compliance und Menschenrechte). Dadurch konnte die bereichsübergreifende Konsistenz der Bewertung deutlich erhöht werden.

2.3 Erhebung und Kommunikation der Nachhaltigkeitsinformationen

Nach Definition der wesentlichen Themen ist der nächste Schritt die Aufnahme der bisher nicht extern berichteten Nachhaltigkeitskennzahlen und qualitativen Informationen im Unternehmen. Hierzu werden die Fachbereiche eng in die auf die Wesentlichkeitsanalyse folgenden Schritte einbezogen. Die Bereitstellung der externen Nachhaltigkeitsberichterstattung ist eine gemeinschaftliche Aufgabe, die vom Nachhaltigkeitsmanagement aus gesteuert und durch den Input der Fachbereiche maßgeblich unterstützt wird.

Ein nicht zu unterschätzender Aspekt ist die Bereitstellung der Nachhaltigkeitskennzahlen im gleichen zeitlichen Rahmen wie die finanziellen Kennzahlen. Zukünftig müssen die Nachhaltigkeitskennzahlen bereits früh im Jahr für das vorangegangene Geschäftsjahr vorliegen. Dies erfordert u.U. angepasste und teilw. neue Prozesse der Datenerhebung. So muss z.B. für wesentliche Umweltkennzahlen wie Energieverbrauch oder Abfallaufkommen die Unabhängigkeit von der zeitlichen Verfügbarkeit externer Abrechnungen erhöht werden.

Mit der CSRD und der dazugehörigen Prüfpflicht steigen die Anforderungen an die Daten- und Kontrollqualität bei der Erhebung von Nachhaltigkeitskennzahlen, da alle externen Angaben **prüffähig** sein müssen. Daher ist die Verbindlichkeit von Aussagen und Daten wichtig und eine entsprechende Sorgfalt bei der Erhebung und Bereitstellung erforderlich.

13 Aufsichtsorgane des Unternehmens werden regelmäßig über Nachhaltigkeitsthemen informiert. Es empfiehlt sich, entsprechende **Gremien frühzeitig einzubinden**, um darzustellen, welche Nachhaltigkeitsthemen als wesentlich für die Berichterstattung identifiziert wurden und wie durch entsprechende Verantwortlichkeiten und Prozesse eine gesetzeskonforme Berichterstattung sichergestellt werden soll.

14 Nach Erarbeitung der Inhalte der externen Nachhaltigkeitsberichterstattung gem. CSRD ist zu prüfen, welche der Berichtsinhalte in gleicher oder anderer Form für andere Nachhaltigkeitsveröffentlichungen verwendet werden können. Dies umfasst z. B. das verpflichtende Reporting zum Lieferkettensorgfaltspflichtengesetz (LkSG; § 15), jedoch auch darüber hinausgehende freiwillige Kommunikationsmaßnahmen an unterschiedliche Stakeholder-Gruppen (Webseite des Unternehmens, Soziale Medien). Hier ist ein enger **Schulterschluss mit der Unternehmenskommunikation** sinnvoll.

3 EU-Taxonomie

15 Die EU-Taxonomie (§ 12) ist ein gesetzlicher Standard, der die ökologische Nachhaltigkeit in der EU definiert und somit ein Klassifizierungssystem zur Definition „ökologisch nachhaltiger Geschäftsaktivitäten" darstellt. In diesem Sinne werden erstmals definierte nachhaltige Geschäftstätigkeiten ausgewiesen sowie finanzielle und nichtfinanzielle Themen miteinander verbunden. Dieser neue Standard bringt neue Anforderungen sowie neue Herausforderungen für den Finanzbereich mit sich. Neben der Bereitstellung von finanziellen Informationen müssen regelmäßig Nachhaltigkeitskennzahlen und -informationen zeitgerecht und in verlässlicher Qualität bereitgestellt werden. In diesem Zusammenhang müssen Nachhaltigkeitsaspekte in die relevanten Finanz- und Steuerungsprozesse sowie -systeme ganzheitlich integriert werden. Somit wird dieses Thema zukünftig ein fester **Bestandteil des Leistungskatalogs des Finanzbereichs** der Vaillant Group.

16 Um das genannte Ziel zu erreichen, verfolgt die Vaillant Group den Projektansatz, die EU-Taxonomie-Verordnung innerhalb von 4 Phasen mit einer Kurz-, Mittel- und Langfristintegration in die Prozesse und Systeme zu implementieren.

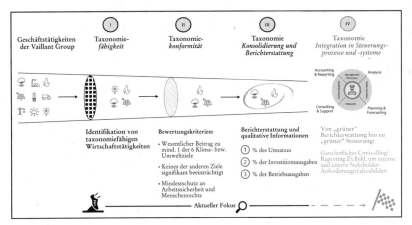

Abb. 4: Projektansatz Vaillant Group (vereinfachte Darstellung)

Nach Veröffentlichung der EU-Taxonomie-Verordnung hat sich der Finanzbereich der Vaillant Group frühzeitig mit den darin formulierten Anforderungen auseinandergesetzt. Die Kennzahlen, die aktuell samt Berichtsangaben erhoben werden müssen, sind der taxonomiekonforme Anteil des Umsatzes, der Investitionsausgaben und der Betriebsausgaben.

Mit Blick auf den definierten Projektansatz und die Phasen 1 bis 3 hat die Vaillant Group die eigenen Wirtschaftstätigkeiten i.S.d. EU-Taxonomie in einem ersten Schritt identifiziert („Taxonomiefähigkeit"). Im Anschluss wurden die Geschäftsaktivitäten, die i.S.d. Taxonomie als nachhaltig eingestuft werden, erstmals entsprechend den festgelegten Bewertungskriterien eingeordnet („Taxonomiekonformität"). Vereinfacht gesagt, sind dies alle Geschäftsaktivitäten, die im Verhältnis zu den in der EU-Taxonomie definierten 6 Umweltzielen stehen, keines der anderen Ziele signifikant beeinträchtigen und den Mindestschutz an Arbeitssicherheit und Menschenrechten gewährleisten. Um diese erstmalige Einordnung zu erreichen, wurden zahlreiche Analysen durchgeführt, zusätzliche Daten erhoben und entsprechend verarbeitet. Dabei war es entscheidend, dass die Inhalte so aufbereitet werden, dass sie auch in den Kontext der bestehenden finanziellen Kennzahlenlandschaft gestellt werden konnten, um eine Nachvollziehbarkeit sicherstellen zu können.

Bei der Erreichung dieser ersten Resultate ist der Finanzbereich der Vaillant Group v.a. mit einer noch nicht angepassten Systemunterstützung und teils komplexen Berechnungsmethoden für bestimmte Nachhaltigkeitsaspekte konfrontiert worden. Die zuletzt genannte Herausforderung stand v.a. im Zusammenhang mit der Festlegung, welche Aktivitäten gem. EU-Taxonomie-Verordnung als nachhaltig klassifiziert werden sollen und nach welchen

Bewertungskriterien. Diese teils noch unvollständige Konkretisierung der EU-Taxonomie-Verordnung stellte somit eine Hürde dar, die jedoch schrittweise überwunden wurde.

19 Darüber hinaus ist im bisherigen Projektverlauf transparent geworden, dass die ordnungsgemäße Umsetzung **ausreichend Zeit** und die **enge Einbeziehung** von unternehmensinternen Experten über die Finanz- und Nachhaltigkeitsabteilung hinaus erfordert. Insbes. die für die unternehmensinterne Erfassung von notwendigen Daten zuständigen Abteilungen wurden daher frühestmöglich einbezogen. Im Zuge der praktischen Umsetzung der EU-Taxonomie-Verordnung und dem verbleibenden Zeitraum bis zur Veröffentlichung wird sich der Finanzbereich der Vaillant Group aber noch weiteren zentralen Fragestellungen auf dem Weg der ganzheitlichen Integration in Bezug auf Datenerhebung, Prozesse und Systeme annehmen. Außerdem ist sich der Finanzbereich der Vaillant Group bewusst, dass die bloße Berichterstattung i. R. d. Jahresabschlusses nicht ausreichen wird, um die wachsenden Anforderungen interner und externer Stakeholder zu erfüllen.

20 Genau diese Themenstellung wird in der Phase 4 bearbeitet. Aus dem bisherigen Projektverlauf ist bereits ersichtlich, dass der Finanzbereich mit seinen Methoden, Prozessen und Systemen zur Bereitstellung von unterjährig regelmäßigen Nachhaltigkeitsinformationen beitragen wird. Um dieser Aufgabe gerecht zu werden, wird es notwendig sein, das finanzielle Steuerungsmodell um Nachhaltigkeitskennzahlen zu erweitern. Hierzu zählt u. a. die Integration der Kennzahlen in die Kernprozesse der Unternehmenssteuerung wie Forecasting, Budgetierung und Management Reporting. Wesentliche Grundvoraussetzungen dafür sind eine ganzheitliche Dateninfrastruktur und eine Systemlandschaft, die v. a. Transparenz und Nachvollziehbarkeit ermöglicht. Nur so lassen sich Maßnahmen hin zu mehr Nachhaltigkeit erkennbar, steuerbar und für interne und externe Stakeholder nachvollziehbar machen.

21 Das bereits genannte Ziel des Finanzbereichs der Vaillant Group ist die ganzheitliche Integration von Nachhaltigkeitskennzahlen in die relevanten Finanz- und Steuerungsprozesse sowie -systeme. Die ersten Schritte wurden wie zuvor beschrieben angestoßen und erste Ergebnisse wurden erzielt. Jedoch wurde im bisherigen Projektverlauf auch deutlich, dass eine organisatorische wie auch strategische Verankerung sowie der Aufbau neuer Prozesse und Systeme notwendig sind.

4 Fazit und Ausblick

22 Die Berichterstattung befindet sich im Wandel. Die Verbindung von finanziellen und nachhaltigkeitsbezogenen Informationen schreitet voran. Damit

einhergehend rücken die nichtfinanziellen Kennzahlen stärker in den Fokus. Sie werden i. R. d. Jahresabschlusses geprüft und in die externe Berichterstattung integriert.

Um die gesetzlichen Anforderungen umzusetzen und den Aufbau einer externen Berichterstattung gem. der CSRD und der EU-Taxonomie-Verordnung erfolgreich zu implementieren, ist die frühzeitige Einbindung der entsprechenden Fachbereiche, des Managements und der Aufsichtsorgane sinnvoll. Fachbereichsübergreifende, interdisziplinäre Projektteams vereinfachen die Implementierung.

Die Verschiebung der Anwendung der CSRD verschafft den Unternehmen, die bisher nicht der Non-Financial Reporting Directive (NFRD) unterliegen, Zeit, ihre Prozesse systematisch aufzusetzen, die erforderlichen Berichtsinhalte bereitzustellen und entsprechende IT-Lösungen zu implementieren.

Eine Herausforderung für Unternehmen wird es sein, die stetig zunehmenden externen Berichtsanforderungen zu koordinieren und zu standardisieren sowie Konsistenz in den Aussagen verschiedener Berichtsformate sicherzustellen.

Insgesamt nimmt die strategische Bedeutung relevanter Nachhaltigkeitsthemen weiter zu. Die Unternehmenssteuerung wird sich stärker als bisher auf nichtfinanzielle Leistungsindikatoren ausrichten.

EU-Aktionsplan: Finanzierung nachhaltigen Wachstums

§ 11 Offenlegungsverordnung

> **Überblick**
>
> Der Notwendigkeit folgend, stärkere Vorschriften in Bezug auf die Offenlegung von Nachhaltigkeitsinformationen im Finanzdienstleistungssektor zu schaffen, wurde im Dezember 2019 durch die EU die Verordnung über nachhaltigkeitsbezogene Offenlegungsverpflichtungen veröffentlicht. Die Verordnung findet bis auf einzelne Sonderregelungen bereits ab dem 10.3.2021 Anwendung. Finanzberater wie auch Finanzmarktteilnehmer sind hiernach verpflichtet, über Nachhaltigkeitsaspekte von Finanzprodukten zu berichten, negative Nachhaltigkeitsauswirkungen zu berücksichtigen und transparent Nachhaltigkeitsrisiken miteinzubeziehen.

1 Rechtsentwicklung

Mit der Unterzeichnung des Pariser Klimaschutzabkommens im Dezember 2015 hat sich die EU zu einem anspruchsvollen Klimaregime mit universeller Geltung für alle Staaten verpflichtet. Das Abkommen verfolgt 3 Ziele: 1
- Die Staaten setzen sich das globale Ziel, die Erderwärmung im Vergleich zum vorindustriellen Zeitalter auf „deutlich unter" 2°C zu begrenzen mit Anstrengungen für eine Beschränkung auf 1,5°C.
- Die Fähigkeit zur Anpassung an den Klimawandel soll gestärkt werden und wird neben der Minderung der Treibhausgasemissionen als gleichberechtigtes Ziel etabliert.
- Zudem sollen die Finanzmittelflüsse mit den Klimazielen in Einklang gebracht werden.

In der 2. Hälfte des Jahrhunderts soll Treibhausgasneutralität erreicht werden. Ihre nationalen Klimaschutzbeiträge zur Erreichung der Ziele legen die Staaten selbst fest.

Alle 5 Jahre (beginnend 2018) findet eine globale Bestandsaufnahme statt, um die Erfüllung der Ziele sicherstellen zu können. Des Weiteren verpflichteten sich die unterzeichnenden Staaten, bis 2020 langfristige Strategien für eine treibhausgasarme Entwicklung vorzulegen.

Am 11.12.2019 hat die EU den „**European Green Deal**" (Europäischer Grüner Deal) vorgestellt. Dieser ist ein Konzept mit dem Ziel, bis 2050 in der EU die Netto-Emissionen von Treibhausgasen auf null zu reduzieren, womit Europa der erste klimaneutrale Kontinent werden würde. Der Green 2

Deal ist zentraler Bestandteil der Klimapolitik der EU. Die EU räumt ein, dass, auch wenn ab 2021 ein Viertel des EU-Haushalts in die eigenen Nachhaltigkeitsziele fließen soll, öffentliche Gelder nicht ausreichen werden, um die notwendigen Maßnahmen zu stemmen. Aus diesem Grund hat die EU verbindliche Gesetze vorgeschlagen, um Anreize für private Investitionen in grüne Projekte zu schaffen. Um Umlenkung von Kapital in eine nachhaltige Wirtschaft möglichst attraktiv zu gestalten, ist für die Europäische Kommission eine hohe Transparenz unabdinglich.

3   Zwecks dieser Transparenz und des höheren Ziels der Erhöhung privater Investitionen in den nachhaltigen Sektor trat im März 2021 die Sustainable Finance Disclosure Regulation (**SFDR**[1]) in Kraft. Sie gilt für den gesamten EWR und soll vor allen Dingen Anlageverwaltern das Greenwashing ihrer Produkte erschweren. Das heißt konkret, dass ein Produkt nicht mit einem ESG- oder Nachhaltigkeitslabel versehen werden kann, wenn dessen Erreichen nicht transparent dargestellt wird. Dadurch hofft man außerdem, Anlegern bessere Möglichkeiten zu bieten, um Anlageoptionen in Bezug auf ihre ESG-Faktoren zu vergleichen und somit ihren Anlagezielen gerecht zu werden.

4   Ergänzend traten im August 2022 technische Regulierungsstandards[2] (im Folgenden: **RTS SFDR**) in Kraft, die ab dem 1.1.2023 anzuwenden sind. Sie legen den konkreten Inhalt, die zu verwendende Methodik und die Art der Darstellung der offenzulegenden Informationen fest. In den Anhängen I–V werden **Muster für Erklärungen** bezogen auf einzelne Offenlegungsanforderungen gegeben:
- Anhang I: Vorlage – Erklärung zu den wichtigsten Nachhaltigkeitsauswirkungen,
  - Tabelle 1: Erklärung zu den wichtigsten nachteiligen Auswirkungen von Investitionsentscheidungen auf Nachhaltigkeitsfaktoren,
  - Tabelle 2: Zusätzliche Klimaindikatoren und andere umweltbezogene Indikatoren,
  - Tabelle 3: Zusätzliche Indikatoren für die Bereiche Soziales und Beschäftigung, Achtung der Menschenrechte und Bekämpfung von Korruption und Bestechung,
- Anhang II: Vorlage – Vorvertragliche Information zu den in Artikel 8 Absätze 1, 2 und 2a der Verordnung (EU) 2019/2088 und Artikel 6 Absatz 1 Verordnung (EU) 2020/852 genannten Finanzprodukten,

---

1   Verordnung (EU) 2019/2088, ABl. EU v. 9.12.2019, L 317/1 ff.
2   Delegierte Verordnung (EU) 2022/1288, ABl. EU v. 25.7.2022, L 196/1 ff.

- Anhang III: Vorlage – Vorvertragliche Informationen zu den in Artikel 9 Absätze 1 bis 4a der Verordnung (EU) 2019/2088 und Artikel 5 Absatz 1 der Verordnung (EU) 2020/852 genannten Finanzprodukten,
- Anhang IV: Vorlage – Regelmäßige Informationen zu den in Artikel 8 Absätze 1, 2 und 2a der Verordnung (EU) 2019/2088 und Artikel 6 Absatz 1 der Verordnung (EU) 2020/852 genannten Finanzprodukten,
- Anhang V: Vorlage – Regelmäßige Informationen zu den in Artikel 9 Absätze 1 bis 4a der Verordnung (EU) 2019/2088 und Artikel 5 Absatz 1 der Verordnung (EU) 2020/852 genannten Finanzprodukten.

Die Regulierungsstandards werden in der Zukunft stetig weiterentwickelt. Auf Initiative der EU-Kommission haben die ESAs[3] bspw. per 30.9.2022 einen RTS-Vorschlag für die Evaluierung von Kernenergie- und Gasaktivitäten vorgelegt. Bis April 2023 sollen die ESAs zudem die Indikatoren für die wichtigsten nachteiligen Auswirkungen (*Principal Adverse Impact* – PAI) und die produktbezogenen Offenlegungspflichten überarbeiten. 5

Die Regulierer wie EU-Kommission[4], ESMA[5], ESA, BaFin[6] usw. haben darüber hinaus eine Reihe von Hinweisen und Fragen- und Antworten-Papiere herausgegeben, die auf Anwendungsfragen u. a. der SFDR, des RTS SFDR und der Taxonomie-Verordnung eingehen.

Die Hinweise verdeutlichen, dass die Entwicklung der Offenlegungspflichten noch nicht abgeschlossen ist, sie vielmehr aktuell einer hohen Dynamik unterliegt, wodurch zahlreiche Anwendungsfragen aufgeworfen werden. Dies spiegelt sich bspw. auch in der Festlegung von (Erst-)Anwendungszeitpunkten wider, wobei sich eine komplexe Struktur herausgebildet hat. Die

---

[3] Gemeinsamer Ausschuss der Europäischen Aufsichtsbehörden EBA, EIOPA and ESMA (ESAs).
[4] Siehe Teil 1 von FAQ EU-Kommission v. 14.7.2021 zur Offenlegungsverordnung www.esma.europa.eu/sites/default/files/library/sfdr_ec_qa_1313978.pdf; Teil 2 von FAQ EU-Kommission v. 13.5.2022 zur Offenlegungs- und Taxonomie-Verordnung (C(2022) 3051 final) www.esma.europa.eu/sites/default/files/library/c_2022_3051_f1_commission_decision_en_v3_p1_1930069.pdf sowie www.esma.europa.eu/sites/default/files/library/c_2022_3051_f1_annex_en_v3_p1_1930070.pdf, jew. abgerufen am 3.1.2023.
[5] Updated Joint ESA Supervisory Statement on the application of the SFDR v. 24.3.2022 (JC 2022 12), www.esma.europa.eu/press-news/esma-news/esas-issue-updated-supervisory-statement-application-sustainable-finance; Clarifications on the ESAs' draft RTS under SFDR v. 2.6.2022 (JC 2022 23), www.esma.europa.eu/press-news/esma-news/esas-provide-clarifications-key-areas-rts-under-sfdr; Joint ESAs' Report on the extent of voluntary disclosure of principal adverse impact under the SFDR v. 28.7.2022 (JC 2022 35), www.esma.europa.eu/press-news/esma-news/esas-issue-report-extent-voluntary-disclosure-principal-adverse-impact-under, jew. abgerufen am 3.1.2023.
[6] Bspw. Fragen und Antworten zur Offenlegungsverordnung, www.bafin.de/SharedDocs/Downloads/DE/Anlage/dl_Anlage_Fragen_und_Antworten_OffenlegungsVO.html, abgerufen am 3.1.2023, u.v.m.

ESAs haben im März 2022 eine tabellarische **Übersicht über den Anwendungsbereich** einzelner Anforderungen veröffentlicht.[7]

> **Hinweis**
>
> Grds. sind die Anforderungen der SFDR ab dem 10.3.2021, die Anforderungen des RTS SFDR aber erst ab dem 1.1.2023 einzuhalten. Entsprechend ergibt sich ein Übergangszeitraum bis Ende 2022, in dem Vorschriften der SFDR zunächst nur auf Basis prinzipienbasierter Verordnungsvorgaben (Level-1 Gesetzgebung) anzuwenden sind. In ähnlicher Weise wird es einen Übergang zur Einhaltung von Informationsanforderungen bzgl. der Umweltziele der nachhaltigen Nutzung und des Schutzes von Wasser- und Meeresressourcen, des Übergangs zur Kreislaufwirtschaft, der Vermeidung und Verminderung der Umweltverschmutzung und des Schutzes und der Wiederherstellung der Biodiversität und der Ökosysteme geben.[8] Die Anwendung der Informationspflichten gilt nach Art. 11 Abs. 1 Buchst. c) und d) SFDR bezogen auf die Umweltziele gem. Art. 9 Buchst. c)–f) der Taxonomie-Verordnung ab dem 1.1.2023, die zugehörigen konkretisierenden RTS sind aber noch nicht veröffentlicht.

2 Regelungsgehalt der Offenlegungsverordnung

2.1 Anforderungen qua Verordnung

Die Sustainable Finance Disclosure Regulation soll es Anlegern erleichtern, Vergleiche zwischen den am Markt angebotenen Finanzprodukten zu ziehen. Im Zentrum der **SFDR** steht die Einführung von Transparenzregelungen im Hinblick auf ökologische und/oder soziale Merkmale bzw. nachhaltige Investitionen solcher Produkte.

Die SFDR verlangt von Finanzmarktteilnehmern und Finanzberatern spezifische Offenlegungen auf Unternehmens- und Produktebene in Bezug auf **Nachhaltigkeitsrisiken und wesentliche nachteilige Auswirkungen** (Rz 27 f.).

Darüber hinaus soll die SFDR den Anlegern bei der Produktauswahl helfen, indem sie Finanzprodukte in 3 verschiedene Kategorien einteilt, je nachdem, inwieweit diese Produkte Nachhaltigkeitsfaktoren im Investmentprozess berücksichtigen. Für jede Kategorie sind verbindliche Anlagekriterien mit spezifischen Angaben erforderlich.

---

[7] Updated Joint ESA Supervisory Statement on the application of the SFDR v. 24.3.2022 (JC 2022 12).
[8] Vgl. Art. 9 Buchst. c) bis f) der Taxonomie-Verordnung (§ 12 Rz 14 ff.).

Die Verordnung, die am 10.3.2021 in Kraft trat, gilt für viele Finanzprodukte, darunter OGAW (Organismen für gemeinsame Anlagen in Wertpapieren), AIF (alternative Investmentfonds) und Versicherungsanlageprodukte.

2.2 Allgemeine Grundsätze für die Darstellung von Informationen

Die Finanzmarktteilnehmer und Finanzberater haben nach Art. 2 und 3 des RTS SFDR allgemeine Grundsätze für die Darstellung von Informationen einzuhalten. Hierzu zählen:

- Informationen sind kostenlos zur Verfügung zu stellen. Sie müssen dem Grundsatz der Transparenz genügen und in leicht lesbarer Form dargestellt werden. Ergänzend weist die EU-Kommission darauf hin, dass irreführende Darstellungen bzw. Relativierungen, insbes. mit Bezug auf einen Mangel an verlässlichen Daten, nicht zulässig sind.[9]
- Die Informationen müssen in einem durchsuchbaren elektronischen Format zur Verfügung gestellt werden.
- Auf den Internetseiten sind die veröffentlichten Informationen jeweils auf dem neuesten Stand zu halten, Änderungen sind auszuweisen.
- Sofern Informationen auf Unternehmen oder Finanzprodukte Bezug nehmen, sind grds. die Rechtsträgerkennung (LEI – *Legal Entity Identifier*) und die internationale Wertpapiernummer (ISIN – *International Securities Identification Number*) anzugeben.
- Besteht ein als Referenzwert bestimmter Index aus einem Korb mit verschiedenen Indizes, sind die auf diesen Index bezogenen Informationen für diesen Korb und für jeden Index in diesem Korb zur Verfügung zu stellen.

2.3 Unternehmensbezogene Offenlegungspflichten

Die Verpflichtung zur Offenlegung von Informationen auf ihrer Unternehmenswebsite gilt für Finanzmarktteilnehmer und Finanzberater im Zusammenhang mit dem Angebot von u.a. Portfoliomanagement- und Anlageberatungsdienstleistungen, versicherungsbasierten Anlageprodukten, Rentenprodukten sowie alternativen Investmentfonds und OGAW-Produkten.

---

[9] Vgl. IDW, Besonderheiten bei der Berichterstattung und Prüfung nach der EU-Offenlegungsverordnung, Fragen und Antworten v. 2.9.2022, S. 17; EU-Kommission, FAQ Teil 2 v. 13.5.2022 zur Offenlegungs- und Taxonomie-Verordnung (C(2022) 3051 final), S. 10, www.esma.europa.eu/sites/default/files/library/c_2022_3051_f1_commission_decision_en_v3_p1_1930069.pdf sowie www.esma.europa.eu/sites/default/files/library/c_2022_3051_f1_annex_en_v3_p1_1930070.pdf, jew. abgerufen am 3.1.2023.

Nach Art. 3 der SFDR verpflichten sich Finanzmarktteilnehmer dazu, auf ihren Internetseiten Informationen zu ihren **Strategien zur Einbeziehung von Nachhaltigkeitsrisiken** bei ihren Investitionsentscheidungsprozessen zu veröffentlichen. Dasselbe gilt für Finanzberater in Bezug auf ihre Anlageberatungs- oder Versicherungsberatungstätigkeiten. Hierbei hat eine Erklärung über Strategien zur Wahrung der Sorgfaltspflicht in Bezug auf diese Information[10] zu erfolgen.

Klassischerweise veröffentlichen die Unternehmen in der Praxis ihre **Ausschlusskriterien in der Kapitalanlage** als Teil ihrer Investmentstrategie. Häufig werden folgende Ausschlusskriterien zugrunde gelegt:
- Verstöße gegen 1 oder mehrere der 10 Prinzipien des UN Global Compact (siehe zum UNGC § 8 Rz 63 ff.),
- Verstoß gegen gute Unternehmensführung,
- Herstellung und Handel mit geächteten Waffen (z. B. Landminen),
- Herstellung von Bioziden, die von der WHO als gefährlich eingestuft wurden,
- Ertrag aus Kohleverstromung,
- Investitionen in Tabakproduzenten,
- bei der Behandlung von Arbeitnehmern: Verstoß gegen grundlegende Prinzipien, wie z. B. Zwangsarbeit, Kinderarbeit, sowie systematische Umgehung von Mindestarbeitsstandards.

11 Falls nachteilige Auswirkungen von Investitionsentscheidungen auf Nachhaltigkeitsfaktoren nicht berücksichtigt werden, müssen die Gründe dafür erläutert werden (sog. „Comply or explain"-Ansatz). Dabei sind ggf. Informationen darüber, ob und wann eine Berücksichtigung beabsichtigt ist, zu erfassen.[11]

Die Informationen der Finanzmarktteilnehmer müssen nach Art. 4 Abs. 2 SFDR mind. die folgenden Aspekte beinhalten:
a) Informationen über ihre Strategien zur Feststellung und Gewichtung der wichtigsten nachteiligen Nachhaltigkeitsauswirkungen und Nachhaltigkeitsindikatoren;
b) eine Beschreibung der wichtigsten nachteiligen Nachhaltigkeitsauswirkungen und aller in diesem Zusammenhang ergriffenen oder ggf. geplanten Maßnahmen;
c) ggf. kurze Zusammenfassungen ihrer Mitwirkungspolitik gem. Art. 3g der Richtlinie 2007/36/EG;
d) eine Bezugnahme auf die Beachtung eines Kodex für verantwortungsvolle Unternehmensführung und international anerkannter Standards für die

---

[10] Vgl. Art. 4 Abs. 1 Buchst. a) SFDR.
[11] Vgl. auch Erklärung gem. Art. 12 ff. RTS SFDR.

Sorgfaltspflicht und die Berichterstattung sowie ggf. den Grad ihrer Ausrichtung auf die Ziele des Übereinkommens von Paris.

Abweichend von Art. 4 Abs. 1 SFDR müssen lt. Art. 4 Abs. 3 SFDR „Finanzmarktteilnehmer, die am Bilanzstichtag das Kriterium erfüllen, im Laufe des Geschäftsjahres durchschnittlich mehr als 500 Mitarbeiter (beschäftigt zu haben)", verpflichtend eine aktuelle Erklärung über ihre Strategie zur Wahrung der Sorgfaltspflicht im Zusammenhang mit den wichtigsten nachteiligen Auswirkungen ihrer Investitionsentscheidungen auf Nachhaltigkeitsfaktoren veröffentlichen. Diese Erklärung muss zumindest die in Art. 4 Abs. 2 SFDR aufgeführten Informationen umfassen. **12**

Dasselbe gilt nach Art. 4 Abs. 4 SFDR für Mutterunternehmen einer großen Gruppe i. S. d. Art. 3 Abs. 7 der Richtlinie 2013/34/EU, die am Bilanzstichtag der Gruppe das Kriterium erfüllen und im Lauf des Geschäftsjahres konsolidiert durchschnittlich mehr als 500 Mitarbeiter beschäftigen.

Die genannten offenlegungspflichtigen Informationen nach Art. 4 Abs. 1 und 2 SFDR sind seit dem 30.6.2021 jährlich in der Amtssprache des Staats, in dem ein Vertrieb stattfindet, auf der Internetseite des Finanzmarktteilnehmers/Finanzberaters zu veröffentlichen. Gem. Art. 4 RTS SFDR sind die Informationen in einem gesonderten Abschnitt mit dem Titel „**Erklärung zu den wichtigsten nachteiligen Auswirkungen von Investitionsentscheidungen auf Nachhaltigkeitsfaktoren**" in Anlehnung an das Muster nach Anhang I Tabelle 1 (Rz 4) darzulegen. Finanzmarktteilnehmer, die die Nachhaltigkeitsauswirkungen nach Art. 4 Abs. 1 Buchst. a) und Abs. 4 und 5 SFDR berücksichtigen, haben sich bis zum 31.12.2022 zu verpflichten, bis zum Juni 2023 auf ihren Internetseiten in einem gesonderten Abschnitt eine „Erklärung zu den wichtigsten nachteiligen Auswirkungen von Investitionsentscheidungen auf Nachhaltigkeitsfaktoren" zu veröffentlichen. Diese soll sich auf den Zeitraum vom 1.1. bis 31.12.2022 beziehen.[12]

In den Erklärungen zu Strategien zur Wahrung von Sorgfaltspflichten gem. Art. 4 Abs. 1 Buchst. a) oder nach Art. 5 Abs. 1 SFDR sind sowohl Finanzmarktteilnehmer als auch Finanzberater dazu verpflichtet anzugeben, inwiefern ihre **Vergütungspolitik** mit der Einbeziehung von Nachhaltigkeitsrisiken im Einklang steht. **13**

Die in Abs. 1 genannten Informationen müssen von den Betroffenen in die Vergütungspolitik aufgenommen werden, die sie gem. den sektoralen Rechtsvorschriften, insbes. den Richtlinien 2009/65/EG, 2009/138/EG, 2011/61/EU, 2013/36/EU, 2014/65/EU, (EU) 2016/97 und (EU) 2016/2341, festlegen und fortführen müssen.

---

[12] Delegierte Verordnung (EU) 2022/1288, ABl. EU v. 25.7.2022, L 196/9, Tz. 40.

2.4 Produktbezogene Offenlegungspflichten

14 Nach den Regelungen der SFDR müssen Finanzmarktteilnehmer und Finanzberater Produktinformationen zur Nachhaltigkeit sowohl für Produkte mit Bezug zu Umwelt, Sozialem und Unternehmensführung (ESG) als auch für Produkte ohne ESG-Bezug offenlegen. Die Verordnung verlangt von den Unternehmen, die von ihnen angebotenen Produkte oder Beratungen in eine der 3 folgenden **Kategorien** einzuordnen (Rz 28):
- Mainstream-Produkte,
- Produkte mit ökologischen oder sozialen Merkmalen oder
- Produkte mit nachhaltigen Anlagezielen.

> **Hinweis**
>
> Die Offenlegungspflichten auf Produktebene betreffen die vorvertragliche Offenlegung (Kundeninformationen, Broschüre usw.), die Offenlegung auf der Produktwebsite und die regelmäßigen Produktberichte.

Spätestens seit der Ankündigung der europäischen Bemühungen um die Einbindung des Finanzsektors in die Transformation der europäischen Wirtschaft und die gesellschaftlichen Diskussionen, z.B. i.R.d. Fridays-for-Future-Bewegung, haben Finanzmarktteilnehmer verstärkt Produkte mit nachhaltigen Merkmalen in den Markt gebracht. Häufig wurden klassische Kapitalanlagen wie bspw. ETF oder Kapitallebensversicherungen mit einer nachhaltigen Kapitalanlage verbunden.

Die Offenlegungspflichten sollen **Transparenz** über diese Merkmale bei den jeweiligen Produkten schaffen.

15 Gem. Art. 6 Abs. 1 und 2 SFDR müssen Finanzmarktteilnehmer sowie Finanzberater in **vorvertraglichen Informationen** darüber aufklären, wie Nachhaltigkeitsrisiken in ihre Investitionsentscheidungen oder Beratungen mit einbezogen werden.

Des Weiteren müssen die Ergebnisse der Bewertung der zu erwartenden Auswirkungen von Nachhaltigkeitsrisiken auf die Rendite der zur Verfügung gestellten Finanzprodukte oder im Fall des Finanzberaters die Finanzprodukte, die Gegenstand der Beratung sind, offengelegt werden.

Sollten Nachhaltigkeitsrisiken als nicht relevant erachtet werden, so müssen die Erläuterungen zu den in Art. 6 Abs. 1 SFDR genannten Aspekten eine klare und nachvollziehbare Begründung dafür enthalten.[13]

---

[13] Vgl. Art. 6 Abs. 1 S. 2 SFDR.

Details dazu, wie bzw. in welchem Rahmen die in Art. 6 Abs. 1 und 2 SFDR genannten Informationen offengelegt werden müssen, finden sich in Art. 6 Abs. 3 SFDR: 16

a) bei Alternative Investment Fund Managers (AIFM) im Rahmen ihrer Informationspflichten gegenüber Anlegern nach Art. 23 Abs. 1 der Richtlinie 2011/61/EU;
b) bei Versicherungsunternehmen i. R. d. nach Art. 185 Abs. 2 der Richtlinie 2009/138/EG bereitzustellenden Informationen oder ggf. gem. Art. 29 Abs. 1 der Richtlinie (EU) 2016/97;
c) bei Einrichtungen betrieblicher Altersversorgung (EbAV) i. R. d. nach Art. 41 der Richtlinie (EU) 2016/2341 bereitzustellenden Informationen;
d) bei Verwaltern eines qualifizierten Risikokapitalfonds i. R. d. nach Art. 13 Abs. 1 der Verordnung (EU) Nr. 345/2013 bereitzustellenden Informationen;
e) bei Verwaltern eines qualifizierten Fonds für soziales Unternehmertum i. R. d. nach Art. 14 Abs. 1 der Verordnung (EU) Nr. 346/2013 bereitzustellenden Informationen;
f) bei Herstellern von Altersvorsorgeprodukten in Schriftform und rechtzeitig, bevor ein Kleinanleger einen Vertrag über ein entsprechendes Altersvorsorgeprodukt abschließt;
g) bei OGAW-Verwaltungsgesellschaften (Organisationen für gemeinsame Anlagen in Wertpapieren) im nach Art. 69 der Richtlinie 2009/65/EG zu veröffentlichenden Prospekt;
h) bei Wertpapierfirmen, die Portfolioverwaltung oder Anlageberatung anbieten, gem. Art. 24 Abs. 4 der Richtlinie 2014/65/EU;
i) bei Kreditinstituten, die Portfolioverwaltung oder Anlageberatung anbieten, gem. Art. 24 Abs. 4 der Richtlinie 2014/65/EU;
j) bei Versicherungsvermittlern und Versicherungsunternehmen, die Versicherungsberatung für Insurance-based Investment Products (IBIP) anbieten, und bei Versicherungsvermittlern, die Versicherungsberatung für Altersvorsorgeprodukte, die Marktschwankungen ausgesetzt sind, anbieten, gem. Art. 29 Abs. 1 der Richtlinie (EU) 2016/97;
k) bei AIFM, die European long-term investment funds (ELTIF) verwalten, im nach Art. 23 der Verordnung (EU) 2015/760 zu veröffentlichenden Prospekt;
l) bei PEPP-Anbietern im in Art. 26 der Verordnung (EU) 2019/1238 genannten PEPP-Basisinformationsblatt (Pan-European Personal Pension Product).

Gem. Art. 7 Abs. 1 SFDR müssen die in Art. 6 Abs. 3 SFDR genannten Offenlegungen spätestens **ab dem 30.12.2022** klare und begründete **Erläuterungen** dazu enthalten, wie in einem Finanzprodukt die wichtigsten nachteiligen Auswirkungen auf Nachhaltigkeitsfaktoren berücksichtigt werden. 17

Sofern ein Finanzmarktteilnehmer die nachteiligen Auswirkungen von Investitionsentscheidungen auf Nachhaltigkeitsfaktoren nicht berücksichtigt, ist eine entsprechende **Erklärung inkl. Begründung** bereits seit dem 10.3.2021 offenzulegen.[14]

18 Des Weiteren muss eine Erklärung über die wichtigsten nachteiligen Auswirkungen auf Nachhaltigkeitsfaktoren i.R.d. nach Art. 11 Abs. 2 SFDR offenzulegenden Informationen verfügbar sein. Dabei handelt es sich um die folgenden **Formate**:
a) bei AIFM im in Art. 22 der Richtlinie 2011/61/EU genannten Jahresbericht;
b) bei Versicherungsunternehmen jährlich in schriftlicher Form gem. Art. 185 Abs. 6 der Richtlinie 2009/138/EG;
c) bei EbAV im in Art. 29 der Richtlinie (EU) 2016/2341 genannten Jahresbericht;
d) bei Verwaltern eines qualifizierten Risikokapitalfonds im in Art. 12 der Verordnung (EU) Nr. 345/2013 genannten Jahresbericht;
e) bei Verwaltern eines qualifizierten Fonds für soziales Unternehmertum im in Art. 13 der Verordnung (EU) Nr. 346/2013 genannten Jahresbericht;
f) bei Herstellern von Altersvorsorgeprodukten in schriftlicher Form im Jahresbericht oder im Bericht nach nationalem Recht;
g) bei OGAW-Verwaltungsgesellschaften im in Art. 69 der Richtlinie 2009/65/EG genannten Jahresbericht;
h) bei Wertpapierfirmen, die Portfolioverwaltung anbieten, in einem in Art. 25 Abs. 6 der Richtlinie 2014/65/EU genannten regelmäßigen Bericht;
i) bei Kreditinstituten, die Portfolioverwaltung anbieten, in einem in Art. 25 Abs. 6 der Richtlinie 2014/65/EU genannten regelmäßigen Bericht;
j) bei PEPP-Anbietern in der in Art. 36 der Verordnung (EU) 2019/1238 genannten PEPP-Leistungsinformation.

19 Art. 8 SFDR enthält die Vorgaben, die in den gem. Art. 6 Abs. 1 und 3 SFDR offenzulegenden Informationen umfasst sein müssen, wenn ein Produkt als nachhaltiges Produkt (**ESG-konformes Produkt**) beworben wird. Dabei geht die EU-Kommission von einer weiten Auslegung des Begriffs „bewerben" und des Anwendungsbereichs dieser Norm aus, um der Gefahr des Greenwashing zu begegnen.[15]

Diese Informationen müssen gem. Art. 8 Abs. 1 SFDR zum einen Angaben dazu enthalten, wie die Nachhaltigkeitsmerkmale erfüllt werden, und, falls

---

[14] Vgl. Art. 4 Abs. 1 Buchst. b) SFDR.
[15] Vgl. FAQ EU-Kommission v. 14.7.2021, S. 6 ff., www.esma.europa.eu/sites/default/files/library/sfdr_ec_qa_1313978.pdf, abgerufen am 3.1.2023, und RTS SFDR, Erwägungsgrund 13.

ein Index zum Referenzwert bestimmt wurde, angeben, ob und wie dieser Index mit diesen Merkmalen vereinbar ist.

In der Praxis nehmen die Unternehmen bspw. **Bezug auf internationale Nachhaltigkeitsstandards** wie die Grundsätze für nachhaltiges Investieren der Vereinten Nationen (Kurzform engl. UNPRI; siehe weiterführend zu den UNPRI § 8 Rz 187 ff.).

Gem. Art. 14 ff. RTS SFDR ist bei Art. 8 Produkten für die Darstellung der vorvertraglichen Informationen das Muster gem. Anhang II sowie gem. Art. 50 ff. RTS SFDR für regelmäßige Informationen das Muster gem. Anhang IV zu verwenden (Rz 4).

I.R.d. nach Art. 6 Abs. 1 und 3 SFDR offenzulegenden Informationen müssen Finanzmarktteilnehmer Angaben dazu machen, wo eine Beschreibung der Methode zur Berechnung des in Art. 8 Abs. 1 SFDR genannten Index zu finden ist.[16]
- Wird eine nachhaltige Investition auf Basis eines Index angestrebt, so müssen gem. Art. 9 SFDR Angaben dazu gemacht werden, wie der Index auf das angestrebte Ziel ausgerichtet ist, und begründet werden, wie und warum sich der Index von einem breiten Marktindex unterscheidet.
- Folgt das Finanzprodukt keinem Index, so müssen die offenzulegenden Informationen Erläuterungen dazu enthalten, wie das angestrebte Nachhaltigkeitsziel zu erreichen ist.

Strebt ein Finanzmarktteilnehmer mit einem Finanzprodukt eine Reduzierung der CO_2-Emissionen an, muss eine ausführliche Erklärung dazu erfolgen, wie die Ziele geringerer CO_2-Emissionen zur Verwirklichung der langfristigen Erderwärmungsziele des Übereinkommens von Paris gewährleistet werden.

Die in Art. 9 SFDR vorgeschriebenen Offenlegungen müssen in den gem. Art. 6 Abs. 1 und 3 SFDR offenzulegenden Informationen enthalten sein.

Lt. Art. 10 Abs. 1 SFDR müssen Finanzmarktteilnehmer für jedes in Art. 8 Abs. 1 und Art. 9 Abs. 1, 2 oder 3 SFDR genannte Finanzprodukt folgende Informationen auf ihrer **Internetseite** veröffentlichen und auf dem aktuellen Stand halten:
- eine Beschreibung der ökologischen oder sozialen Merkmale oder des nachhaltigen Investitionsziels;
- Angaben zu den Methoden, die angewandt werden, um die ökologischen oder sozialen Merkmale oder die Auswirkungen der für das Finanzprodukt ausgewählten nachhaltigen Investitionen zu bewerten, zu messen

---

[16] Vgl. Art. 8 Abs. 2 SFDR.

und zu überwachen, u. a. Angaben zu den Datenquellen, zu den Kriterien für die Bewertung der zugrunde liegenden Vermögenswerte sowie zu den relevanten Nachhaltigkeitsindikatoren, die zur Messung der ökologischen oder sozialen Merkmale oder der Gesamtnachhaltigkeitsauswirkungen des Finanzprodukts herangezogen werden;
- die in den Art. 8a und 9 SFDR genannten Informationen;
- die in Art. 11 SFDR genannten Informationen.

23 Gem. Art. 11 SFDR müssen Finanzmarktteilnehmer für ein Finanzprodukt nach Art. 8 Abs. 1 SFDR in ihren **regelmäßigen Berichten** erläutern, inwieweit die ökologischen oder sozialen Merkmale erfüllt wurden.

Für Finanzprodukte nach Art. 9 Abs. 1, 2 oder 3 SFDR muss die **Gesamtnachhaltigkeitswirkung** durch relevante Nachhaltigkeitsindikatoren belegt oder anhand eines Vergleichs des gewählten Index mit einem breiten Marktindex anhand von Nachhaltigkeitsindikatoren erfolgen.

Gem. Art. 18 ff. und Art. 58 ff. RTS SFDR sind für die vorvertraglichen Informationen und die regelmäßigen Informationen nach Art. 9 Abs. 1–4a SFDR die Muster gem. Anhang III und IV zu verwenden (Rz 4).

3 Normzweck und Anwendungsbereich

24 Der wesentliche Normzweck der SFDR besteht darin, nachhaltige Investitionen für private Anleger attraktiver zu machen. Dies soll vor allen Dingen durch eine erhöhte Transparenz bzgl. der ESG-Kriterien gelingen. Die neuen Offenlegungspflichten sollen nicht nur Greenwashing verhindern und so die Integrität der Produkte stärken; durch gleichmäßige Wettbewerbsbedingungen soll der Anleger Finanzprodukte auch besser vergleichen können. Man hofft, durch die neu geschaffene Transparenz das Marktbewusstsein für den bisherigen Nischenmarkt nachhaltiger Anlageprodukte zu erhöhen.

25 Am 10.3.2021 ist die SFDR als Teil des European Green Deal in Kraft getreten. Der Geltungszeitraum der SFDR ist nicht begrenzt, jedoch ist mit sich aus der Praxis ihrer Anwendung ergebenden Anpassungen zu rechnen. Seit ihrer Gültigkeit müssen auf Unternehmensebene Offenlegungspflichten für die Berücksichtigung von Nachhaltigkeitsrisiken, Darstellung wesentlicher nachteiliger Auswirkungen und der aktualisierten Vergütungspolitik stattfinden. Auf Produktebene sind seit diesem Datum die Berücksichtigung von Nachhaltigkeitsrisiken und die Beurteilung der Risiken auf die Renditen zu beachten. Außerdem müssen zusätzliche Offenlegungen zu Produkten mit ökologischen und sozialen Merkmalen und Zielen erfolgen. Seit 30.6.2021 müssen große Unternehmen nach Art. 4 Abs. 3 SFDR jährlich Erklärungen zu den wichtigsten nachteiligen Auswirkungen ihrer Investi-

tionsentscheidungen auf Nachhaltigkeitsfaktoren veröffentlichen. Ab 1.7.2022 wird die SFDR durch die zusätzlichen Offenlegungspflichten der Taxonomie-Verordnung (§ 12) ergänzt.

Die SFDR gilt für alle Finanzmarktteilnehmer und Finanzberater in der EU. Die SFDR gilt hauptsächlich für Finanzmarktteilnehmer (u. a. Banken, Versicherungen, Vermögensverwalter und Wertpapierfirmen), die in der EU tätig sind. Nicht-EU-Unternehmen werden indirekt durch EU-Tochtergesellschaften, die Erbringung von Dienstleistungen in der EU und den zunehmenden Marktdruck betroffen sein. Finanzberater sind Personen, die Anlage- oder Versicherungsberatung anbieten.

26

Die hier genannten Finanzmarktteilnehmer sind im Versicherungsbereich vor allen Dingen Versicherungsunternehmen, die Versicherungsanlageprodukte (Insurance-based Investment Products – IBIP) anbieten, Einrichtungen der betrieblichen Altersvorsorge (EbAV) sowie Hersteller von Altersvorsorgeprodukten.

Auch Lebensversicherungen und Anbieter von europaweiten privaten Altersvorsorgeprodukten (Pan-European Personal Pension Product – PEPP) sind betroffen. Die betroffenen Finanzberater in der Assekuranz sind Versicherungsunternehmen und Versicherungsvermittler, die Beratung für Versicherungsanlageprodukte (IBIP) erbringen.[17]

Darüber hinaus richtet sich die Richtlinie an Verwalter von Alternative Investment Funds (AIFM – Alternative Investment Fund Manager), European Venture Capital Funds (EuVECA) und European Social Entrepreneurship Fund (EuSEF) im Hinblick auf von ihnen verwaltete Fonds sowie MiFID-regulierte EU-Anlageberater. Private-Equity- oder Venture-Capital-Beteiligungen werden häufig von einem der vorgenannten Fonds über z. T. komplexe Akquisitions- und Holdingstrukturen gehalten. Damit gehören deren Verwalter zu den Adressaten. Diese haben zukünftig verstärkt Veröffentlichungen zu Nachhaltigkeitsrisiken und deren Auswirkungen auf das Fondsvermögen vorzunehmen.

Die SFDR verlangt von Finanzmarktteilnehmern und Finanzberatern spezifische Offenlegungen auf Unternehmens- als auch auf Produktebene in Bezug auf Nachhaltigkeitsrisiken und wesentliche nachteilige Auswirkungen. Die SFDR definiert Nachhaltigkeitsrisiken und wesentliche nachteilige Auswirkungen. Danach sind **Nachhaltigkeitsrisiken** Ereignisse oder Bedingungen im Bereich Umwelt, Soziales oder Governance, deren Eintreten erhebliche negative Auswirkungen auf den Wert der Investition haben könnten. **Wesentliche nachteilige Auswirkungen** sind Auswirkungen von

27

---

[17] Vgl. Art. 2 SFDR.

Investitionsentscheidungen und Anlageberatung, die negative Auswirkungen auf die Nachhaltigkeitsfaktoren haben. Ein Beispiel ist die Anlage in ein Unternehmen, das erheblich zur Kohlenstoffdioxidemission beiträgt oder unzureichende Wasser-, Abfall- oder landwirtschaftliche Praktiken aufweist.

28 Die SFDR ordnet Anlageprodukte bzgl. der Einbeziehung von Nachhaltigkeitsrisiken in 3 Kategorien ein. Die damit geschaffene Vergleichbarkeit soll Anlegern bei der Produktauswahl helfen. Die Produktkategorien entsprechen den Art. 6, 8 und 9 der SFDR:
- Sich an Art. 6 SFDR orientierende Produkte („**Mainstream**"-Produkte) beziehen ESG-Aspekte in den Prozess ihrer Anlageentscheidung mit ein. Andernfalls ist zu erklären, wieso Nachhaltigkeitsrisiken als nicht relevant erachtet und die zusätzlichen Kriterien aus Art. 8 oder 9 SFDR nicht berücksichtigt werden.
- Sog. „**Light Green**"-Produkte nach Art. 8 SFDR zeichnen sich durch die Förderung von sozialen und ökologischen Merkmalen oder eine Kombination aus diesen aus. Auch wenn in nachhaltige Anlagen investiert wird, sind nachhaltige Investitionen nicht das Hauptziel.
- „**Dark Green**"-Produkte nach Art. 9 SFDR verfolgen ein nachhaltiges Investitionsziel und legen dieses und die Strategie zur Erreichung des Ziels dar.

Gem. Art. 8 SFDR können Finanzprodukte soziale und/oder ökologische Merkmale bewerben und teilw. ein nachhaltiges Investitionsziel anstreben.

4 Verhältnis zu anderen Rechtsverordnungen und Gesetzen

29 Die für die Anwendung der SFDR relevanteste weitere Rechtsverordnung ist die EU-Taxonomie (EU) 2020/852. Die Taxonomie-Verordnung ergänzt die SFDR in der Hinsicht, dass sie klar definiert, was nachhaltiges Wirtschaften umfasst. Sie liefert eine Begriffsdefinition dafür, was das in der SFDR genannte (ökologisch) nachhaltige Wirtschaften ausmachen soll. Die objektiven Kriterien, anhand derer nachhaltiges Wirtschaften künftig festgemacht werden soll, basieren auf 6 Umweltzielen:
1. Klimaschutz,
2. Anpassung an den Klimawandel,
3. nachhaltige Nutzung und Schutz von Wasser- und Meeresressourcen,
4. Übergang zu einer Kreislaufwirtschaft,
5. Vermeidung und Verminderung der Umweltverschmutzung und
6. Schutz und Wiederherstellung der Biodiversität und der Ökosysteme (§ 12 Rz 14 ff.).

Eine Wirtschaftsaktivität kann i.S.d. EU-Taxonomie nur als (ökologisch) nachhaltig betrachtet werden, wenn sie einen wesentlichen Beitrag zu mind. einem dieser Umweltziele leistet und dabei im Einklang mit den restlichen Zielen steht. Die Festlegung der konkreten Kriterien erfolgt in den „**Delegated Acts**". Zu den ersten 2 Umweltzielen, dem **Klimaschutz** und der **Anpassung an den Klimawandel**, sind diese bereits erschienen.[18] Die weiteren 4 werden in naher Zukunft folgen.[19] Gleichwohl gelten die Offenlegungsanforderungen bzgl. auch der weiteren 4 Umweltziele nach Auffassung der BaFin bereits ab dem 1.1.2023.[20]

30

Ferner sind in einem delegierte Rechtsakt Kriterien für spezifische Gas- und Nuklearaktivitäten veröffentlicht worden.[21]

Die objektiven Kriterien der Delegated Acts werden lt. EU weiter angepasst werden.

Für nach Art. 8 eingestufte Produkte müssen ab 1.7.2022 zusätzliche Angaben darüber erfolgen, ob sie Anlagen in nachhaltige Investitionen aufweisen. Sollte dies der Fall sein, muss offengelegt werden, ob diese im Einklang mit der Taxonomie-Verordnung stehen.[22]

31

Für nach Art. 9 eingestufte Produkte muss offengelegt werden, ob sie nachhaltige Investitionen enthalten, welche im Einklang mit den spezifischen Kriterien der Taxonomie-Verordnung stehen.[23]

Für Produkte nach Art. 6 schreibt die EU-Taxonomie eine Negativverklärung bzgl. der Nachhaltigkeitskriterien vor.

Die BaFin hat am 2.8.2021 einen Entwurf einer Richtlinie für nachhaltig ausgerichtete Investmentvermögen veröffentlicht. Dieser enthält weitere Vorgaben zur Ausgestaltung von Publikumsinvestmentvermögen, die sich als nachhaltig bezeichnen oder explizit als nachhaltig vertrieben werden. Dieser für den deutschen Wirtschaftsraum geschaffene Entwurf geht über die SFDR hinaus und beinhaltet explizite Vorgaben wie z.B. eine geforderte Mindestinvestitionsquote von 75 % in nachhaltige Vermögensgegenstände.

32

---

[18] Delegierte Verordnung (EU) 2021/2139 der Kommission v. 4.6.2021 zur Ergänzung der Verordnung (EU) 2020/852, ABl. EU v. 9.12.2021, L 442/1 ff.
[19] Entgegen Art. 11 Abs. 5 ist von der EU-Kommission bis zum 1.6.2022 kein delegierter Rechtsakt (RTS) für die weiteren 4 Umweltziele der Taxonomie-Verordnung vorgelegt worden.
[20] Vgl. BaFin, Mitteilung zur Offenlegungsverordnung v. 30.3.2022, www.bafin.de/SharedDocs/Veroeffentlichungen/DE/Meldung/2022/meldung_2022_03_30_EU_Offenlegungsverordnung.html, abgerufen am 3.1.2023.
[21] Delegierte Verordnung (EU) 2022/1214 der Kommission v. 9.3.2022 zur Änderung der Delegierten Verordnung (EU) 2021/2178, ABl. EU v. 15.7.2022, L188/1 ff.
[22] Art. 8 Abs. 2a SFDR geändert durch Art. 25 Taxonomie-Verordnung (EU) 2020/852.
[23] Art. 9 Abs. 4a SFDR geändert durch Art. 25 Taxonomie-Verordnung (EU) 2020/852.

5 Prüfung der Einhaltung der SFDR durch den Abschlussprüfer

33 In Umsetzung des Art. 14 der SFDR bzw. des Art. 21 der Taxonomie-Verordnung regelt das Fondsstandortgesetz (FoStoG) v. 3.6.2021, dass die BaFin die national zuständige Behörde für die Überwachung der Einhaltung der Anforderungen nach Art. 3–13 der SFDR bzw. Art. 5–7 der Taxonomie-Verordnung ist[24] einschl. technischer Regulierungsstandards. Der BaFin kommt dadurch eine wichtige Rolle bei der Verhinderung von Greenwashing zu.

Nach den Vorgaben des FoStoG wurden auch die Pflichten des Abschlussprüfers von betroffenen Kapitalverwaltungsgesellschaften[25], Investmentvermögen[26] und Versicherungsunternehmen[27] erweitert. Zudem wird bei Kreditinstituten und Wertpapierinstituten, die Wertpapierdienstleistungen in Form der Anlageberatung und/oder Portfolioverwaltung erbringen, die Prüfung nach § 89 Abs. 1 S. 1 WpHG um die neu eingefügten Buchst. f) und g) der Nr. 5 bei den betroffenen Instituten entsprechend ergänzt.

34 Wirtschaftsprüfer haben für diese Verpflichteten nach den Vorgaben des FoStoG zu prüfen, ob die Anforderungen nach Art. 3–13 der SFDR sowie nach Art. 5–7 der Taxonomie-Verordnung eingehalten wurden. Dabei soll der Wirtschaftsprüfer nicht nur nachhalten, ob der Offenlegungspflichtige die geforderten Angaben tätigt. Vielmehr muss er sich bei den Angaben, bei denen ein hohes Risiko für Greenwashing besteht, davon überzeugen, dass diese **richtig und vollständig** sind. Dies betrifft die **produktbezogenen Angaben mit ESG-Bezug**, die Endanleger für ihre konkrete Investitionsentscheidung erhalten und die ihnen teilw. zudem in periodischen Berichten zur Verfügung gestellt werden. Gleichermaßen gilt dies für die Angaben dazu, ob und ggf. wie sich der Offenlegungspflichtige **mit den wichtigsten negativen Auswirkungen** auseinandergesetzt hat, die seine Investitionsentscheidung bzw. Anlageberatung z.B. **auf Umwelt-, Sozial- und Arbeitnehmerbelange** haben könnte. Die weiteren Angaben muss der Wirtschaftsprüfer zumindest plausibilisieren.

35 Die Vorgaben an die Prüfung sind weitgehend einheitlich für die Prüfungen von sämtlichen Verpflichteten formuliert. Über das Ergebnis dieser Prüfungen ist im **Prüfungsbericht** zu berichten, der nicht veröffentlicht wird. Bei

---

[24] Vgl. § 5 Abs. 13 KAGB, § 10 Abs. 3 WpHG, § 295 Abs. 1 Nr. 5 und 6 VAG.
[25] § 38 Abs. 3 S. 2 Nr. 7 und 8 KAGB.
[26] § 101 Abs. 1 S. 3 Nr. 7 KAGB i.V.m. § 102 Abs. 3, § 121 Abs. 3 S. 1 Nr. 2 Buchst. f) und g) KAGB, § 148 Abs. 1 KAGB i.V.m. § 121 Abs. 3 KAGB, § 136 Abs. 3 S. 1 Nr. 6 und 7 KAGB und § 159 S. 1 KAGB i.V.m. § 136 Abs. 3 KAGB.
[27] § 35 Abs. 1 S. 1 Nr. 9 VAG.

der Prüfung von Investmentvermögen kann sich das Ergebnis der Prüfung der Einhaltung der Anforderungen nach Art. 11 der Offenlegungsverordnung auch auf den **Vermerk des Abschlussprüfers** auswirken. Aufgrund der bestehenden Unsicherheiten bei der Auslegung von Formulierungen und Begriffen insbes. in der SFDR und Taxonomie-Verordnung weist das IDW auf die Möglichkeit hin, dass Abschlussprüfer einen entsprechenden Hinweis im besonderen Vermerk ihrer Berichterstattung anbringen.[28]

> **Hinweis**
>
> Zur Unterstützung des Berufsstands der Wirtschaftsprüfer hat das Institut der Wirtschaftsprüfer (IDW) im 4. Quartal 2021 einen Praxishinweis entwickelt. Dieser beschreibt den Prüfungsgegenstand und gibt erste Hinweise zum prüferischen Vorgehen. Der Praxishinweis wurde mit der BaFin abgestimmt und findet erstmals Anwendung für Prüfungen von Wirtschaftsjahren, die nach dem 2.8.2021 enden.
>
> Ergänzend hat das IDW ein „Fragen und Antworten-Papier" zu den Besonderheiten bei der Berichterstattung und Prüfung nach SFDR veröffentlicht, zuletzt am 2.9.2022.

Literaturtipp

- IDW Praxishinweis zur Offenlegungs- und Taxonomie-Verordnung, IDW-Life 11/2021[29]

---

[28] IDW, Besonderheiten bei der Berichterstattung und Prüfung nach der EU-Offenlegungsverordnung, Fragen und Antworten v. 2.9.2022, Kap. 3.2.2.
[29] Die Verlautbarung wird zeitnah insbes. an die Auswirkungen der RTS SFDR auf künftige Prüfungen angepasst.

§ 12 Taxonomie-Verordnung

> **Überblick**
>
> Die Taxonomie-Verordnung kann als der zentrale Baustein der EU zur Transformation der Wirtschaft hin zu einer nachhaltigen Wirtschaft angesehen werden. Mit der Verordnung wurde ein Klassifikationssystem für ökologisch nachhaltige Wirtschaftstätigkeiten geschaffen. Nach den Plänen der EU soll es dadurch zukünftig vermehrt zu einer Umlenkung von Kapital in nachhaltige Investitionen kommen.

1 Hintergrund und Entwicklung

Im März 2018 veröffentlichte die Europäische Kommission den „**Aktionsplan: Finanzierung nachhaltigen Wachstums**", in welchem, neben weiteren Bestrebungen hinsichtlich einer nachhaltigen Ausrichtung der Wirtschaft, das Ziel fixiert ist, „die Kapitalflüsse auf nachhaltige Investitionen umzulenken, um ein nachhaltiges und integratives Wachstum zu erreichen".[1]   1

Um dies zu ermöglichen, ist eine Einordnung von Wirtschaftstätigkeiten bzgl. ihrer Nachhaltigkeit unabdingbar. Grundlegend hierfür ist ein gemeinsames Verständnis, was als nachhaltig zu erachten ist. Dieser Notwendigkeit wurde mit der Taxonomie-Verordnung[2] begegnet, welche ein **Klassifikationssystem für ökologisch nachhaltige Wirtschaftstätigkeiten** schafft. Sie basiert auf dem Bericht der Technical Expert Group[3], welcher die Grundzüge einer solchen Systematik darlegt.

Mit dem im Dezember 2019 vorgestellten europäischen **Grünen Deal**[4] legte   2
die Europäische Kommission zudem einen nachhaltigen Fahrplan fest. Zu den Zielen gehören neben Klimaneutralität bis 2050 der Schutz der Gesundheit der Menschen sowie der Erhalt bzw. die Wiederherstellung der Biodiversität. Im Zuge der Verwirklichung dieser Nachhaltigkeitsziele ist eine Einordnung von Wirtschaftstätigkeiten gem. ihrer, zunächst ökologischen, Nachhaltigkeit von großer Bedeutung.

---

1   Europäische Kommission, Aktionsplan: Finanzierung nachhaltigen Wachstums v. 8.3.2018, COM(2018) 97 final, S. 3.
2   Vgl. Verordnung (EU) 2020/852 des Europäischen Parlaments und des Rates vom 18.6.2020, ABl. EU v. 22.6.2020, L 198/13 ff.
3   Vgl. Technical Expert Group on Sustainable Finance, Final Report, 2020
4   Vgl. Europäische Kommission, Mitteilung der Kommission an das Europäische Parlament, den Europäischen Rat, den Rat, den Europäischen Wirtschafts- und Sozialausschuss und den Ausschuss der Regionen: Der europäische Grüne Deal v. 11.12.2019, COM(2019) 640 final.

2 Inhalt

3   Für die Klassifizierung von ökologisch nachhaltigen Wirtschaftstätigkeiten legt die Taxonomie-Verordnung zunächst 6 Umweltziele (Rz 14 ff.) fest, die der Bewertung der ökologischen Nachhaltigkeit zugrunde gelegt werden. Basierend auf diesen werden sog. technische Bewertungskriterien (Rz 13) definiert, anhand derer bestimmt werden kann, ob eine Wirtschaftstätigkeit als ökologisch nachhaltig einzustufen ist.

4   Besondere Relevanz hat die Taxonomie-Verordnung für Unternehmen, die verpflichtet sind, eine nichtfinanzielle (Konzern-)Erklärung zu erstellen. Für diese Unternehmen definiert die Taxonomie-Verordnung diesbzgl. erweiterte Angabeerfordernisse. Demnach sind nach Art. 8 Abs. 1 der Taxonomie-Verordnung von Unternehmen Angaben zu machen, wie und in welchem Umfang ihre Tätigkeiten mit Wirtschaftstätigkeiten in Verbindung stehen, die als ökologisch nachhaltig gem. der Kriterien der Taxonomie-Verordnung einzustufen sind.

5   Für **Nicht-Finanzunternehmen** umfassen die durch die Taxonomie-Verordnung verpflichtenden zusätzlichen Angaben in der nichtfinanziellen (Konzern-)Erklärung gem. Art. 8 Abs. 2 insbes. (siehe zu den detaillierten Angabeerfordernissen Rz 31 ff.):
- den Anteil ihrer Umsatzerlöse, der mit Produkten oder Dienstleistungen erzielt wird, die mit gem. der Taxonomie-Verordnung als ökologisch nachhaltig einzustufenden Wirtschaftstätigkeiten verbunden sind, und
- den Anteil ihrer Investitionsausgaben und, soweit zutreffend, den Anteil der Betriebsausgaben im Zusammenhang mit Vermögensgegenständen oder Prozessen, die mit gem. der Taxonomie-Verordnung als ökologisch nachhaltig einzustufenden Wirtschaftstätigkeiten verbunden sind.

6   Für **Finanzunternehmen**, die Finanzprodukte bereitstellen, legt die Taxonomie-Verordnung weitere Anforderungen fest, insbes. zur Transparenz in vorvertraglichen Informationen und regelmäßigen Berichten bei ökologisch nachhaltigen Investitionen und bei Finanzprodukten, mit denen ökologische Merkmale beworben werden. Zu den Verpflichtungen, die sich hieraus im Zusammenspiel mit der Offenlegungsverordnung ergeben, siehe § 11.

7   Die Taxonomie-Verordnung wird ergänzt durch mehrere **delegierte Rechtsakte**, welche die Inhalte definieren, insbes. in Bezug auf die technischen Bewertungskriterien für die Bestimmung der ökologischen Nachhaltigkeit der Wirtschaftstätigkeiten (Rz 24 ff.) und die Festlegung des Inhalts und der Darstellung der in die nichtfinanzielle (Konzern-)Erklärung einzubeziehenden Informationen (Rz 29 ff.).

8   Die Taxonomie-Verordnung bildet die Basis des Klassifikationssystems. Zur weiteren Ausdifferenzierung, v.a. jedoch zur Festlegung der technischen

Bewertungskriterien für die Umweltziele, wurde gem. Art. 23 Abs. 2 der Taxonomie-Verordnung der Kommission auf unbestimmte Zeit die Befugnis zum Erlass entsprechender delegierter Rechtsakte übertragen. Somit bestehen neben der Taxonomie-Verordnung i. e. S. weitere spezifizierende Dokumente, deren Zusammenhang in Abb. 1 dargestellt ist.

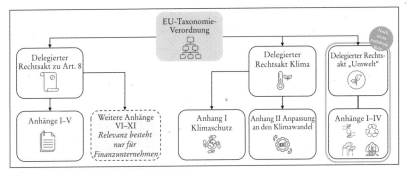

Abb. 1: Struktur der Taxonomie-Verordnung

2.1 Anwendungskreis und Anwendungszeitpunkt

Ist ein Unternehmen verpflichtet, nichtfinanzielle Angaben nach Art. 19a oder Art. 29a der Richtlinie 2013/34/EU zu veröffentlichen (§ 9 Rz 1 ff.), hat es die von der Taxonomie-Verordnung geforderten Angaben in die nichtfinanzielle (Konzern-)Erklärung aufzunehmen (siehe zu den detaillierten Angabeerfordernissen Rz 31 ff.).

Für die ersten beiden klimabezogenen Umweltziele finden die Taxonomie-Verordnung und damit die entsprechenden nichtfinanziellen Angabepflichten für Veröffentlichungen von nichtfinanziellen (Konzern-)Erklärungen ab dem 1.1.2022 Anwendung. Die Ausweitung auf die berichtspflichtigen Angaben zu den 4 weiteren Umweltzielen war planmäßig vorgesehen für Veröffentlichungen ab dem 1.1.2023. Aufgrund der noch ausstehenden Verabschiedung des delegierten Rechtsakts zu den weiteren 4 Umweltzielen durch die Kommission ist es jedoch zu einer Verschiebung gekommen (Rz 42 ff.). Die im Dezember 2022 von der EU-Kommission veröffentlichten FAQs zu Art. 8 bekräftigen, dass für das Jahr 2023 keine Verpflichtung zur Berichterstattung zu Taxonomiefähigkeit und Taxonomiekonformität bzgl. der weiteren 4 Umweltziele zu erwarten ist.[5]

---

[5] Siehe https://ec.europa.eu/finance/docs/law/221219-draft-commission-notice-disclosures-delegated-act-article-8.pdf, abgerufen am 3.1.2023.

2.2 Ökologisch nachhaltige Wirtschaftstätigkeiten

11   Die Umsetzung der Taxonomie-Verordnung in Unternehmen kann als mehrstufiger Prozess verstanden werden. Um zu den berichtspflichtigen Inhalten in Form der Leistungsindikatoren bzgl. Umsatzerlösen sowie Investitions- und Betriebsausgaben zu gelangen, ist im 1. Schritt auf Taxonomiefähigkeit der Wirtschaftstätigkeiten und im 2. Schritt auf deren Taxonomiekonformität zu prüfen. Bei Erfüllung aller Kriterien sind im abschließenden Schritt die taxonomiekonformen Wirtschaftstätigkeiten bzgl. ihres Anteils an den Umsatzerlösen, Investitionsausgaben und Betriebsausgaben zu betrachten.

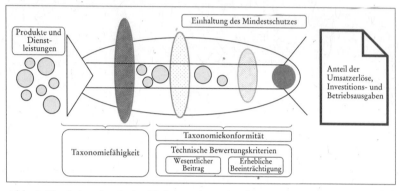

Abb. 2: Funktionslogik der Taxonomie-Verordnung

12   Die **Taxonomiefähigkeit** einer Wirtschaftstätigkeit richtet sich danach, ob diese von der Taxonomie-Verordnung abgedeckt ist. Dabei ist aktuell zu beachten, ob sie in einem der Anhänge zum Delegierten Rechtsakt Klima aufgeführt ist. Mit Ausweitung des Geltungsbereichs der Taxonomie-Verordnung auf die weiteren 4 Umweltziele werden weitere taxonomiefähige Wirtschaftstätigkeiten in den noch zu veröffentlichenden Anhängen zum Delegierten Rechtsakt Umwelt enthalten sein (Rz 42).

13   **Taxonomiekonform** ist eine Wirtschaftstätigkeit, wenn sie i. S. d. Taxonomie-Verordnung als ökologisch nachhaltig einzustufen ist. Dies ist gem. Art. 3 der Taxonomie-Verordnung der Fall, wenn sie einen wesentlichen Beitrag zur Verwirklichung eines oder mehrerer der Umweltziele, welche die Taxonomie-Verordnung festlegt (Rz 14ff.), leistet und zu keiner erheblichen Beeinträchtigung eines oder mehrerer der anderen Umweltziele führt. Gleichzeitig muss der Ausübung dieser Wirtschaftstätigkeit der durch die Taxonomie-Verordnung vorgegebene Mindestschutz (Rz 21) zugrunde liegen.

> **Hinweis**
>
> Für das 1. Anwendungsjahr der Taxonomie-Verordnung (1.1.2022–31.12.2022) hatte der Gesetzgeber Erleichterungen für Unternehmen vorgesehen. In diesem Zeitraum entfiel die Prüfung auf Taxonomiekonformität (siehe Rz 41 bzgl. der detaillierten Beschreibung der Erleichterungen).
>
> Die Berichterstattung im 2. Jahr der Anwendung der Taxonomie-Verordnung wird sich daher maßgeblich von der Vorjahresberichterstattung unterscheiden. Der Betrachtungsrahmen hat sich durch die nunmehr verpflichtende Würdigung der Taxonomiekonformität verändert.

2.3 Umweltziele

Art. 9 der Taxonomie-Verordnung legt die Umweltziele dar, welche die Basis für die Bewertung der ökologischen Nachhaltigkeit einer Wirtschaftstätigkeit darstellen. 14

Klimaschutz	1
Anpassung an den Klimawandel	2
Nachhaltige Nutzung und Schutz von Wasser- und Meeresressourcen	3
Übergang zu einer Kreislaufwirtschaft	4
Vermeidung und Verminderung der Umweltverschmutzung	5
Schutz und Wiederherstellung der Biodiversität und der Ökosysteme	6

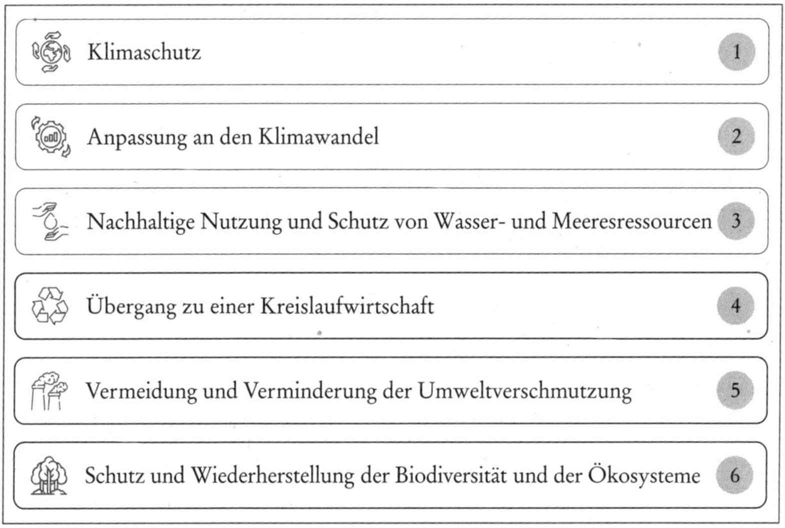

Abb. 3: Umweltziele gem. Taxonomie-Verordnung Art. 9

Zum Umweltziel **Klimaschutz** wird wesentlich beigetragen, wenn eine Wirtschaftstätigkeit wesentlich zur Stabilisierung der Treibhausgaskonzentration in der Atmosphäre beiträgt. Es soll ein Niveau erzielt werden, das zur Verhinderung einer anthropogenen Störung des Klimasystems führt. Dabei ist insbes. das langfristige Temperaturziel des Pariser Klimaabkommens von 15

2015[6] maßgeblich für die Vermeidung, Verringerung oder Speicherung von Treibhausgasen.

16 Mit dem Umweltziel **Anpassung an den Klimawandel** soll dem Risiko nachteiliger Auswirkungen des gegenwärtigen oder des in Zukunft zu erwartenden Klimas auf die Wirtschaftstätigkeit selbst oder aber auf Menschen, Natur oder Vermögenswerte durch adäquate Anpassungslösungen begegnet werden. Dabei ist von einem wesentlichen Beitrag auszugehen, wenn dieses Risiko oder die nachteilige Auswirkung selbst vermieden oder verringert wird.

17 Das Umweltziel der **nachhaltigen Nutzung und des Schutzes von Wasser- und Meeresressourcen** dient einer Verbesserung des Zustands von Gewässern respektive der Vermeidung einer Verschlechterung eines bereits guten Gewässerzustands. Der Begriff Gewässer umfasst neben Oberflächenwasser und Grundwasserkörpern auch Meeresgewässer. Maßgeblich sind der Schutz der Umwelt vor besorgniserregender Kontamination durch Arzneimittel und Mikroplastik aus städtischem und industriellem Abwasser sowie der Schutz der Gesundheit der Menschen und die Verbesserung der Wasserbewirtschaftung und -effizienz.

18 Der **Übergang zu einer Kreislaufwirtschaft** zielt auf die Vermeidung von Abfall sowie auf Wiederverwendung und Recycling ab. Insbes. stehen Ressourcen- und Energieeffizienz, die Haltbarkeit, Reparaturfähigkeit, Nachrüstbarkeit oder Wiederverwendbarkeit von Produkten sowie die Verringerung von Abfallerzeugung und die Ersetzung gefährlicher Stoffe im Fokus.

19 Das Umweltziel der **Vermeidung und Verminderung der Umweltverschmutzung** bezieht sich auf all jene Emissionen, bei denen es sich nicht um Treibhausgase handelt. Definitorisch umfasst dies gem. Art. 2 der Taxonomie-Verordnung „Stoffe, Erschütterungen, Wärme, Lärm, Licht oder andere Kontaminanten in Luft, Wasser oder Boden". Die Vermeidung bzw. Verringerung dieser Emissionen zielt sowohl auf eine verbesserte Luft-, Wasser- und Bodenqualität als auch auf eine Verhinderung von nachteiligen Auswirkungen auf die menschliche Gesundheit ab.

20 Der **Schutz** und die **Wiederherstellung der Biodiversität und der Ökosysteme** als Umweltziel zeichnet sich insbes. durch die Förderung des Erhalts von Lebensräumen und Arten respektive der Vermeidung einer Verschlechterung derselben aus. Dabei sind terrestrische, marine und andere aquatische Ökosysteme eingeschlossen.

---

[6] Vgl. Vereinte Nationen, Übereinkommen von Paris, 2015; im Vergleich zum vorindustriellen Niveau soll der Anstieg der durchschnittlichen Erdtemperatur auf 1,5°C, mind. aber deutlich unter 2°C gehalten werden.

2.4 Sozialer Mindestschutz

Ein Unternehmen, dessen Wirtschaftstätigkeit unter die Taxonomie-Verordnung fällt und die technischen Bewertungskriterien hinsichtlich wesentlichen Beitrags und erheblicher Beeinträchtigung erfüllt, hat zudem gem. Art. 3 und Art. 18 der Taxonomie-Verordnung sicherzustellen, dass bei der Ausübung dieser Wirtschaftstätigkeit ein entsprechender sozialer Mindestschutz besteht. Konkret sind die im Folgenden beschriebenen Standards und Prinzipien einzuhalten:

- **OECD-Leitsätze für multinationale Unternehmen:** Für multinationale Unternehmen, die Auslandsaktivitäten im Bereich Handel und Investition aufweisen, wurden freiwillig anwendbare Verhaltensempfehlungen entwickelt, um verantwortungsvolles unternehmerisches Handeln zu gewährleisten. Die OECD-Leitsätze[7] bestehen seit 1967, wurden zuletzt im Jahr 2011 aktualisiert und sind u.a. von den 34 Mitgliedern der OECD anerkannt. Sie beziehen sich auf die Bereiche Offenlegung von Informationen, Menschenrechte, Beschäftigung und Beziehungen zwischen den Sozialpartnern, Umwelt, Bekämpfung von Bestechung, Bestechungsgeldforderungen und Schmiergelderpressung, Verbraucherinteressen, Wissenschaft und Technologie, Wettbewerb und Besteuerung.
- **Leitprinzipien der Vereinten Nationen für Wirtschaft und Menschenrechte:** Im Jahr 2011 hat der Menschenrechtsrat der UN die Leitprinzipien der Vereinten Nationen für Wirtschaft und Menschenrechte[8] erschaffen, um bestehende Lücken in globalen Wirtschaftstätigkeiten in Bezug auf die Achtung von Menschenrechten zu schließen. Die 3 Säulen dieser Leitlinien beziehen sich auf die Pflicht des Staats zum Schutz der Menschenrechte, die Verpflichtung der Unternehmen zur Achtung der Menschenrechte und zum Zugang zu Abhilfe. Insgesamt legen die 31 Prinzipien die Verantwortung und Pflicht in Bezug auf den Schutz der Menschrechte durch wirtschaftliche Akteure dar.
- **Grundlegende Prinzipien und Rechte bei der Arbeit der ILO:** Die 4 Grundprinzipien der International Labour Organization (ILO) – Vereinigungsfreiheit und Recht auf Kollektivverhandlungen, Beseitigung der Zwangsarbeit, Abschaffung der Kinderarbeit sowie Verbot der Diskriminierung in Beschäftigung und Beruf – wurden in den 8 Kernarbeitsnormen ausgestaltet.[9] Mit der Erklärung über die grundlegenden Prinzipien und

---

[7] Vgl. OECD, OECD-Leitsätze für multinationale Unternehmen, OECD Publishing, 2011.
[8] Vgl. Geschäftsstelle Deutsches Global Compact Netzwerk, Leitprinzipien für Wirtschaft und Menschenrechte, 2014.
[9] Vgl. ILO, Erklärung der IAO über grundlegende Prinzipien und Rechte bei der Arbeit und ihre Folgemaßnahmen, 1998.

Rechte bei der Arbeit von 1998 haben sich alle Mitgliedstaaten zu den Kernarbeitsnormen bekannt.
- **Internationale Charta der Menschenrechte:** Diese umfasst die Allgemeine Erklärung der Menschenrechte[10] sowie die diese kodifizierenden Instrumente, den Internationalen Pakt über bürgerliche und politische Rechte[11] und den Internationalen Pakt über wirtschaftliche, soziale und kulturelle Rechte.[12] Die Vereinten Nationen haben im Jahr 1948 die Allgemeine Erklärung der Menschenrechte verabschiedet, um die Anerkennung und Einhaltung dieser durch die Bevölkerung der Mitgliedstaaten zu gewährleisten. Unterteilt in 30 Artikel sind die grundlegenden Rechte aller Mitglieder der Gemeinschaft der Menschen dargelegt, die als Grundlage von Freiheit, Gerechtigkeit und Frieden in der Welt angesehen werden.

22 Am 11.6.2022 hat die Platform on Sustainable Finance einen Berichtsentwurf mit Empfehlungen zur Umsetzung des Mindestschutzes veröffentlicht. Die Konsultation zu diesem war bis zum 6.9.2022 geöffnet und der finale Bericht[13] der Plattform ist seit dem 11.10.2022 verfügbar. Die Empfehlungen der Plattform sind nicht rechtlich bindend. Sie stellen jedoch in der aktuellen Situation den bestmöglichen verfügbaren Ansatz zum Nachweis des Mindestschutzes dar.

23 Gem. des Plattform-Berichts sind die Kernthemen in Bezug auf den Mindestschutz Menschen- und Arbeitsrechte, Bestechung und Korruption, Besteuerung sowie fairer Wettbewerb. Für diese Themen muss jeweils ein entsprechender Prozess i. S. e. Due Diligence vorliegen, welcher ihre Einhaltung gewährleistet. Neben den Anforderungen an die Prozesse selbst ist auch das Ergebnis dieser entscheidend. Es dürfen dementsprechend keine Vorfälle oder einschlägigen Verurteilungen bei den Unternehmen vorliegen.

---

[10] Vgl. Vereinte Nationen, Allgemeine Erklärung der Menschenrechte. Resolution 217 A (III) der Generalversammlung vom 10. Dezember 1948.
[11] Vgl. Vereinte Nationen, Internationaler Pakt über bürgerliche und politische Rechte vom 19. Dezember 1966.
[12] Vgl. Vereinte Nationen, Internationaler Pakt über wirtschaftliche, soziale und kulturelle Rechte vom 19. Dezember 1966.
[13] Vgl. Platform on Sustainable Finance, Final Report on Minimum Safeguards, 2022, https://finance.ec.europa.eu/system/files/2022-10/221011-sustainable-finance-platform-finance-report-minimum-safeguards_en.pdf, abgerufen am 3.1.2023.

Kriterien der (Nicht-)Einhaltung*		
Kernthemen	Anforderungen hinsichtlich Prozessen	Anforderungen hinsichtlich Resultaten
Menschen- und Arbeitsrechte	Das Unternehmen hat keine geeigneten menschenrechtlichen Due-Diligence-Prozesse eingeführt, wie sie in den UNGP und OECD-Leitlinien für multinationale Unternehmen beschrieben sind.	Es gibt eindeutige Hinweise darauf, dass das Unternehmen die menschenrechtliche Sorgfaltspflicht nicht angemessen umsetzt, so dass es zu Menschenrechtsverletzungen kommt.
Bestechung und Korruption	Das Unternehmen hat keine geeigneten internen Kontrollen, Ethik- und Compliance-Programme oder Maßnahmen zur Verhinderung und Aufdeckung von Bestechung entwickelt und eingeführt.	Das Unternehmen oder die Geschäftsleitung, einschl. der Geschäftsleitung seiner Tochtergesellschaften, ist rechtskräftig wegen Korruption oder Bestechung verurteilt worden.
Besteuerung	Das Unternehmen betrachtet die Governance im Steuerbereich sowie die Einhaltung der Steuervorschriften nicht als wichtiges Element seiner Aufsichts- und allgemeinen Risikomanagementsysteme; und es gibt keine geeigneten Strategien und Prozesse für das Management von Steuerrisiken, wie sie in den OECD-Leitlinien für multinationale Unternehmen beschrieben sind.	Das Unternehmen ist rechtskräftig wegen Steuerhinterziehung verurteilt worden.

Kriterien der (Nicht-)Einhaltung*		
Kernthemen	**Anforderungen hinsichtlich Prozessen**	**Anforderungen hinsichtlich Resultaten**
Fairer Wettbewerb	Das Unternehmen fördert nicht das Bewusstsein der Mitarbeiter für die Bedeutung der Einhaltung aller geltenden Wettbewerbsgesetze und Wettbewerbsvorschriften und schult die Führungskräfte nicht in Bezug auf Wettbewerbsfragen.	Das Unternehmen oder die Geschäftsleitung, einschl. der Geschäftsleitung seiner Tochtergesellschaften, ist rechtskräftig wegen Verstoßes gegen das Wettbewerbsrecht verurteilt worden.
* Wenn eines der beiden Kriterien auf ein Unternehmen zutrifft, ist davon auszugehen, dass es die Mindestschutzanforderungen nach Art. 18 der Taxonomie-Verordnung nicht erfüllt.		

Tab. 1: Mindestschutz

Hinweis

Im Delegierten Rechtsakt zu Art. 8 wird im Zuge der zu veröffentlichenden KPI-Tabellen (Rz 31 ff.) der Nachweis des Mindestschutzes für die jeweiligen Aktivitäten gefordert. Der Plattform-Bericht empfiehlt hierzu hingegen eine Überprüfung hinsichtlich der Einhaltung des Mindestschutzes auf Unternehmensebene. Derzeit scheint sich ein Konsens dahingehend abzuzeichnen, dass bei einem Unternehmen, das den durch die Taxonomie-Verordnung geforderten sozialen Mindestschutz unternehmensweit implementiert hat, davon ausgegangen werden kann, dass dieser auch im Hinblick auf die Ausübung der einzelnen Wirtschaftstätigkeit besteht. In diesem Fall wäre kein weitergehender Nachweis der Einhaltung in Bezug auf spezifische Wirtschaftstätigkeiten zu erbringen.

3 Delegierter Rechtsakt Klima

Mit dem Delegierten Rechtsakt zu den Umweltzielen Klimaschutz und Anpassung an den Klimawandel[14] vom 4.6.2021 (Delegierter Rechtsakt Klima) wurde der 1. delegierte Rechtsakt zur Taxonomie-Verordnung veröffentlicht. In Kraft getreten ist er am 29.12.2021. Somit ist er erwartungsgemäß **anzuwenden** für alle Offenlegungen von nichtfinanziellen Informationen in nichtfinanziellen (Konzern-)Erklärungen **ab dem 1.1.2022**.

Als Rahmen für die **Wirtschaftstätigkeiten**, die gem. der Taxonomie-Verordnung das Potenzial haben, in deren Sinne als ökologisch nachhaltige Wirtschaftstätigkeiten eingestuft zu werden (sog. taxonomiefähige Wirtschaftstätigkeiten), hat die EU die NACE-Systematik zugrunde gelegt.

Die **NACE-Systematik** (*Nomenclature statistique des activités économiques dans la Communauté européenne*) ist das Klassifikationssystem der Wirtschaftstätigkeiten in der EU. Über einen bis zu vierstelligen Code können alle Wirtschaftstätigkeiten diesem System zugeordnet werden. Die aktuelle Fassung, NACE Rev. 2, besteht in der Verordnung (EG) Nr. 1893/2006,[15] die 21 Abschnitte enthält, welche sich weitergehend in Abteilungen, Gruppen und Klassen gliedern.

Gem. Erwägungsgrund Nr. 6 des Delegierten Rechtsakts Klima haben die in den Anhängen aufgeführten NACE-Codes jedoch nur Hinweischarakter. Die Definition in der Beschreibung der jeweiligen Tätigkeit ist als vorrangig zu erachten.

Die in den beiden Anhängen als taxonomiefähig aufgeführten Wirtschaftstätigkeiten unterscheiden sich nur marginal (Tab. 2).

---

[14] Delegierte Verordnung (EU) 2021/2139 der Kommission vom 4. Juni 2021 zur Ergänzung der Verordnung (EU) 2020/852 des Europäischen Parlaments und des Rates durch Festlegung der technischen Bewertungskriterien, anhand deren bestimmt wird, unter welchen Bedingungen davon auszugehen ist, dass eine Wirtschaftstätigkeit einen wesentlichen Beitrag zum Klimaschutz oder zur Anpassung an den Klimawandel leistet, und anhand deren bestimmt wird, ob diese Wirtschaftstätigkeit erhebliche Beeinträchtigungen eines der übrigen Umweltziele vermeidet, ABl. EU v. 9.12.2021, L 442/1 ff.

[15] Vgl. Verordnung (EG) Nr. 1893/2006 des Europäischen Parlaments und des Rates vom 20. Dezember 2006 zur Aufstellung der statistischen Systematik der Wirtschaftszweige NACE Revision 2 und zur Änderung der Verordnung (EWG) Nr. 3037/90 des Rates sowie einiger Verordnungen der EG über bestimmte Bereiche der Statistik, ABl. EU v. 30.12.2006, L 393/1 ff.

Wirtschaftstätigkeit	Anhang I – Klimaschutz	Anhang II – Anpassung an den Klimawandel
1. Forstwirtschaft	✔	✔
2. Tätigkeiten in den Bereichen Umweltschutz und Wiederherstellung	✔	✔
3. Verarbeitendes Gewerbe/Herstellung von Waren	✔	✔
4. Energie	✔	✔
5. Wasserversorgung, Abwasser- und Abfallentsorgung und Beseitigung von Umweltverschmutzungen	✔	✔
6. Verkehr	✔	✔
7. Baugewerbe und Immobilien	✔	✔
8. Information und Kommunikation	✔	✔
9. Erbringung von freiberuflichen, wissenschaftlichen und technischen Dienstleistungen	✔	✔
10. Erbringung von Finanz- und Versicherungsdienstleistungen		✔
11. Erziehung und Unterricht		✔
12. Gesundheit und Sozialwesen		✔
13. Kunst, Unterhaltung und Erholung		✔

Tab. 2: Wirtschaftstätigkeiten in Anhang I und II des Delegierten Rechtsakts Klima

> **Hinweis**
> Zu den obenstehend abgebildeten Wirtschaftstätigkeiten gibt es jeweils eine Reihe von weiter ausdifferenzierten Unteraktivitäten. So finden sich bspw. in der Kategorie „6. Verkehr" insgesamt 17 Wirtschaftstätigkeiten im Bereich der Personen- und Güterbeförderung mittels verschiedener Beförderungsarten.

Eine Wirtschaftstätigkeit kann taxonomiekonform in sich selbst sein. Dies ist der Fall, wenn sie selbst direkt zu einem der Umweltziele beiträgt, bspw. durch die Erzeugung von Energie aus erneuerbaren Quellen. Alternativ kann eine Wirtschaftstätigkeit ermöglichenden Charakter haben oder als Übergangstätigkeit eingestuft werden. Von einer **ermöglichenden Tätigkeit** spricht man, wenn die Tätigkeit gem. Art. 16 der Taxonomie-Verordnung es unmittelbar anderen Tätigkeiten ermöglicht, einen wesentlichen Beitrag zu einem der beiden klimabezogenen Umweltziele zu leisten. Für **Übergangstätigkeiten** sind die Kriterien für den wesentlichen Beitrag zum Umweltziel Klimaschutz hingegen i.S.e. stufenweisen Taxonomiekonformität definiert. Dies bedeutet, dass zunächst die Schwellenwerte für die Einstufung als taxonomiekonforme Wirtschaftstätigkeit niedriger liegen und die Wirtschaftstätigkeit erst im Zeitverlauf die vollumfänglichen Kriterien erfüllen muss. I. V. m. dem Umweltziel Anpassung an den Klimawandel bestehen gem. der Taxonomie-Verordnung keine Übergangstätigkeiten. 27

> **Praxis-Beispiel**
> Eine stufenweise Übergangstätigkeit ist bspw. in der Wirtschaftstätigkeit „6.5. Beförderung mit Motorrädern, Personenkraftwagen und leichten Nutzfahrzeugen" gegeben.[16] Danach können bestimmte Fahrzeuge des Unternehmensfuhrparks bis zum 31.12.2025 als Übergangstätigkeit eingestuft werden, sofern sie unter 50g CO_2/km emittieren. Ab dem 1.1.2026 dürfen diese hingegen keine CO_2-Emissionen verursachen und gelten in diesem Fall als unmittelbar taxonomiekonform.

Der Delegierte Rechtsakt Klima hat 2 Anhänge (Tab. 2 in Rz 26), je einen für das Umweltziel Klimaschutz und für das Umweltziel Anpassung an den Klimawandel. In diesen sind jeweils die technischen Bewertungskriterien für die Erbringung eines wesentlichen Beitrags für das entsprechende im Fokus stehende Umweltziel sowie für die Gewährleistung, dass durch die Wirtschaftstätigkeit keine erhebliche Beeinträchtigung eines oder mehrerer der anderen Umweltziele gegeben ist, enthalten. 28

---

[16] Vgl. Delegierte Verordnung (EU) 2021/2139, ABl. EU v. 9.12.2021, Anhang I, 6.5., L 442/105 ff.

Für jede der in einem der Anhänge aufgelisteten Wirtschaftstätigkeiten findet sich
- die Beschreibung der Wirtschaftstätigkeit,
- überwiegend eine Referenz zu einem oder mehreren NACE-Codes, die mit der Wirtschaftstätigkeit in Verbindung gebracht werden können,
- falls zutreffend, die Information, ob es sich bei der Wirtschaftstätigkeit um eine ermöglichende oder Übergangstätigkeit handelt (siehe für die Definition von ermöglichenden und Übergangstätigkeiten Rz 27), und
- die technischen Bewertungskriterien, gegliedert in die Kriterien für die Bestimmung des wesentlichen Beitrags der Wirtschaftstätigkeit zum entsprechenden Umweltziel und die tabellarische Darstellung der Kriterien zur Vermeidung erheblicher Beeinträchtigungen in Relation zu allen anderen Umweltzielen (sog. *„Do No Significant Harm"*-Kriterien, kurz **DNSH**).

> **Praxis-Beispiel**
> Unter die Aktivität „7.3. Installation, Wartung und Reparatur von energieeffizienten Geräten" gem. Anhang I des Delegierten Rechtsakts Klima fallen gem. Beschreibung einzelne Renovierungsmaßnahmen in diesem Bereich. Für den wesentlichen Beitrag zum Klimaschutz muss es sich bei der Maßnahme bspw. um die Installation oder den Austausch energieeffizienter Lichtquellen handeln. Im Hinblick auf die Vermeidung erheblicher Beeinträchtigung weist der Anhang DNSH-Kriterien für die Umweltziele Anpassung an den Klimawandel und Vermeidung und Verminderung der Umweltverschmutzung auf, die für den Nachweis der Taxonomiekonformität entsprechend zu erfüllen sind. Für die weiteren Umweltziele werden zu dieser Tätigkeit keine DNSH-Kriterien genannt, d.h., eine Prüfung zu diesen ist nicht vorgesehen.

4 Delegierter Rechtsakt zu Art. 8

4.1 Angabeerfordernisse

29 Der Delegierte Rechtsakt zu Art. 8[17] wurde am 6.7.2021 förmlich angenommen und trat am 30.12.2021 in Kraft. In ihm hat die Europäische

---

[17] Vgl. Delegierte Verordnung (EU) Nr. 2021/2178 der Kommission vom 6. Juli 2021 zur Ergänzung der Verordnung (EU) 2020/852 des Europäischen Parlaments und des Rates durch Festlegung des Inhalts und der Darstellung der Informationen, die von Unternehmen, die unter Artikel 19a oder Artikel 29a der Richtlinie 2013/34/EU fallen, in Bezug auf ökologisch nachhaltige Wirtschaftstätigkeiten offenzulegen sind, und durch Festlegung der Methode, anhand deren die Einhaltung dieser Offenlegungspflicht zu gewährleisten ist, ABl. EU v. 10.12.2021, L 443/9 ff.

Kommission den Inhalt und die Darstellung der Informationen festgelegt, die Unternehmen i.S.d. Taxonomie-Verordnung in die nichtfinanziellen (Konzern-)Erklärungen aufzunehmen haben.

Grds. haben Unternehmen, die zur Veröffentlichung einer nichtfinanziellen (Konzern-)Erklärung verpflichtet sind, in diese Angaben zum Anteil der taxonomiekonformen Wirtschaftstätigkeiten an den Umsatzerlösen, den Investitions- und Betriebsausgaben sowie ergänzende qualitative Informationen zu diesen KPIs aufzunehmen. 30

Um den **Anteil der Umsatzerlöse** an den taxonomiekonformen Wirtschaftstätigkeiten anzugeben, muss ein entsprechender Quotient gebildet werden. Der Delegierte Rechtsakt zu Art. 8 definiert spezifisch, welche Positionen in den Nenner aufgenommen werden dürfen und wie folglich, als Teilmenge des Nenners, der Zähler zu bilden ist. 31

Im Nenner sind die gem. IAS 1.82(a)[18] ausgewiesenen Einnahmen aufzunehmen. Im Zähler ist hingegen der Teil des Nettoumsatzes mit Waren oder Dienstleistungen, einschl. immaterieller Güter, die mit taxonomiekonformen Wirtschaftstätigkeiten verbunden sind, zu erfassen.

Dabei werden im Zähler Nettoumsätze nicht berücksichtigt, wenn sie i.V.m. Wirtschaftstätigkeiten stehen, die gem. Anhang II des Delegierten Rechtsakts Klima an den Klimawandel angepasst wurden. Dies gilt nicht, wenn es sich um eine ermöglichende Tätigkeit (Rz 27) handelt oder die Wirtschaftstätigkeit selbst taxonomiekonform ist.

Die Angaben zum Anteil der Umsatzerlöse an taxonomiekonformen Wirtschaftstätigkeiten haben gem. Anhang II zum Delegierten Rechtsakt zu Art. 8 in Form einer Tabelle zu erfolgen. Dabei sind Angaben zu machen in Bezug auf
- taxonomiekonforme Wirtschaftstätigkeiten (Abb. 4, Abschn. A.1),
- taxonomiefähige, aber nicht-taxonomiekonforme Wirtschaftstätigkeiten (Abb. 4, Abschn. A.2) und
- nicht-taxonomiefähige Wirtschaftstätigkeiten (Abb. 4, Abschn. B).

---

[18] Vgl. Lüdenbach/Hoffmann/Freiberg, Haufe IFRS-Kommentar, 21. Aufl., 2023, § 2, Rz 69 und 86.

§ 12 Taxonomie-Verordnung

Wirtschaftstätigkeiten (1)	Codes (2)	Absoluter Umsatz (3)	Umsatzanteil (4)	Klimaschutz (5)	Anpassung an den Klimawandel (6)	Wasser- und Meeresressourcen (7)	Kreislaufwirtschaft (8)	Umweltverschmutzung (9)	Biologische Vielfalt & Ökosysteme (10)	Klimaschutz (11)	Anpassung an den Klimawandel (12)	Wasser- und Meeresressourcen (13)	Kreislaufwirtschaft (14)	Umweltverschmutzung (15)	Biologische Vielfalt & Ökosysteme (16)	Mindestschutz (17)	Taxonomiekonformer Umsatzanteil Jahr N (18)	Taxonomiekonformer Umsatzanteil Jahr N-1 (19)	Kategorie (ermöglichende Tätigkeiten) (20)	Kategorie (Übergangstätigkeiten) (21)
		Währung	%	%	%	%	%	%	%	J/N	J/N	J/N	J/N	J/N	J/N	J/N	Prozent	Prozent	E	T
A Taxonomiefähige Tätigkeiten																				
A.1 Taxonomiekonforme Tätigkeiten																				
Tätigkeit A																				
Tätigkeit B																				
Umsatz taxonomiekonformer Tätigkeiten (A.1)																				
A.2 Taxonomiefähige, aber nicht-taxonomiekonforme Tätigkeiten																				
Tätigkeit A																				
Tätigkeit C																				
Umsatz taxonomiefähiger, aber nicht-taxonomiekonformer Tätigkeiten (A.2)																				
Total (A.1 + A.2)																				
B. Nichttaxonomiefähige Tätigkeiten																				
Umsatz nicht-taxonomiefähiger Tätigkeiten (B)																				
Gesamt (A+B)			100%																	

Kriterien für einen wesentlichen Beitrag — DNSH Kriterien („keine erhebliche Beeinträchtigung")

Abb. 4: Exemplarische Darstellung des Anteils der Umsatzerlöse

Die Tabelle in Abb. 4 zeigt exemplarisch für die Umsatzerlöse, wie die Informationen darzustellen sind. Für die im Folgenden beschriebenen KPIs zu Investitions- und Betriebsausgaben hat die Darstellung analog in tabellarischer Form zu erfolgen. 32

Für den **Anteil von Investitionsausgaben** (Capital Expenditures, CapEx), der i. V. m. taxonomiekonformen Wirtschaftstätigkeiten steht, ist ebenfalls ein Quotient zu bilden. Die in den Nenner aufzunehmenden Positionen umfassen bei Anwendung der International Financial Reporting Standards (IFRS) durch das Unternehmen: 33
- IAS 16.73(e), Ziffer (i) und (iii), betreffend Sachanlagen;
- IAS 38.118(e), Ziffer (i), betreffend immaterielle Vermögenswerte;
- IAS 40.76(a) und (b) für das Modell des beizulegenden Zeitwerts bzw. IAS 40.79(d), Ziffern (i) und (ii) für das Anschaffungskostenmodell, betreffend als Finanzinvestition gehaltene Immobilien;
- IAS 41.50(b) und (e), betreffend Landwirtschaft;
- IFRS 16.53(h), betreffend Leasingverhältnisse.

Zugänge an Sachanlagen und immateriellen Vermögenswerten während des betrachteten Geschäftsjahrs sind vor Abschreibungen und Neubewertungen einzubeziehen, ebenso wie Zugänge an Sachanlagen und immateriellen Vermögenswerten aus Unternehmenszusammenschlüssen.

Sofern Nicht-Finanzunternehmen nationale allgemein anerkannte Grundsätze der Rechnungslegung (GAAP) anwenden, beinhalten die Investitionsausgaben die nach den geltenden GAAP verbuchten Kosten, die den Aufwendungen entsprechen, die bei der Anwendung von IFRS durch Nicht-Finanzunternehmen in den Investitionsausgaben enthalten sind. Nicht als Investitionsausgaben zu berücksichtigen sind Leasingverhältnisse, die nicht zur Anerkennung eines Nutzungsrechts an dem Vermögenswert führen. 34

In den Zähler ist der Teil der Investitionsausgaben aus dem Nenner aufzunehmen, 35
- der sich auf Vermögenswerte und Prozesse bezieht, die direkt i. V. m. den eigenen taxonomiekonformen Wirtschaftstätigkeiten des Unternehmens stehen; oder
- der Teil eines CapEx-Plans ist; dabei kann es sich entweder um den Plan des Ausbaus einer bereits taxonomiekonformen Wirtschaftstätigkeit handeln oder um Investitionen im Zusammenhang mit der Erfüllung der Konformitätskriterien, um eine bislang lediglich taxonomiefähige Wirtschaftstätigkeit taxonomiekonform zu machen; oder
- der im Zusammenhang mit dem Erwerb taxonomiekonformer Produkte oder Dienstleistungen anderer Unternehmen steht.

> **Hinweis**
>
> Unternehmen können CapEx haben, der mit ihren eigenen taxonomiekonformen und umsatzrelevanten Wirtschaftstätigkeiten in Zusammenhang steht. Es ist aber auch möglich, CapEx für zugekaufte, taxonomiekonforme Produkte oder Dienstleistungen anderer Unternehmen auszuweisen, unabhängig vom etwaigen Bestehen eigener taxonomiekonformer Wirtschaftstätigkeiten. Beispiele hierfür finden sich u.a. in den Bereichen Gebäude und Fuhrpark, die für die meisten Unternehmen einschlägig sind.

36 Bei den in den Nenner aufzunehmenden **Betriebsausgaben** hat es sich um solche zu handeln, die direkt und nicht kapitalisiert sind (Operating Expenditures, OpEx). Darunter fallen gem. Definition der Taxonomie-Verordnung:
- Forschung und Entwicklung,
- Gebäudesanierungsmaßnahmen,
- kurzfristiges Leasing,
- Wartung und Reparatur sowie
- alle weiteren direkten Ausgaben, die im Zusammenhang mit der täglichen Wartung von Vermögenswerten des Sachanlagevermögens durch das Unternehmen oder Dritte stehen, an die Tätigkeiten ausgelagert werden, die notwendig sind, um die kontinuierliche und effektive Funktionsfähigkeit dieser Vermögenswerte sicherzustellen.

37 In den Zähler ist der Teil der im Nenner enthaltenen Betriebsausgaben aufzunehmen, der
- sich auf Vermögenswerte und Prozesse bezieht, die direkt i.V.m. den eigenen taxonomiekonformen Wirtschaftstätigkeiten des Unternehmens stehen, oder
- im Zuge der Umsetzung eines CapEx-Plans (Rz 35) anfällt, oder
- im Zusammenhang mit dem Erwerb taxonomiekonformer Produkte oder Dienstleistungen anderer Unternehmen steht.

> **Praxis-Beispiel**
>
> Ein Unternehmen, das Solarpaneele herstellt, kann die Betriebsausgaben für die Wartung der Produktionsanlage einbeziehen, da es sich um OpEx handelt, die sich auf die Wartung des Sachanlagevermögens beziehen und in direkter Verbindung mit der eigenen taxonomiekonformen Wirtschaftstätigkeit stehen.
>
> Hat ein Unternehmen bspw. Elektrofahrzeuge in der Fahrzeugflotte, kann es die Betriebsausgaben für die Wartung und Reparatur dieser

> Fahrzeuge ebenfalls in den Zähler aufnehmen. Hierbei handelt es sich dann um OpEx, die i.V.m. dem Erwerb taxonomiekonformer Produkte anderer Unternehmen stehen.

Grds. kennt die Taxonomie-Verordnung das Konzept der **Wesentlichkeit** nicht. Entsprechend gibt es keine Schwellenwerte bzgl. der berichtspflichtigen Inhalte. Ausnahme bilden die Betriebsausgaben, für die explizit eine Wesentlichkeit angeführt wird. Sind die Betriebsausgaben für das Geschäftsmodell des Unternehmens unwesentlich, so
- muss nur der Nenner gebildet und berichtet werden,
- kann auf die Angabe des Zählers verzichtet werden und
- hat eine argumentative Darlegung zu erfolgen, warum die Betriebsausgaben für das Geschäftsmodell unwesentlich sind.

38

Neben den 3 Leistungsindikatoren zu Umsatzerlösen sowie Investitions- und Betriebsausgaben ist eine Reihe **erklärender, qualitativer Angaben** zu machen. Insbes. sind Informationen in die nichtfinanzielle (Konzern-)Erklärung zur Rechnungslegungsmethode aufzunehmen. Hier ist zu erläutern, wie die KPIs ermittelt wurden, und es sind entsprechende Verweise auf den Jahresabschluss zu machen. Auch Veränderungen in Bezug auf den CapEx-Plan und die Hintergründe dieser Veränderungen sind zu beschreiben.

39

Zudem sind beschreibende Angaben zu den taxonomiefähigen und taxonomiekonformen Wirtschaftstätigkeiten sowie zur Beurteilung hinsichtlich Taxonomiekonformität zu machen. Es ist zu erläutern, wie Doppelzählungen vermieden wurden. Auch wenn eine Wirtschaftstätigkeit zu mehreren Umweltzielen beiträgt, sind Doppelzählungen zu vermeiden, wobei trotzdem der Beitrag der Tätigkeit zu mehreren Umweltzielen offenzulegen ist.

Für etwaige Veränderungen der Leistungskennzahlen im Berichtszeitraum sind die Hintergründe zu erläutern. Dabei ist auf die wesentlichen Elemente dieser Veränderungen einzugehen.

40

4.2 Erleichterungen der Angabeerfordernisse

Insbes. aufgrund der Verzögerungen beim Erlass der delegierten Rechtsakte gewährte der Delegierte Rechtsakt zu Art. 8 Erleichterungen für die Anwendung im 1. Jahr nach Inkrafttreten.

41

Gem. Art. 10 des Delegierten Rechtsakts zu Art. 8 waren zwischen dem 1.1.2022 und dem 31.12.2022 die offenzulegenden Angaben bzgl. des Anteils am Gesamtumsatz und der Investitions- und Betriebsausgaben lediglich auf taxonomiefähige respektive nicht-taxonomiefähige Wirtschaftstätigkeiten zu beziehen. Eine Würdigung der technischen Bewertungskriterien und des

Mindestschutzes, ergo der Taxonomiekonformität, entfiel für die Berichterstattung in diesem Zeitraum. Daher ist die Vergleichbarkeit mit der Berichterstattung im Folgejahr eingeschränkt.

5 Delegierter Rechtsakt Umwelt

42 **Auch zu den weiteren 4, nicht-klimabezogenen Umweltzielen** sieht die Taxonomie-Verordnung den Erlass eines delegierten Rechtsakts mit entsprechenden technischen Bewertungskriterien vor, den sog. Delegierten Rechtsakt Umwelt. Der ursprüngliche Zeitplan sah vor, dass dieser bis zum 31.12.2021 erlassen und ab dem 1.1.2023 Anwendung finden sollte.

43 Im August 2021 hat die Technical Working Group der Platform on Sustainable Finance, welche mit der inhaltlichen Ausgestaltung und kontinuierlichen Überarbeitung der technischen Bewertungskriterien beauftragt ist, einen Berichtsentwurf[19] zu vorläufigen technischen Bewertungskriterien veröffentlicht. Aufgrund der öffentlichen Feedback-Phase, welche sich bis Ende September 2021 erstreckte, und umfangreicher Rückmeldungen verlängerte die Europäische Kommission die Frist zur Einreichung der offiziellen Empfehlungen der Platform on Sustainable Finance bis zum 1. Quartal 2022.

44 Der finale Bericht[20] der Platform on Sustainable Finance mit Empfehlungen für die Ausgestaltung des Delegierten Rechtsakts Umwelt wurde am 30.3.2022 veröffentlicht. Bislang ist noch kein Entwurf des Delegierten Rechtsakts Umwelt verfügbar. Daher ist entgegen der ursprünglichen zeitlichen Planung (Rz 42) von einer verzögerten Anwendung auszugehen (Rz 10).

45 Gem. den Offenlegungsregeln des Delegierten Rechtsakts zu Art. 8 ist im Kontext zum verpflichtenden Anwendungszeitpunkt des Delegierten Rechtsakts Umwelt bereits zudem auf eine zeitliche Erleichterung für die Unternehmen hingewiesen worden. Demnach ist die Berichterstattung hinsichtlich der Taxonomie-Verordnung erst 12 Monate nach Geltungsbeginn des noch zu erlassenden Delegierten Rechtsakts Umwelt um die Angaben zu den weiteren 4 Umweltzielen zu ergänzen.

---

[19] Vgl. Platform on Sustainable Finance: Technical Working Group, Taxonomy pack for feedback, 2021.
[20] Vgl. Platform on Sustainable Finance: Technical Working Group, Methodological report & Annex: Technical Screening Criteria, 2022.

Literaturtipps

- Aktionsplan: Finanzierung nachhaltigen Wachstums, Mitteilung der Kommission an das Europäische Parlament, den Europäischen Rat, den Rat, die Europäische Zentralbank, den Europäischen Wirtschafts- und Sozialausschuss und den Ausschuss der Regionen, 8.3.2018, COM(2018) 97 final
- Bekanntmachung der Kommission zur Auslegung bestimmter Rechtsvorschriften des delegierten Rechtsakts über die Offenlegungspflichten nach Artikel 8 der EU-Taxonomieverordnung für die Meldung von taxonomiefähigen Wirtschaftstätigkeiten und Vermögenswerten, ABl. EU v. 6.10.2022, C 385/1 ff.
- Delegierte Verordnung (EU) 2021/2178 der Kommission vom 6. Juli 2021 zur Ergänzung der Verordnung (EU) 2020/852 des Europäischen Parlaments und des Rates durch Festlegung des Inhalts und der Darstellung der Informationen, die von Unternehmen, die unter Artikel 19a oder Artikel 29a der Richtlinie 2013/34/EU fallen, in Bezug auf ökologisch nachhaltige Wirtschaftstätigkeiten offenzulegen sind, und durch Festlegung der Methode, anhand deren die Einhaltung dieser Offenlegungspflicht zu gewährleisten ist, ABl. EU v. 10.12.2021, L 443/9 ff.
- Delegierte Verordnung (EU) 2021/2139 der Kommission vom 4. Juni 2021 zur Ergänzung der Verordnung (EU) 2020/852 des Europäischen Parlaments und des Rates durch Festlegung der technischen Bewertungskriterien, anhand deren bestimmt wird, unter welchen Bedingungen davon auszugehen ist, dass eine Wirtschaftstätigkeit einen wesentlichen Beitrag zum Klimaschutz oder zur Anpassung an den Klimawandel leistet, und anhand deren bestimmt wird, ob diese Wirtschaftstätigkeit erhebliche Beeinträchtigungen eines der übrigen Umweltziele vermeidet, ABl. EU v. 9.12.2021, L 442/1 ff.
- Draft Commission Notice on the interpretation and implementation of certain legal provisions of the EU Taxonomy Climate Delegated Act establishing technical screening criteria for economic activities that contribute substantially to climate change mitigation or climate change adaptation and do no significant harm to other environmental objective, 19.12.2022, https://ec.europa.eu/finance/docs/law/221219-draft-commission-notice-eu-taxonomy-climate.pdf, abgerufen am 3.1.2023
- Draft Commission Notice on the interpretation and implementation of certain legal provisions of the Disclosures Delegated Act under Article 8 of EU Taxonomy Regulation on the reporting of Taxonomy-eligible and Taxonomy-aligned economic activities and assets, 19.12.2022, https://ec.europa.eu/finance/docs/law/221219-draft-commission-notice-disclosures-delegated-act-article-8.pdf, abgerufen am 3.1.2023

- Platform on Sustainable Finance, Final Report on Minimum Safeguards, October 2022, https://finance.ec.europa.eu/system/files/2022-10/221011-sustainable-finance-platform-finance-report-minimum-safeguards_en.pdf, abgerufen am 3.1.2023
- Verordnung (EU) 2020/852 des Europäischen Parlaments und des Rates vom 18. Juni 2020 über die Einrichtung eines Rahmens zur Erleichterung nachhaltiger Investitionen und zur Änderung der Verordnung (EU) 2019/2088, ABl. EU v. 22.6.2020, L 198/13 ff.

§ 13 Green Bonds – Begebung von grünen Anleihen

> **Überblick**
>
> Green Bonds oder grüne Anleihen wurden geschaffen, um grüne Projekte über Fremdkapitalemissionen an den Kapitalmärkten zu finanzieren, die positive Umwelt- und/oder Klimavorteile haben. Green Bonds stellen folglich eine Teilmenge der sog. grünen Finanzinstrumente dar, welche von einer klassischen Darlehensfinanzierung bis hin zu einem umfassend grünen strukturierten Finanzinstrument reichen (sog. *„full green exposure"*).

1 Finanzierung über Green Bonds

Grüne Anleihen unterscheiden sich grds. nicht von einer konventionellen Anleihe in Bezug auf Laufzeit, Zins- und Tilgungsprofil, Rendite oder Risiko, Regressrechte etc. Entscheidender Unterschied ist die Mittelverwendung (Use of Proceeds) der verkauften Green Bonds für ein grünes Projekt. Abzugrenzen von den Green Bonds bzw. grünen Finanzierungen sind sog. „Sustainability-Linked Bonds" oder „Sustainability Finance Finanzinstrumente", welche über Umweltziele hinausgehende ESG-Ziele (Environment, Social, Governance) beinhalten. 1

Grüne Projekte zeichnen sich durch einen eindeutigen Umweltnutzen aus, der durch das finanzierende Unternehmen zu evaluieren, zu bewerten und offenzulegen ist. Hilfestellung geeigneter Projektkategorien sind z.B. erneuerbare Energien, Energieeffizienz, Anpassungen an den Klimawandel oder umwelteffiziente und/oder für die Kreislaufwirtschaft geeignete Produkte, Produktionstechnologien und Prozesse.[1] Einige Beispiele für geeignete grüne Projekte sind u.a. Windparks oder Investitionen in energieeffiziente Gebäude und/oder Produktionsanlagen. Die grüne Auswirkung dieser Projekte kann bspw. in jährlich eingesparten Tonnen an CO_2-Äquivalenten in Personenhaushalten auf Basis von Werten des Statistischen Bundesamtes messbar gemacht werden.[2] 2

---

[1] Vgl. Geisel/Spieles, Eigenschaften von Green Bonds und ihre Bilanzierung nach IFRS, Recht der Finanzinstrumente, BB Kapitalmarkt 4/2018, S. 328; ICMA, The Green Bond Principles, www.cbd.int/financial/greenbonds/icma-principles2016.pdf, abgerufen am 3.1.2023.

[2] Vgl. Statistisches Bundesamt, Stromverbrauch der privaten Haushalte nach Haushaltsgrößenklassen, www.destatis.de/DE/Themen/Gesellschaft-Umwelt/Umwelt/UGR/private-haushalte/Tabellen/stromverbrauch-haushalte.html, abgerufen am 3.1.2023.

2 Ausgestaltungstypen von Green Bonds

3   Die Bandbreite der möglichen Ausgestaltungstypen eines Green Bonds ist einer stetigen Änderung infolge der steigenden Beliebtheit des Finanzinstruments unterworfen. Nachfolgende Typen lassen sich unterscheiden, sie haben sämtlich bestimmte Green Bond Principles (GBP) einzuhalten:
- **Anleihe Verwendung der Erlöse (Standard Green Use of Proceeds Bond)**: Der Erlös aus dem Verkauf der Anleihe ist zweckgebunden für grüne Projekte. Der Emittent ist regresspflichtig, weshalb allein die Schuldnerbonität die Risikokosten der Anleihe beeinflusst.
- **Verwendung der Erträge (Green Revenue Bond)**: Zweckgebundene Verwendung für die (Re-)Finanzierung von grünen Projekten. Das Kreditrisiko der Anleihe ergibt sich aus den Cashflows der zweckgebundenen Erlöse, Gebühren, Steuern etc. und deren Verwendung für die jeweiligen grünen Projekte. Ein Schuldenregress besteht auf bestimmte Einnahmequellen des Schuldners, nicht auf den Schuldner selbst – bspw. Green Bond eines Energieversorgers zum Ausbau erneuerbarer Energien und Verwendung einer zweckgebundenen Gebühr auf die Stromrechnung der Kunden.
- **Projektanleihe (Green Project Bond)**: Zweckgebundene Anleihe für das oder die spezifisch zugrunde liegende(n) grüne(n) Projekt(e). Der Investor trägt direkt das Projektrisiko. Im Regressfall erfolgt ein Rückgriff i.d.R. nur auf die Vermögenswerte und die Bilanz des Projekts – z.B. bei der Finanzierung eines Windparks auf die jeweiligen Windkraftanlagen des Emittenten.
- **Grüne besicherte Anleihe (Green Securitised Bond)**:
  - **Verbriefungsanleihe (Asset-Backed Securities)**: Es handelt sich um ein Refinanzierungsportfolio grüner Projekte oder Erlöse, die für grüne Projekte vorgesehen sind und aus denen i.d.R. die Rückzahlung erfolgt. Entsprechend erfolgt im Regressfall ein Rückgriff auf eine Gruppe von Projekten und deren zugrunde liegenden Vermögenswerte (z.B. grüne Hypotheken, Solarleasing) – bspw. Tesla Energy (unterstützt durch Solarmietverträge für Privathaushalte), Obvion (unterstützt durch grüne Hypotheken).
  - **Pfandbrief (Covered Bonds)**: Dieser ist zweckgebunden für förderfähige Projekte, die im gedeckten Pool enthalten sind. Im Fall eines Schuldenregresses erfolgt ein Rückgriff auf den Emittenten und, falls der Emittent nicht in der Lage ist, die Anleihe zurückzuzahlen, auf den gedeckten Pool – bspw. Berlin Hyp grüner Pfandbrief. Erwähnenswert ist, dass der Verband deutscher Pfandbriefbanken (VDP) in 2022 Mindeststandards für die Emission von öffentlichen grünen Pfand-

briefen begeben hat,³ was zu einer Weiterentwicklung der Pfandbriefe im deutschen Markt führt.
- **Sonstige Schuldtitel**: Zweckgebunden für förderfähige Projekte – bspw. Wandelanleihen, Schuldscheindarlehen, Commercial Paper, Schuldverschreibungen.⁴

3 Grüne Anleihen und Innovationen

Zu den aktuellen Green Bond Innovationen gehört das **Transition Financing**. Während klassische Green Bonds eher für die Finanzierung von sog. „grünen" Unternehmen Anwendung finden, kann Transition Financing für „grüne" Investitionen von sog. „braunen" Unternehmen verwendet werden.⁵ D.h., bei Transition Financing handelt es sich um Emittenten von Bonds aus weniger nachhaltigen Sektoren, die ihr Geschäftsmodell nachhaltiger machen wollen. Denkbar sind CO_2-intensive Industrien wie die der Eisen- und Stahlerzeugung, der Zementherstellung oder der Schifffahrt und der chemischen Industrie. Ferner bedarf es nicht, dass bei Transition Financing das Investitionsobjekt als „grün" klassifiziert ist – bspw. wenn ein Gebäude, welches energetisch nicht als taxonomiekonform angesehen werden kann, durch die Investition eine bessere Energieeffizienz erzielt.   4

Beim Transition Financing können folgende Finanzierungen unterschieden werden: 5
- Übergangsanleihen („Use of Proceeds" Transition Bonds),
- zielgebundene Anleihen (Target-Linked Bonds).

Bei **Übergangsanleihen** werden die Erlöse der Emission in die Finanzierung der Abkehr von umweltschädlichen Investitionen investiert. Bspw. bestand vor Transition eine auf Kohleverstromung basierende Produktionsanlage, so wird eine Anlage auf Erdgas finanziert, welche die CO_2-Emission des Unternehmens reduziert, jedoch nicht das Ergebnis einer geothermischen Anlage erzielen würde. Im Ergebnis handelt es sich entweder um die Reduzierung

---

3   Die Mindeststandards bauen auf den Green Bond Principles der International Capital Market Association (ICMA) auf. U. a. wird neben einer externen Beurteilung ein regelmäßiges Impact Reporting gefordert. Mithilfe des grünen Pfandbriefs können zukünftig deckelungsfähige Kommunal- und Staatsfinanzierungen refinanziert werden, die einem ökologisch nachhaltigen Zweck dienen; bspw. in den Bereichen erneuerbare Energie, Energieeffizienz, Verschmutzungsprävention und -kontrolle sowie nachhaltiges (Ab-)Wassermanagement.
4   Vgl. ICMA – International Capital Market Association, Green Bond Principles, June 2021; Climate Bonds Initiative, Explaining green bonds, www.climatebonds.net/market/explaining-green-bonds, abgerufen am 3.1.2023.
5   Bei der EU-Taxonomie handelt es sich um ein Klassifikationssystem von Wirtschaftsaktivitäten, die sich als „grün" i.S.d. Einhaltung von Konformitätszielen bzw. als „braun" im Zusammenhang mit einer Nichteinhaltung darstellen.

der Umweltauswirkung und/oder um die Reduzierung des Kohlendioxidausstoßes.[6]

6 **Zielgebundene Anleihen** sind dagegen zukunftsgerichtete und performanceorientierte Finanzinstrumente, deren Verzinsung an das Erreichen eines ökologischen Ziels ausgerichtet ist. Bei deren Verwendung steht der Umbau des Geschäftsmodells eines Emittenten in Teilen oder in seiner Gesamtheit im Mittelpunkt. Der Emittent verpflichtet sich in einem gesonderten Vertragsdokument innerhalb einer festgelegten Frist zu einer zukünftigen Verbesserung seiner Umweltauswirkungen anhand festgelegter Kriterien (Key Performance Indicators – KPI) und vordefinierter Zieler (Sustainability Performance Targets – SPTs). Bspw. verpflichtet sich ein Energieerzeuger, innerhalb von 5 Jahren nach Emission der Anleihe 80 % seiner Gesamtenergieproduktion aus Ökostrom zu gewinnen, bei einem derzeitigen Stand von 30 %. Konsequenterweise bedarf es der Auswahl relevanter, messbarer, vergleichbarer und prüfbarer KPIs.

Von Vorteil ist, dass die Erlöse der Bonds nicht für vordefinierte Projekte zu verwenden sind. Nachteilig ist, sofern die Ziele nicht erreicht werden, steigen die Kapitalkosten für den Emittenten.

4 Investoren- und Emittentenbedürfnisse

7 Investitionen in grüne Finanzinstrumente sind der Gefahr ausgesetzt, dass die aufgenommenen Mittel durch den Emittenten/Schuldner zweckentfremdet verwendet werden. Aus diesem Grund bestehen bei grünen Finanzinstrumenten besondere **Informationsbedürfnisse der Investoren** in der Zeit vor, bei Ausgabe und in der Zeit nach der Emission eines Green Bonds. Interessenschwerpunkte der Investoren sind die Mittelverwendung, deren Überwachung und die Berichterstattung bei der Einhaltung der im Verkaufsprospekt benannten grünen Effekte der finanzierten Investitionen.

8 Emittenten könnten aufgrund der Investorenbedürfnisse anfänglich höhere Transaktionskosten bei Green Bonds im Vergleich zu „normalen" Anleihen haben. Gleichwohl können mit Green Bonds diese Kosten durch potenziell geringere Kapitalkosten, eine Verbesserung des Images des Unternehmens, Verbreiterung der Investorenbasis und insbes. eine „ESG-Story" im Einklang mit der EU-Taxonomie (§ 12), dem Green Deal der EU und einer Nachhaltigkeitsberichterstattung kompensiert oder überkompensiert werden. Gerade die strategische Verknüpfung eines notwendigen Geschäftsmodellumbaus bzw. Investitionen zur Reduzierung von zukünftigen materiellen ESG-Risiken mit den

---

[6] Zum Umgang mit Nachhaltigkeitsrisiken s. BaFin, Merkblatt zum Umgang mit Nachhaltigkeitsrisiken, Stand: 13.1.2020.

notwendigen Finanzierungen/Refinanzierungen am Kapitalmarkt gewinnen für die Unternehmensführung zunehmend an Bedeutung. Die in den letzten Jahren steigende Aufmerksamkeit und Nachfrage grüner Finanzinstrumente für Investoren schafft Möglichkeiten für Unternehmen, das notwendige Kapital für ESG-Investitionen am Markt zu beschaffen.[7]

Emittenten könnten motiviert sein, Transaktionskosten zu senken, indem Kontrollprozesse der Mittelverwendung, Überwachung und Berichterstattung unterlassen oder reduziert werden. Für Investoren kann das Risiken in Form von **Greenwashing**, insbes. durch eine zweckfremde Verwendung von Mitteln, bedeuten. Zur Vermeidung einer Fehlallokation von Kapital durch Greenwashing haben sich am Markt Green Bond Frameworks bzw. Prinzipien entwickelt.

5 Markt grüner Anleihen

Seitdem die Europäische Investitionsbank als erster Emittent in 2007 einen Climate Awareness Bond am Kapitalmarkt platziert hat, hat sich der Markt auf derzeit ca. 500 Mrd. USD weiterentwickelt. In 2022 wird von einer ca. 50 %igen Steigerung der Bondemissionen auf rund 750 Mrd. USD ausgegangen.[8] Gleichwohl deckt der Green Bond Markt derzeit nur ca. 3 % des gesamten Kapitalmarktemissionsvolumens ab. Zwar können die Wachstumsraten im Marktsegment Green Bonds am Kapitalmarkt durchaus als hoch angesehen werden, dennoch decken diese bei weitem nicht die innerhalb des EU Green Deals veranschlagten Kapitalbeträge für eine klimaneutrale Realwirtschaft innerhalb der EU bis 2050. Nachfolgend werden daher die sich im unregulierten Markt der Green Bonds privatrechtlich entwickelnden Green Bond Standards vorgestellt. Anschließend erfolgt eine Betrachtung der von der EU in Erarbeitung befindlichen EU Green Bond Standards, die als neuer „**Goldstandard**" von vielen Akteuren bezeichnet werden. Ziel der EU ist es, mit diesem „Goldstandard" die bisherigen Ineffizienzen im Green Bond Markt zu beheben und international neue Maßstäbe zu setzen.

6 Green Bond Principles und Green Bond Frameworks

Aufgrund der Besonderheit der Verwendung der Mittel für grüne Projekte bedarf es bestimmter **Anforderungen an** den Green Bond **Emittenten**, um

---

[7] Zum Umgang mit Nachhaltigkeitsrisiken s. BaFin, Merkblatt zum Umgang mit Nachhaltigkeitsrisiken, Stand: 13.1.2020.
[8] Vgl. Environmental Finance, The sustainable bond market in 2022 and beyond – transition is key!, www.environmental-finance.com/content/the-green-bond-hub/the-sustainable-bond-market-in-2022-and-beyond-transition-is-key!.html, abgerufen am 3.1.2023.

den Informationsbedürfnissen der Investoren zu genügen. Es stellt sich die Frage, welche Kriterien für Green Bonds angewendet werden sollten.

Grundbausteine eines Green Bond Frameworks sind i. W. die Verwendung von Emissionserlösen (Use of Proceeds), der Prozess der Projektbewertung und -auswahl (Process for Project Evaluation and Selection), das Management der Erlöse (Management of Proceeds) sowie die Berichterstattung (Reporting).[9]

12 Das **Green Bond Framework** beinhaltet eine Referenz zu dem verwendeten Green Bond Standard und den darin genannten relevanten Kriterien für eine Green Bond Emission; z.B. die Referenz zu den 4 ICMA Green Bond Principles (Use of Proceeds, Process for Project Evaluation and Selection, Management of Proceeds, Reporting) sowie den zulässigen Projekten (Eligible Projects). Bestandteil des Frameworks ist anschließend die nähere Erläuterung der einzelnen Bestandteile, z.B. Eligible Projects sind Projekte und Vermögenswerte von Windkraftanlagen der Muster GmbH, die zur Erzeugung erneuerbarer Energie und deren Einspeisung in das Stromnetz verwendet werden. Ziel ist es, die Anzahl der Haushalte mit erneuerbarer Energie zu erhöhen und dadurch den CO_2-Ausstoß zu senken.

Weitere detaillierte Angaben zu der Projektauswahl, der Mittelverwendung, den Erlösen und dem Reporting (Allocation und Impact Reporting) und deren Überprüfung, bspw. durch die interne Revision und einen externen Prüfer, sind zu machen.

13 Die zu berichtenden Angaben sollen den Investoren Transparenz über die Green-Bond-Framework-konforme Verwendung der Mittel geben, um eine Fehlallokation (Greenwashing) in nicht konforme Projekte zu vermeiden und avisierte Umweltauswirkungen der Investitionen zu erzielen. Im Zeitraum zwischen Mittelzufluss des Green Bond Erlöses bis zur Auszahlung an die bei Errichtung/Bau des Investitionsobjekts eingesetzten Unternehmen nach Fertigstellung kann die Notwendigkeit der Zwischenanlage bestehen, über welche zu berichten ist.

14 Der bislang von der öffentlichen Hand unregulierte Markt an Green Bond Standards kennt mehrere **freiwillig anzuwendende privatrechtliche Standards**. Die von der Climate Bonds Initiative (CBI) entwickelten **Climate Bond Standards** und die von der International Capital Market Association (ICMA) entwickelten **Green Bond Principles** (GBP) finden derzeit die größte Verbreitung. Bspw. orientiert sich das Regelwerk der deutschen Finanzagentur für grüne Bundesanleihen am Standard des Kapitalmarkt-

---

[9] Vgl. IDW, Knowledge Paper Green Bonds, S. 11, www.idw.de/blob/129034/058f0ddce4d6c1ee26c42ee8d293b1a2/down-knowledgepaper-greenbonds-data.pdf, abgerufen am 3.1.2023.

verbands ICMA. Ursächlich für die stärkere Marktverbreitung der GBP dürften die geringeren Anforderungen im Vergleich zu denen der ICMA sein.

Neben den privaten Green Bond Standards wird der im Entwurf befindliche **EU Green Bond Standard** (EUGBS) vermutlich neue Maßstäbe setzen. Die Verabschiedung des EUGBS wird für 2023 erwartet. Bei der Entwicklung der EUGBS soll eine Anpassung an die GBP erfolgen.

Zwar wird der EUGBS freiwillig anzuwenden sein, jedoch ist zu erwarten, dass dieser sich schnell am Kapitalmarkt durchsetzen wird, nicht zuletzt wegen seiner Relevanz für öffentliche Emittenten und andere EU-Regulierungen.

Folgende vorgeschlagenen 4 Hauptanforderungen lassen sich nennen:
- **EU-Taxonomie-Alignment**: Die durch die Anleihe aufgenommenen Mittel sollten vollständig für Projekte bereitgestellt werden, die mit der EU-Taxonomie (§ 12) in Einklang stehen. Hierbei handelt es sich um die 6 taxonomiekonformen Wirtschaftsaktivitäten: Klimaschutz und Anpassung an den Klimawandel, Kreislaufwirtschaft, Biodiversität, Schutz von Luft und Wasser unter Beachtung bestimmter Mindeststandards wie negativer Umweltauswirkungen („Do No Significant Harm") und sozialer Belange („minimum safeguard"). Der derzeitige Vorschlag beinhaltet ein teilweises „grandfathering" (Beibehaltung) für geänderte technische Screeningkriterien nach einer Verbriefung um 5 weitere Jahre, womit ein begrenzter Bestandsschutz von vergangenen Verbriefungen gewährt wird.
- **Transparenz**: Über die Verteilung der Anleiheerlöse ist volle Transparenz durch detaillierte Berichtspflichten herzustellen.
- **Externe Überprüfung**: Alle europäischen grünen Anleihen müssen von einem externen Prüfer kontrolliert werden, um die Einhaltung der Verordnung und die Taxonomieanpassung der finanzierten Projekte sicherzustellen.
- **Aufsicht durch die Europäische Wertpapiermarktaufsicht (ESMA), Anzahl der Gutachter**: Externe Prüfer, die Dienstleistungen für Emittenten europäischer grüner Anleihen erbringen, müssen bei der ESMA registriert und von ihr beaufsichtigt werden. Dadurch werden die Qualität ihrer Dienstleistungen und die Zuverlässigkeit ihrer Überprüfungen sichergestellt, um die Anleger zu schützen und die Marktintegrität zu gewährleisten. Die ESMA soll Beschwerden nachverfolgen, Geldbußen auferlegen und, falls nötig, Prüfungslizenzen entziehen können.[10]

---

[10] Vgl. Europäische Kommission, European green bond standard, https://ec.europa.eu/info/business-economy-euro/banking-and-finance/sustainable-finance/european-green-bond-standard_de, abgerufen am 3.1.2023.

16 Die konkreten Regelungsinhalte finden sich in den Anhängen zum EUGBS-Entwurf, welche i.w. Aussagen zu der Klassifizierung und Projektauswahl, der Erlösverwendung und Berichterstattung („Jährlicher Erlösverwendungsbericht für europäische grüne Anleihen" – Allocation Reporting), dem ökologischen Nutzenreporting („Wirkungsbericht für europäische grüne Anleihen" – Impact Reporting) sowie u. a. Erklärungen zur Einhaltung der Verordnung über europäische grüne Anleihen („Inhalt der Bewertungen vor und nach Emission") beinhalten.[11]

17 Eine qualitative Weiterentwicklung der Offenlegungsunterlagen der zukünftigen Green Bond Frameworks entsteht möglicherweise durch die von den EUGBS geforderte **Prüfungspflicht**. Gleichwohl kann bereits jetzt beobachtet werden, dass durch den Marktdruck zur Prüfung des Green Bond Reportings eine faktische Prüfungspflicht besteht. Die Verpflichtung der Registrierung bei der ESMA und die Beaufsichtigung der Prüfer durch die ESMA könnten zu einer Schärfung der Prüferqualität führen. Anzumerken ist, dass ein Wirtschaftsprüfer bereits jetzt hohe berufsrechtliche Anforderungen zu erfüllen hat.

7 Aktueller Diskussionsstand zu den vorgeschlagenen EU Green Bond Standards (EUGBS)

18 Verschiedene Kapitalmarktakteure haben sich nach Veröffentlichung der Entwürfe der EUGBS zu Wort gemeldet, um ihre Bedenken, aber auch Anregungen zu den Dokumenten einzubringen.

Der EU Green Deal bedarf bei der erfolgreichen Transformation der Wirtschaft hin zu einer klimaneutralen Wirtschaftsaktivität bis 2050 insbes. der Finanzierungen durch den Kapitalmarkt. Anlass genug für die Europäische Bankenaufsichtsbehörde (EBA), den EU-Verbriefungsmarkt näher zu analysieren.

19 Ergebnis der Untersuchung war, dass sich dieses Marktsegment bisher noch in einem Anfangsstadium befindet. Gleichwohl kann man sich vor dem Hintergrund des aktuellen Umfangs von Verbriefungsstrukturen zahlreicher Unternehmen, z.B. der Banken- und Leasingbranche zur Refinanzierung von Immobilienkrediten oder Fahrzeugfinanzierungen, ein durchaus signifikantes Marktsegment für die Zukunft vorstellen. Folglich wird eine Ausweitung der EUGBS auch auf Verbriefungen gefordert. Es bedarf nach Ansicht der EBA eines speziellen Rechtsrahmens für nachhaltige Verbrie-

---

[11] Europäische Kommission, Vorschlag für eine Verordnung des Europäischen Parlaments und des Rates über europäische grüne Anleihen, COM(2021) 391 final.

fungen als auch Vorgaben im Hinblick auf die Art und den Inhalt nachhaltigkeitsbezogener Angaben für Verbriefungsprodukte. Bei Verbriefungstransaktionen sollten diejenigen Unternehmen gefordert sein, die solche i. d. R. als Autopilot ausgestaltete Strukturen aufsetzen (Originator). Auf Ebene der Verbriefungsstruktur (Special Purpose Entity) finden dann lediglich operative Tätigkeiten in Form eines Servicing statt, welche durch den Originator vordefiniert wurden. Denkbar wäre, dass die Portfolien der Verbriefungsstruktur nicht nur die Anforderungen des EUGBS zu erfüllen haben, sondern die Erlöse aus der Begebung der ABS-Papiere wiederum in neue grüne Vermögenswerte allokiert werden. Weitere Angaben zu synthetischen Verbriefungen und sozialen Verbriefungen werden angeregt.[12]

Ferner werden verschiedene Ansätze für Rahmenwerke (Frameworks) mit unterschiedlicher „grüner Ausprägung" diskutiert. Die unterschiedlichen Rahmenwerke sind: 20
- „grüne" Sicherheiten Ansatz („light green"),
- kombinierter Ansatz – gleichlaufende Rahmengrundsätze zum EUGBS („medium green"),
- kombinierter Ansatz – integriertes Rahmenwerk zum EUGBS („dark green").

Für Verbriefungen mit „grünen" Sicherheiten (Green collateral approach – „**light green**") wäre ein „grünes" Verbriefungsrahmenwerk anzuwenden. In diesem Fall bestehen die Sicherheiten zur Absicherung einer Finanzierung mehrheitlich aus grünen Vermögenswerten, selbst wenn die Erlöse aus der Verbriefung nicht für grüne Investments verwendet werden. Sollten hingegen keine mehrheitlich grünen Sicherheiten der Verbriefung vorliegen, jedoch 100 % der Erlöse für grüne Investitionen verwendet werden, so wäre das „angepasste" EUGBS zu verwenden. Der Vorteil dieses Rahmenwerks dürfte in der einfachen Handhabbarkeit und Verständlichkeit für Investoren und Refinanzierer liegen. Gleichwohl wird erwartet, dass es bisher nur wenige „grüne" Sicherheiten gibt, was die Bedeutung dieses Rahmenwerks einschränken dürfte. 21

Der kombinierte Ansatz des „**medium green**" bezeichnet eine „grüne" Verbriefung, wenn diese einen Minimumanteil der Erlöse für grüne Vermögenswerte eines zugrunde liegenden Portfolios verwendet. Der kombinierte Ansatz des „medium green" besteht nun aus 2 verschiedenen Ausprägungen. Entweder dem „sustainable" Verbriefungsrahmenwerk oder dem „angepassten" EUGBS-Rahmenwerk. Das „sustainable" Verbriefungsrahmenwerk definiert einen Mindestanteil an Erlösen für die 22

---

[12] Vgl. EBA Report, Developing a framework for sustainable securitization, EBA/REP/2022/06.

Verwendung für grüne Vermögenswerte, z. B. >50 %, als auch einen Mindestanteil an vorzugebenden „grünen" Sicherheiten, z. B. >60 %. Wie bei dem „light green" Rahmenwerk würde eine 100 %ige Verwendung der Erlöse der Verbriefung für grüne Vermögenswerte zur Anwendung des „angepassten" EUGBS führen. Der Ansatz dürfte eher den aktuellen Marktgegebenheiten Rechnung tragen mit eher vermutlich weniger „grünen" Sicherheiten und einer eher höheren Verwendung an Erlösen für „grüne" Vermögenswerte. Die jeweiligen Grenzwerte für „grüne" Sicherheiten und „grüne" Vermögenswerte müssten prozentual abgebildet und im internen Reporting der Verbriefungsstruktur gegenüber dem Originator berichtet und eingehalten werden.

23   Der kombinierte Ansatz des **„dark green"** Rahmenwerks beinhaltet das „angepasste" EUGBS-Rahmenwerk und Zusatzanforderungen an das Portfolio der zugrunde liegenden Vermögenswerte. Ein „dark green" Rahmenwerk setzt voraus, dass 100 % der Erlöse für die Investition in EU-taxonomiekonforme Vermögenswerte verwendet werden und ein Mindestanteil von „grünen" Vermögenswerten im zugrunde liegenden Sicherheitenportfolio besteht. Es finden das „angepasste" EUGBS-Rahmenwerk als auch zusätzliche Anforderungen für den Sicherheitenpool Anwendung.

Ähnlich wie beim „medium green" Ansatz dürfte es derzeit eher wenige Transaktionen geben, die sowohl aus „grünen" Sicherheitenwerten (>50 %) als auch aus Erlösen, die zu 100 % in taxonomiekonforme Vermögenswerte investiert werden, bestehen.

24   Mit dem unterbreiteten Vorschlag der EBA wird auch darauf hingewiesen, dass im derzeitigen EUGBS keine Absage gegenüber solchen Sicherheiten gemacht wird, die i. S. d. EU-Taxonomie als signifikant umweltschädlich eingestuft werden. Die Regelungslücke könnte dem Umstand geschuldet sein, dass Erleichterungen für einen „grünen" Umbau der Wirtschaft geschaffen werden, gleichwohl für Investoren Probleme im Zusammenhang mit der Vermarktung solcher Produkte im Zuge mangelnder Kundenakzeptanz entstehen könnten.

25   Seitens der ICMA gab es Anmerkungen im Zusammenhang mit der mangelnden flexiblen Anwendung der Anforderungen der EU-Taxonomie, die ggf. nicht für innovative oder komplexe Projekte Anwendung finden. Das nicht vollständige „grandfathering" bzw. der nicht bestehende Bestandsschutz für vergangene Verbriefungen wird als kritisch für die Kapitalmarkteffizienz gesehen.

Eine Untergliederung in verschiedene „shades of green" dürfte die Komplexität erhöhen und nicht zum Ziel einer schnellen Erhöhung der Volumina in diesem Segment beitragen. Insbes. scheint es auch neuer Ansätze zu bedürfen, was als „grün" zu beurteilen ist. Aufgrund der bisher nur wenigen „grünen Assets" dürfte der Markt für Asset-backed Commercial Paper (ABCP) eher gering bleiben.[13] Die derzeitigen verbriefungsfähigen grünen Assets sind gering. Die aktuellen Überlegungen der EU-Kommission, den im Frühjahr 2023 zu erwartenden EU Green Bond Standard so auszugestalten, dass nicht die zugrunde liegenden Assets der Verbriefung, sondern die erzielten Erlöse in „grüne" Assets zu (re)investieren sind, könnte eine Lösung sein.

Von besonderem Interesse dürfte jedoch für Unternehmen sein, wie „braune" Assets „umgewandelt" werden können, um Green Bond Standards zu genügen. Ein Zugang von Unternehmen mit „braunen" Assets erscheint wegen des hohen Volumens dieser Assets vor dem Hintergrund des notwendigen Umbaus der Wirtschaft hin zu einer klimaneutralen Wirtschaft innerhalb der EU bis 2050 nötig, um starke wirtschaftliche Verwerfungen im Zuge der Transformation zu vermeiden. Denkbar wäre, dass das notwendige Kapital für den Umbau dieser Assets durch die „grüne" Verbriefung solcher „braunen" ABCP erzielt werden könnte, die mit CO_2-Kompensationsrechten ausgestattet werden. 26

8 Prüfungsleistungen

Es lässt sich feststellen, dass die im individuellen Green Bond Framework des Emittenten verwendeten Green Bond Prinzipien und die Detailtiefe der offenzulegenden Informationen die Art und den Umfang der Prüfung bestimmen. 27

Prüfungsleistungen (assurance engagements) sind für Green Bond Emittenten sowohl vor oder zum Zeitpunkt der Emission (Pre-Issuance-Prüfung; Rz 29f.) als auch nach der Emission bis zum letzten Berichtszeitraum (Post-Issuance-Prüfung; Rz 30ff.) von Relevanz.

Kapitalmärkte haben bestimmte Zulassungskriterien für grüne Finanzinstrumente an ihrem Handelsplatz. In Abhängigkeit dieser Kriterien können verschiedene Standards, Frameworks, Taxonomien, Methoden und Labels relevant sein. Bspw. unterscheidet die Luxemburger Börse **Anleihestandards** (ICMA's Green Bond Principles – GBP, Social Bond Principles – SBP, Sustainability-Linked Bond Principles – SLBP, Sustainability Bond Guidelines – SBG etc.), **Fondslabels** (z.B. LuxFLAG's Climate Finance, 28

---

[13] Die LBBW hatte im September 2022 ein grünes ABCP zur Refinanzierung des Leasinggeschäfts von E-Bikes eines Unternehmens gestartet. Fraglich war für einige Marktteilnehmer, ob es sich wirklich um ein „grünes Asset" handelte, weil ggf. die Benutzer der E-Bikes vorher Fahrräder ohne Elektroantrieb gefahren haben.

Environment, Social und ESG Labels, FNG's Label für nachhaltige Publikumsfonds etc.) oder **Emittentenmethoden**.[14]

Ein Emittent hat ein Green Bond Framework seiner beabsichtigten Green Bond Emission in Anlehnung an einen der geforderten etablierten Green Bond Standards zu entwickeln und zu veröffentlichen.

29 Das Green Bond Framework des Emittenten hat gem. der jeweiligen Kapitalmarktvorgaben einer externen Prüfung der jeweiligen Kriterien eines relevanten Green Bond Standards oder Green Bond Frameworks im Vorfeld der Green Bond Emission zu unterliegen. Auf externe Gutachten spezialisierte Wirtschaftsprüfungsgesellschaften oder Nachhaltigkeitsagenturen führen Bestätigungsleistungen durch, dass die ausgewählten Projekte geeignet sind und dass der Emittent im Einklang mit Green Bond Prinzipien sein Green Bond Framework entwickelt hat. Marktüblich ist es, eine Second Party Opinion einzuholen, bei welcher die Prüfungshandlungen mit begrenzter Sicherheit (**limited assurance**) durchgeführt und das Prüfungsergebnis durch Veröffentlichung des Pre-Issuance Verification Reports offengelegt wird. Das Prüfungsergebnis beinhaltet die Aussage, ob das geprüfte Green Bond Framework des Emittenten in allen wesentlichen Belangen in Einklang mit einem ausgewählten marktetablierten Green Bond Standard steht; z.B. in Einklang mit den Climate Bonds Standard Pre-Issuance Anforderungen gem. Kapitel 1 Verwendung der Emissionserlöse („Use of Proceeds"), Kapitel 2 Prozess der Projektbewertung und -auswahl („Process for Evaluation and Selection of Projects & Assets"), Kapitel 3 Management der Erlöse („Management of Proceeds") und Kapitel 4 Berichterstattung („Reporting Prior to Issuance").[15]

30 Emittenten haben bis zur vollständigen Verwendung der Mittel (Use of Proceeds) eine geprüfte Berichterstattung (Allocation Reporting und Impact Reporting) zu veröffentlichen.

Für die Post-Issuance-Prüfung ist die Vorgabe des Prüfungsgegenstands im Green Bond Framework von Relevanz. Der im Green Bond Framework definierte Prüfungsgegenstand ist Kernbestandteil des Angebotsschreibens und der Prüfungsbescheinigung durch den Prüfer.

31 Eine nichtfinanzielle Prüfung in Form der Prüfung einer Green Bond Berichterstattung kann sowohl zur Erzielung einer hinreichenden Sicherheit für das Prüfungsurteil (**reasonable assurance**) als auch zur Erzielung einer

---

[14] Vgl. Louxemburg Stock Exchange, Green Bonds, www.bourse.lu/listing-green-bonds, abgerufen am 3.1.2023.
[15] Vgl. Climate Bonds Standard Version 3.0, www.climatebonds.net/files/files/climate-bonds-standard-v3–20191210.pdf, abgerufen am 3.1.2023.

begrenzten Sicherheit für das Prüfungsurteil (**limited assurance**) beauftragt werden. Bei den am Markt beobachtbaren beauftragten Prüfungen handelt es sich i.d.R. um „limited assurance engagements", da die Prüfungsinhalte häufig nicht oder nur in einem wenig standardisierten Prozess- und Systemumfeld erhoben werden. Folglich dürfte das potenzielle Fehlerrisiko höher sein im Vergleich zu einer in einem standardisierten System- und Prozessumfeld durchzuführenden Jahresabschlussprüfung, die mit hinreichender Sicherheit geprüft wird.

Ziel des Prüfungsauftrags ist es, in Übereinstimmung mit dem Green Bond Framework des Emittenten ein Urteil darüber abzugeben, ob die Berichterstattung mit begrenzter oder hinreichender Sicherheit fehlerfrei ist und den Vorgaben des Green Bond Frameworks entspricht. Die Prüfungsdurchführung der im Green Bond Framework zu prüfenden Kriterien basiert auf den zwischen den Vertragspartnern vereinbarten Prüfungshandlungen („Agreed upon Procedures"). Der Wirtschaftsprüfer führt seine Prüfung regelmäßig anhand des ISAE 3000 (Revised) „Assurance Engagements Other than Audits or Reviews of Historical Financial Information" durch. Fraglich wird sein, ob der ISAE 3000 bei einer Veröffentlichung des EUGBS einer Aktualisierung unterzogen werden muss bzw. ob ein neuer Prüfungsstandard erforderlich sein wird.

> **Hinweis**
>
> Das IAASB hat im Dezember 2021 eine freiwillige Richtlinie zur Anwendung des ISAE 3000 (Revised) in Bezug auf die Nachhaltigkeitsberichterstattung und andere erweiterte externe Berichtspflichten veröffentlicht.[16]

Eine Besonderheit der Anwendung des ISAE 3000 (Revised) besteht darin, dass dieser vom Anwender die Einhaltung des vom International Ethics Standards Board for Accountants (IESBA) verabschiedeten „Code of Ethics for Professional Accountants" sowie des International Standard on Quality Control 1 (ISQC 1) „Quality Control for Firms that Perform Audits and Reviews of Financial Statements, and other Assurance and Related Services Engagements" oder mind. vergleichbarer berufsständischer Anforderungen fordert.[17] Ferner enthält die Richtlinie u. a. detaillierte Hinweise in Bezug auf den Prüfungsumfang (Scope), die vom Auftraggeber zu verwendenden Be-

32

---

16 Vgl. IAASB, Non-Authoritative Guidance on Applying ISAE 3000 (Revised) to Sustainability and Other Extended External Reporting (EER) Assurance Engagements.
17 Vgl. IDW, WPH Edition, Assurance, 2. Aufl., 2021, Kap. J, Tz. 306.

richtsinhalte, das berichtsspezifische interne Kontrollsystem sowie eine Materialitätsbeurteilung.

33 Es ist zu beachten, dass betriebswirtschaftliche Prüfungen nach ISAE 3000 nicht nur ethische und qualitativ/organisatorische Anforderungen erfüllen müssen, sondern wegen der spezifischen Abgrenzung des Prüfungsgegenstands hohe fachliche Ansprüche an die Wirtschaftsprüfung besonders mit Blick auf die Handhabung der zentralen Elemente (Sachverhaltsinformationen, Kriterien, Prüfungsnachweise) und das dafür unerlässliche pflichtgemäße Ermessen gestellt werden.[18] **Prüfungsgegenstand/Prüfungsfelder** sind bspw.:
- Prüfung, ob die durch die Emission vereinnahmten Mittel in allen wesentlichen Belangen nicht in Übereinstimmung mit den Kriterien für förderungswürdige Projekte (Eligible Projects) gem. des Green Bond Frameworks verwendet wurden;
- Prüfung, ob die Gesellschaft für den Berichtszeitraum im vorgelegten Green Bond Reporting in allen wesentlichen Belangen nicht mit den Kriterien der Mittelverwendung des Green Bond Frameworks (Allocation Reporting) übereinstimmt.

34 I.R.d. Auftrags sind bspw. die folgenden **Prüfungshandlungen** durchzuführen:
- Erlangung eines Verständnisses der Kriterien des Green Bond Frameworks für förderungsfähige Projekte, die Projektauswahl und die Messung des sozialen und ökologischen Nutzens;
- Erlangung eines Verständnisses des von den gesetzlichen Vertretern implementierten Bondprozesses für die Auswahl und die Bewertung der förderfähigen Projekte und für die Mittelverwendung gem. der im Green Bond Framework definierten Bedingungen für die Mittelverwendung (Use of Proceeds), den Prozess der Auswahl und der Bewertung der förderungswürdigen Projekte (Process for Project Evaluation and Selection) und dem Management der Verkaufserlöse des Green Bonds bis zur Verwendung (Management of Proceeds);
- Befragung der für die Umsetzung des Prozesses verantwortlichen Personen und Einsichtnahme in Dokumentationen;
- Befragung der für die Aufstellung des Green Bond Reportings verantwortlichen Personen zum Aufstellungsprozess, zu den vorhandenen Vorkehrungen und Maßnahmen zur Aufstellung des Green Bond Reportings (Allocation und Impact Reporting);
- Beurteilung, ob die Angaben im Green Bond Reporting mit den Vorgaben der Mittelverwendung aus dem Green Bond Framework übereinstimmen.

---

[18] Vgl. Moser, IRZ 2015, S. 77 ff.

Ferner können für eine **risikoorientierte Auswahl** folgende Prüfungshandlungen durchzuführen sein:
- Beurteilung, ob durch die Emission vereinnahmte Mittel gem. den Vorgaben des in den Green Bond Frameworks genannten Kriterien in förderfähige Projekte investiert wurden;
- Abstimmung der gem. Green Bond Reporting für förderfähige Projekte verwendeten Mittel mit der Buchhaltung und den dieser zugrunde liegenden Unterlagen;
- Abstimmung der quantitativen Angaben des Impact Reportings zum sozialen und ökologischen Nutzen mit den zugrunde liegenden Unterlagen und Berechnungen sowie Nachvollziehen dieser Berechnungen (z. B. bei Windparkinvestitionen: erneuerbare Energie der Projekte in Megawatt, Umrechnung in CO_2-Äquivalente, Anzahl von Haushalten mit 100 % erneuerbarer Energie).

Bei der Prüfungsplanung, -durchführung, -dokumentation und der Berichterstattung durch den Prüfer ist zu beachten, dass einzelne quantitative oder auch qualitative Berichtsinhalte nicht den Buchhaltungssystemen zu entnehmen sind bzw. nicht in der Jahresabschlussberichterstattung enthalten sind. 35

Daten in Zusammenhang mit der Verwendung von Mitteln können vom Treasury und der Buchhaltung aus den zugrunde liegenden Treasury- bzw. Buchhaltungssystemen generiert werden. Schwieriger ist die Überprüfung der bislang noch nicht verwendeten Mittel und deren zweckmäßige Verwendung bzw. Anlage bis zur Verwendung für förderungswürdige Projekte. Treasury hat entsprechende **Verwendungsnachweise** zu erbringen. Andere interne Daten, wie die mittels der förderungswürdigen Projekte erzeugte Energie in Megawatt, entstammen anderen als rechnungslegungsbezogenen Systemen. Externe Daten einer öffentlichen Behörde werden für die Umrechnung von Energieäquivalenten verwendet. Hieraus wird deutlich, dass die durchzuführenden Prüfungshandlungen durchaus komplex sind und nicht auf standardisierten bzw. etablierten Prozessen und Systemen beruhen.

Aus diesem Grund ist bei der Prüfung zu beachten, dass die rechnungslegungsbezogenen internen Kontrollen des Emittenten nicht deckungsgleich sind mit den bei der Green Bond Prüfung relevanten Kontrollen. Soweit erforderlich sind zusätzliche Kontrollprüfungen durchzuführen bzw. es ist explizit vom Prüfer darauf hinzuweisen, dass immanente Grenzen des das Green Bond Reporting betreffenden internen Kontrollsystems existieren und folglich unvermeidlich Risiken bestehen, dass selbst wesentliche falsche Angaben unentdeckt bleiben können.

9 Offenlegung des Prüfungsergebnisses

36 Eine Besonderheit ergibt sich im Zusammenhang mit der Bereitstellung des Prüfungsurteils des Wirtschaftsprüfers gegenüber den Investoren. Der Prüfungsauftrag ist durch das emittierende Unternehmen gegenüber dem Wirtschaftsprüfer erteilt worden. Es gelten die allgemeinen und besonderen Auftragsbedingungen des Prüfers. Aus den Auftragsbedingungen ergibt sich, dass das Prüfungsergebnis nur dem Auftraggeber zugänglich gemacht werden darf und einer Genehmigung durch den Wirtschaftsprüfer bedarf, sofern Dritte hiervon Kenntnis erlangen sollen.

37 Der Emittent eines Green Bonds hat nach den GBS das Prüfungsergebnis bspw. auf seiner Internetseite öffentlich zugänglich zu machen. Das Interesse des Emittenten, dem Kapitalmarkt über die Einhaltung seiner im Green Bond Framework definierten Vorgaben nach Emission Bericht zu erstatten, beinhaltet jedoch ein Problem. Das Auftragsverhältnis zwischen dem Auftraggeber und dem Prüfer besteht ausschl. zwischen diesen und ist nicht für Dritte bestimmt, welches bei Nichteinhaltung vertragsrechtliche Konsequenzen zur Folge haben kann.

> **Praxis-Tipp**
>
> Das Problem eines Veröffentlichungsverbots gegenüber Dritten kann dahingehend gelöst werden, dass eine sog. Klick-Lösung angeboten wird. Ein Nutzer der Information hat auf der Internetseite des Emittenten per Klick bestimmte Bedingungen („acceptance to the terms of condition") vor dem Zugang zum Prüfungsvermerk zu bestätigen. Bspw. hat der Nutzer des Vermerks zu bestätigen, dass dieser sein Einverständnis darüber erteilt, dass der Vermerk des Wirtschaftsprüfers ausschl. für Zwecke des Auftraggebers erstellt worden ist und keine Haftungsansprüche Dritter gegenüber der Prüfungsgesellschaft geltend gemacht werden können etc.

Literaturtipps

- Climate Bonds Initiative, Explaining green bonds, www.climatebonds.net/market/explaining-green-bonds, abgerufen am 3.1.2023
- Europäische Kommission, European green bond standards, https://ec.europa.eu/info/business-economy-euro/banking-and-finance/sustainable-finance/european-green-bond-standard_de, abgerufen am 3.1.2023
- ICMA – International Capital Market Association, Green Bond Principles, June 2021, www.icmagroup.org/assets/documents/Sustainable-finance/2021-updates/Green-Bond-Principles-June-2021–140621.pdf, abgerufen am 3.1.2023

§ 14 Sustainability-Linked Loans – Nachhaltigkeits-Reporting als Wegbereiter nachhaltiger Finanzierungen

> **Überblick**
>
> Immer mehr Unternehmen finanzieren sich nachhaltig. Regelmäßig kommen Sustainability-Linked Loans (SLLs) zum Einsatz, bei denen die Finanzierungskosten an Nachhaltigkeitsindikatoren geknüpft sind. Die Ausweitung der Nachhaltigkeitsberichterstattung eröffnet einer Vielzahl weiterer Unternehmen perspektivisch die Möglichkeit, die Vorzüge nachhaltiger Finanzierungen zu nutzen.

1 Nachhaltigkeitsbezogene Kredite – ein relativ junges Finanzierungsinstrument

Green bzw. Sustainable Finance kennt heute viele Facetten und umfasst diverse Instrumente, Standards und Kriterien der Finanzierung. Bei Green Finance Produkten handelt es sich um zweckgebundene Finanzierungsinstrumente, deren Mittel ausschl. für geeignete Projekte oder Projektkategorien mit einem klaren ökologischen Nutzen verwendet werden dürfen.

Bereits im Jahr 2007 gab die Europäische Investitionsbank den Startschuss für den grünen Anleihemarkt. Mit ihrer Klimaschutzanleihe emittierte die Bank den weltweit ersten grünen Use-of-Proceeds-Bond.[1] Eine Reihe von Initiativen auf internationaler Ebene, wie z.B. das Pariser Klimaschutzabkommen, die UN-Agenda 2030 und der Europäische Green Deal, förderte das Wachstum des Markts für zweckgebundene Finanzierungen in den letzten Jahren.

In jüngerer Zeit erlebte der Markt für nachhaltiges Fremdkapital zahlreiche Innovationen, flankiert von einer erheblichen Diversifizierung – auch weil Unternehmen, Investoren und Banken nach verschiedenen Alternativen suchen, um zu den übergeordneten Nachhaltigkeitszielen beitragen zu können. Social und Sustainability Bonds vergrößerten etwa das Spektrum des Use-of-Proceeds-Modells, indem sie Investitionsmöglichkeiten um soziale Aspekte erweiterten. Mit der Einführung von Krediten, deren Finanzierungskosten an Nachhaltigkeitskriterien gekoppelt sind, kam es auch zu einem Novum bei

---

[1] European Investment Bank, Evaluation of the EIB's Climate Awareness Bonds, 2021.

den Strukturen. Diese sog. **Sustainability-Linked Loans** bieten den Vorteil, dass die aufgenommenen Mittel nicht zweckgebunden sind, sondern für allgemeine Unternehmenszwecke zur Verfügung stehen. Als erstes Unternehmen nutzte der Gesundheitstechnologie-Konzern Philips im Jahr 2017 dieses Finanzierungsmodell.[2]

2 Zinskopplung als Kernelement bei Sustainability-Linked Loans

3 Ein Sustainability-Linked Loan, bisweilen auch als ESG-Linked Loan oder Positive Incentive Loan bezeichnet, ist ein Darlehenskonstrukt, das durch die Kopplung der Zinsmarge an Nachhaltigkeitskriterien finanzielle Anreize für nachhaltiges unternehmerisches Wirtschaften schafft. Dies ermöglicht es den Kreditgebern, die Nachhaltigkeitsperformance des Kreditnehmers zu incentivieren. Erreicht ein Unternehmen während der Kreditlaufzeit vereinbarte Nachhaltigkeitsziele, wirkt sich das zugunsten des Kreditnehmers positiv auf die Marge aus und vice versa. Grds. lassen sich in der Finanzierungspraxis bei der Strukturierung der Nachhaltigkeitskomponente 2 Konzepte unterscheiden: eine Kopplung der Marge an ein ESG-Rating oder an Nachhaltigkeitsindikatoren (Key Performance Indicators, KPIs).[3]

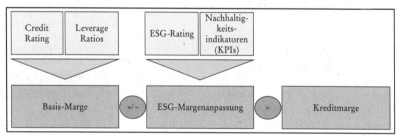

Abb. 1: Zusammensetzung der Credit Margin bei Sustainability-Linked Loans[4]

4 Für die **Kreditdokumentation** bedarf es zur Berücksichtigung der Nachhaltigkeitskomponente nur einer moderaten Anpassung.[5] Regelmäßig han-

---

[2] Philips International B.V., Philips couples sustainability performance to interest rate of its new EUR 1 billion Revolving Credit Facility, 2017.
[3] Zur Bilanzierung nach IFRS Lüdenbach/Hoffmann/Freiberg, Haufe IFRS-Kommentar, 21. Aufl., 2023, § 28 Rz 213 ff.
[4] Quelle: Helaba Research & Advisory.
[5] Lüdke, Green Finance für den Mittelstand, Interview mit Neidnig/Wirtz, Die Unternehmervertrauten 2020/03, S. 12.

delt es sich v.a. um eine ergänzende Klausel zur Kalkulation der Kreditmarge und Bestimmungen zu Informationspflichten der ESG-Ratings bzw. der Nachhaltigkeitsindikatoren. Da die Finanzierung auf das Nachhaltigkeitsprofil des Unternehmens abstellt, können explizit verschiedene ESG-Dimensionen – ganz i.S.v. Sustainable Finance – adressiert werden. Die Sustainability-Linked Loan Principles (SLLPs) führen einige Kategorien von möglichen Nachhaltigkeitsindikatoren an, die aber ausdrücklich nur eine Auswahl darstellen. Folglich können weitere, letztlich auch unternehmensspezifischere Aspekte berücksichtigt werden.

Environmental	Social	Governance
Treibhausgasemissionen	Menschenrechte	Unternehmensethik
Energieeffizienz	Diversität und Inklusion	Corporate Governance
Abfallentsorgung	Mitarbeitergesundheit	Unternehmenstransparenz
Erneuerbare Energie	Arbeitssicherheit	
Wasserverbrauch	Mitarbeiterengagement	
Nachhaltige Beschaffung	Mitarbeiterqualifizierung	
Kreislaufwirtschaft	Datensicherheit	
Nachhaltige Ernährung	Bezahlbares Wohnen	
Biodiversität		
ESG-Rating		

Tab. 1: Auswahl an Umwelt-, Sozial- und Governance-Kategorien[6]

Ein ESG-Rating wird durch auf Nachhaltigkeitsratings spezialisierte Drittgesellschaften erstellt. Hierbei wird die unternehmerische Nachhaltigkeitsleistung in einem gesamtheitlichen Ansatz bewertet.

---

[6] Quellen: Sustainability-Linked Loan Principles, Helaba Research & Advisory.

> **Praxis-Tipp**
> Bei der Wahl einer ESG-Ratingagentur sollte sich das Unternehmen für einen am Markt etablierten Anbieter entscheiden.

3 Sustainability-Linked Loans wachsen rasant

6 Nachhaltig strukturierte Kredite erfreuen sich einer weiter steigenden Beliebtheit und sind – darin sind sich mittlerweile nahezu alle Marktteilnehmer einig – im Mainstream der Finanzierungspraxis angekommen. Ein Beleg hierfür ist das Wachstum des Markts für Sustainability-Linked Loans. So stieg das globale Volumen ESG-bezogener Kredite in einem relativ kurzen Zeitraum auf insgesamt mehr als 400 Mrd. USD (Abb. 2). Damit überschreitet das vergleichsweise junge Finanzierungsinstrument bereits heute die klassischen, zweckgebundenen Green Loans um ein Vielfaches. Der Grund hierfür liegt auf der Hand. So eignen sich zweckgebundene Finanzierungen lediglich für Kreditnehmer, die ausreichende Investitionsprojekte mit einem klaren ökologischen Nutzen vorweisen. Dass das Gros der vereinbarten Kreditinstrumente aber der allgemeinen Unternehmensfinanzierung dient, ist eine Erklärung für den aktuellen Siegeszug der Sustainability-Linked Loans. Außerdem handelt es sich bei den sonst üblichen Konsortialkrediten oft um einen revolvierenden Kreditrahmen, der als reine Liquiditätsreserve oder für temporäre Bedarfe, wie bspw. die Finanzierung von saisonalen Schwankungen im Working Capital, genutzt wird. Eine Zuordnung der Mittelverwendung für umweltfreundliche Zwecke ist somit meist nicht darstellbar.

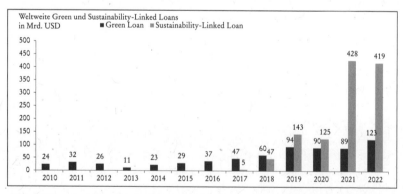

Abb. 2: Sustainability-Linked Loans haben Green Loans deutlich überholt[7]

---

[7] Quellen: BloombergNEF per 31.12.2022, Helaba Research & Advisory.

Bei großen Konsortialkrediten haben sich Sustainability-Linked Loans bereits als Standard etabliert. Den Auftakt im deutschen Markt gab Ende 2018 der Konsumgüterhersteller Henkel mit einer syndizierten Kreditlinie im Volumen von 1,5 Mrd. EUR. Im Jahr 2019 vereinbarte u. a. mit Dürr, E.ON, Norma, LANXESS, Continental und Telefónica Deutschland eine Reihe weiterer Unternehmen **Konsortialkredite mit ergänzter Nachhaltigkeitskomponente,** wodurch diesem Modell endgültig der Durchbruch gelang. Seitdem nahm nicht nur die Anzahl nachhaltigkeitsbezogener Kredite zu, sondern auch der Durchdringungsgrad. Neuerdings werden auch immer mehr kleinere Konsortialfinanzierungen, Club Deals und bilaterale Kredite mit Nachhaltigkeitskomponenten strukturiert, die zunehmend auch Volumina im zweistelligen und teilw. im einstelligen Millionen-Euro-Bereich vorweisen.

Die Motivation für die Nutzung einer nachhaltigen Finanzierung ist vielschichtig.[8] Der pekuniäre Aspekt spielt für das Gros der Kreditnehmer nicht die übergeordnete Rolle. Vielmehr unterstreicht die Entscheidung für ein nachhaltiges Finanzierungsinstrument das Bekenntnis zur firmeneigenen Nachhaltigkeitsstrategie. So möchten Unternehmen ihren Stakeholdern – u. a. Geldgeber, Eigentümer, Kunden, Mitarbeiter und Politik – signalisieren, dass Nachhaltigkeit ein wichtiger Teil ihrer Geschäftsstrategie ist. Gleichzeitig geben sie über den finanziellen Anreiz einen positiven Impuls in der eigenen Organisation, um die gesteckten Nachhaltigkeitsziele zu erreichen.

4 Sustainability-Linked Loan Principles bilden am Markt etabliertes Rahmenwerk

Verbindliche Vorgaben, wie ein nachhaltigkeitsbezogener Kredit im Detail ausgestaltet sein muss, gibt es bis dato nicht. Diesbzgl. haben aber führende Interessenverbände der Kreditwirtschaft, nämlich die englische Loan Market Association (LMA), die amerikanische Loan Syndication and Trading Association (LSTA) und die asiatische Asia Pacific Loan Market Association (APLMA), freiwillige Leitlinien für ESG-Linked Kredite aufgestellt. Die erstmals 2019 veröffentlichten **Sustainability-Linked Loan Principles (SLLPs)** stellen heute ein etabliertes Rahmenwerk dar.

Angesichts des steigenden Volumens nachhaltiger Finanzierungen auf den globalen Kreditmärkten konkretisierten die Kreditmarktverbände die Leitlinien zuletzt im Jahr 2022. Die jüngsten Konkretisierungen der SLLPs zielen in erster Linie darauf ab, mehr Klarheit für neue Marktteilnehmer bei der

---

[8] Deutsches Aktieninstitut e.V., Unternehmensfinanzierung im Zeichen der Nachhaltigkeit, 2021.

Auswahl der Nachhaltigkeitsindikatoren (KPIs) und der Kalibrierung der Nachhaltigkeitsziele (Sustainability Performance Targets, SPTs) zu schaffen.[9] Hervorzuheben ist zudem, dass nunmehr eine unabhängige, externe Verifizierung der KPIs und SPTs vorgeschrieben ist.

11 Das Hauptaugenmerk der SLLPs ist es, den Qualitätsstandard nachhaltigkeitsbezogener Kredite zu sichern und dem Sustainability-Washing vorzubeugen. Dementsprechend zielen sie darauf ab, den Marktteilnehmern die wesentlichen Charakteristika eines nachhaltigkeitsbezogenen Kredits – basierend auf den folgenden 5 Kernkomponenten – klar zu vermitteln:
1. Auswahl der Nachhaltigkeitsindikatoren (KPIs),
2. Kalibrierung der Nachhaltigkeitsziele (SPTs),
3. Kredit-Charakteristika,
4. Berichterstattung,
5. Verifizierung.

12 **Ad (1.):** Die Qualität der Nachhaltigkeitskomponente eines Sustainability-Linked Loans hängt entscheidend von der Auswahl des bzw. der KPIs ab. Diese sollen wesentlich für die Geschäfts- und Nachhaltigkeitsstrategie des Kreditnehmers sein und relevante ökologische, soziale und/oder Governance-Herausforderungen des Sektors adressieren. Die **Nachhaltigkeitsindikatoren** sollten folgende Kriterien erfüllen:
- relevant, zentral und bedeutsam für das Gesamtgeschäft und von hoher strategischer Bedeutung für die laufenden und/oder künftigen Aktivitäten,
- messbar und quantifizierbar auf einer konsistenten methodischen Grundlage,
- vergleichbar – idealerweise anhand einer externen Referenzgröße.

Eine klare Definition der KPIs, einschl. deren Anwendungsbereich, der Berechnungsmethoden sowie der Baseline soll durch den Kreditnehmer zur Verfügung gestellt werden und soweit möglich mit einem Branchenstandard vergleichbar sein.

13 **Ad (2.):** Auch die **Kalibrierung der Nachhaltigkeitsziele** (SPTs) je Nachhaltigkeitsindikator ist für die Strukturierung nachhaltigkeitsbezogener Darlehen von zentraler Bedeutung, da es Ausdruck des Anspruchsniveaus ist, zu dem sich der Kreditnehmer bekennt. Die SPTs sollen nach bestem Wissen und Gewissen festgelegt werden und während der gesamten Laufzeit des Darlehens relevant bleiben.

---

[9] LSTA, Updated Sustainability-Linked Loan Principles and Guidance Document, 2021.

Nachhaltigkeitsziele sollten ambitioniert sein, d. h.:
- eine materielle, über „business as usual" hinausgehende Verbesserung darstellen,
- wo möglich mit Benchmarks oder externen Referenzwerten verglichen werden,
- im Einklang mit der Nachhaltigkeitsstrategie des Kreditnehmers stehen,
- anhand einer vorab bestimmten zeitlichen Entwicklung festgelegt werden.

Die Zielvorgaben sollten auf aktuellen Leistungsniveaus und auf einer Kombination von Benchmarking-Ansätzen beruhen:
- eigene Entwicklung des Kreditnehmers während der letzten mind. 3 Jahre,
- Entwicklung gegenüber direkten Peers oder Branchenrichtwerten,
- Bezug auf wissenschaftsbasierte Szenarien oder offiziell ausgegebene Vorgaben.

Für jede Transaktion sollen zwischen dem Kreditnehmer und der Kreditgebergruppe geeignete KPIs und SPTs bestimmt werden.

> **Praxis-Tipp**
>
> Die SLLPs weisen explizit darauf hin, dass ein Kreditnehmer für die Strukturierung des nachhaltigkeitsbezogenen Kredits die Unterstützung eines Sustainability Coordinators, der bei der Auswahl der KPIs und der Kalibrierung der SPTs behilflich ist, einholen kann (Rz 28 ff.).

Ad (3.): Da die Kopplung der Zinsmarge an die Nachhaltigkeitskriterien das Kernelement des Sustainability-Linked Loans darstellt, muss die durch die Nachhaltigkeitsperformance des Kreditnehmers ausgelöste **Anpassung** finanzieller bzw. struktureller Elemente in der Vertragsgestaltung berücksichtigt werden. So reduziert sich bspw. die Kreditmarge zugunsten des Kreditnehmers, wenn er während der Kreditlaufzeit die vorab vereinbarten Nachhaltigkeitsziele erreicht; eine Zielverfehlung führt zu einer Margenerhöhung.

Ad (4.): Der Kreditnehmer sollte den Kreditgebern mind. einmal jährlich aktuelle Informationen bereitstellen, die es ihnen ermöglichen, die Entwicklung der Nachhaltigkeitsziele nachzuvollziehen. Obwohl ein öffentliches Reporting nicht zwingend erforderlich ist, wird zu einer öffentlichen **Berichterstattung**, bspw. im integrierten Geschäftsbericht oder Nachhaltigkeitsbericht, ermutigt.

Ad (5.): Die Kreditnehmer müssen mind. einmal jährlich die Entwicklung der Nachhaltigkeitsindikatoren und das Erreichen der Schwellenwerte durch einen **unabhängigen und externen Prüfer** mit einschlägigem Fachwissen (wie z.B. ein Wirtschaftsprüfer, ein Umweltberater oder eine Nachhaltigkeitsagentur) prüfen und bestätigen lassen. Darüber hinaus wird empfohlen, die Prüfergebnisse zu veröffentlichen.

5 Finanzierungspraxis setzt verstärkt auf KPI-basierte Strukturen

17 Angesichts des rasanten Wachstums des Markts für nachhaltige Finanzierungen und der überarbeiteten Sustainability-Linked Loan Principles stellt sich die Frage, welche Trends sich in der derzeitigen Finanzierungspraxis abzeichnen. Dies war auch Anlass für die Helaba und Linklaters, in einer getrennt, aber auf abgestimmter methodischer Grundlage vorgenommenen Auswertung die bisherige und gegenwärtige Vertragsgestaltung sowie aktuelle Trends nachhaltiger Bankfinanzierungen zu untersuchen. Für die gemeinsame Studie wurden unter strikter Wahrung des Bankgeheimnisses und der anwaltlichen Verschwiegenheitspflicht rund 100 Kredit- und Schuldscheinverträge und damit ein repräsentativer Querschnitt im deutschsprachigen Raum analysiert.[10]

18 Eine wesentliche Erkenntnis der Studie ist, dass die Strukturierung der Finanzierungsinstrumente anfangs von einer erheblichen Heterogenität gekennzeichnet war, sich derzeit aber eine deutliche Konvergenz der ESG-bezogenen Regelungen und eine stärkere Transparenz abzeichnen. Damit einher geht eine beginnende Standardisierung der Ausgestaltung und eine immer größere Vertrautheit der Beteiligten mit den spezifischen Fragestellungen.

19 Basierten nachhaltige Darlehen anfänglich vornehmlich auf einem externen ESG-Rating einer Nachhaltigkeitsratingagentur, ist in letzter Zeit ein deutlicher Markttrend hin zu **KPI-basierten Finanzierungen** festzustellen. Eine Erklärung mag die teils kritisch betrachtete uneinheitliche Bewertungsmethodik und recht geringe Korrelation der ESG-Ratings sein.[11] Zudem ermitteln Unternehmen zunehmend im Rahmen ihrer Nachhaltigkeitsbestrebungen KPIs und stecken sich diesbzgl. ambitionierte Ziele. Die überarbeiteten SLLPs, die nunmehr den Fokus auf spezifische, für das Unternehmen zugeschnittene KPIs legen und qualifizierte Anforderungen an diese stellen, dürften diesen Trend weiter verstärken.

---

[10] Helaba/Linklaters, Aktuelle Trends nachhaltiger Finanzierungen: Studie von Helaba und Linklaters beleuchtet die Dokumentationspraxis, 2021.
[11] Berenberg, ESG-Ratings: Die „Small -und Mid-Cap-Problematik", 2020.

Während es einige Sustainability-Linked Loans gibt, bei denen sich nur 20
bei Verfehlung der vereinbarten Nachhaltigkeitsziele der Zins erhöht, ist
derzeitiger Marktstandard die Implementierung eines **Two Way Bonus-/
Malus-Systems**, also einer Zinserhöhung und Zinsreduzierung. Hierbei erhöht bzw. reduziert sich der Zins bei Investmentgrade-Bonitäten in aller Regel
um 2,5 bis 5 Basispunkte. Bei schwächeren Ratings mit einer höheren Basismarge können auch weitere Spannen vereinbart werden. Eine Verpflichtung
des Darlehensnehmers zur Erreichung eines Mindest-ESG-Ratings bzw. von
KPI-Zielwerten wird nicht vereinbart. Für den Fall der Verfehlung etwaiger
Vorgaben wird folglich i.d.R. kein Kündigungsgrund vorgesehen. Auch die
Verletzung ESG-bezogener Informationspflichten hat üblicherweise nur eine
Zinserhöhung, jedoch keinen Kündigungsgrund zur Folge.

6 Relevante Aspekte bei ESG-Rating- und KPI-basierten Sustainability-Linked Loans

Wie die derzeitige Marktpraxis zeigt, werden bei ESG-Rating-basierten Sustainability-Linked Loans im Einzelfall bis zu 3 Ratings zugrunde gelegt. Klar 21
vorherrschend sind jedoch Strukturen mit nur 1 Rating. I.d.R. sind die
Darlehensnehmer verpflichtet, den Banken nicht nur das ESG-Rating selbst,
sondern auch den zugehörigen ESG-Bericht zur Verfügung zu stellen. Bei der
Wahl einer **ESG-Ratingagentur** sollte sich das Unternehmen für einen am
Markt etablierten Anbieter entscheiden. Zuletzt zeichnete sich eine zunehmende Konzentration ab. Zu den am häufigsten anzutreffenden ESG-Ratingagenturen gehören: Ecovadis, Imug, ISS ESG, MSCI ESG, Sustainalytics,
Vigeo Eiris, Moody's und S&P. Da die Agenturen alle nach ihrer eigenen
Methodik vorgehen und unterschiedliche Schwerpunkte in ihrer Analyse
setzen, können diese zu teils unterschiedlichen Ergebnissen kommen.

Bei **KPI-basierten** Sustainability-Linked Loans werden typischerweise 3 22
oder 4 Nachhaltigkeitsindikatoren festgelegt, aber auch Strukturen mit nur
1 oder 5 KPIs sind anzutreffen. Die am häufigsten verwendeten KPIs
beziehen sich derzeit auf die Kategorien Klimawandel, Diversität der Belegschaft, Arbeitssicherheit und nachhaltige Beschaffung. Eine externe Kennzahlenprüfung (überwiegend durch den Abschlussprüfer) ist im Zeitverlauf
zur Regel geworden. Der typische Berichtsturnus beträgt 1 Jahr. Für die
externe Prüfung gibt es verschiedene Ansätze: teilw. wird eine begrenzte
Sicherheit (*limited assurance*) für die relevanten KPIs vorgesehen. In jüngeren Fällen erfolgt die Prüfung aber auch i.R.e. geprüften Nachhaltigkeitsberichts oder integrierten Geschäftsberichts.

Für den Fall, dass ein ESG-Rating nicht mehr zugeteilt wird oder sich dessen 23
Ermittlungsmethodik grds. ändert bzw. die ausgewählten Nachhaltigkeits-

indikatoren nicht mehr wie im Vertrag vorgesehen festgestellt oder bestätigt werden können, werden häufig Verhandlungslösungen (Verhandlung *„in good faith"*) im Vertrag angelegt. Bei Nichteinigung ist meist ein Wegfall der ESG-bezogenen Regelungen die Folge.

7 CSRD schafft erforderliche Grundlage für nachhaltige Finanzierungen

24 Bislang wurden Sustainability-Linked Loans v.a. von börsennotierten Unternehmen genutzt. So sind für das kennzahlenbasierte Kreditinstrument die Berichterstattung von Nachhaltigkeitsindikatoren und quantifizierbaren Nachhaltigkeitszielen essenziell. Zudem erwarten die Geldgeber eine Strategie, die aufzeigt, wie die Ziele erreicht werden sollen. Große börsennotierte Unternehmen sind hierfür meist gut gerüstet, da sie bereits eine Nachhaltigkeitsstrategie und klare Ziele vorweisen, über die notwendigen Ressourcen für ihre Nachhaltigkeitsberichterstattung verfügen und ihre Finanzabteilung vor dem Hintergrund der Börsennotierung und funktionierender Investor Relations meist gut über die aktuellen Entwicklungen hinsichtlich regulatorischer Anforderungen und gängiger Standards unterrichtet sind.

25 **Mittelgroße und nichtbörsennotierte Unternehmen** sind hier noch nicht so weit. Während eine ausführliche Nachhaltigkeitsberichterstattung bspw. für börsennotierte Blue Chips zur Selbstverständlichkeit geworden ist, verfügten noch im Jahr 2020 selbst im MDAX laut einer gemeinsamen **Studie** der Wirtschaftsprüfungsgesellschaft **BDO** und dem Beratungsunternehmen **Kirchhoff Consult** nur 74 % über einen Nachhaltigkeitsbericht. Im SDAX waren es nur 50 %. In nur knapp mehr als der Hälfte dieser Berichte waren die berichteten nichtfinanziellen Kennzahlen geprüft.[12]

26 Hier wird die Regulierung durch die künftigen nachhaltigkeitsbezogenen Berichts- und Offenlegungspflichten für Unternehmen eine deutliche Veränderung bewirken. So wird die derzeit gültige Non-Financial Reporting Directive (NFRD) durch die Corporate Sustainability Reporting Directive (CSRD) abgelöst werden.[13] Gem. der überarbeiteten Direktive werden künftig deutlich mehr Unternehmen gefordert sein, über ihre Nachhaltig-

---

[12] BDO/Kirchhoff, Nachhaltigkeit im Fokus – Die nichtfinanzielle Berichterstattung im DAX 160, 2021.
[13] Vgl. Richtlinie (EU) 2022/2464 des Europäischen Parlaments und des Rates vom 14. Dezember 2022 zur Änderung der Verordnung (EU) Nr. 537/2014 und der Richtlinien 2004/109/EG, 2006/43/EG und 2013/34/EU hinsichtlich der Nachhaltigkeitsberichterstattung von Unternehmen, ABl. EU v. 16.12.2022, L 322/15 ff.

keitsleistungen zu berichten. Ab 2025 werden alle großen Unternehmen[14] verpflichtet werden, die neuen verbindlichen EU-Standards für die Nachhaltigkeitsberichterstattung zu erfüllen (§ 9 Rz 55 ff.).

Zweifelsohne ist dies zunächst zwar mit einem erheblichen Aufwand verbunden, eröffnet aber einer Vielzahl weiterer Unternehmen perspektivisch die Möglichkeit, ohne allzu große Mehrarbeit die Vorzüge von Sustainable Finance zu nutzen. Auch immer mehr mittelgroße und nichtbörsennotierte Unternehmen dürften hiervon Gebrauch machen. Daraus wird ersichtlich: nachhaltigkeitsbezogene Kredite können sich als neuer Standard etablieren. 27

8 Rolle des Sustainability Coordinators kommt besondere Bedeutung zu

Obwohl durch die Berichterstattung die Basis für eine Sustainability-Linked Finanzierung gelegt ist, werden Kreditnehmer – insbes. bei Debuttransaktionen – einen zusätzlichen Aufwand bei der letztendlichen Ausgestaltung der entsprechenden ESG-Komponente betreiben müssen. Gerade bei der erstmaligen Einbindung einer Nachhaltigkeitskomponente erscheint die beratende Unterstützung durch den Bankpartner sinnvoll. Aber auch bei Folgetransaktionen gilt es, die ESG-Komponente an die aktuellen Rahmenbedingungen und Transaktionserfordernisse anzupassen. 28

Zahlreiche Kreditinstitute haben dies erkannt und ihre Expertise in Richtung Sustainable Finance Advisory zuletzt ausgebaut. Sie stehen ihren Kunden mit dezidierten Spezialisten aktiv zur Seite. Diese unterstützen bei der Identifikation relevanter und zur strategischen Ausrichtung passender KPIs, als Sparringspartner für die Definition ambitionierter Schwellenwerte für die Margenanpassung sowie bei der Ausgestaltung der vertraglichen Regelungen des ESG-Konzepts. Dementsprechend können sich Unternehmen bereits im Vorfeld einer Transaktion über die Möglichkeiten – aber auch die Grenzen – von Sustainable Finance informieren und beraten lassen. 29

In der Praxis konzentriert sich die Rolle des Sustainability Coordinators regelmäßig auf die Strukturierung des Nachhaltigkeitskonzepts für die Finanzierung und deren vertragliche Umsetzung bis zur Auszahlung, was durch die gemeinsame Studie von Helaba und Linklaters zur Dokumentati- 30

---

[14] Die kurz- bis mittelfristig entstehenden Anforderungen an eine Nachhaltigkeitsberichterstattung von an einem EU-regulierten Markt notierten Unternehmen als auch an nicht am Kapitalmarkt notierten Unternehmen, wenn sie bestimmte Größenklassen überschreiten, wird schätzungsweise 49.000 Unternehmen in der EU und ca. 15.000 Unternehmen in Deutschland betreffen.

onspraxis bestätigt wird. Regelmäßig wird ein Sustainability Coordinator auch für den Fall von ursprünglich nicht vorhergesehenen Anpassungen des Nachhaltigkeitskonzepts eingebunden. Bei dieser Ausgestaltung wird der Sustainability Coordinator i. d. R. auch Partei des Kreditvertrags.

Literaturtipps

- APLMA/LMA/LSTA, Guidance on Sustainability-Linked Loan Principles, 2022
- Borcherding/Paape/Rasch, Nachhaltigkeit – künftig Standard in Reporting und Finanzierung, 2022
- Environmental Finance, Sustainability-linked bonds and loans – Key Performance Indicators (KPIs), 2022
- IFC, Sustainability-Linked Finance – Mobilizing Capital for Sustainability in Emerging Markets, 2022
- LMA, An Introduction to the Sustainability Coordinator Role, 2022
- Neidnig, Die Rendezvous-Clause: Ein sinnvoller Zwischenschritt zur ESG-Zinskopplung, 2022
- Sustainalytics, Sustainability-Linked Finance – A Bridge to Funding Corporate Sustainability, 2022

§ 14A Anforderungen des Kapitalmarkts an Sustainability Daten und Reporting

> **Überblick**
>
> Politik und Gesetzgeber sprechen dem Kapitalmarkt bei der Bekämpfung von globalen Herausforderungen wie Klimawandel oder Biodiversitätsverlust eine zentrale Rolle zu. Die Regulierung der Finanzwirtschaft über die Aufsichtsbehörden wird gezielt dazu eingesetzt, Einfluss auf die Realwirtschaft zu nehmen. Ziel ist es, die Kapitalströme in nachhaltige Geschäftsmodelle und Investitionsvorhaben zu lenken. Das führt dazu, dass sich sowohl der Kapitalmarkt als auch die Realwirtschaft vom Shareholder-Ansatz zum Stakeholder-Ansatz weiterentwickeln müssen.
>
> Kapitalmarktteilnehmer können Unternehmen künftig nicht mehr wirksam bewerten, ohne auch deren Nachhaltigkeitsleistung systematisch zu berücksichtigen. Daher verwundert es nicht, dass Investoren und ESG-Rating-Agenturen aktuell die höchsten Transparenz-Ansprüche an Unternehmen beim Thema Nachhaltigkeit haben. Der Kapitalmarkt hat eine ganzheitliche Sichtweise auf das Thema Nachhaltigkeit und leitet die materiellen Themenschwerpunkte anhand der Impacts von Geschäftsmodellen entlang der jeweiligen Wertschöpfungskette ab.
>
> Nachhaltigkeitsrisiken wird ein immer größerer finanzieller Impact auf die Unternehmensbewertung zugesprochen. Deshalb ist der Kapitalmarkt einer der wichtigsten Stakeholder, wenn es um die Adressierung von Informationen innerhalb der Nachhaltigkeitsberichterstattung von Unternehmen geht. Anforderungen an die Verfügbarkeit von Nachhaltigkeitsdaten der Unternehmen und die Steigerung der Datenqualität rücken zunehmend in den Fokus. Mittelfristiges Ziel ist die Angleichung der Datenqualität an die der Finanzberichterstattung. Unternehmen, die eine glaubhafte Sustainability Story aufzeigen können (analog zur Credit Story), werden vom Kapitalmarkt mit einer höheren Zukunftsfähigkeit eingestuft und haben damit künftig einen wettbewerbsfähigeren Zugang zu Fremdkapital.
>
> Kapitalmarktteilnehmer bauen verstärkt Kapazitäten und Expertise auf, um die Nachhaltigkeitsleistung von Unternehmen systematisch analysieren zu können. Durch die Standardsetzer International Capital Markets Association (ICMA) und Loan Market Association (LMA) werden klare Anforderungen an Key Performance Indicators (KPI) formuliert, die bei der Umsetzung von Sustainability-Linked Finanzierungen herangezogen werden sollen.

§ 14A   Anforderungen des Kapitalmarkts an Sustainability Daten und Reporting

1 Rolle des Kapitalmarkts im Bezug zur Nachhaltigkeit

1   Auf dem Kapitalmarkt liegen große Erwartungen, mit seinen Hebeln positiv auf die nachhaltige Entwicklung der Wirtschaft einwirken zu können. Die Zeit zur wirksamen Bekämpfung der Klimakrise läuft uns zunehmend davon und damit steigt der Handlungsdruck für die Menschheit. Dem Kapitalmarkt wird mit seinen Einflussmöglichkeiten auf die Realwirtschaft die Fähigkeit zugesprochen, als **zentraler Gestalter der Transformation** in Richtung nachhaltigen Wirtschaftens zu agieren. Die Rolle der Kapitalmarktteilnehmer entwickelt sich kontinuierlich zum Treiber von Nachhaltigkeit weiter. Nachhaltigkeitsthemen werden in die Unternehmensbewertung integriert und deren finanzieller Impact auf die Bilanzen anerkannt. Diese Entwicklung zeigt sich auch im Wording von Gesetzestexten, in denen künftig nicht mehr von „**Non-Financial** Reporting Directive", sondern von „Corporate **Sustainability** Reporting Directive" gesprochen wird (die Begrifflichkeit „nichtfinanziell" fällt also weg). Längst hat sich der Kapitalmarkt von einer reinen Umweltbetrachtung (Green Finance) auf einen **ganzheitlichen Nachhaltigkeitsansatz** (Sustainable Finance) emanzipiert. Auch das klassische Environmental-Social-Governance (ESG) Schubladendenken wird aufgrund der vielen Überschneidungen innerhalb dieser Cluster und Themenfelder zunehmend in eine ganzheitliche „Sustainability"-Betrachtung überführt.

2   Unternehmen, welche die Transformation ihrer Geschäftsmodelle in Richtung nachhaltige Entwicklung nicht frühzeitig anstoßen, werden zunehmend als Teil des Problems verstanden und laufen Gefahr, die *Stranded Assets* von morgen zu werden. Der Kapitalmarkt fordert deshalb von kritischen Geschäftsmodellen ambitionierte Transformationsanstrengungen und setzt dafür zeitliche Grenzen.

1.1 Kapitalmarkt denkt bereits über das Thema Klima (Carbon) hinaus

3   Die kontinuierliche Überschreitung der Belastungsgrenzen der Erde (planetare Grenzen) und die damit verbundene Gefährdung der Stabilität der Ökosysteme entziehen der Menschheit wie auch der Wirtschaft zunehmend die Lebens- bzw. Wirtschaftsgrundlage. Von der Pandemie kommend, über die durch den Ukraine-Krieg verstärkte Rezession mit Energie- und Materialkrise stellt aktuell die Klimakrise mit den damit verbundenen Auswirkungen das dominante Nachhaltigkeitsthema für den Kapitalmarkt dar. Doch zeichnet sich längst die nächste große Herausforderung ab. Experten erwarten, dass die Auswirkungen der **Biodiversitätskrise** mit dem rasanten Artensterben (Biodiversitätsverlust) nicht nur schneller ein-

treten werden als die des Klimawandels, sondern dass diese für die Gesellschaft und die Wirtschaft auch deutlich gravierender ausfallen werden.[1] Experten sprechen bildlich vom großen Bruder des Klimawandels und verweisen auf die untrennbar zusammenhängende Verflechtung dieser beiden Krisen. Die Klimakrise beschleunigt das Artensterben, zeitgleich zahlen Maßnahmen zur Vermeidung von CO_2-Emissionen, wie der Umstieg auf erneuerbare Energien oder die Steigerung der Energieeffizienz in den Produktionsverfahren, aber nicht direkt auf das Thema Biodiversität ein. Der Kapitalmarkt fängt gerade erst an zu verstehen, was es für die Gesellschaft (Lebensraum und Resilienz) und die Wirtschaft (Standort und Ressourcenverfügbarkeit) bedeutet, wenn das Artensterben in der gleichen Geschwindigkeit wie bisher voranschreitet.

Ein „Weiter wie bisher" (*business as usual*) bedeutet deshalb zunehmend die Zerstörung unserer eigenen Lebens- und Wirtschaftsgrundlage. Die Politik nimmt den Kapitalmarkt mit seinen Instrumenten für die nachhaltige Entwicklung der Wirtschaft deshalb in die Pflicht. 4

1.2 Verantwortung des Kapitalmarkts

Die Rolle des Kapitalmarkts bei der Transformation der Wirtschaft in Richtung nachhaltige Entwicklung hat in den letzten Jahren zunehmend an Bedeutung gewonnen. Kapitalgeber wie Großinvestor BlackRock mit LARRY FINK geben mit Visionen und CEO-Aufforderungen die Richtung vor. Auch Politik und Gesetzgeber haben die Handlungsnotwendigkeit für den europäischen Kontinent erkannt und nehmen die Wirtschaft durch immer strengere Offenlegungspflichten ins Visier. Beträchtliche Hoffnungen werden auf den Kapitalmarkt gesetzt, um mit seinen Mechanismen und Instrumenten große Hebel für das Thema Nachhaltigkeit bewegen zu können. Durch Maßnahmen wie den **European Green Deal** soll das für die Transformation der Wirtschaft notwendige Kapital mobilisiert und dort in die richtigen Bahnen gelenkt werden. 5

Steigender Druck kommt durch die internationalen Aufsichtsbehörden wie die European Central Bank (EZB), die European Banking Authority (EBA) oder die Bundesanstalt für Finanzdienstleistungsaufsicht (BaFin) auf nationaler Ebene, welche die Finanzmarktteilnehmer zur **Integration von ESG-Risiken** in das eigene Risikomanagement und Investitionsprozesse zwingen. Um die Compliance mit den Vorgaben der Aufsicht sicherzustellen, geben die Finanzinstitute die Anforderungen an die Realwirtschaft weiter oder werden dies künftig tun. So haben Investoren und Banken längst ihre eigenen 6

---

[1] Siehe The Economics of Biodiversity, Dasgupta Review, www.gov.uk/government/publications/final-report-the-economics-of-biodiversity-the-dasgupta-review, abgerufen am 3.1.2023.

ESG-Fragebögen und Assessments entwickelt, um mögliche ESG-Risiken im Entscheidungsprozess der Finanzmittelvergabe systematisch berücksichtigen zu können. Um der Notwendigkeit für mehr Transparenz in der Betrachtung der Nachhaltigkeitsleistung zu entsprechen, werden einheitliche Daten und Definitionen nach Offenlegungspflichten wie der CSRD (§ 9 Rz 55 ff.) mit Taxonomie-Verordnung (§ 12), Sustainable Finance Disclosure Regulation (SFDR; § 11) oder Corporate Sustainability Due Diligence Directive (CSDDD) von der EU verabschiedet. Der starke Eingang von Nachhaltigkeit in die Regulatorik zeigt die sukzessive Entwicklung **vom „Kann"-Thema zum „Muss"-Thema für den Kapitalmarkt** und damit für die Realwirtschaft.

Abb. 1: Beispiele für regulatorische Initiativen innerhalb der EU mit Auswirkungen auf den Kapitalmarkt

7   Die Integration von Nachhaltigkeitsaspekten in die Bewertung von Geschäftsmodellen und die damit einhergehende Verbreiterung des Analysehorizonts macht eine Abkehr vom bisherigen Shareholder-Ansatz, der stark auf den finanziellen Erfolg des Unternehmens ausgerichtet war, notwendig. Der Kreis der Interessengruppen, die für die Erfolgseinschätzung eines Geschäftsmodells wesentlich sind, wird deutlich ausgeweitet. Daher werden der Kapitalmarkt und die Realwirtschaft die bisherige Betrachtungsweise hin zu einem **ganzheitlichen Stakeholder-Ansatz** weiterentwickeln müssen.

2 Übersicht Kapitalmarkt-Stakeholder

8   Für kapitalmarktnahe Unternehmen stellen Investoren und ESG-Rating-Agenturen aktuell die höchsten Anforderungen an das Thema Nachhaltigkeit. Der Kapitalmarkt baut sukzessive Kapazitäten und Expertise für das Thema Nachhaltigkeit auf. Dadurch werden die Analysefähigkeiten und die Anforderungen der Kapitalmarktteilnehmer wie Investoren, Rating-Agenturen oder Banken an das Thema Nachhaltigkeit kontinuierlich weiterentwickelt.

Die Zeiten, in denen Unternehmen dem Kapitalmarkt mit großen Ankündigungen und gutem Marketing ihre Nachhaltigkeitsleistung trotz wenig belastbarem Inhalt vorteilhaft verkaufen konnten, sind vorbei.

2.1 Investoren

Investoren nehmen im Kapitalmarkt mit ihren oft sehr frühzeitigen und anspruchsvollen Anforderungen an das Thema Nachhaltigkeit eine Art Vorreiterrolle ein. Aktuell dominieren noch die klassischen Finanzthemen die Sicht der Investoren, und Nachhaltigkeit hat noch keinen klaren Preis. Trotzdem ist die **Berücksichtigung von ESG-Kriterien im Investmentprozess** bei der Mehrzahl an Investoren schon lange, z. B. durch Ausschlusskriterien, verankert, künftig verstärkt sogar als Dealbreaker. Das Verständnis über die Nachhaltigkeitsleistung eines Unternehmens kommt also zunehmend als ein zusätzliches Entscheidungskriterium mit an den Verhandlungstisch. Es geht darum, sich durch einen multidimensionalen Ansatz von einem meinungsbasierten Ansatz (*opinion based*) zu einem faktenbasierten Ansatz (*fact based*) weiterzuentwickeln.

Führend in der Entwicklung systematischer ESG-Ansätze sind die Großinvestoren und Finanzinstitute. Es werden aber ein weiterer Ausbau bei nahezu allen Investorengruppen und zunehmend komplexere Ansätze bei der Berücksichtigung von ESG-Kriterien für die Investitionsentscheidungen erwartet. Bei der Mehrheit der Investoren wird aktuell schon die Nachhaltigkeitsleistung mittels der Verwertung einer externen Bewertung (z. B. ESG-Rating) berücksichtigt. Investoren erwarten zunehmend, durch nachhaltigere Investments eine höhere Resilienz für Krisen bzw. eine Überrendite (*alpha*) zu erwirtschaften. ESG-Schwerpunktthemen liegen je nach Geschäftsmodell und Investorengruppe aktuell v. a. noch auf Umwelt-Themen (u. a. Klimarisiko, CO_2/Emissionen, Wassermanagement, Klimawandel, Energiemanagement).

2.2 Rating-Agenturen

Noch sind ESG-Ratings und Credit-Ratings klar voneinander getrennt. Zukünftig ist jedoch eine stärkere Verzahnung beider Ratingtypen zu erwarten. Moody's sowie S&P zeigten mit der Übernahme von Vigeo Eiris (2019) und Robecco SAM (2020) Ambitionen und bereits erste Ansätze hierzu. Aktuell verfolgen beide Agenturen eine duale Strategie, in welcher das Credit-Rating und das ESG-Rating parallel vermarktet werden und bei Investoren für mehr Transparenz sorgen sollen. ESG- sowie Credit-Ratings werden zukünftig einen noch wesentlicheren Teil zur Meinungsbildung bei Investoren hinsichtlich der Nachhaltigkeitsperformance von

Unternehmen beitragen. Entscheidend dafür ist auch die jeweilige Analysefähigkeit für Nachhaltigkeitsfragestellungen bei den einzelnen Investorengruppen.

> **Hinweis**
>
> Aktuelle Entwicklungen und Gespräche mit Investoren zeigen klar, dass die eigene Fähigkeit zur Analyse der Nachhaltigkeitsleistung von Unternehmen bei der wichtigsten Kundengruppe von externen Ratings kontinuierlich weiter zunehmen wird.

2.2.1 Credit-Ratings

12 Die integrierten ESG-Kriterien im aktuellen Credit-Rating-Prozess spiegeln weitestgehend die Überprüfung der Legal-Compliance-Anforderungen wider. I.d.R. sind die ESG-Kriterien ohne direkte Auswirkungen auf die Credit-Ratings. Es wird in der finanziellen Bewertung von Unternehmen aber zunehmend versucht, einen **Sustainability Impact** auf das Credit-Rating abzubilden. Primäres Ziel ist die Erhöhung der Transparenz. Aktuell können vereinzelt festgestellte Schwächen zumindest noch teilw. mit Stärken ausgeglichen werden. Die Anbieter der Credit-Ratings stellen eine laufende Erweiterung des bestehenden Ansatzes zur ESG-Integration sicher und haben aus unserer Sicht bei weiterer Standardisierung der Nachhaltigkeitsangaben (Sustainability Disclosures) durch die verschiedenen Offenlegungspflichten das Potenzial, die ESG-Rating-Agenturen mittelfristig vom Markt zu verdrängen.

2.2.2 ESG-Ratings

13 ESG-Rating-Anbieter bewerten die Nachhaltigkeitsleistung meist **ganzheitlich**, wenn auch mit unterschiedlichen Schwerpunkten (z.B. legt EcoVadis den Fokus auf die Risiken in der Lieferkette, MSCI betrachtet v.a. die Governance-Strukturen eines Unternehmens, ISS ESG & Sustainalytics haben eine ausgewogene und Impact-basierte „E-S-G"-Verteilung der Betrachtungsschwerpunkte).

14 Adressaten der ESG-Ratings sind meist die Investoren, wobei ein EcoVadis-Rating z.B. auch für die Erfüllung von Kundenanforderungen eingesetzt werden kann. Teilw. können die ESG-Ratings nur von Investorenseite und nicht von den Unternehmen selbst beauftragt werden. Je nach Rating-Anbieter werden die Unternehmen durch die Bereitstellung oder Validierung von Informationen direkt in den Bewertungsprozess einbezogen, teilw. werden nur unabhängige Informationen, die nicht vom Unternehmen selbst bereit-

gestellt wurden, für die Bewertung herangezogen (z.B. Scope Group). Abhängig von den Risikoprofilen der Branche, der jeweiligen Größenklasse des Unternehmens und der entsprechenden Schwerpunktsetzung der Rating-Agentur werden verschiedene Messpunkte und Gewichtungen für die Analyse herangezogen.

Die externe Verifizierung (*external assurance*) der Sustainability Disclosures wirkt sich i.d.R. positiv auf das jeweilige Rating-Ergebnis aus. Trotz unterschiedlicher und teilw. intransparenter Ansätze sind diverse Rating-Agenturen am Markt anerkannt, sowohl bei Equity- wie auch Fixed-Income-Investoren. Ein Marktführer konnte sich unter den ESG-Rating-Anbietern bisher nicht klar durchsetzen. Hier könnte in Zukunft ein gewisser Konzentrationsprozess erfolgen. 15

Die Bewertung der Unternehmen baut normalerweise auf einer jährlichen Einschätzung durch die Rating-Agenturen auf. Zielsetzung der jeweiligen Bewertung ist die Erhöhung von **Transparenz** und die **Vergleichbarkeit** von Unternehmen. Schwächen können bei der Bewertung i.d.R. nicht mit Stärken kompensiert werden. 16

Neben ganzheitlichen ESG-Ratings können die Analysefähigkeiten der meisten ESG-Rating-Agenturen auch für die Durchführung von **Second Party Opinions** (SPO) im Zuge der Anwendung von Sustainable-Finance-Instrumenten in Anspruch genommen werden. 17

2.3 Banken

Banken stehen im Spannungsfeld zwischen dem Management von Nachhaltigkeitsrisiken und der Begleitung der Transformation. Bisher nutzten Banken v.a. Ausschlusskriterien, um anstehende Finanzierungen auf Nachhaltigkeitsrisiken zu überprüfen. Die Regulatorik und die Aufsichtsbehörden sind die treibende Kraft für zukünftige Entwicklungen im Bankensektor, ergänzt um freiwillige Brancheninitiativen wie z.B. die Klimaschutz-Selbstverpflichtung des deutschen Finanzsektors.[2] 18

Der Fokus der eigenen Portfoliobetrachtung liegt zunächst auf Umwelt-Themen wie CO_2 und auf den energieintensiven Branchen. Banken haben längst erkannt, dass das eigene Portfolio und die damit verbundenen CO_2-Emissionen, die finanziert werden, den mit Abstand größten **Impact entlang der eigenen Wertschöpfungskette für das Thema Klima** ausmachen. 19

Der Bankensektor muss die aktuellen Prozesse hinsichtlich der Erfüllung der künftigen gesetzlichen Anforderungen zum Thema Nachhaltigkeit deutlich 20

---

[2] Siehe www.klima-selbstverpflichtung-finanzsektor.de/, abgerufen am 3.1.2023.

weiterentwickeln. Auch in der ganzheitlichen Betreuung der Kunden haben Banken einen hohen Bedarf an fundierter Nachhaltigkeitsexpertise, um sich vom Begleiter zunehmend in die Rolle des Gestalters der Transformation bei den Unternehmen entwickeln zu können.

3 Ansprüche des Kapitalmarkts im Wandel

21 Noch dominiert meist die klassische Kapitalmarktperspektive die Sicht auf Unternehmen, doch werden Nachhaltigkeitsthemen zukünftig stärker „eingepreist".

Der Kapitalmarkt fordert Klarheit, wenn es um die Betrachtung der Nachhaltigkeitsleistung von Unternehmen geht. Die Kapitalmarktteilnehmer sind es gewohnt, auf einheitliche bzw. etablierte Standards und Regulatorik bei Fragestellungen rund um die Themen Reporting, Accounting und Bonitätsbewertungen zurückgreifen zu können. Daher tut sich der Kapitalmarkt auch noch schwer im Umgang mit den oftmals unübersichtlichen Strukturen beim Thema Nachhaltigkeit. Diese basieren (bislang) insbes. auf dem hohen Anteil an rein freiwilliger Berichterstattung ohne verpflichtenden Berichtsstandard. Daher entwickelt sich die klassische Kapitalmarktperspektive von einem reinen Fokus auf die bereits implementierte Regulatorik zunehmend auf die sich teilw. noch in der Entstehung befindenden zukünftigen gesetzlichen Vorgaben (u. a. CSRD und SFDR).

22 Weitere Faktoren für die uneinheitlichen Strukturen sind bspw. die heterogenen ESG-Rating-Methoden oder die aktuell noch unausgereiften Accounting Standards zum finanziellen Impact von Nachhaltigkeitsrisiken und -chancen. Unterschiedliche Reifegrade in der Qualifikation oder im Verständnis von Nachhaltigkeitsfragestellungen bei Entscheidungsträgern verstärken diesen Effekt. Bedingt durch das Aufeinandertreffen unterschiedlicher Krisen (Stapelkrise) ist die Stimmung innerhalb der Wirtschaft und damit bei den Banken zunehmend gedämpft. Wahrscheinlich steht die Menschheit bei der Bekämpfung der Klimakrise vor der größten und wichtigsten Herausforderung aller Zeiten. Es geht um nichts anderes als um die Zukunft unseres Planeten und damit das Überleben der Menschheit. Deshalb hat sich das Thema Nachhaltigkeit aus der Nische längst zu dem zentralen Wachstumsthema für den Kapitalmarkt entwickelt.

23 Folgt man den Aussagen von Zukunftsforschern wie JULE BOSCH, wird die Stapelkrise die Bedeutung der nachhaltigen Entwicklung der Wirtschaft weiter verstärken.[3] Die klassische Kapitalmarktperspektive stellt aktuell zwar noch die dominierende Kapitalmarktsicht auf Unternehmen dar,

---

[3] Vortrag Jule Bosch auf der B.A.U.M. e. V. Jahrestagung 2022.

Nachhaltigkeit als das neue Normal wird aber unaufhaltsam weiter an Bedeutung dazugewinnen, v. a. für die Bewertung der Geschäftsmodelle von Unternehmen.

So entwickelt sich der Betrachtungshorizont von eher kurzfristigen zu mittel- bis langfristigen Sichtweisen auf die Unternehmen. Ein gutes Beispiel sind die Net-Zero-Strategien der Unternehmen inkl. der entsprechenden Ausrichtung an den Pariser Klimazielen. Der klassische Fokus auf Finanzkennzahlen und die risikobasierte Betrachtung der Unternehmen werden immer stärker durch eine ausgewogene Chancenbetrachtung der Geschäftsmodelle ergänzt. Damit sollen künftig v. a. auch die „**Enabler Qualitäten**" eines Unternehmens auf die verschiedenen gesellschaftspolitischen Herausforderungen unserer Zeit wie den United Nations Sustainable Development Goals (SDG; § 8 Rz 148 ff.) bewertet werden. Es geht v. a. um das Verständnis, ob ein Geschäftsmodell als Teil des Problems oder als Teil der Lösung z. B. i. S. d. Bekämpfung der zentralen Herausforderungen unserer Zeit wie der Klimakrise oder des Artensterbens angesehen werden kann. Der Kapitalmarkt fordert die Unternehmen zunehmend auf, die Weichen Richtung aktiver Steuerung der Nachhaltigkeitsthemen und einer ambitionierten Transformation der Geschäftsmodelle z. B. bei energetischen wie auch bei Fragestellungen zu den eingesetzten Rohstoffen/Materialien zu stellen (Energy & Material Transformation). Der Fokus liegt dabei auf der Bewertung der dafür eingesetzten Strategien und der Ambition, also der Inhalte und zeitlich geplanten Umsetzung von den Zielsetzungen der Unternehmen. **24**

Oftmals wird Nachhaltigkeit noch als reines Kosten-Thema und „Add-on" gesehen, insbes. da Investoren und Banken mehrheitlich renditegetrieben sind. V. a. Investoren beginnen aber zunehmend, in der Nachhaltigkeitsperformance der Unternehmen die direkte Verknüpfung zu der **Transformations- bzw. Zukunftsfähigkeit des Geschäftsmodells** und dem damit verbundenen künftigen Renditepotenzial von Unternehmen zu sehen. Spannend in der Bewertung ist z. B. die Analyse, ob die Zusammensetzung und Qualifikation des Vorstands mit den strategischen Zielsetzungen eines Unternehmens harmonieren. **25**

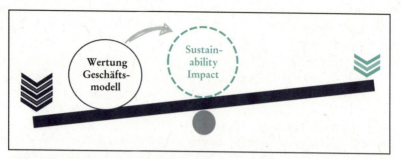

Abb. 2: Verschiebung der Gewichtung von Nachhaltigkeit bei der Unternehmensbewertung im Kapitalmarkt

26 Ein wichtiges und damit nennenswertes Zukunftsfeld ist das Thema **Impact Measurement**. Im Grunde genommen geht es um die Zielsetzung, Nachhaltigkeit zu monetarisieren. Aktuell gibt es allerdings noch keinen vollumfänglich akzeptierten Ansatz, der es ermöglicht, die Auswirkungen von Nachhaltigkeit auf die Bilanzen der Unternehmen belastbar abzubilden. Vorreiter in der Entwicklung eines praktikablen Ansatzes ist die Initiative der Value Balancing Alliance (VBA; § 8 Rz 211 ff.). Da es für die Banken zum Kerngeschäft gehört, die Unternehmen ganzheitlich finanziell zu bewerten, bleibt es spannend abzuwarten, wie sich die Bankhäuser dem Thema Impact Measurement strategisch nähern werden.

4 Ganzheitliche Sichtweise auf das Thema Nachhaltigkeit

27 Nachhaltigkeit sollte in der Unternehmensstrategie systematisch verankert sein und in einem rollierenden Überprüfungsprozess kontinuierlich weiterentwickelt werden.

> **Hinweis**
>
> In den Gesprächen mit Unternehmen stellen wir als Kapitalmarkt-Stakeholder immer wieder fest, dass bei nicht berichtspflichtigen Unternehmen die Erstellung eines Nachhaltigkeitsberichts als zentrale Zielsetzung der Organisation ausgerufen wurde. Berichtsverantwortliche Funktionen gehen dann für die Erstellung des Nachhaltigkeitsberichts i.d.R. auf die Suche nach vorhandenen Themen und Daten innerhalb der Organisation. Das Ergebnis ist meist ein mit ausschl. qualitativen Informationen wild zusammengewürfelter Bericht mit wenig Struktur und einem fehlenden roten Faden. Viele Unternehmen greifen daher aktuell für die Erstberichterstattung auf die GRI-Standards (§ 8 Rz 28 ff.) zurück.

Der Kapitalmarkt kann mit dieser Art von Berichten allerdings nur sehr wenig anfangen, da diese den künftigen Vorgaben der CSRD mit den European Sustainability Reporting Standards (ESRS; § 9A) nicht entsprechen. Deshalb wird vom Kapitalmarkt nur ein strukturierter und belastbarer Prozess für die Ableitung von Inhalten der Nachhaltigkeitsberichterstattung gewürdigt. 28

Doch wie läuft so ein **Prozess** idealerweise ab? Unternehmen müssen unter der Einbindung aller relevanten Stakeholder-Gruppen zuerst verstehen, welche Handlungsfelder wesentlich sind und mit welchen sich eine Organisation deshalb schwerpunktmäßig auseinandersetzen sollte (**Materialitätsanalyse**). Die Gefahr, sich bei der Vielzahl von möglichen Nachhaltigkeitsthemen zu verzetteln und zu viele Themen gleichzeitig als wichtig zu empfinden, ist sehr groß. Wenn von einer Organisation verstanden wurde, auf welche Inhalte es in der jeweiligen Wertschöpfungskette ankommt, muss das Management dafür Sorge tragen, dass für diese Themen Strategien, Ziele, Maßnahmen und KPIs in Form eines funktionalen Nachhaltigkeitsmanagements implementiert werden. Nachdem also auch die richtigen operativen Maßnahmen für die Zielerreichung eingeleitet wurden, kann ein Unternehmen anfangen, die Ergebnisse zu interpretieren und daraus Rückschlüsse für die kontinuierliche Verbesserung der Nachhaltigkeitsleistung zu ziehen. Nachhaltigkeit ist nach dem **Plan-Do-Check-Act**-Zyklus (PDCA) als systematischer Prozess zu verstehen, der grds. nie zu Ende geht, da immer weitere Verbesserungen angestrebt werden müssen. 29

Durch diesen Ansatz entsteht ein roter Faden, der die Schwerpunktsetzung der Themen mit der Strategie, dem operativen Nachhaltigkeitsmanagement und der dazugehörigen Steuerung wirksam verbindet. Die Ergebnisse und Erkenntnisse dieser Prozesse kann ein Unternehmen dann glaubhaft in seiner Nachhaltigkeitsberichterstattung darstellen, die entwickelten Managementansätze und erhobenen Daten für externe Ratings einsetzen oder ab einem bestimmten Reifegrad diese auch für Sustainable-Finance-Instrumente nutzen.

Wer dem obigen Ansatz folgt bzw. zuerst eine solide Grundlage durch das Setzen der richtigen Schwerpunkte inkl. dem Aufsetzen der richtigen Management-Prozesse schafft, läuft deutlich geringere Gefahr, mit einem unwirksamen Nachhaltigkeitsansatz und damit den Kriterien für Greenwashing in Verbindung gebracht zu werden. 30

§ 14A   Anforderungen des Kapitalmarkts an Sustainability Daten und Reporting

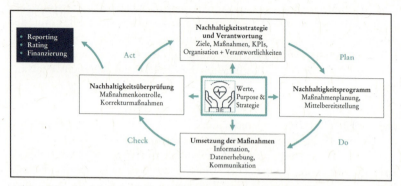

Abb. 3: Nachhaltigkeit als kontinuierlicher Verbesserungsprozess

5 Bewertung der Nachhaltigkeitsleistung von Unternehmen durch den Kapitalmarkt

31   Unternehmensbewertungen können künftig ohne die Betrachtung der Nachhaltigkeitsleistung nicht mehr auskommen. Die Kapitalmarktteilnehmer müssen regelmäßig die Nachhaltigkeitsleistung von Unternehmen bewerten, um mit Unterstützung dieser Informationen Entscheidungen mit Auswirkung auf die Gestaltung der jeweiligen Geschäftsbeziehung treffen zu können. So ziehen bspw. Investoren das Ergebnis ihrer Analyse in die Investitionsentscheidungen mit ein. Rating-Agenturen bauen darauf ihren Rating Score oder die Risikoprofile auf. Banken hingegen nutzen die Informationen für das eigene Risikomanagement innerhalb des Kreditvergabeprozesses, für die Steuerung ihres Kreditportfolios oder für ein Zusprechen einer sog. „**Sustainable Finance Readiness**" und damit der Möglichkeit, die Finanzierungsstrukturen des jeweiligen Unternehmens mit Nachhaltigkeitskomponenten ambitioniert zu verknüpfen. In einem Punkt sind sich die Kapitalmarktteilnehmer zunehmend einig: Unternehmen können künftig nicht mehr bewertet werden, ohne dass die Nachhaltigkeitsleistung als sog. Sustainability Impact mit in der Bewertung berücksichtigt wird. Deshalb stehen die Verfügbarkeit von Nachhaltigkeitsdaten und deren Qualität zunehmend im Fokus bei der Betrachtung von Unternehmen durch den Kapitalmarkt.

5.1 Anforderungen an die Nachhaltigkeitsberichterstattung von Unternehmen durch den Kapitalmarkt

32   Wenn es um die Nachhaltigkeitsberichterstattung geht, ist der Kapitalmarkt neben dem Gesetzgeber wohl der wichtigste Adressat von Informationen

innerhalb der erstellten Nachhaltigkeitsberichte von Unternehmen. Steht für den Gesetzgeber v.a. die Compliance/Erfüllung der Offenlegungspflichten im Vordergrund, hat der Kapitalmarkt auch ein hohes Interesse an den eigentlichen Inhalten der Berichterstattung.

Es herrscht Konsens innerhalb des Kapitalmarkts, dass Nachhaltigkeitsrisiken hoch finanziell sein können. Deshalb sind belastbare Informationen zu signifikanten Risiken essenziell. Ist das Unternehmen schon berichtspflichtig und veröffentlicht neben der nichtfinanziellen Erklärung zusätzlich einen Nachhaltigkeitsbericht, hat Erstere durch die Nähe zur Finanzberichterstattung i.d.R. die höhere Gewichtung für die Berücksichtigung durch den Kapitalmarkt. Dabei honoriert der Kapitalmarkt die Anwendung von freiwilligen Rahmenwerken wie den GRI-Standards nur bedingt. Unternehmen können dadurch zwar aufzeigen, dass diese in der Lage sind, ihre Nachhaltigkeitsdaten in ein bestimmtes Format zu bringen. Eine Aussage über die eigentliche **Qualität** und damit **Belastbarkeit der Daten** ist durch GRI nur bedingt möglich. 33

Die Kapitalmarktteilnehmer sind es gewohnt, sich bei der Betrachtung von Finanzkennzahlen auf belastbare und ausschl. materielle Aspekte stützen zu können, getreu dem Motto „weniger ist mehr". Die Unfähigkeit, sich als Unternehmen auf das Wesentliche zu fokussieren und zu viele Nachhaltigkeitsthemen gleichzeitig als wichtig zu empfinden, führt perspektivisch zu einem klaren strategischen Nachteil. Die Potenziale zur Ausnutzung der **Vorteile einer systematisch durchgeführten Materialitätsanalyse** werden derzeit von den Unternehmen nur in den wenigsten Fällen voll ausgeschöpft. 34

Auch ist es für den Kapitalmarkt zunehmend weniger hinnehmbar, wenn die Nachhaltigkeitskennzahlen erst Wochen oder sogar Monate nach der Finanzberichterstattung eines Unternehmens veröffentlicht werden. Die künftigen gesetzlichen Vorgaben der CSRD (§ 9 Rz 55 ff.) zahlen mit der Integration der verpflichtenden Nachhaltigkeitsangaben in den Lagebericht genau auf diesen Punkt ein. 35

Um die Adressierung und die Entwicklungen der wesentlichen Themenfelder über die Jahre nachvollziehen zu können, spielen **Zeitreihen** bei der Bewertung der historischen Entwicklung eine zentrale Rolle. Daraus lässt sich verlässlich ableiten, mit welcher Konsequenz und seit wann sich ein Unternehmen mit der Messung der Ergebnisse in diesen Bereichen auseinandersetzt. Auch kann man Rückschlüsse auf die Ambition bei der Festlegung neuer Zielsetzungen ziehen. Sind Angaben zu den Ergebnissen der einzelnen Themenfelder nicht verfügbar oder werden diese nicht nach außen kommuniziert, gehen die Bewertungen der Ana- 36 lysten i. d. R. vom schlimmsten Fall aus („...*if we don't know, we assume the worst*").

37 Kapitalmarktteilnehmer wollen auch verstehen, wie das Thema Nachhaltigkeit organisatorisch in den Unternehmen aufgehängt ist.

> **Praxis-Tipp**
>
> Folgende Fragestellungen können eine Hilfestellung für die Einschätzung durch die Analysten geben:
> - Wer verantwortet das Thema Nachhaltigkeit im Management und welche Commitments gibt es dort?
> - Gibt es vom Fachbereich direkte Reporting-Lines zum Management?
> - Wurde ein Nachhaltigkeitsgremium installiert?
> - In welcher Frequenz kommt dieses zusammen und wer ist Bestandteil eines solchen Gremiums?

38 Außerdem spielt die vorhandene **Qualität der bereitgestellten Daten** eine große Rolle, weshalb in der Bewertung von Unternehmen Antworten auf verschiedene Fragen dazu gefunden werden müssen: Hat das betrachtete Unternehmen bspw. sichergestellt, dass der Nachhaltigkeitskonsolidierungskreis dem Finanzkonsolidierungskreis zu 100 % entspricht? Welche Nachhaltigkeitsangaben wurden extern verifiziert und in welcher Prüftiefe? In welche Reportings fließen die Ergebnisse ein und wie wird dadurch der Entscheidungsprozess im Management beeinflusst? Gibt es unterjährige Reportings und Nachweise für die aktive Steuerung?

> **Hinweis**
>
> Die Akzeptanz innerhalb der Organisation für das Nachhaltigkeitsmanagement hat unmittelbaren Einfluss auf die Datenqualität und ist damit die Grundlage für die Befähigung des Managements, bessere Entscheidungen mit Bezug zum Thema Nachhaltigkeit zu treffen.

39 **Was muss sich verändern?**

Fakt ist, dass die Qualität der Nachhaltigkeitsberichterstattung von Unternehmen noch um Jahre der Qualität der Finanzberichterstattung hinterherhinkt. In deren weitere Annäherung an die Standardisierung und Qualität der Finanzberichterstattung setzt der Kapitalmarkt große Hoffnungen. Auch hier schafft die EU durch die Einführung von Offenlegungspflichten wie der CSRD oder den Vorgaben der künftigen ESRS (§ 9A) Abhilfe. Insbes. ist die enorme Ausweitung der von der Berichtspflicht umfassten Unternehmen hervorzuheben.

Zudem wünscht sich der Kapitalmarkt (besonders die Investoren) von den Unternehmen deutlich mehr *Forward-Looking Statements*, also Hinweise auf die geplanten Strategien der einzelnen Handlungsfelder und deren Zielsetzungen, statt der reinen Rückschau auf das vergangene Geschäftsjahr. Bei den langfristig ausgerufenen Neutralitätszielen, welche teilw. bis 2050 reichen, fordert der Kapitalmarkt zunehmend, diese auch um kurz- und mittelfristige Zielsetzungen sowie konkrete Maßnahmenpläne zu ergänzen. Die ISO 14068, mittels der „Klimaneutralität" international genormt werden soll, könnte hier künftig Abhilfe schaffen.

40

5.2 Beispielhaftes Vorgehen bei der Bewertung der Sustainable Finance Readiness von Unternehmen durch Banken

„Sustainable Finance Readiness" bezeichnet die Fähigkeit eines Unternehmens, seine Finanzierungsstrukturen mit Nachhaltigkeitskomponenten, sprich Sustainable-Finance-Produkten, strategisch zu verknüpfen. Dafür muss ein **hoher Reifegrad** der Nachhaltigkeitsleistung des Unternehmens vorhanden sein. Ist dieser Reifegrad bei einem Unternehmen nicht gegeben, darf es nach unserem Verständnis keine Sustainable-Finance-Instrumente anwenden, da sonst die Voraussetzungen für ein klassisches Greenwashing erfüllt sind. Die Betrachtung der Unternehmen und Einschätzung ihrer Nachhaltigkeitsleistung muss immer ganzheitlich stattfinden, denn einzelne Sustainable-Finance-Anwendungen bedeuten noch lange nicht, dass ein gesamtes Unternehmen dadurch nachhaltig geworden ist.

41

Analog zur „Credit Story" müssen Unternehmen für einen erfolgreichen Kapitalmarktauftritt künftig auch eine wirksame **„Sustainability Story"** aufbauen und kommunizieren. Um Unternehmen im Zuge der Transformation ihrer Geschäftsmodelle als Bank optimal begleiten zu können, ist die Bewertung ihrer Nachhaltigkeitsleistung und damit der Einschätzung der **Transformationsfähigkeit der Organisation** die zentrale Aufgabe vieler Experten innerhalb der Nachhaltigkeitsbereiche im Corporate Finance. Unternehmen, die künftig eine wirksame Sustainability Story mit „Enabler Qualität" vorweisen können, werden vom Kapitalmarkt mit einer höheren Zukunftsfähigkeit eingestuft und deshalb mit einem attraktiveren Zugang zu Fremdkapital belohnt. Für die anderen Unternehmen drohen Mehrkosten für Kapital oder sogar Engpässe in der Kapitalbeschaffung und damit klare Wettbewerbsnachteile.

42

> **Hinweis**
>
> Aktuell werden viele Versuche unternommen, mit einem objektiven und strukturierten Ansatz die Nachhaltigkeitsleistung von Unternehmen mittels Fragebögen bzw. Tools bewerten zu können. Die Ergebnisse sind noch in den wenigsten Fällen zufriedenstellend, da Standardisierung und Datenqualität fehlen. Deshalb sind erfahrene ESG-Experten mit langjähriger Berufserfahrung gefragt, welche die Ergebnisse in der Kombination aus Fachwissen und angewandten Kriterien final bewerten (*Expert Judgement*).

44 Damit einem Unternehmen die Sustainable Finance Readiness zugesprochen werden kann, müssen sowohl im strategischen Setting als auch in der Operationalisierung des Nachhaltigkeitsmanagements verschiedene Voraussetzungen erfüllt sein.

5.2.1 Bewertung des strategischen Settings

45 Um das strategische Setting eines Unternehmens einschätzen zu können, schauen sich die Experten zuerst die Prozesse um die Schwerpunktsetzung von möglichen Themenfeldern an.

> **Praxis-Tipp**
>
> Wichtige Fragestellungen, für welche wir die Bereitstellung von Antworten in der Kapitalmarktkommunikation empfehlen, sind:
> - Wurden eine Umfeldanalyse und ein systematischer Stakeholder-Engagement-Prozess durchgeführt?
> - Wurden Impacts und die damit verbundenen Risiken und Chancen entlang der gesamten Wertschöpfungskette erkannt?
> - Wie sieht die Transformationsfähigkeit des Unternehmens aus? Hat das Geschäftsmodell „Enabler Qualifikationen" für das Thema Nachhaltigkeit und welchen Purpose verfolgt die Organisation?
> - Welche signifikanten Risiken i. V. m. dem Geschäftsmodell existieren?
> - Wie wurde die Auswahl der Schwerpunktthemen durchgeführt? Wurde dazu eine wirksame Materialitätsanalyse durchgeführt und wie war das Management involviert?

46 Darüber hinaus wird die Frage gestellt, welche Schwerpunktthemen letztendlich ausgewählt wurden und ob sich das Unternehmen dabei auf das notwendige Mindestmaß reduzieren konnte? Je stärker ein Unternehmen in der Lage ist, die Anzahl an Themen zu reduzieren, desto höher der Reifegrad (weg vom „Vollständigkeitsprinzip" hin zum „weniger ist mehr"; Rz 34).

Sobald die Prozesse um die Schwerpunktsetzung der Themen betrachtet wurden, stellen sich weitere Fragen, z. B. wie sich das Unternehmen strategisch zu diesen aufgestellt hat und welche dazugehörigen Zielsetzungen formuliert wurden?

> **Hinweis**
>
> Sustainability-Risiken sollten ein integraler Bestandteil des bestehenden Risikomanagements sein unter Verwendung der gleichen Definitionen und Schwellenwerte (*thresholds*).

5.2.2 Bewertung des operativen Nachhaltigkeitsmanagements

Damit die gesetzten Zielsetzungen erreicht werden können, müssen Maßnahmen abgeleitet und deren Wirksamkeit auf die Erfüllung der Zielsetzungen durch KPIs gemessen werden. Oftmals werden diese Verknüpfungen in einem übersichtlichen Corporate-Responsibility-Programm dargestellt. Ein positiver Indikator für das operative Nachhaltigkeitsmanagement ist die organisatorische Nähe zu Unternehmensstrategie und Entscheidungsträgern. Daher sollte transparent gemacht werden, welche Verantwortlichkeiten, Qualifikationen und Berichtswege innerhalb der Organisation vorhanden sind. Wichtig ist auch die Betrachtung der jeweiligen Datenqualität und des entsprechenden Konsolidierungskreises der Daten. 47

Abschließend wird bewertet, wie die Steuerung und die dazugehörige Kommunikation bzw. Reportings in den Entscheidungsfindungsprozess des Managements integriert sind. Am Ende geht es in der Betrachtung v.a. darum zu verstehen, ob die operativen Managementprozesse systematisch abgelaufen sind oder ob notwendige Prozessschritte fehlen. 48

> **Hinweis**
>
> Ein Unternehmen, das zwar KPIs berichtet, aber keine dazugehörige Strategie und Zielsetzungen aufzeigen kann, wird i.d.R. nicht wirksam mit diesen KPIs steuern (können).

Abb. 4: Sustainable Finance Readiness als Ergebnis eines hohen Reifegrads des Unternehmens

5.2.3 Anforderungen an KPIs für die Verwendung bei Sustainability-Linked Produkten

49 Der Kapitalmarkt orientiert sich bei den formalen Anforderungen an Nachhaltigkeitskennzahlen i. R. v. Sustainability-Linked Produkten stark an den bestehenden Standardsetzern. Diese sind die International Capital Market Association (ICMA) für Anleihen und Kapitalmarktprodukte sowie die Loan Markets Association (LMA) für Kreditprodukte. Die beiden Institutionen sind Zusammenschlüsse aus unterschiedlichen Marktteilnehmern wie Emittenten, Investoren, Banken, Anwaltskanzleien, Wirtschaftsprüfer und (ESG-)Rating-Agenturen. Die Guidelines und Principles von ICMA und LMA sind zwar grds. freiwillig, genießen jedoch eine hohe Akzeptanz im Finanzierungsumfeld.

50 Die Principles sind sich einig über die grds. **Ausgestaltung von ESG-KPIs**: Diese sollten relevant für das Geschäftsmodell, messbar und nicht manipulierbar sein. Oftmals wird noch der Impact auf übergeordnete Zielsetzungen

wie den SDGs aufgezeigt, um den gesellschaftlichen Mehrwert des Unternehmens zu hinterlegen.

Die zugehörigen Ziele „Sustainable Performance Targets" (SPT) sollten SMART[4] sein. Bei den SPT liegt sowohl der Fokus als auch die Herausforderung auf „ambitioniert". Das Ambitionsniveau wird in Orientierung an den Principles idealerweise wissenschaftlich basiert, mit einer Peergroup, mit (inter)national gültigen oder Branchenzielen sowie der historischen Entwicklung der jeweiligen KPIs verglichen.

Die Unternehmen werden angehalten, eine jährliche Berichterstattung über die Entwicklung der KPIs vorzulegen, wobei die Prüfung gegen die SPT lediglich im Loan-Bereich auf jährlicher Basis erfolgt. Zu den Prüfungszeitpunkten, die sich auf die Höhe der Verzinsung einzelner Finanzierungsprodukte auswirken, verlangt der Kapitalmarkt eine nachgewiesene Datenqualität; diese wird üblicherweise über eine externe Assurance durch einen Wirtschaftsprüfer erbracht (Prüftiefe mind. *limited assurance*). 51

Da die Laufzeiten für die verschiedenen Finanzierungsinstrumente i.d.R. langjährig sind, muss über den jeweiligen Zeitraum sichergestellt werden, dass der verknüpfte KPI und die dazugehörige Zielsetzung weder in seiner Materialität noch in der Ambition verliert. 52

	Kriterien für die Sustainable-Finance-Eignung eines KPI
1	**Relevanz**, von zentraler Bedeutung (Wesentlichkeit) und Bezug zur allgemeinen Nachhaltigkeitsstrategie
2	**Impact** driven (z. B. Bezug zu SDGs)
3	**Quantifizierbar** auf Basis einer verlässlichen Methode (*international standard*) und Erhebung auf Konzernebene (*full scope*)
4	**Vergleichbar** (Benchmarking) unter Anwendung eines wissenschaftlichen oder eines Industriestandards a) Peer Group b) Wissenschaftlicher oder Industriestandard
5	**Zeitreihen** für die historische Bewertung vorhanden/regelmäßiges Reporting (Nachhaltigkeitsbericht/Nichtfinanzielle Erklärung)
6	**Zielkonflikte** können ausgeschlossen werden (*do no significant harm*)
7	**Manipulierbarkeit** der Kennzahlen kann ausgeschlossen werden

---

[4] SMART = Specific, Measurable, Achievable, Realistic, Time-bound.

Kriterien für die Sustainable-Finance-Eignung eines KPI	
8	**Zielsetzung** ambitioniert und vom Kapitalmarkt akzeptiert unter Berücksichtigung der Finanzierungsdauer
9	**Datenqualität** extern verifiziert/verifizierbar (mind. *limited assurance*)

Tab. 1: Beispielhafte Checkliste zur Verwendung innerhalb des Assessment-Prozesses zur Eignung eines Sustainable Finance KPI

53 Um die großen Herausforderungen unserer Zeit bewältigen zu können, müssen alle Akteure gemeinsam an einem Strang ziehen, damit wirksame Lösungswege entstehen können. VINZENZ FUNDEL und JOACHIM MÜLLER versuchen gemeinsam, die Instrumente des Kapitalmarkts für dieses große Ziel einzusetzen.

SORGFALTSPFLICHTEN IN DER LIEFERKETTE

§ 15 Lieferkettensorgfaltspflichtengesetz – neue gesetzliche Vorgaben für menschenrechtliche und umweltbezogene unternehmerische Sorgfalt

> **Überblick**
>
> Nach intensiven politischen Diskussionen hat der deutsche Gesetzgeber im Juli 2021 das Gesetz über die unternehmerischen Sorgfaltspflichten zur Vermeidung von Menschenrechtsverletzungen in Lieferketten (Lieferkettensorgfaltspflichtengesetz bzw. LkSG) erlassen, welches am 1.1.2023 in Kraft tritt. Infolge des LkSG sind große Unternehmen in der Pflicht, substanzielle Änderungen ihrer (bestehenden) Compliance-Management-Systeme vorzunehmen und insbes. eine menschenrechtliche Due Diligence ihrer Lieferkette zu etablieren.

1 Hintergrund

Zentraler Ausgangspunkt des Lieferkettensorgfaltspflichtengesetzes (LkSG)[1] sind die **UN-Leitprinzipien für Wirtschaft und Menschenrechte** aus dem Jahr 2011.[2] In den besagten UN-Leitprinzipien findet sich u. a. das Leitprinzip der sog. menschenrechtlichen Sorgfaltspflicht, welches Unternehmen bei Ausübung ihrer geschäftlichen Tätigkeit berücksichtigen sollen.[3]

Deutschland hat im Dezember 2016 zur Umsetzung der UN-Leitprinzipien den sog. Nationalen Aktionsplan (NAP)[4] ins Leben gerufen. Die Bundesregierung hat im NAP ihre Erwartung an die in Deutschland tätigen Unternehmen mit mehr als 500 Mitarbeitern formuliert, dass diese die Kernelemente menschenrechtlicher Sorgfaltspflichten in einer ihrer Größe, Branche und Position in der Liefer- und Wertschöpfungskette angemessenen Weise einhalten und Menschenrechte entlang ihrer Liefer- und Wertschöpfungsketten achten.[5] Die

---

1 Gesetz über die unternehmerischen Sorgfaltspflichten in Lieferketten (LkSG) v. 16.7.2021, BGBl. 2021 I, S. 2959ff.
2 UN-Leitprinzipien für Wirtschaft und Menschenrechte, www.bmz.de/de/service/lexikon/un-leitprinzipien-fuer-wirtschaft-und-menschenrechte-60438, abgerufen am 3.1.2023.
3 Vgl. Dohrmann, CCZ 2021, S. 265.
4 Nationaler Aktionsplan Wirtschaft und Menschenrechte (NAP), www.bmz.de/de/service/lexikon/un-leitprinzipien-fuer-wirtschaft-und-menschenrechte-60438, abgerufen am 3.1.2023.
5 Vgl. Schmidt Ränsch, ZUR 2021, S. 387ff.; Bundesministerium für Arbeit und Soziales, Fragen und Antworten zum Lieferkettengesetz, www.csr-in-deutschland.de/DE/Wirtschaft-Menschenrechte/Gesetz-ueber-die-unternehmerischen-Sorgfaltspflichten-in-Lieferketten/FAQ/faq.html, abgerufen am 3.1.2023.

Erwartung war, dass sich eine hinreichend große Zahl der Unternehmen (mehr als 50 %) im Wege einer freiwilligen Selbstverpflichtung um die Umsetzung der in Rede stehenden Sorgfaltspflichten bis ins Jahr 2020 kümmert. Ab dem Jahr 2018 erfolgte ein Monitoring, durch das verifiziert werden sollte, ob und in welchem Umfang die angesprochenen Unternehmen in ihren Geschäftsprozessen die menschenrechtlichen Anforderungen umgesetzt hatten.[6] Das Ergebnis im Jahr 2020 war, dass weniger als ein Fünftel der in Deutschland ansässigen Unternehmen mit mehr als 500 Beschäftigten ihren Sorgfaltspflichten in der Lieferkette hinreichend nachgekommen waren. Die Bundesregierung zog aus diesem Ergebnis die Schlussfolgerung, dass eine freiwillige Selbstverpflichtung kein hinreichendes Instrument zur Umsetzung der UN-Leitprinzipien sei und entschied sich zu dem Schritt, den Gesetzgebungsprozess bzgl. des LkSG zu beginnen.[7]

3 Durch das LkSG ist es zu einem signifikanten Paradigmenwechsel hinsichtlich der Regulierung privatrechtlicher Verträge gekommen: Das deutsche Recht beinhaltete bislang grds. keine zwingenden Verpflichtungen zur Durchführung einer Überprüfung des jeweiligen Vertragspartners; auch gab es bisher keine derart detaillierten Vorgaben hinsichtlich der Ausgestaltung von Compliance-Management-Systemen. Wenngleich das Geldwäschegesetz durchaus Due-Diligence-Pflichten bzgl. des Geschäftspartners etablierte, so bezogen sich diese Screening-Pflichten doch immer nur auf den unmittelbaren Vertragspartner und dessen wirtschaftlich Berechtigten, keineswegs auf die sonstige Lieferkette.[8]

Infolge des LkSG sind große Unternehmen nunmehr in der Pflicht, substanzielle Änderungen ihrer (bestehenden) Compliance-Management-Systeme vorzunehmen und insbes. eine **menschenrechtliche Due Diligence ihrer Lieferkette** auf den Weg zu bringen.

2 Persönlicher Anwendungsbereich

4 Das LkSG ist gem. § 1 Abs. 1 ab dem **1.1.2023** auf alle Unternehmen anzuwenden, die ihre Hauptverwaltung, ihre Hauptniederlassung, ihren Verwaltungssitz oder ihren satzungsmäßigen Sitz in Deutschland haben und i.d.R. mind. 3.000 Arbeitnehmer im Inland beschäftigen, wobei auch ins Ausland entsandte Arbeitnehmer mitgezählt werden. Daneben findet das Gesetz auf Unternehmen Anwendung, die eine Zweigniederlassung gem. § 13d HGB im Inland haben und i.d.R. mind. 3.000 Arbeitnehmer in

---

[6] Vgl. Schmidt-Ränsch, ZUR 2021, S. 390f.
[7] Vgl. Bundesministerium für Arbeit und Soziales, Fragen und Antworten zum Lieferkettengesetz.
[8] Vgl. Gehling/Ott/Lüneborg, CCZ 2021, S. 230.

Deutschland beschäftigen. Da das Gesetz auf den Verwaltungssitz abstellt, erfasst dieses auch Unternehmen, die im Ausland nach europäischem oder ausländischem Recht gegründet worden sind und deren Hauptverwaltungssitz, Hauptniederlassung oder Verwaltungssitz in Deutschland liegt.[9]

Leiharbeitnehmer sind gem. § 1 Abs. 2 LkSG bei der **Berechnung der Arbeitnehmerzahl** zu berücksichtigen, sofern die Einsatzdauer 6 Monate übersteigt. Innerhalb von verbundenen Unternehmen i.S.d. § 15 AktG sind die im Inland beschäftigten Arbeitnehmer sämtlicher konzernangehöriger Gesellschaften bei der Berechnung der Arbeitnehmerzahl der Obergesellschaft in Ansatz zu bringen. Im Hinblick auf die Arbeitnehmerzahl spricht das Gesetz davon, dass „in der Regel" ein entsprechender Personalbestand vorliegen muss. Hier soll auf die das Unternehmen im Allgemeinen prägende Personalstärke abgestellt werden, was eine sowohl rückblickende Betrachtung als auch eine Prognose hinsichtlich der künftigen Personalentwicklung erfordert. Der insofern in Ansatz zu bringende Zeitraum ist ausreichend lang zu bemessen, so dass kurzfristige Schwankungen des Personalbestands keinen Einfluss auf die Anwendbarkeit des LkSG haben. Insbes. sollen vorübergehende Schwankungen bei der Personalstärke, etwa infolge des Auftragsbestands, nicht dazu führen, dass sich Änderungen hinsichtlich der Bindung an das LkSG ergeben.[10]

Der Referenzzeitraum ist einzelfallabhängig, sollte sich i.d.R. aber am Geschäftsjahr orientieren.[11] Da in diversen anderen Rechtsgebieten ein vergleichbarer Ansatz zur Kalkulation einer Arbeitnehmerschwelle genutzt wird, sollte dies die Praxis vor keine größeren Hürden stellen.

Ab dem **1.1.2024** reduziert sich die Arbeitnehmerschwelle auf nur noch 1.000 Arbeitnehmer.

Das LkSG verwendet den Begriff des „Unternehmens", welcher als rechtsformneutraler Oberbegriff zu verstehen ist. Die jeweilige natürliche oder juristische Person oder sonstige rechtsfähige Personengesellschaft als Rechtsträgerin des Unternehmens ist Adressat und Anknüpfungspunkt für die Arbeitnehmerschwelle.

Vom LkSG nicht erfasst sind juristische Personen des öffentlichen Rechts, wenn diese Verwaltungsaufgaben einer Gebietskörperschaft wahrnehmen und soweit diese nicht am Markt unternehmerisch tätig sind.[12]

---

[9] BT-Drs. 19/28649 v. 19.4.2021, S. 33.
[10] BT-Drs. 19/28649 v. 19.4.2021, S. 33.
[11] BT-Drs. 19/28649 v. 19.4.2021, S. 33.
[12] BT-Drs. 19/28649 v. 19.4.2021, S. 33.

> **Hinweis**
>
> Ab dem 1.1.2023 dürften ca. 700 Unternehmen unmittelbar in den Anwendungsbereich des LkSG fallen, ab dem 1.1.2024 prognostisch etwa 2.900 Unternehmen.[13]

3 Ausmaß und Grad der Sorgfaltspflichten in Abhängigkeit von der Einflusssphäre

3.1 Begriff der Lieferkette

8   Das LkSG verpflichtet die Unternehmen gem. § 3 Abs. 1 dazu, in ihren Lieferketten die in Abschn. 2 des Gesetzes im Detail definierten menschenrechtlichen und umweltbezogenen Sorgfaltspflichten in angemessener Weise zu beachten, um Risiken vorzubeugen bzw. zu minimieren oder um eingetretene Verletzungen zu beenden. Der ausdifferenzierte Pflichtenkatalog des Abschn. 2 des LkSG unterscheidet zwischen den jeweiligen Einflusssphären des Unternehmens und knüpft an die Unterscheidung des eigenen Geschäftsbereichs, des unmittelbaren Zulieferers sowie des lediglich mittelbaren Zulieferers an.

9   Ausgangspunkt ist die **Definition** des Begriffs der **Lieferkette** gem. § 2 Abs. 5 LkSG: Demnach umfasst diese alle Schritte im In- und Ausland, die zur Herstellung der Produkte und zur Erbringung der Dienstleistungen erforderlich sind, angefangen von der Gewinnung der Rohstoffe bis zur Lieferung an den Endkunden. Der Gesetzgeber hat ein sehr weites Verständnis der erfassten Lieferkette, wie die Gesetzesbegründung zeigt. So sind nicht nur der Bezug von Waren und Rohstoffen erfasst, sondern auch die Inanspruchnahme von Dienstleistungen, welche für die Produktherstellung oder Dienstleistungserbringung erforderlich sind.

10 Damit werden auch **Transportdienstleistungen** oder die Zwischenlagerung von Waren einbezogen.[14] Aus Praxissicht wird insofern der Arbeitnehmerschutz beim Transport von Waren auf der Straße künftig große Bedeutung erlangen. Es wird zur Lieferketten-Compliance z.B. relevant werden, eine effektive Kontrolle der Einhaltung von Arbeits- und Ruhezeiten von Lkw-Fahrern durchzuführen. Unzuverlässige oder risikobehaftete Speditionen wird man identifizieren müssen, um Abhilfemaßnahmen nach dem LkSG umzusetzen.[15] Die Praxis hat gezeigt, dass insbes. Speditionen oder Sub-

---

[13] Vgl. Gehling/Ott/Lüneborg, CCZ 2021, S. 231.
[14] BT-Drs. 19/28649 v. 19.4.2021, S. 40.
[15] Vgl. Harings/Jürgens, RdTW 2021, S. 301.

unternehmer aus Staaten außerhalb der EU (z.B. Russland, Ukraine) nicht immer Arbeitsbedingungen bieten, die mit den Vorstellungen des LkSG konform gehen.

Neben dem Gütertransport auf der Straße ist an den Seetransport zu denken. Die internationale Containerschifffahrt hat ihre Schiffe regelmäßig ausgeflaggt, d.h., die Seeschiffe sind durch Registrierung in einem bestimmten Schiffsregister unter einer anderen Nationalflagge operativ im Einsatz. Ein maßgeblicher Faktor zur Ausflaggung war immer die Motivation, das Schiff unter den Bedingungen eines möglichst liberalen Seearbeitsrechts betreiben zu können. Viele Containerschiffe der weltweit tätigen, bekannten Reedereien finden sich in den Schiffsregistern von Antigua & Barbuda, Liberia, Cayman Islands, Panama, der Isle of Man und vergleichbarer Jurisdiktionen. Infolge des LkSG werden Unternehmen, insbes. Transportdienstleister, gehalten sein, sich über die Arbeitsbedingungen auf den eingesetzten Schiffen zu informieren, und ggf. die Einhaltung menschenrechtlicher Standards nach dem LkSG verlangen müssen. Dass dies zu einer erheblichen Erhöhung der Frachtraten und mittelbar auch der Konsum- und Investitionsgüterpreise führen wird, ist evident.[16]

11

Auch **Vertriebsaktivitäten** durch Vertriebsmittler, E-Commerce-Plattformen sowie die Nutzung physischer Geschäftslokale fallen in den Begriff der Lieferkette.[17] Ferner können Finanzdienstleistungen, wie etwa die Vergabe eines Großkredits zur Finanzierung einer Produktionsanlage, als Teil der erfassten Lieferkette gelten, wobei im Einzelfall zu prüfen sein wird, ob es sich um eine allgemeine Darlehenslinie handelt oder eine spezifische Projektfinanzierung, bei der die kreditgebende Bank u.U. deutlich mehr Einfluss auf das Projekt hat.

12

Hervorzuheben ist an dieser Stelle, dass § 2 Abs. 5 LkSG insofern eine gewisse Einschränkung der Lieferkette vornimmt, als nur Handlungen erfasst sind, die „erforderlich" zur Produktherstellung oder Dienstleistungserbringung sind. Bzgl. dieses Merkmals ist zu erwarten, dass die Gerichte eine gewisse Einschränkung vornehmen werden, wobei nicht unterschlagen werden soll, dass man beim Bundesamt für Wirtschaft und Ausfuhrkontrolle (BAFA) bzw. dem Bundesministerium für Arbeit und Soziales offenbar anderer Meinung ist und eine weite Auslegung der Erforderlichkeit bejaht, die im Ergebnis auch den Hersteller des Büroblestifts erfasst, der zwar in

13

---

[16] Vgl. Harings/Jürgens, RdTW 2021, S. 301.
[17] BT-Drs. 19/28649 v. 19.4.2021, S. 40.

zeitlicher Hinsicht keine Priorität genieße, gleichwohl zu einem späteren Zeitpunkt auch einbezogen werden müsste.[18]

14 Im Hinblick auf die umfassend verstandene Lieferkette sind vom LkSG erfasst
1. das Handeln des Unternehmens im eigenen Geschäftsbereich,
2. das Handeln eines unmittelbaren Zulieferers und
3. das Handeln eines mittelbaren Zulieferers.

Die Sorgfaltspflichten gelten demnach nur bzgl. der Zulieferer; eine Überprüfung der Kunden des Unternehmens ist nicht geschuldet.[19]

3.2 Eigener Geschäftsbereich

15 Der eigene Geschäftsbereich des Unternehmens wird in § 2 Abs. 6 LkSG definiert als „jede Tätigkeit des Unternehmens zur Erreichung des Unternehmensziels". Weiter heißt es, dass damit „jede Tätigkeit zur Herstellung und Verwertung von Produkten und zur Erbringung von Dienstleistungen, unabhängig davon, ob sie an einem Standort im In- oder Ausland vorgenommen wird", erfasst ist. Im Hinblick auf Konzernstrukturen bestimmt das Gesetz, dass in verbundenen Unternehmen eine konzernangehörige Gesellschaft dann zum eigenen Geschäftsbereich der Obergesellschaft gehört, wenn die Obergesellschaft einen bestimmenden Einfluss auf die konzernangehörige Gesellschaft ausübt.

16 Das entscheidende Kriterium bzgl. der Frage, ob eine verbundene Gesellschaft zum eigenen Geschäftsbereich zählt, ist der „bestimmende Einfluss". In der Gesetzesbegründung heißt es diesbzgl., dass erste Voraussetzung immer die Existenz von Einflussmöglichkeiten nach dem jeweiligen anwendbaren nationalen Recht sein muss. Alle erheblichen Gesichtspunkte sind sodann in einer Gesamtschau zu würdigen, wobei hierfür alle wirtschaftlichen, personellen, organisatorischen und rechtlichen Bindungen zwischen Tochter- und Muttergesellschaft im Zusammenhang zu betrachten und zu gewichten sind. **Indizien für bestimmenden Einfluss** sind eine hohe Mehrheitsbeteiligung an der Tochtergesellschaft, die Existenz eines konzernweiten Compliance-Systems, die Übernahme von Verantwortung für die Steuerung von Kernprozessen im Tochterunternehmen, eine rechtliche Struktur, die die Möglichkeit der Einflussnahme abbildet, personelle Überschneidungen auf Geschäftsleitungsebene, ein bestimmender Einfluss auf das Lieferkettenmanagement der Tochtergesellschaft, die Einflussnahme über die Gesellschafterversammlung und

---

[18] So im Ergebnis: Bundesministerium für Arbeit und Soziales, Fragen und Antworten zum Lieferkettengesetz.
[19] Vgl. Herrmann/Rünz, DB 2021, S. 3078f.

Ähnlichkeiten hinsichtlich der Geschäftsbereiche von Ober- und Tochtergesellschaft.[20]

Sofern demnach ein bestimmender Einfluss gegeben ist, fällt auch eine ausländische Tochtergesellschaft in den eigenen Geschäftsbereich der deutschen Muttergesellschaft. Nach Auffassung des Bundesministeriums für Arbeit und Soziales (Referat CSR) soll die deutsche Muttergesellschaft dann verpflichtet sein, den kompletten Sorgfaltspflichtenkatalog zu erfüllen, und zwar unabhängig davon, ob die Tochtergesellschaft geschäftlichen Aktivitäten in Deutschland nachgeht oder nach Deutschland exportiert.[21] In dieser Konstellation einer ausländischen Tochtergesellschaft müsste die Obergesellschaft – folgt man der Auslegung des Referats CSR des Bundesministeriums – in Bezug auf den Geschäftsbereich der Tochter sowie auf deren unmittelbare und mittelbare Zulieferer Sorgfaltsmaßnahmen entsprechend dem detaillierten Katalog des Abschn. 2 des Gesetzes wahrnehmen.

17

Es bleibt zu hoffen, dass die Gerichte dieser weiten Interpretation zukünftig gewisse Schranken auferlegen werden. Insbes. auch aus völkerrechtlicher Sicht erscheint es durchaus nicht unproblematisch, wenn der deutsche Gesetzgeber meint, berechtigt zu sein, (mittelbar mit extraterritorialer Wirkung[22]) regulierend in die Vertragsbeziehungen bspw. einer chinesischen Tochtergesellschaft eines deutschen Konzerns mit einem chinesischen Zulieferer einzugreifen.

18

Das Bundesministerium für Arbeit und Soziales hat gleichwohl in den Fragen und Antworten zum Lieferkettengesetz vom 3.1.2023 nochmals seine Sichtweise einer weiten Auslegung bekräftigt:

19

Bei der Frage, inwieweit Konzerngesellschaften einer deutschen Konzernmutter im Ausland als Teil des „Geschäftsbereichs" in den Anwendungsbereich des LkSG fallen, heißt es in FAQ BMAS vom 3.1.2023 in Ziffer IV.10, dass die deutsche Konzernmutter bezogen auf die Tochtergesellschaft den kompletten Sorgfaltspflichtenkatalog zu erfüllen hat – sofern sie einen bestimmenden Einfluss auf die ausländische Tochtergesellschaft (vgl. § 2 Abs. 6 LkSG) hat – „unabhängig davon, ob die Tochter geschäftliche Aktivitäten in Deutschland entfaltet oder ob sie nach Deutschland exportiert".

Gegen diese in der Praxis nur schwer umsetzbare Auslegung der Exekutive werden zunehmend an Telos und Gesetzeshistorie orientierte Auslegungsalternativen diskutiert: Mit guten Argumenten lässt sich eine Differenzierung nach dem sog. **Marktortbezug** vertreten. Demnach erstrecken sich die

20

---

20 BT-Drs. 19/30505 v. 9.6.2021, S. 38.
21 Bundesministerium für Arbeit und Soziales, Fragen und Antworten zum Lieferkettengesetz.
22 Vgl. hierzu Omari Lichuma, ZaöRV 2021, S. 497.

Sorgfaltspflichten des LkSG nicht auf Produkte und Dienstleistungen ausländischer Tochtergesellschaften, die für ausländische Märkte vorgesehen sind. Die Anknüpfungskriterien des § 1 Abs. 2 LkSG stellen sicher, dass die Pflichten nach dem LkSG nur für Produkte und Dienstleistungen gelten, die in Deutschland erbracht werden.[23]

Dieses Argument stieß i.R.d. Gesetzgebungsprozesses bei der Bundestagsfraktion Bündnis 90/Die Grünen auf Kritik. In der Begründung des Änderungsantrags der Grünen zu dem Gesetzentwurf auf Drucksache 19/28649 hieß es, dass der Änderungsantrag vorsehe, neben in Deutschland ansässigen Unternehmen „auch außereuropäische Unternehmen zu erfassen".[24] Das Gesetz sollte für alle außereuropäischen Unternehmen gelten, die ohne Satzungs- oder Hauptverwaltungssitz oder Hauptniederlassung im Inland für ein Jahr Waren und Dienstleistungen anbieten und nachfragen (Marktprinzip).[25] Der Änderungsantrag der Grünen zu dem Gesetzentwurf auf Drucksache 19/28649 wurde abgelehnt.[26]

Der vorgenannte Ablauf bestätigt mittelbar das Argument mit dem sog. Marktortbezug. Die Pflichten des LkSG stellen gem. § 1 LkSG auf Kriterien ab, die einen Tätigkeitsschwerpunkt des herstellenden Unternehmens hierzulande bedingen. Mit dieser Vorgabe ist eine Erstreckung auf Produkte und Dienstleistungen ausländischer Tochtergesellschaften für ausländische Märkte unvereinbar. Sie würde bei Unternehmen, die weltweit durch ihre Auslandstöchter auf ausländischen Märkten auftreten, zu einer nicht mehr überschaubaren Belastung führen. Eine signifikante Ausweitung gegenüber dem ursprünglichen Geltungsbereich ist aus der Ausschussbegründung nicht ableitbar; der dokumentierte Verlauf der Ausschussberatungen stützt eine einschränkende Auslegung.[27]

21 Als Argument gegen eine Erstreckung der Sorgfaltspflichten auf Zulieferer der Tochtergesellschaft wird ferner angeführt, dass gem. § 2 Abs. 7 LkSG unmittelbare Zulieferer solche Vertragspartner sind, deren Zulieferungen für die Produktherstellung bzw. Dienstleistung notwendig sind. Wenn jetzt aber die Zulieferungen nur für die Tochtergesellschaft notwendig sind, ließe sich argumentieren, dass diese Vertragsbeziehung auf Ebene der Tochtergesellschaft bei den Sorgfaltspflichten der Obergesellschaft nicht zu berücksichtigen ist.[28]

---

[23] Vgl. Schall, NZG 2022, S. 1240.
[24] BT-Drs. 19/30505, S. 31.
[25] BT-Drs. 19/30505, S. 31.
[26] BT-Drs. 19/30505, S. 24.
[27] Vgl. Schall, NZG 2022, S. 1240.
[28] Vgl. Herrmann/Rünz, DB 2021, S. 3078, Fn. 13.

22 Vorstellbar ist auch die Konstellation, dass sowohl die Konzernobergesellschaft als auch die Tochtergesellschaft beide für sich betrachtet in den Anwendungsbereich des LkSG fallen. Sogleich stellt sich die Frage, ob jedes Konzernunternehmen dann die LkSG-Pflichten selbstständig erfüllen muss oder ob es nicht vielmehr sinnvoll und zulässig ist, dass diese Pflichten zentral von der Obergesellschaft erfüllt werden. Ausgangspunkt ist die Annahme, dass die Tochtergesellschaft selbst dafür verantwortlich ist, dass die Sorgfaltspflichten in ihrem eigenen Geschäftsbereich sowie bzgl. ihrer Lieferketten gewahrt werden. Es sollte gleichwohl zulässig sein, das notwendige angemessene und wirksame Risikomanagement auf Ebene der Obergesellschaft als Zentralfunktion für alle Konzerngesellschaften zu etablieren, sofern die internen Konzernstrukturen diese Aufgabenverlagerung vernünftig abbilden.[29]

3.3 Unmittelbarer Zulieferer

23 In § 2 Abs. 7 LkSG wird der unmittelbare Zulieferer i. S. d. LkSG definiert als „ein Partner eines Vertrages über die Lieferung von Waren oder die Erbringung von Dienstleistungen, dessen Zulieferungen für die Herstellung des Produktes des Unternehmens oder zur Erbringung und Inanspruchnahme der betreffenden Dienstleistung notwendig sind". Das Gesetz erfasst damit grds. auch alle Vertragspartner, die Dienstleistungen erbringen, welche lediglich „Hilfsschritte" bei der Herstellung des Produkts oder der Dienstleistungserbringung darstellen.[30] Über das Kriterium der Notwendigkeit sollte daher eine sachgerechte Einschränkung und wertende Betrachtung des Kreises der unmittelbaren Zulieferer vorgenommen werden, um den Anwendungsbereich nicht uferlos werden zu lassen.

Unternehmen sind in der Pflicht, sowohl im Hinblick auf den eigenen Geschäftsbereich als auch bzgl. der unmittelbaren Zulieferer die umfassenden Sorgfaltspflichten des Abschn. 2 des Gesetzes (Rz 28 ff.) zu erfüllen.

3.4 Mittelbarer Zulieferer

24 Mittelbare Zulieferer definiert das Gesetz in § 2 Abs. 8 LkSG als „jedes Unternehmen, das kein unmittelbarer Zulieferer ist und dessen Zulieferungen für die Herstellung des Produktes des Unternehmens oder zur Erbringung und Inanspruchnahme der betreffenden Dienstleistung notwendig

---

[29] Vgl. auch Bundesministerium für Arbeit und Soziales, Fragen und Antworten zum Lieferkettengesetz; vgl. Wagner/Ruttloff/Wagner, Das Lieferkettensorgfaltspflichtengesetz in der Unternehmenspraxis, 2022, Rn. 32.

[30] Wagner/Ruttloff/Wagner, Das Lieferkettensorgfaltspflichtengesetz in der Unternehmenspraxis, 2022, Rn. 65.

sind". Im Hinblick auf mittelbare Zulieferer ist der Pflichtenkreis der Unternehmen deutlich reduziert. Hier verlangt § 9 Abs. 3 LkSG tatsächliche Anhaltspunkte, dass bei einem mittelbaren Zulieferer eine Verletzung einer geschützten Rechtsposition möglich ist. Es bedarf substantiierter Kenntnis, bevor anlassbezogen auch im Hinblick auf den mittelbaren Zulieferer Maßnahmen getroffen werden müssen.

4 Geschützte Rechtspositionen im Bereich Menschenrechte und Umweltbelange

4.1 Menschenrechte

25 Ziel des LkSG ist der Schutz der Menschenrechte und gewisser Umweltbelange in der Lieferkette der Unternehmen. Gem. § 2 Abs. 1 LkSG sind geschützte Rechtspositionen im Bereich der Menschenrechte solche Rechte, die sich aus den in der Anlage zum LkSG aufgeführten völkerrechtlichen Verträgen zum Schutz der Menschenrechte ergeben. Durch die Regelung in § 2 Abs. 2 Nr. 1–11 LkSG wird konkretisiert, dass Verstöße gegen die dort i. E. beschriebenen grundlegenden Menschenrechtsstandards bzw. ein mit hinreichender Wahrscheinlichkeit drohender Verstoß immer ein menschenrechtliches Risiko i. S. d. LkSG begründen. In § 2 Abs. 2 Nr. 12 LkSG findet sich eine **Generalklausel**, durch die sichergestellt werden soll, dass auch bei einem Verstoß gegen eine Rechtsposition aus den in der Anlage aufgeführten völkerrechtlichen Verträgen ein menschenrechtliches Risiko vorliegt. Für die Praxis der Rechtsanwender bedeutet dies, dass man nicht nur die recht konkret dargestellten Verbote in § 2 Abs. 2 Nr. 1–11 LkSG im Blick haben muss, sondern tatsächlich den vollständigen Regelungsgehalt der in die Anlage eingestellten völkerrechtlichen Abkommen.[31]

26 Der Katalog der im Gesetz ausdrücklich angesprochenen **Verbote** in § 2 Abs. 2 Nr. 1–11 LkSG umfasst u.a. das Verbot der Kinderarbeit, Zwangsarbeit, Sklaverei, Schuldknechtschaft, Kinderpornografie sowie der Missachtung der am Beschäftigungsort geltenden Arbeitsschutzbestimmungen. Daneben wird die Koalitionsfreiheit geschützt, d.h. das Recht der Arbeitnehmer, Gewerkschaften zu gründen, diesen beizutreten und insbes. das Recht auf Streik und Kollektivverhandlungen. Weiterhin ist die Ungleichbehandlung bzw. Diskriminierung i. R. e. Beschäftigungsverhältnisses verboten, soweit diese auf die Abstammung, soziale Herkunft, den Gesundheitsstatus, eine Behinderung, sexuelle Orientierung, Alter, Geschlecht, politische Meinung, Religion oder Weltanschauung gestützt wird und es keinen Rechtfertigungsgrund aufgrund der konkreten Erfordernisse der

---

[31] Vgl. Gehling/Ott/Lüneborg, CCZ 2021, S. 232.

Beschäftigung gibt. Explizit verboten ist auch die Zahlung ungleichen Entgelts für gleichwertige Arbeit. Schließlich wird das Vorenthalten eines angemessenen Lohns angesprochen, wobei auf den am Beschäftigungsort geltenden Mindestlohn abzustellen ist.

Von der Generalklausel des § 2 Abs. 2 Nr. 12 LkSG dürften darüber hinausgehend insbes. weitere Rechtspositionen aus dem Internationalen Pakt vom 19.12.1966 über bürgerliche und politische Rechte sowie dem Internationalen Pakt vom 19.12.1966 über wirtschaftliche, soziale und kulturelle Rechte erfasst werden. Der Auffangtatbestand dürfte sicherlich nur dann zur Anwendung kommen, wenn die Verletzung der Rechtsposition in einem Staat eingetreten ist, der die erwähnten völkerrechtlichen Verträge ratifiziert hat.[32] Die VR China hat den Internationalen Pakt über bürgerliche und politische Rechte bislang nicht ratifiziert, die USA dagegen nicht den Internationalen Pakt über wirtschaftliche, soziale und kulturelle Rechte.

27

4.2 Umweltbelange

§ 2 Abs. 3 Nr. 1–8 LkSG enthält analog dem Ansatz bei den Menschenrechten eine Reihe von Verboten zum Schutz der Umwelt. Unter den im Detail beschriebenen **Verboten** finden sich u. a.:
- das Verbot der Herstellung von mit Quecksilber versetzten Produkten,
- das Verbot der Verwendung von Quecksilber und Quecksilberverbindungen bei Herstellungsprozessen,
- das Verbot der Behandlung von Quecksilberabfällen entgegen den Bestimmungen des Minamata-Übereinkommens,
- das Verbot der Produktion und Verwendung von Chemikalien nach dem Stockholmer Übereinkommen über persistente organische Schadstoffe sowie
- umfassende Verbote hinsichtlich der Ausfuhr gefährlicher Abfälle gem. den Bestimmungen des Basler Übereinkommens über die Kontrolle der grenzüberschreitenden Verbringung gefährlicher Abfälle und ihrer Entsorgung.

28

Der Katalog der umweltbezogenen Verbote ist deutlich überschaubarer als im Menschenrechtsbereich; die involvierten Bundesministerien konnten sich in diesem Bereich nur auf einen Minimalkonsens verständigen.[33]

Neben den in § 2 Abs. 3 LkSG spezifisch aufgeführten umweltbezogenen Verboten findet sich in § 2 Abs. 2 Nr. 9 LkSG im Segment der menschenrechtlichen Risiken das Verbot der Herbeiführung einer schädlichen Bodenver-

29

---

[32] Vgl. Gehling/Ott/Lüneborg, CCZ 2021, S. 232.
[33] Vgl. Gehling/Ott/Lüneborg, CCZ 2021, S. 232.

änderung, Gewässerverunreinigung, Luftverunreinigung, schädlichen Lärmemission sowie eines übermäßigen Wasserverbrauchs, wenn infolgedessen die natürlichen Grundlagen zum Erhalt und der Produktion von Nahrung erheblich beeinträchtigt werden, einer Person der Zugang zu einwandfreiem Trinkwasser verwehrt wird, einer Person der Zugang zu Sanitäranlagen erschwert oder zerstört wird oder die Gesundheit einer Person geschädigt wird. Insbes. diese Regelungen könnten ein **Einfallstor für Klimaklagen** werden, welche von Nichtregierungsorganisationen (NGOs) orchestriert werden.[34]

5 Von den Unternehmen einzuhaltende Sorgfaltspflichten

5.1 Grundsätzliches zu den Sorgfaltspflichten

30 In Abschn. 2 des LkSG wird i.E. beschrieben, welche Sorgfaltspflichten von den Unternehmen umzusetzen sind. Unternehmen sind gem. § 3 Abs. 1 LkSG dazu verpflichtet, die im Gesetz definierten Sorgfaltspflichten in angemessener Weise zu beachten, um Risiken vorzubeugen, diese zu minimieren oder im Fall von bereits eingetretenen Verletzungen diese zu beenden.

31 Wichtig sind 2 grds. Prinzipien: Erstens verlangt das Gesetz keine Erfolgspflicht oder Garantiehaftung der Unternehmen in dem Sinn, dass in den jeweiligen Lieferketten keine Menschenrechte oder umweltbezogenen Pflichten verletzt werden. Geschuldet ist lediglich eine Bemühenspflicht, welche allerdings angesichts der detaillierten Anforderungen bzgl. der einzelnen Sorgfaltspflichten auch signifikante Anstrengungen von den Unternehmen fordert.[35] Zweitens verlangt das Gesetz von den Unternehmen nur, „angemessene" Maßnahmen zu ergreifen.

32 Der **Angemessenheitsgrundsatz** wurde in § 3 Abs. 2 LkSG ausdrücklich verankert und bemisst sich anhand der folgenden dort aufgeführten Kriterien:
1. Zunächst ist die Art und Weise der Geschäftstätigkeit des Unternehmens in Ansatz zu bringen. Hier ist die individuelle Unternehmens- und Risikosituation zu berücksichtigen. Der Gesetzgeber stellt darauf ab, ob das jeweilige Produkt und die spezifische Produktionsstätte ein besonderes Risikoprofil mit sich bringen. Je höher das Risiko, desto wichtiger wird die Überwachung der Lieferkette. Man wird länder-, branchen- und warengruppenspezifische Risiken bewerten müssen und hat als Unter-

---

[34] Vgl. Gehling/Ott/Lüneborg, CCZ 2021, S. 232.
[35] Vgl. Stöbener de Mora/Noll, NZG 2021, S. 1240.

nehmen angesichts des Angemessenheitsgrundsatzes durchaus einen flexiblen Ermessens- und Handlungsspielraum.[36] Dieser Spielraum wird auch bei behördlichen Kontrollen anerkannt werden. Die Behörde prüft, ob ein Unternehmen zum Zeitpunkt der Entscheidung, d.h. ex ante, angemessen gehandelt hat. Die Unternehmensentscheidung wird nicht aus einer Ex-post-facto-Sicht bewertet.[37]

2. Sodann richtet sich die Angemessenheit einer Maßnahme nach dem konkreten Einflussvermögen des Unternehmens auf den Verursacher eines Risikos oder einer Verletzung. Die Größe des Unternehmens, das Auftragsvolumen und insbes. die Nähe zum Risiko sind entscheidende Kriterien, auf die abzustellen sein wird. Die Anforderungen an die umzusetzenden Maßnahmen sind insoweit abhängig von der Nähe und den Einflussmöglichkeiten des Unternehmens.[38]

3. Als weiteres Kriterium i.R.d. Angemessenheitsprüfung wird auf die typischerweise zu erwartende Schwere und Umkehrbarkeit der Verletzung sowie die Wahrscheinlichkeit des Eintritts einer Verletzung abgestellt. Die Bewertung von Schwere und Wahrscheinlichkeit erfolgt bspw. anhand der Zugehörigkeit eines Unternehmens zu einem Hochrisikosektor, der tatsächlichen und ordnungspolitischen Rahmenbedingungen des Produktionsorts, des Umgangs mit giftigen Stoffen in der Produktion oder einer mangelhaften Nachhaltigkeitsperformance der Lieferanten.[39]

4. Als 4. Kriterium verlangt das LkSG eine Bewertung der Art des Verursachungsbeitrags des Unternehmens. Hier ist zu differenzieren, ob das Unternehmen das Risiko unmittelbar alleine oder gemeinsam mit einem anderen Akteur verursacht hat oder nur eine mittelbare Beteiligung gegeben ist. Die Art des Verursachungsbeitrags wird regelmäßig eng verknüpft sein mit dem Kriterium des unternehmerischen Einflussvermögens. Der Gesetzgeber sieht eine mittelbare Verursachung bspw. dann als gegeben an, wenn ein Unternehmen die Produktanforderungen gegenüber seinem Zulieferer kurzfristig verändert, ohne die Lieferzeiten oder den Einkaufpreis anzupassen, und der Zulieferer in Folge gegen ILO-Kernarbeitsnormen verstößt, um den kurzfristigen Änderungswünschen zu entsprechen.[40]

Aus der Gesetzesbegründung ist eindeutig ersichtlich, dass von den Unternehmen keineswegs etwas rechtlich oder tatsächlich Unmögliches verlangt werden könne, insbes. keine Handlungen, die gegen die im Produktionsland

33

---

36 BT-Drs. 19/28649 v. 19.4.2021, S. 42.
37 Bundesministerium für Arbeit und Soziales, Fragen und Antworten.
38 BT-Drs. 19/28649 v. 19.4.2021, S. 42.
39 BT-Drs. 19/28649 v. 19.4.2021, S. 42f.
40 BT-Drs. 19/28649 v. 19.4.2021, S. 43.

geltenden Gesetze verstoßen. Das real existierende Ausmaß der Einflussmöglichkeiten auf die Zulieferer wird entsprechend berücksichtigt, was mit der Bemühenspflicht korrespondiert.[41]

In den §§ 4–10 LkSG finden sich die konkreten Sorgfaltspflichten, welche von den Unternehmen nach Maßgabe der allgemeinen wie speziellen Regelungen einzuhalten sind.

5.2 Risikomanagement und Menschenrechtsbeauftragte

34 Die Unternehmen sind gem. § 4 Abs. 1 LkSG verpflichtet, ein angemessenes und wirksames Risikomanagement zur Einhaltung der Sorgfaltspflichten einzurichten. Das einzurichtende Risikomanagementsystem soll die Interessen der Beschäftigten des Unternehmens, der Beschäftigten innerhalb der Lieferketten, aber auch derjenigen angemessen berücksichtigen, die in sonstiger Weise durch das Handeln des Unternehmens bzw. der unmittelbaren und mittelbaren Zulieferer in einer geschützten Rechtsposition unmittelbar betroffen sein können.

35 Das spezifische, Lieferketten bezogene Risikomanagement des Unternehmens muss sich gem. § 4 Abs. 2 LkSG grds. nur auf solche Risiken oder Verletzungen fokussieren, die das Unternehmen in seiner Lieferkette verursacht hat oder zu deren Entstehung beigetragen hat. Es bedarf demnach des Nachweises von Kausalität, wobei die Grenzen in der praktischen Rechtsanwendung häufig nicht einfach konturiert werden können.

36 Eine der zentralen Aufgaben nach dem LkSG ist die unternehmensinterne Organisation der **Zuständigkeiten** bzgl. der mannigfaltigen Aufgaben, welche umgesetzt und dokumentiert werden müssen. In der praktischen Umsetzung wird man insbes. zur Risikominimierung die Geschäftsabläufe in den Unternehmensbereichen Geschäftsleitung, Rechtsabteilung, Compliance-Abteilung und Einkaufsabteilung bewerten müssen und Zuständigkeiten und Berichtswege definieren.

37 Das Unternehmen ist gem. § 4 Abs. 3 LkSG ausdrücklich verpflichtet, eine Festlegung hinsichtlich der Zuständigkeit für die Überwachung des Risikomanagements zu treffen. Der Gesetzgeber empfiehlt, die Position eines **Menschenrechtsbeauftragten** zu schaffen; zulässig ist auch ein Gremium aus mehreren Personen, welches die Zuständigkeiten übertragen bekommt. Gem. § 24 Abs. 1 Nr. 1 LkSG ist das Unterlassen der Festlegung der Zuständigkeiten mit einem Bußgeld von bis zu 500.000 EUR bewehrt.

---

[41] Vgl. Stöbener de Mora/Noll, NZG 2021, S. 1240 f.

Dem Menschenrechtsbeauftragten bzw. dem entsprechenden Gremium sind alle notwendigen Hilfsmittel zur Verfügung zu stellen, um eine angemessene Überwachung zu ermöglichen.[42] Wichtig wird es auch sein, dem Menschenrechtsbeauftragten unternehmensintern wirksame Zugriffsmöglichkeiten, Einsichtsrechte und Kompetenzen einzuräumen, um die Umsetzung des LkSG praktikabel zu machen. Der Menschenrechtsbeauftragte darf aus seiner etwaigen sonstigen Tätigkeit für das Unternehmen nicht in Interessenkonflikte geraten. Um eine effektive Überwachung und ungefilterte Berichte (§ 4 Abs. 3 S. 2 LkSG) zu gewährleisten, muss der Menschenrechtsbeauftragte unabhängig arbeiten können. Das Unternehmen darf nicht versuchen, die Überwachung zu beeinflussen, etwa durch das Abhalten von der Untersuchung eines bestimmten Verdachts. Weisungen, die die Aufgabenerfüllung nicht behindern, wie etwa Vorgaben bzgl. der Nutzung betrieblicher IT, sind dagegen zulässig. Eine gleichzeitige Tätigkeit in der Einkaufsabteilung dürfte aus Gründen der Unabhängigkeit ausscheiden. Soweit der Menschenrechtsbeauftragte keine spezifischen Vorkenntnisse im Bereich Compliance aufweist, ist daran zu denken, zeitnah Schulungen zu ermöglichen.[43] 38

Der Menschenrechtsbeauftragte sollte sinnvollerweise unmittelbar der Geschäftsleitung unterstellt sein; diese ist gem. § 4 Abs. 3 S. 2 LkSG verpflichtet, sich regelmäßig, mind. einmal jährlich, über die Arbeit der zuständigen Person oder Personen zu informieren. 39

Die konkrete innerbetriebliche Ausgestaltung der Pflichten des Menschenrechtsbeauftragten dürfte mitentscheidend sein für die Frage, ob der Menschenrechtsbeauftragte als Beauftragter i.S.d. § 9 OWiG zu qualifizieren ist.[44] Etwaige haftungsrechtliche Risiken, welche dem Menschenrechtsbeauftragten evtl. drohen können, sollten auch aufgrund der arbeitsrechtlichen Fürsorgepflicht des Arbeitgebers in jedem Fall vor Schaffung dieser Position soweit möglich geklärt werden.

5.3 Risikoanalyse

I.R.d. angemessenen und wirksamen Risikomanagements sind die Unternehmen gem. § 5 LkSG verpflichtet, einmal jährlich sowie anlassbezogen eine Risikoanalyse durchzuführen, welche sich auf die **menschenrechtlichen und umweltbezogenen Risiken** im eigenen Bereich sowie bei den unmittelbaren Zulieferern beziehen muss. 40

---

42 BT-Drs. 19/28649 v. 19.4.2021, S. 43.
43 Vgl. Herrmann/Rünz, DB 2021, S. 3080.
44 Vgl. Herrmann/Rünz, DB 2021, S. 3080.

Sofern in Bezug auf einen mittelbaren Zulieferer substantiierte Kenntnis über tatsächliche Anhaltspunkte für ein Risiko vorliegt, ist die Risikoanalyse auch auf den mittelbaren Zulieferer zu erstrecken (§ 9 Abs. 3 LkSG). Tatsächliche Anhaltspunkte können z.B. Berichte über die schlechte Menschenrechtslage in der Produktionsregion, die Zugehörigkeit eines mittelbaren Zulieferers zu einer Branche mit besonderen menschenrechtlichen oder umweltbezogenen Risiken sowie frühere Vorfälle beim mittelbaren Zulieferer sein. Kenntnisse haben dann den Grad an Substantiiertheit erreicht, wenn dem Unternehmen überprüfbare und ernst zu nehmende Informationen über mögliche Verstöße beim mittelbaren Zulieferer vorliegen. In bestimmten Konstellationen reicht es aus, wenn Informationen über Risiken in einer spezifischen Region vorliegen.[45] I.S.e. praktischen Handhabung des Gesetzes kann aber von keinem Unternehmen verlangt werden, alle global vorhandenen Informationsquellen dauerhaft zu sichten und zu screenen. Die Gerichte sind aufgerufen, sachgerechte Begrenzungen zu etablieren.

Es steht zu befürchten, dass einzelne NGOs darauf hinarbeiten werden, ihre Recherche- und Informationstätigkeit auszuweiten und Unternehmen bzgl. diverser mittelbarer Zulieferer entsprechend „bösgläubig" zu machen.

41 Die Risikoanalyse ist die Basis für etwaige **Präventions- und Abhilfemaßnahmen** gem. §§ 6, 7 LkSG. So ist das Unternehmen gem. § 5 Abs. 3 LkSG verpflichtet, dafür Sorge zu tragen, dass die Ergebnisse der Risikoanalyse intern an die maßgeblichen Entscheidungsträger, z.B. an den Vorstand oder die Einkaufsabteilung, kommuniziert werden.

Die Gesetzesbegründung schlägt im Hinblick auf die praktische Umsetzung der Risikoanalyse den folgenden zweistufigen Prozess vor:
- 1. Verfahrensschritt: Überblick gewinnen über die eigenen Beschaffungsprozesse, die Struktur und Akteure beim unmittelbaren Zulieferer sowie die wichtigen Personengruppen, die von der Geschäftstätigkeit des Unternehmens betroffen sein können. Dies kann durch ein sog. **Risikomapping** erfolgen, welches nach Geschäftsfeldern, Standorten, Produkten oder Herkunftsländern (Risikoländer?) strukturiert Daten erhebt. Kontextabhängige Faktoren wie die politischen Rahmenbedingungen oder vulnerable Personengruppen sollen Berücksichtigung finden.[46]
- 2. Verfahrensschritt: Die so identifizierten Risiken sind zu bewerten und regelmäßig zu priorisieren, falls ansonsten angesichts der schieren Anzahl an Zulieferern keine zeitnahe Abarbeitung möglich ist. Die maßgeblichen Kriterien für die **Priorisierung** sind die in § 3 Abs. 2 LkSG genannten Kategorien der Angemessenheit, wie die Einflussmöglichkeit des Unter-

---

[45] BT-Drs. 19/28649 v. 19.4.2021, S. 50.
[46] BT-Drs. 19/28649 v. 19.4.2021, S. 44f.

nehmers auf den Zulieferer, die Schwere und Wahrscheinlichkeit der Verletzung, Grad, Reichweite und Unumkehrbarkeit der Verletzung sowie die Art des Verursachungsbeitrags (unmittelbare alleinige Verursachung, unmittelbare Mitverursachung, mittelbare Verursachung).[47]

Nach Durchführung dieser 2 Verfahrensschritte sollten die priorisierten Risiken identifiziert sein und das Unternehmen muss sodann prüfen, ob es für die Ergreifung von erforderlichen Maßnahmen weitere Informationen benötigt. Die Methoden der Informationsbeschaffung sind in das Ermessen des Unternehmens gestellt. Die Gesetzesbegründung erwähnt exemplarisch Inspektionen und Audits vor Ort, Gespräche mit Arbeitnehmern oder deren Gewerkschaften und auch den Dialog mit Anwohnern der Produktionsstätten.[48]

42

Kommt das Unternehmen zum Ergebnis einer geringen Priorität, so muss es zulässig sein, dass bzgl. eines derartigen „*low profile*"-Risikos keine neue Maßnahme nach dem LkSG implementiert wird.[49]

5.4 Grundsatzerklärung

Gem. § 6 Abs. 2 LkSG ist das Unternehmen verpflichtet, eine **Grundsatzerklärung über** seine **Menschenrechtsstrategie** abzugeben. Die Grundsatzerklärung muss zwingend von der Unternehmensleitung verabschiedet werden. Sie ist nach der Gesetzesbegründung gegenüber den eigenen Beschäftigten, dem Betriebsrat, den unmittelbaren Zulieferern sowie der Öffentlichkeit zu kommunizieren.[50]

43

> **Hinweis**
>
> Die Grundsatzerklärung soll Bezug nehmen auf die Ergebnisse der Risikoanalyse, welche somit in zeitlicher Hinsicht vor Formulierung der Grundsatzerklärung erfolgen muss. Sinnvollerweise sollte die erste Risikoanalyse somit bereits im Jahr 2022 abgeschlossen sein, um auf dieser Basis für das Jahr 2023 eine Grundsatzerklärung zu formulieren.

Die inhaltlichen **Mindestanforderungen** an die Grundsatzerklärung finden sich in § 6 Abs. 2 S. 3 Nr. 1–3 LkSG: Es bedarf zunächst einer Beschreibung des Verfahrens, mit dem das Unternehmen seinen Sorgfaltspflichten nachkommt. In diesem Kontext sind die wesentlichen Maßnahmen darzustellen.

44

---

47 BT-Drs. 19/28649 v. 19.4.2021, S. 44f.
48 BT-Drs. 19/28649 v. 19.4.2021, S. 45.
49 Vgl. Herrmann/Rünz, DB 2021, S. 3081.
50 BT-Drs. 19/28649 v. 19.4.2021, S. 46.

Sodann sollen die infolge der durchgeführten Risikoanalyse ermittelten menschenrechtlichen und umweltbezogenen Risiken unter Bezugnahme auf die in der Anlage aufgeführten völkerrechtlichen Verträge angesprochen werden. Schließlich soll das Unternehmen auf Basis der Erkenntnisse aus der Risikoanalyse die menschenrechts- und umweltbezogenen Erwartungen festlegen, die an die eigenen Mitarbeiter, unmittelbaren Vertragspartner und mittelbaren Zulieferer gerichtet sind. Auf diese Weise sollen Standards und Maßstäbe definiert werden, an denen die Adressaten ihr Verhalten ausrichten mögen. Hieraus können sinnvollerweise auch interne wie externe Verhaltenskodizes entwickelt werden.[51]

5.5 Präventionsmaßnahmen

5.5.1 Ergebnis der Risikoanalyse

45 Sofern ein Unternehmen bei seiner Risikoanalyse ein Risiko identifiziert hat, ist es gem. § 6 Abs. 1 LkSG verpflichtet, unverzüglich angemessene Präventionsmaßnahmen nach § 6 Abs. 2-4 LkSG zu implementieren. Das Gesetz unterscheidet zwischen dem eigenen Geschäftsbereich und den unmittelbaren Zulieferern.

5.5.2 Eigener Geschäftsbereich

46 Im eigenen Geschäftsbereich geht es zunächst darum, interne sowie externe Verhaltensvorschriften oder Richtlinien hinsichtlich einzelner Geschäftsfelder und Geschäftsabläufe auf Basis der Menschenrechtsstrategie der Grundsatzerklärung zu entwickeln. Besonders zu beachten sind Bereiche, die für das Risikomanagement als relevant identifiziert worden sind. Der Gesetzgeber erwähnt in der Gesetzesbegründung bspw. die Erstellung von **Verhaltenskodizes** sowohl für die eigenen Mitarbeiter als auch für potenzielle Vertragspartner. Verhaltenskodizes können sinnvollerweise in die Lieferverträge einbezogen werden. Auch soll die Definition einer Strategie zur Lieferantenauswahl und -entwicklung in Betracht gezogen werden.[52]

47 Durch geeignete Beschaffungsstrategien und Einkaufspraktiken sollen festgestellte Risiken verhindert bzw. minimiert werden. Dem Einkauf kommt insofern eine entscheidende Rolle zu. Die Gesetzesbegründung sieht die Festlegung von Lieferzeiten, Einkaufspreisen und die Dauer der Vertragsbeziehungen als relevante Bereiche an, die besondere Beachtung unter Risikominimierungsaspekten verdienen. Ferner wird empfohlen, in einer unternehmensinternen Verhaltensrichtlinie für die einzelnen Beschaffungsschritte

---

[51] BT-Drs. 19/28649 v. 19.4.2021, S. 46.
[52] BT-Drs. 19/28649 v. 19.4.2021, S. 46 f.

(Produktentwicklung, Auftragsplatzierung, Einkauf, Produktionsvorlaufzeiten) Maßnahmen zu definieren, durch welche die identifizierten Risiken gemindert oder ausgeschlossen werden können. Schließlich soll sich der Einkauf um Transparenz in der Lieferkette bemühen.⁵³

Unternehmensintern soll durch geeignete Schulungen und Fortbildungen sichergestellt werden, dass die eigenen Beschäftigten den Inhalt und die Hintergründe der Menschenrechtsstrategie kennen und anwenden können. Schließlich bedarf es angemessener risikobasierter Kontrollmaßnahmen zur Überprüfung, ob die Strategie in die alltäglichen Unternehmensabläufe integriert wurde. Auch ist an eine regelmäßige **Aktualisierung der Verfahrensleitfäden** zu denken.⁵⁴

5.5.3 Unmittelbare Zulieferer

Bei der Auswahlentscheidung hinsichtlich eines unmittelbaren Zulieferers sollen die menschenrechtsbezogenen Erwartungen des Unternehmens berücksichtigt werden. Die Gesetzesbegründung schlägt vor, diese als festen Bestandteil einer Lieferantenbewertung zu etablieren, welche bei der Evaluierung eines neuen Vertragspartners zur Anwendung kommen sollen.⁵⁵

Eine vertragsrechtlich vom Unternehmen umzusetzende Präventionsmaßnahme findet sich in § 6 Abs. 4 Nr. 2 LkSG: Das Unternehmen muss seinen unmittelbaren Zulieferer vertraglich verpflichten, die von der Geschäftsleitung des Unternehmens verlangten menschenrechts- und umweltbezogenen Erwartungen einzuhalten und sodann gegenüber den eigenen Zulieferern bzw. der gesamten Lieferkette weiterzugeben. Durch entsprechende **Weitergabeklauseln** soll sichergestellt sein, dass die vom Unternehmen festgelegten Standards entlang der gesamten Lieferkette Beachtung finden. In der Gesetzesbegründung wird ferner exemplarisch darauf hingewiesen, dass die Unternehmen vertraglich festlegen können, von welchem (zertifizierten) Vorlieferanten ihr Vertragspartner einkaufen darf, aus welchen (zertifizierten) Regionen die Produkte stammen sollen sowie welche (zertifizierten) Fabriken in Betracht kommen.⁵⁶

Um ihre Verpflichtungen nach dem LkSG zu erfüllen, werden die allermeisten Unternehmen zum Instrument der **Vertragsanpassung** greifen und insbes. versuchen, Weitergabeklauseln durchzusetzen. Es bleibt abzuwarten, ob es in einigen Ländern mit größerem politischen Selbstbewusstsein zu Widerstand gegen diese de facto extraterritoriale Regulierung seitens des

---

53 BT-Drs. 19/28649 v. 19.4.2021, S. 47.
54 BT-Drs. 19/28649 v. 19.4.2021, S. 47.
55 BT-Drs. 19/28649 v. 19.4.2021, S. 47.
56 BT-Drs. 19/28649 v. 19.4.2021, S. 48.

deutschen Gesetzgebers kommt. Fraglich ist auch, ob derartige vertikale Vertragsvorgaben immer mit dem Kartellrecht in den Herkunftsländern der Zulieferer konform gehen bzw. ob nicht auch deutsches bzw. europäisches Kartellrecht weitreichenden vertikalen Verpflichtungen Grenzen setzt. Das kartellrechtliche Selbstständigkeitspostulat verlangt, dass jedes Unternehmen sein Marktverhalten grds. autonom definiert.[57]

51 Weiterhin erwartet das LkSG zur effektiven Durchsetzung der vertraglichen Zusicherungen von den Unternehmen Schulungen und Weiterbildungen der unmittelbaren Zulieferer. Schließlich obliegt den Unternehmen auch die Pflicht, vertraglich **Kontrollmechanismen** gegenüber dem unmittelbaren Zulieferer zu vereinbaren, durch die geprüft werden soll, ob dieser die Vorgaben tatsächlich einhält. Die Kontrolle kann durch eigene Begehung vor Ort, durch mit Audits beauftragte Dritte oder durch Nutzung anerkannter Zertifizierungssysteme erfolgen. Wenn das Unternehmen Dritte mandatiert, entbindet dies nicht von der eigenen Verantwortung.[58]

5.6 Abhilfemaßnahmen

5.6.1 Reaktion auf Risikoanalyse

52 Sofern das Unternehmen feststellt, dass eine Verletzung einer menschenrechtlichen oder umweltbezogenen Pflicht in seinem eigenen Geschäftsbereich oder bei einem unmittelbaren Zulieferer eingetreten ist oder unmittelbar bevorsteht, ist es verpflichtet, unverzüglich angemessene Abhilfemaßnahmen zu ergreifen, um die Verletzung zu verhindern, zu beenden oder das Ausmaß der Verletzung zu minimieren. Auch im Bereich der Abhilfemaßnahmen differenziert das Gesetz zwischen dem eigenen Geschäftsbereich und den unmittelbaren Zulieferern.

5.6.2 Eigener Geschäftsbereich

53 Durch § 7 Abs. 1 S. 2 LkSG wird klargestellt, dass das Unternehmen verpflichtet ist, im eigenen Geschäftsbereich im Inland für eine sofortige Beendigung der Verletzung zu sorgen. Diese Verpflichtung korrespondiert mit dem Angemessenheitsgrundsatz aus § 3 Abs. 2 LkSG: Je näher das Unternehmen mit dem (drohenden) Risiko in Verbindung steht, desto umfassender seine Verpflichtungen, die Verletzung zu beenden.

54 Das Gesetz erkennt ausdrücklich an, dass die Einflussmöglichkeiten auf ausländische Beteiligungen und im Konzern ggf. nicht identisch mit denen

---

[57] Ausführlicher zum Spannungsverhältnis des LkSG mit dem Kartellrecht: Wagner/Ruttloff/Wagner, 2022, Rn. 1140ff.
[58] BT-Drs. 19/28649 v. 19.4.2021, S. 48.

im eigenen inländischen Geschäftsbereich sind. Daher muss eine Abhilfemaßnahme in diesen Strukturen nur „in der Regel" zur Beendigung der Verletzung führen.

Ausweislich der Gesetzesbegründung soll sich aus § 7 Abs. 1 LkSG keine Grundlage für einen Schadenersatzanspruch gegen das Unternehmen ableiten lassen.[59]

5.6.3 Unmittelbare Zulieferer

In § 7 Abs. 2 LkSG werden Abhilfemaßnahmen beschrieben für den Fall einer Verletzung einer geschützten Menschenrechtsposition oder umweltbezogener Belange bei einem unmittelbaren Zulieferer. Wenn die in Rede stehende Verletzung durch das Unternehmen nicht in absehbarer Zeit beendet werden kann, muss unverzüglich ein Konzept zur Beendigung oder Minimierung erstellt und umgesetzt werden. Das Konzept muss einen **konkreten Zeitplan** enthalten.

Das zu erstellende Konzept soll insbes. Erwägungen beinhalten, ob ein temporäres Aussetzen der Geschäftsbeziehung während der Bemühungen zur Risikominimierung angezeigt ist. Des Weiteren sollen Brancheninitiativen und gemeinsame Aktionen von Branchenunternehmen in Betracht gezogen werden, um Einflussmöglichkeiten auf den verursachenden unmittelbaren Zulieferer zu erhöhen.

> **Hinweis**
>
> Hier wird sich zu gegebener Zeit die Frage stellen, ob derartige vom Gesetzgeber angeordnete Brancheninitiativen, die letztlich de facto in einer Abstimmung von Einkaufskonditionen münden, nicht massiven kartellrechtlichen Bedenken begegnen sollten.

Sofern das Konzept keine substanziellen Erfolge zeitigt, werden Unternehmen prüfen müssen, ob sie die Geschäftsbeziehung zu einem problematischen Zulieferer ggf. vollständig beenden müssen. Im Hinblick auf den Abbruch von Geschäftsbeziehungen bestimmt § 7 Abs. 3 Nr. 1–3 LkSG, dass dieser nur dann geboten ist, wenn die Verletzung als sehr schwerwiegend zu qualifizieren ist, ferner die Umsetzung der im Konzept erarbeiteten Maßnahmen nach Ablauf der im Konzept festgelegten Zeit keine Abhilfe bewirkt und schließlich dem Unternehmen keine anderen milderen Mittel zur Verfügung stehen und eine Erhöhung des Einflussvermögens nicht aussichtsreich erscheint.

---

[59] BT-Drs. 19/28649 v. 19.4.2021, S. 48.

Die Wirksamkeit der Abhilfemaßnahmen ist einmal jährlich sowie anlassbezogen zu überprüfen (§ 7 Abs. 4 LkSG).

5.7 Beschwerdeverfahren

58 Die Unternehmen sind gem. § 8 LkSG verpflichtet, ein unternehmensinternes oder externes Beschwerdeverfahren einzurichten bzw. sich an einem solchen zu beteiligen. Externe Beschwerdeverfahren können z.B. von Branchenverbänden aufgesetzt werden oder von spezialisierten Dienstleistern. Gem. §§ 8 Abs. 1, 9 Abs. 1 LkSG soll das Beschwerdeverfahren Personen ermöglichen, auf Missstände im eigenen Geschäftsbereich und bei unmittelbaren sowie mittelbaren Zulieferern hinzuweisen.

In verfahrensrechtlicher Hinsicht verlangt § 8 LkSG, dass die Verfahren eine Eingangsbestätigung vorsehen, dass es eine öffentlich zugängliche Verfahrensordnung in Textform gibt und die mit der Durchführung des Verfahrens betrauten Personen Gewähr für unparteiisches Handeln bieten, insbes. müssen diese unabhängig, weisungsungebunden und zur Verschwiegenheit verpflichtet sein.

59 Um „**Barrierefreiheit**" des Verfahrens zu gewährleisten, verlangt das LkSG vom Unternehmen klare und verständliche öffentliche Informationen zur Erreichbarkeit, Zuständigkeit und Durchführung des Beschwerdeverfahrens. Potenziell Beteiligte müssen sich sicher sein können, dass die Vertraulichkeit ihrer Identität gewahrt wird und ein wirksamer Schutz gegen Benachteiligungen oder Bestrafungen sichergestellt ist.

60 Aus praktischer Sicht wird man bei der Ausrollung des Beschwerdeverfahrens einen risikoorientierten Ansatz nutzen müssen, da es nicht darstellbar sein dürfte, bis in das letzte Unternehmen der Lieferkette hinein Informationen über einen Beschwerdemechanismus zu veröffentlichen. Im Ergebnis wird man das Beschwerdeverfahren sinnvollerweise auf einer Webseite abbilden, die neben der deutschen und englischen Sprache in Abhängigkeit vom identifizierten Risikoprofil auch Übersetzungen in andere Sprachen aufweisen muss, um die gewünschte „Barrierefreiheit" effektiv darzustellen.

61 Es stellt sich die berechtigte Frage, ob man infolge dieser Bekanntmachungen in Entwicklungsländern im Zusammenspiel mit Aktivitäten deutscher NGOs und verbundener Anwaltskanzleien nicht (ungewollt) eine neue Art der Klageindustrie schafft, die ein Instrument an die Hand bekommt, um extraterritoriale Vorgänge vor deutsche Gerichte zu bringen[60], insbes. wenn der Kausalitätsbeitrag des deutschen Unternehmens nur theoretischer Natur ist.

---

[60] § 11 LkSG.

Das Bundesamt für Wirtschaft und Ausfuhrkontrolle (**BAFA**) hat im Oktober 2022 eine sog. Handreichung „Beschwerdeverfahren nach dem Lieferkettensorgfaltspflichtengesetz" veröffentlicht, in der die Anforderungen des LkSG betreffend Organisation, Umsetzung und Evaluation eines Beschwerdeverfahrens erläutert werden. Hiermit soll den betroffenen Unternehmen eine Hilfestellung zur Umsetzung des Gesetzes zur Hand gegeben werden.[61]

5.8 Dokumentations- und Berichtspflichten

Nach § 10 Abs. 1 LkSG ist die Erfüllung der Sorgfaltspflichten unternehmensintern fortlaufend zu dokumentieren. Bzgl. der Dokumentation gibt es eine 7-jährige Aufbewahrungsfrist.

Das Unternehmen ist verpflichtet, jährlich einen **Bericht über die Erfüllung seiner Sorgfaltspflichten** im vergangenen Geschäftsjahr zu erstellen und spätestens 4 Monate nach dem Schluss des Geschäftsjahrs auf der Internetseite des Unternehmens für einen Zeitraum von 7 Jahren kostenfrei öffentlich zugänglich zu machen. Unternehmen, deren Geschäftsjahr vom Wirtschaftsjahr abweicht, werden bereits im Jahr 2023 einen ersten Bericht publizieren müssen.[62]

Der Bericht ist gem. § 12 Abs. 1 LkSG in deutscher Sprache und elektronisch über einen von der zuständigen Behörde bereitgestellten Zugang einzureichen. Das BAFA als zuständige Behörde prüft u. a., ob der Bericht den Anforderungen des § 10 Abs. 2 und 3 LkSG entspricht, d. h. die gewünschten Inhalte aufweist.

In inhaltlicher Hinsicht soll der Bericht nachvollziehbar darlegen,
- ob und welche Risiken das Unternehmen identifiziert hat,
- welche Maßnahmen das Unternehmen zur Erfüllung seiner Sorgfaltspflichten unternommen hat,
- wie das Unternehmen die Auswirkungen und die Wirksamkeit der Maßnahmen bewertet und
- welche Schlussfolgerungen es aus der Bewertung für zukünftige Maßnahmen zieht.

Der erste Bericht nach dem LkSG ist spätestens 4 Monate nach dem Schluss des Geschäftsjahrs, welches im Lauf des Kalenderjahres 2023 (für Unternehmen ab 3.000 Arbeitnehmern) bzw. 2024 (für Unternehmen ab 1.000 Arbeit-

---

[61] Siehe www.bafa.de/DE/Lieferketten/Beschwerdeverfahren/beschwerdeverfahren_node.html, abgerufen am 3.1.2023.
[62] Vgl. Herrmann/Rünz, DB 2021, S. 3084.

nehmern) abläuft, bei der zuständigen Behörde einzureichen. Der Berichtszeitraum beginnt demnach am 1.1.2023 bzw. am 1.1.2024.

66 Das BAFA hat im Oktober 2022 einen Fragenkatalog veröffentlicht, der den Unternehmen bei der Umsetzung der Anforderungen des LkSG im Hinblick auf den Bericht über die Erfüllung der Sorgfaltspflichten helfen soll.[63]

> **Hinweis**
>
> Da das BAFA bereits angekündigt hat, die Plausibilität der Inhalte des eingereichten Berichts als ein zentrales Kriterium bei der Auswahl der intensiver zu prüfenden Unternehmen zu nutzen, kann den Unternehmen nur mit Nachdruck empfohlen werden, der Berichtspflicht mit großer Sorgfalt nachzugehen. Anderenfalls steht zu befürchten, dass das BAFA solche Unternehmen in den Fokus nehmen und umfassend kontrollieren wird.

6 Haftung und Prozessstandschaft

6.1 Zivilrechtliche Haftung

67 Einer der umstrittensten Punkte i.R.d. Gesetzgebungsverfahrens war die Frage der Einführung einer zivilrechtlichen Schadenersatzhaftung deutscher Unternehmen in Fällen von Menschenrechtsverletzungen in der Lieferkette, selbst wenn diese keinen eigenen kausalen Verursachungsbeitrag geleistet haben, aber ggf. ihre Sorgfaltspflichten nach dem LkSG nicht erfüllt haben. Insbes. die Bundestagsfraktion von Bündnis 90/Die Grünen wünschte umfassende deliktische Haftungstatbestände zulasten deutscher Unternehmen, einschl. einer Beweislastumkehr. I.R.d. kontroversen politischen Diskussionen wurde zu Recht darauf hingewiesen, dass auch die OECD-Leitsätze ausschließen, die Verantwortung vom Verursacher eines negativen Effekts auf das Unternehmen zu verlagern, mit dem der Verursacher eine Geschäftsbeziehung hat.[64] Ein weiteres zentrales Argument ist das unkalkulierbare Haftungsrisiko, welches deutsche Unternehmen im Gegensatz zu ihren internationalen Wettbewerbern zu schultern hätten.

68 Am Ende des Gesetzgebungsverfahrens einigte man sich auf die Aufnahme des § 3 Abs. 3 LkSG, welcher bestimmt, dass die „Verletzung der Pflichten

---

[63] BAFA, Lieferkettensorgfaltspflichtengesetz (LkSG) Fragenkatalog zur Berichterstattung gem. § 10 Abs. 2 LkSG, www.bafa.de/SharedDocs/Downloads/DE/Lieferketten/merkblatt_fragenkatalog.html, abgerufen am 3.1.2023.
[64] Vgl. Stöbener de Mora/Noll, NZG 2021, S. 1285.

aus diesem Gesetz ... keine zivilrechtliche Haftung" begründet. Ferner heißt es klarstellend, dass eine unabhängig von diesem Gesetz begründete zivilrechtliche Haftung unberührt bleibt.

Nach der Gesetzesbegründung sollen durch das LkSG keine „zusätzlichen zivilrechtlichen Haftungsrisiken für Unternehmen" geschaffen werden. Die Sorgfaltspflichten sollen vielmehr in Verwaltungsverfahren und mit Mitteln des OWiG durchgesetzt werden. Die Gesetzesbegründung scheint sodann – wenn auch sprachlich missglückt – dem LkSG den Charakter eines Schutzgesetzes i. S. d. § 823 Abs. 2 BGB explizit absprechen zu wollen.

Abzuwarten bleibt, wie sich die abzeichnende NGO-Klageindustrie mit diesen Aussagen arrangieren wird und ob ggf. Zivilgerichte gleichwohl Wege finden (wollen), eine zivilrechtliche Unternehmenshaftung zu begründen. Einzelne juristische Stimmen argumentieren bereits für die (faktische) Anwendbarkeit des LkSG i. R. d. § 823 Abs. 1 BGB bzw. für eine gleichwohl bestehende Sorgfaltspflichthaftung.[65]

6.2 Besondere Prozessstandschaft für Gewerkschaften und NGOs

Mit § 11 LkSG wurde eine Norm in das LkSG integriert, deren praktischer Nutzen sich auf den ersten Blick nicht erschließt, die aber vermutlich geeignet sein wird, substanzielle Prozess- und Reputationsrisiken für deutsche Unternehmen zu begründen. In § 11 Abs. 1 LkSG wurde bestimmt, dass derjenige, der geltend macht, in einer überragend wichtigen geschützten Rechtsposition aus § 2 Abs. 1 LkSG verletzt zu sein, zur gerichtlichen Geltendmachung seiner Rechte einer inländischen Gewerkschaft oder NGO die Ermächtigung zur Prozessführung erteilen kann.

Eindeutig ist damit zunächst nur, dass deutsche Zivilgerichte für Klagen zuständig sind, die von NGOs bzw. Gewerkschaften in Prozessstandschaft für die angeblich Geschädigten gegen in Deutschland ansässige Unternehmen betrieben werden.

Nach dem an sich eindeutigen Wortlaut des § 3 Abs. 3 LkSG begründet eine Verletzung der Pflichten aus dem LkSG keine zivilrechtliche Haftung. Welche Ansprüche sollen dann über § 11 LkSG geltend gemacht werden?

Das Gesetz dürfte v. a. solche Fälle vor Augen haben, wo in Nicht-EU-Ländern Arbeitnehmer von dortigen Zuliefererunternehmen Opfer von Menschenrechtsverletzungen werden. Verantwortlich für die Verletzungen ist regelmäßig das lokale Unternehmen. Ein kausaler Tatbeitrag des deut-

---

[65] Vgl. Ehmann/Berg, GWR 2021, S. 291; Wagner/Ruttloff, NJW 2021, S. 2150.

schen Unternehmens wird im Regelfall nicht vorliegen. Nach den allgemeinen zivilrechtlichen Regeln haftet ein deutsches Unternehmen nicht für Verstöße seiner Zulieferer im Ausland.[66]

72 Denkbar ist in solchen Fällen eine Haftung des lokalen Arbeitgebers gegenüber seinen Mitarbeitern, die allerdings ausschl. auf Basis des lokalen Haftungsrechts begründet werden kann. Deutsches Deliktsrecht ist auf diese Konstellationen nicht anwendbar, wie § 4 Abs. 1 der Rom-II-Verordnung unzweifelhaft klarstellt. Das Recht des Erfolgsorts ist maßgeblich für deliktische Ansprüche.[67]

Das Gesetz hat somit eine „Vertretungsregelung" (Prozessstandschaft) vorgesehen für eine Situation, „in der regelmäßig das materiellrechtliche Haftungsäquivalent fehlt"[68].

73 Nun hat der Gesetzgeber aber diese besondere Prozessstandschaft für NGOs und Gewerkschaften geschaffen; diese werden besagtes Instrument aus Eigeninteresse nutzen. Im Ergebnis wird es dazu kommen, dass Unternehmen in Prozesse gezogen werden, die sie in den meisten Fällen (mangels kausalen Beitrags zu der Menschenrechtsverletzung) letztlich gewinnen dürften. Allerdings darf nicht unterschätzt werden, dass NGOs hochprofessionelle Kommunikationsexperten sind, die Mediendruck aufbauen können, der bei den Verbrauchern zu einem negativen Image des betroffenen Unternehmens führen kann, was u. U. dazu führt, dass Unternehmen sich lieber im Vorfeld eines Prozesses geräuscharm vergleichen. Es droht mithin das Entstehen einer Klageindustrie nach US-amerikanischem Vorbild, was sicherlich nicht das Bestreben des Gesetzgebers gewesen sein kann.

7 Staatliche Kontrolle, Sanktionen und Bußgelder

74 Das BAFA ist die zuständige Behörde für die Kontrolle und Durchsetzung des LkSG. Das BAFA wird entweder von Amts wegen nach pflichtgemäßem Ermessen oder auf Antrag einer Person tätig, die substantiiert darlegen muss, infolge einer Sorgfaltspflichtverletzung in einer geschützten Rechtsposition verletzt worden zu sein bzw. dass eine derartige Verletzung unmittelbar bevorsteht.

Dem BAFA wurden umfassende **Betretensrechte** (§ 12 LkSG) eingeräumt; zudem bestehen in Ergänzung entsprechende Auskunfts- und Heraus-

---

[66] Vgl. Keilmann/Schmidt, WM 2021, S. 722.
[67] Vgl. Stöbener de Mora/Noll, NZG 2021, S. 1286.
[68] Keilmann/Schmidt, WM 2021, S. 722.

gabepflichten des Unternehmens, welche seitens des BAFA mit einem Zwangsgeld bis zu 50.000 EUR durchgesetzt werden können.

In § 22 LkSG sind die Voraussetzungen für einen **Ausschluss von der Vergabe öffentlicher Aufträge** geregelt. Bei Verstößen ist ein Ausschluss von der Vergabe öffentlicher Aufträge von bis zu 3 Jahren möglich. Der Ausschluss setzt einen rechtskräftig festgestellten Verstoß mit einer Geldbuße von wenigstens 175.000 EUR voraus.[69]

Die Sanktionen, die bei Verstößen gegen Sorgfaltspflichten i. R. d. Bußgeldvorschriften des § 24 LkSG drohen, sind als drakonisch bezeichnet worden.[70] Gegen natürliche Personen, die vorsätzlich oder fahrlässig gegen Sorgfaltspflichten verstoßen haben, sind **Bußgelder** bis zu 800.000 EUR möglich. Hinsichtlich juristischer Personen oder Personenvereinigungen mit einem durchschnittlichen Jahresumsatz von mehr als 400 Mio. EUR erhöht sich der Bußgeldrahmen auf bis zu 2 % des durchschnittlichen Jahresumsatzes. Das Gesetz stellt bzgl. der Bezugsgröße auf den weltweiten Umsatz aller natürlichen und juristischen Personen ab, soweit diese als wirtschaftliche Einheit operieren. Bei einem Umsatz von 400 Mio. EUR wäre somit ein Bußgeld von bis zu 8 Mio. EUR möglich.

8 Ausblick

Das LkSG erfordert von den betroffenen Unternehmen **zeitnahe Vorbereitung**. Bereits im Jahr 2022 sollten bestehende Verträge und Verhaltens- und Lieferantenkodizes an die mannigfaltigen Anforderungen des Gesetzes angepasst werden. Die internen Compliance-Prozesse und Risikomanagementsysteme müssen ebenfalls einer Neujustierung unterzogen werden. Als sehr umfassend dürfte sich bei vielen Unternehmen die Aufgabe der Durchführung einer Risikoanalyse darstellen.

Angesichts der drakonischen Bußgelder, die bei Verstößen drohen, kann jedem Unternehmen nur angeraten werden, die Umsetzung des LkSG sehr ernst zu nehmen.

Durch das LkSG erhöht sich der bürokratische interne wie externe Aufwand signifikant und wird sich angesichts der Dimensionen der Aufgaben als Kostentreiber erweisen, wovon auch die Verbraucherpreise mittelfristig beeinflusst werden.

Die Rolle von NGOs i. R. e. Prozessstandschaft ist eine nicht zu unterschätzende Gefahr für in Deutschland ansässige Unternehmen. Auch juristisch

---

[69] Vgl. Gehling/Ott/Lüneborg, CCZ 2021, S. 240.
[70] Vgl. Gehling/Ott/Lüneborg, CCZ 2021, S. 240.

aussichtslose Klagen können nachhaltig die Reputation des Unternehmens in der Öffentlichkeit beschädigen. Es bleibt zu hoffen, dass der Gesetzgeber insbes. zu diesem Instrument kollektiven Rechtsschutzes nachjustiert.

Literaturtipps

- Dohrmann, Das deutsche Lieferkettensorgfaltspflichtengesetz als Vorbild für den europäischen Gesetzgeber? – Eine kritische Analyse, CCZ 2021, S. 265
- Ehmann, Das Lieferkettensorgfaltspflichtengesetz (LkSG) kommt, ZVertriebsR 2021, S. 205
- Ehmann, Der Regierungsentwurf für das Lieferkettengesetz: Erläuterung und erste Hinweise zur Anwendung, ZVertriebsR 2021, S. 141
- Ehmann/Berg, Das Lieferkettensorgfaltspflichtengesetz (LkSG): ein erster Überblick, GWR 2021, S. 287
- Gehling/Ott/Lüneborg, Das neue Lieferkettensorgfaltspflichtengesetz – Umsetzung in der Unternehmenspraxis, CCZ 2021, S. 230
- Grabosch, Das neue Lieferkettensorgfaltspflichtengesetz, 2021
- Groß, Das „Lieferkettengesetz": umfassende Handlungspflichten und Notwendigkeit zur Anpassung der Compliance-Management-Systeme zeichnen sich ab, SPA 2021, S. 69
- Häfeli, Der Menschenrechtsbeauftragte im Lieferkettensorgfaltspflichtgesetz – ein weiterer betrieblicher Beauftragter?, ARP 2021, S. 299
- Harings/Jürgens, Die Auswirkungen des Lieferkettensorgfaltspflichtengesetzes auf die Transportwirtschaft, RdTW 2021, S. 297
- Herrmann/Rünz, Praktische Hinweise und Maßnahmen zur Umsetzung des Lieferkettensorgfaltspflichtengesetzes im Unternehmen, DB 2021, S. 3078
- Keilmann/Schmidt, Der Entwurf des Sorgfaltspflichtengesetzes – Warum es wichtig ist, auf eine zivilrechtliche Haftung zu verzichten, WM 2021, S. 717
- Nietsch/Wiedmann, Der Regierungsentwurf eines Gesetzes über die unternehmerischen Sorgfaltspflichten in der Lieferkette, CCZ 2021, S. 101
- Omari Lichuma, Laws Made in the First World: A TWAIL Critique of the Use of Domestic Legislation to Extraterritorially Regulate Global Value Chains, ZaöRV 2021, S. 497
- Rothermel, LkSG – Lieferkettensorgfaltspflichtengesetz, Kommentar, 2022
- Ruttloff u. a., Der Menschenrechtsbeauftragte, CCZ 2022, S. 20
- Schall, Offene Zurechnungsfragen in der Lieferkette – zur Auslegung des § 2 VI 3 LkSG, NZG 2022, S. 1235

- Schmidt-Ränsch, Sorgfaltspflichten der Unternehmen – Von der Idee über den politischen Prozess bis zum Regelwerk, ZUR 2021, S. 387
- Stöbener de Mora/Noll, Grenzenlose Sorgfalt? – Das Lieferkettensorgfaltspflichtengesetz, NZG 2021, S. 1237 (Teil 1) und S. 1285 (Teil 2)
- Valdini, Die Anwendung des Lieferkettensorgfaltspflichtengesetzes auf ausländische Unternehmen, BB 2021, S. 2955
- Wagner/Ruttloff, Das Lieferkettensorgfaltspflichtengesetz – Eine erste Einordnung, NJW 2021, S. 2145
- Wagner/Ruttloff/Wagner, Das Lieferkettensorgfaltspflichtengesetz in der Unternehmenspraxis, 2022

ABC der Nachhaltigkeit

> **Übersicht**
>
> Das Glossar enthält ausgewählte Begriffe, die im Kontext des Nachhaltigkeitsmanagements bzw. der Nachhaltigkeitsberichterstattung von Bedeutung sind.

Bedeutsame Leistungsindikatoren

Steuerungsrelevante Leistungsindikatoren nach dem Grundsatz der Vermittlung der Sicht der Unternehmensleitung (Management Approach). Von einer Steuerungsrelevanz ist auszugehen, wenn die Unternehmensleitung nichtfinanzielle Aspekte des Unternehmens in ihrem Geschäftsmodell verankert, Zielgrößen erfasst und deren Realisierung überwacht.

Begrenzte Sicherheit

Bei der begrenzten Sicherheit (*limited assurance*) handelt es sich um eine Prüfungstiefe zur Erlangung eines Prüfungsurteils durch einen externen Prüfer, die häufig i.R.v. Beauftragungen zur Prüfung von gesetzlichen oder freiwilligen Nachhaltigkeitsberichterstattungen vereinbart wird. Die Prüfungshandlungen sind weniger umfangreich als bei einer hinreichenden Sicherheit (s. Hinreichende Sicherheit) und bestehen vorwiegend aus analytischen Prüfungshandlungen und Befragungen.

CapEx

Investitionsausgaben, die i.V.m. taxonomiefähigen und taxonomiekonformen Wirtschaftstätigkeiten (eigenen oder zugekauften) stehen (s. Taxonomie-Verordnung).

Carbon Disclosure Project (CDP)

Das CDP ist eine Non-Profit-Organisation, die 2000 in London gegründet wurde. Ziel des CDP ist ein globales Offenlegungssystem von Umweltdaten für Investoren, Unternehmen, Städte, Staaten und Regionen (www.cdp.net/en/).

Corporate Governance

Rechtlicher und faktischer Ordnungsrahmen zur Leitung und Überwachung von Unternehmen. Die Ausgestaltung obliegt der Unternehmensführung bzw. dem Überwachungsorgan (z. B. Aufsichtsrat).

Corporate Sustainability Due Diligence Directive (CSDDD)

Vorschlag einer Richtlinie der Europäischen Kommission zu unternehmerischen Sorgfaltspflichten. Der Vorschlag zielt darauf ab, dass in der EU tätige Unternehmen künftig zur Achtung von Menschenrechten und Umwelt in ihren weltweiten Wertschöpfungsketten verpflichtet werden.

Corporate Sustainability Reporting Directive (CSRD)

Richtlinie der Europäischen Kommission zur Nachhaltigkeitsberichterstattung, die die bisher geltende Non-Financial Reporting Directive (NFRD) aus dem Jahr 2014 ersetzt. Die NFRD bildete die Grundlage für das CSR-Richtlinie-Umsetzungsgesetz (s. Nichtfinanzielle Erklärung). Nach der Corporate Sustainability Reporting Directive (CSRD) werden insbes. große Unternehmen zu einer Nachhaltigkeitsberichterstattung gesetzlich verpflichtet werden (s. EFRAG).

CSR-Richtlinien-Umsetzungsgesetz (CSR-RUG)

S. Nichtfinanzielle Erklärung.

Deutscher Nachhaltigkeitskodex (DNK)

Der DNK wurde 2010 vom RNE veröffentlicht. Er ist ein nationales Nachhaltigkeitsberichterstattungsrahmenwerk, mittels dem Unternehmen über ihre Nachhaltigkeitsleistung berichten können (DNK-Erklärung). Er bietet Orientierung für die Umsetzung von Regelwerken – z. B. CSR-RUG, Nationalem Aktionsplan Wirtschaft und Menschenrechte, Taxonomie-Verordnung.

Diversity

Diversity ist das Vorhandensein von Unterschieden, zu denen Rasse, Geschlecht, Religion, sexuelle Orientierung, ethnische Zugehörigkeit, Nationalität, sozioökonomischer Status, Sprache, (Un-)Fähigkeiten, Alter, religiöses Engagement oder politische Einstellung gehören können.

Doppelte Wesentlichkeit (outside-in und inside-out)

Das Konzept der doppelten Wesentlichkeit besagt, dass Themen als wesentlich anzusehen sind, wenn sie mit Blick von außen auf das Unternehmen als relevant anzusehen sind (Outside-in-Perspektive) oder als Auswirkungen aus der Tätigkeit des Unternehmens heraus auf nichtfinanzielle Belange als materiell einzustufen sind (Inside-out-Perspektive).

EFRAG

Die Abkürzung steht für die European Financial Reporting Advisory Group. Ziel des Vereins ist es, die Europäische Kommission bei dem Prozess der Übernahme der International Financial Reporting Standards (IFRS) zu unterstützen. I.R.d. CSRD soll die EFRAG zudem die EU-Standards zur Nachhaltigkeitsberichterstattung entwickeln.

Equity

Equity ist der Prozess der Fairness; die Politik, die man einführen würde, um sicherzustellen, dass Prozesse und Verfahren Gerechtigkeit und Unparteilichkeit fördern. Es geht nicht darum, dass jeder das Gleiche bekommt („one size fits all"), sondern darum, dass jedes Individuum durch passende Maßnahmen unterstützt wird.

ESG

Die Abkürzung steht für Environmental, Social and Governance (Umwelt, Soziales, Unternehmensführung) und wird häufig als Synonym für den Begriff Nachhaltigkeit verwendet (s. Nachhaltigkeit).

ESRS

Die Abkürzung steht für die European Sustainability Reporting Standards. Sie stellen einen Meilenstein in der europäischen Nachhaltigkeitsberichterstatung dar. Am 22.11.2022 wurden 12 Standardentwürfe durch die European Financial Reporting Advisory Group (s. EFRAG) an die EU-Kommission zur Verabschiedung übergeben.

EU-Aktionsplan für nachhaltiges Finanzwesen

Durch den im März 2018 von der EU-Kommission veröffentlichten Aktionsplan soll eine Umlenkung der Kapitalströme hin zu nachhaltigen Investitionen erfolgen. Ein wesentlicher Baustein ist die Taxonomie-Verordnung (s. Taxonomie-Verordnung).

EU Green Deal

Ein im Dezember 2019 von der EU-Kommission vorgestelltes Konzept mit dem Ziel, bis 2050 der erste klimaneutrale Kontinent zu werden und gleichzeitig das Wirtschaftswachstum zu fördern. I.R.d. EU Green Deals wurde auch die Überarbeitung der NFRD angekündigt, die mittels der Corporate Sustainability Reporting Directive erfolgte (s. Corporate Sustainability Reporting Directive).

Global Reporting Initiative (GRI)

Die GRI ist eine unabhängige, internationale Organisation mit dem Ziel, mit dem Berichtsrahmen der GRI Standards (seit 2016) alle essenziellen Rahmenwerke zur Nachhaltigkeitsberichterstattung zu harmonisieren. Die GRI Standards sind die weltweit am meisten verwendeten Standards für die Nachhaltigkeitsberichterstattung und können von jedem Unternehmen und jeder Organisation als Indikatoren-Set genutzt werden, um über ihre Auswirkungen auf die Umwelt und Gesellschaft zu berichten und Verantwortung für diese zu übernehmen. Eine auf den GRI Standards basierende Nachhaltigkeitsberichterstattung informiert über die positiven oder negativen Beiträge einer Organisation zu einer nachhaltigen Entwicklung.

Green Bonds

Bei Green Bonds handelt es sich um Wertpapiere, die zur Kapitalbeschaffung für Aktivitäten zur Verringerung bzw. Verhinderung von Umwelt- bzw. Klimaschäden dienen. Green Bonds unterscheiden sich in ihrer Ausgestaltung nach Struktur, Risiko und Rendite nicht von „herkömmlichen" Anleihen. Im Einzelfall ist die Ausgestaltung der Anleihe an „grüne" Ziele gekoppelt, wie bspw. eine Zinskoppelung an vorher vereinbarte Umweltzielgrößen.

Greenhouse Gas (GHG) Protocol

Das GHG Protocol ist ein weltweiter anerkannter Standard für die Messung und das Management von Treibhausgasemissionen (THG) von Unternehmen und deren Wertschöpfungsketten. Es bietet Unternehmen eine Anleitung, wie sie ihre Treibhausgasemissionen quantifizieren und über diese berichten können.

Hinreichende Sicherheit

Bei der hinreichenden Sicherheit (*reasonable assurance*) handelt es sich um eine Prüfungstiefe zur Erlangung eines Prüfungsurteils durch einen externen Prüfer, die derzeit noch selten i.R.v. Beauftragungen zur Prüfung von gesetzlichen oder freiwilligen Nachhaltigkeitsberichterstattungen vereinbart wird. Die Prüfungshandlungen sind deutlich umfangreicher als bei einer begrenzten Sicherheit (s. Begrenzte Sicherheit) und bestehen neben analytischen Prüfungshandlungen u.a. aus umfassenden Einzelfallprüfungshandlungen.

Impact Management

Impact Management ist das Spektrum der Bemühungen, die darauf abzielen, das Erreichen bestimmter Wirkungen zu planen, zu verfolgen und zu messen.

Impact Measurement

Impact Measurement ist eine Maßnahme, die ergriffen wird, um ein genaueres Verständnis für die Folgen einzelner Aktivitäten zu entwickeln.

International Sustainability Standards Board (ISSB)

Das International Sustainability Standards Board mit Sitz in Frankfurt/Main wurde durch die IFRS-Stiftung gegründet und hat zur Aufgabe, global einheitliche Standards im Bereich der Nachhaltigkeitsberichterstattung zu schaffen.

Lieferkette

Wertschöpfungsnetzwerk von Unternehmen, das durch die Material-, Informations- und Geld-/Finanzflüsse, durch welche die einzelnen Akteure miteinander verbunden sind, entsteht. Da Lieferketten oftmals nicht lineare

Strukturen aufweisen, ist insbes. eine durchgängige Rückverfolgbarkeit eine große Herausforderung.

Lieferkettenmanagement

Das Lieferkettenmanagement, auch Supply Chain Management genannt, umfasst alle Aufgaben, Funktionen und Prozesse der Wertschöpfung, insbes. Produktion, Beschaffung, Logistik und Bestandsführung, Qualitätsmanagement usw., und geht daher deutlich über eine rein funktionale Betrachtung hinaus.

Lieferkettensorgfaltspflichtengesetz (LkSG)

Das Lieferkettensorgfaltspflichtengesetz verpflichtet Unternehmen mit mind. 3.000 bzw. 1.000 Beschäftigten in Deutschland ab dem 1.1.2023 bzw. 2024 zum Schutz von Menschen- und Umweltrechten entlang der Lieferketten. Zu den Kernelementen der Sorgfaltspflichten gehört nach dem Gesetz die Einrichtung eines Risikomanagements, um Risiken von Menschenrechtsverletzungen und Schädigungen der Umwelt zu identifizieren, zu vermeiden oder zu minimieren. Das Gesetz sieht eine regelmäßige Berichterstattung diesbzgl. vor. Eine Verabschiedung einer Europäischen Richtlinie mit ggf. strengeren Anforderungen ist im Jahr 2023 zu erwarten.

Nachhaltigkeit

Im Brundlandt Bericht von 1987 wird Nachhaltigkeit so verstanden, „die Bedürfnisse der heutigen Generation zu erfüllen, ohne die Fähigkeit zukünftiger Generationen zu beeinträchtigen, ihre eigenen Bedürfnisse zu erfüllen"[1]. Charakteristisch sind die ökonomische, die ökologische und die soziale Dimension der Nachhaltigkeit (s. Triple Bottom Line). Nachhaltigkeit umfasst ein weites Themenspektrum (s. a. Abb. 2 § 2 Rz 15) und wird vielfach „synonym" verwendet zu den Begriffen Corporate Responsibility, Sustainability oder auch ESG (s. ESG).

Nachhaltigkeitsbericht

Publikation, mittels der Unternehmen über ihre ökonomischen, ökologischen und sozialen Leistungen und Auswirkungen berichten.

---

[1] Abschlussbericht Brundtland Commission, Our Common Future, 1987.

Nachhaltigkeitsmanagement

Das Nachhaltigkeitsmanagement ist ein Prozess zur Erreichung unternehmerischer Nachhaltigkeitsziele, der alle Bereiche integriert, vernetzt und die unternehmerische Performance funktions- und geschäftsbereichsübergreifend verbessert.

Nichtfinanzielle Erklärung

Gesetzlich ab dem Jahr 2017 verpflichtend durch das CSR-Richtlinie-Umsetzungsgesetz eingeführte Nachhaltigkeitsberichterstattung für Unternehmen von öffentlichem Interesse mit mehr als 500 Beschäftigten. In Deutschland sind derzeit ca. 500 Unternehmen davon betroffen.

Nichtfinanzielle Risiken

Mögliche zukünftige Entwicklungen oder Ereignisse, die zu einer negativen Prognose bzw. Zielabweichung bei nichtfinanziellen Belangen führen können.

Nichtfinanzieller Leistungsindikator

Nicht-monetäre quantitative Mengenangabe oder Kennzahl, wie z.B. emittierte Treibhausgase in Tonnen, Wasserverbrauch in Litern, Arbeitsunfälle je geleistete Stunden etc.

Nichtfinanzielles IKS

Internes Kontrollsystem, das auf die Steuerung und Überwachung der für ein Unternehmen bestehenden Regelungen zu nichtfinanziellen Informationen ausgerichtet ist.

Offenlegungsverordnung

Die im März 2021 in Kraft getretene SFDR (Sustainable Finance Disclosure Regulation) ist Teil des EU-Aktionsplans für ein nachhaltiges Finanzwesen. Mit der SFDR werden an Finanzmarktakteure erhöhte Transparenzanforderungen für nachhaltige Finanzprodukte gestellt und verstärkte Sorgfaltspflichten eingeführt.

OpEx

Betriebsausgaben, die i.V.m. taxonomiefähigen und taxonomiekonformen Wirtschaftstätigkeiten (eigenen oder zugekauften) stehen (s. Taxonomie-Verordnung).

Rahmenwerke

Sollkonzept zur Aufstellung von Nachhaltigkeitsberichterstattungen. Rahmenwerke sind geprägt von Berichtsprinzipien oder -grundsätzen, die bei der Berichtsaufstellung zu beachten sind. Von den Rahmenwerken ist regelmäßig „Guidance" abzugrenzen, die lediglich als Hilfestellung dienen soll und keine Berichtsanforderungen beinhaltet.

Science Based Targets initiative (SBTi)

SBTi ist eine Initiative von CDP, UNGC, WRI und WWF, die Methoden und Kriterien für effektiven Klimaschutz in Unternehmen entwickelt und Unternehmensziele validiert (https://sciencebasedtargets.org/).

Stakeholder

Alle internen und externen Anspruchsgruppen eines Unternehmens, die von dessen Tätigkeiten gegenwärtig oder zukünftig direkt oder indirekt betroffen sind. Dazu zählen u.a. Eigentümer (Shareholder), Mitarbeiter, Kunden, Lieferanten, Kreditgeber, Staat, Gesellschaft. Die Interessen einzelner Anspruchsgruppen können sich stark unterscheiden.

Stakeholder-Dialog

Form des kommunikativen Austauschs mit den Anspruchsgruppen oder deren einzelnen Mitgliedern. Der Dialog kann als kontinuierlicher Prozess oder anlassbezogen erfolgen. Für die Dialogformen bestehen in Abhängigkeit von der Anspruchsgruppe vielfältige Möglichkeiten, die allgemein auf sämtliche Anspruchsgruppen gerichtet sein können, wie z.B. Umfragen, oder spezifisch erfolgen können, wie z.B. Investorengespräche, Mitarbeiterbefragungen, Austausch mit Kunden auf Messen etc.

Sustainable Development Goals

Die Sustainable Development Goals (SDGs) wurden 2015 beschlossen und lösen die Millennium Development Goals (MDGs) aus dem Jahr 2000 ab. Die 17 globalen Ziele für nachhaltige Entwicklung sind eine gemeinsame Orientierungshilfe für die Regierungen weltweit, aber auch die Zivilgesellschaft, die Privatwirtschaft und die Wissenschaft.

Sustainable Finance

Grundsätzlich lassen sich 2 Konzepte unterscheiden: Bei der 1. Kategorie, hierzu zählen etwa Green Bonds (s. Green Bonds), handelt es sich um zweckgebundene Finanzierungen, die an konkrete Projekte mit einem positiven Umwelt- oder Sozialeffekt gebunden sind. Bei der 2. Kategorie, hierzu zählen etwa Sustainability-Linked Loans, dienen die Mittel der allgemeinen Unternehmensfinanzierung. Die Kosten für die Finanzierung sind hier an ein ESG-Rating oder Nachhaltigkeitsindikatoren gekoppelt.

Task Force on Climate-related Financial Disclosures (TCFD)

Die TCFD wurde 2015 durch das Financial Stability Board gegründet. Sie veröffentlichte 2017 Empfehlungen als Rahmen für die Entwicklung klimabezogener Finanzinformationen in bestehender Berichterstattung und formuliert Chancen sowie Risiken des Klimawandels in Governance, Strategie, Risikomanagement und Berichterstattung.

Taxonomie-Verordnung

Die Taxonomie-Verordnung ist ein zentraler Baustein des EU-Aktionsplans für ein nachhaltiges Finanzwesen, mit der ein Klassifikationssystem für nachhaltige Wirtschaftstätigkeiten eingeführt wurde. Von der Taxonomie-Verordnung betroffene Unternehmen werden insbes. verpflichtet, über grüne Umsatzerlöse, Investitionen sowie Betriebsausgaben zu berichten (s. CapEx, OpEx).

Triple Bottom Line

Die Triple Bottom Line (TBL) beschreibt das 3-Säulen-Modell der nachhaltigen Entwicklung. Sie umfasst Ökonomie, Ökologie und Soziales als 3 Dimensionen der Nachhaltigkeit. Die TBL basiert auf dem Gedanken, dass eine nachhaltige Entwicklung nur erreicht werden kann, wenn umweltbezogene, wirtschaftliche und soziale Zielsetzungen gleichzeitig und gleichberechtigt verfolgt werden.

United Nations Global Compact (UNGC)

Die UNGC ist die weltweit größte Nachhaltigkeitsinitiative für Unternehmen. Mitglieder der Initiative sollen ihre Strategie und ihre Geschäftstätigkeiten an den 10 Prinzipien des UNGC zu Menschenrechten, Arbeitsnormen, Umwelt und Korruptionsprävention ausrichten und strategische Maßnahmen ergreifen, um umfassende gesellschaftliche Ziele wie die UN Sustainable Development Goals (s. Sustainable Development Goals) voranzutreiben.

Wertschöpfungskette

Die Wertschöpfungskette stellt die Stufen der Herstellung von Produkten oder Erbringung von Dienstleistungen als eine geordnete Reihe von Tätigkeiten dar. Sie reicht vom Ausgangsmaterial bis zur Verwendung.

Wesentlichkeit

Grundsatz, dass die Aufstellung einer Nachhaltigkeitsberichterstattung auf die relevanten Themen und Inhalte auszurichten ist (zur Bestimmung dieser Themen s. Wesentlichkeitsanalyse).

Wesentlichkeitsanalyse

Verfahren zur Bestimmung relevanter ökologischer, ökonomischer und sozialer Themen und Inhalte einer Nachhaltigkeitsberichterstattung unter Einbeziehung der Unternehmens- und Stakeholderperspektive (s. Doppelte Wesentlichkeit).

Stichwortverzeichnis

Fett gesetzte Ziffern verweisen auf Paragrafen, magere auf die zugehörigen Randziffern.

ARUG II 7, 13
Aufsichtsrat
– Nachhaltigkeitsausschuss 7, 48
– Nachhaltigkeitsexpertise 7, 45
– Prüfung nichtfinanzielle Erklärung 9, 38
– Prüfungspflicht, Überwachungspflicht 7, 50
Auswirkungsrelevanz 9, 32, 74

Begrenzte Sicherheit 6, 13; 9, 42, 44, 79; 10, 12
Beispiel CO2-Emission 6, 16
Berichtspflicht 9, 59
Berichtsprozess 3, 22
Big Data 6, 8

CapEx 12, 33
Carbon Disclosure Project, CDP 8, 135
Carbon Footprint 6, 18; 8, 165
Checkliste DNK-Erklärung 8, 25
Checkliste Prozess Nachhaltigkeitsberichterstattung 10, 5
Chief Sustainability Officer 7, 36
Climate Bond Standards 13, 14
Climate Disclosure Standards Board, CDSB 8, 1

CO2-Berichterstattung 6, 16
CO2-Fußabdruck 6, 18; 8, 165
Comply or explain 8, 22, 200; 9, 20; 11, 11
Credit-Rating 14A, 12
CSDDD 7, 9, 40
CSRD 6, 6, 10; 7, 42, 51, 4; 9, 55; 14, 26
– Berichtspflicht 9, 59
CSR-RUG 1, 8; 8, 11; 9, 1

Datenqualität 14A, 38
DCGK 7, 16, 34, 36, 47
Delegierter Rechtsakt Klima 12, 24
Delegierter Rechtsakt Umwelt 12, 42
Delegierter Rechtsakt zu Art. 8 12, 29
Deutscher Nachhaltigkeitskodex, DNK 8, 6
– Branchenleitfaden 8, 23
– Einhaltung Menschenrechte 8, 12
– EMAS Orientierungshilfe 8, 16
– Umweltberichterstattung 8, 16
– Wesentlichkeit 8, 13
Diversitätsberichterstattung 7, 27, 43

DNK-Erklärung 8, 18
– Checkliste 8, 25
Do no significant harm 12, 28
Doppelte Wesentlichkeit 3, 11; 6, 6; 6A, 10; 7, 42; 8, 21, 215; 9, 74; 9A, 9

ED IFRS S1 8, 59
EFRAG 7, 4; 9A, 1
EMAS und DNK 8, 16
Erklärung zur Unternehmensführung 7, 27
ESG-Bericht 7, 42
ESG-Linked Loan 14, 3
ESG-Rating 14, 21; 14A, 13
ESG-Readiness-Fragebogen 10, 3
ESRS 1, 10; 9A, 1
– Doppelte Wesentlichkeit 9A, 9
– Vergleich zu GRI 8, 52
– Wegfall rebuttable presumption 9A, 7
ESRS 1 9A, 10, 14
ESRS 2 9A, 8, 11, 16
ESRS E1 9A, 16
ESRS E2 9A, 16
ESRS E3 9A, 16
ESRS E4 9A, 16
ESRS E5 9A, 16
ESRS G1 9A, 16
ESRS S1 9A, 11, 16
ESRS S2 9A, 16
ESRS S3 9A, 16
ESRS S4 9A, 16
EU Green Bond Standard 13, 15
EU SFDR 11, 7, 3
EU-Taxonomie 12, 1

Financial materiality 9, 32; 9A, 9
Financial Stability Board, FSB 8, 161
Fondsstandortgesetz 11, 33
FüPoG I 7, 18
FüPoG II 7, 19

Gap-Analyse 8, 182; 9A, 13
Geschäftsmodell
– Darstellungstipp 3, 14
Geschäftsrelevanz 9, 32, 74
Geschlechterquote 7, 18
Gesonderter nichtfinanzieller Bericht 9, 37
Global Reporting Initiative, GRI 6, 17; 8, 28
Global Sustainability Standards Board, GSSB 8, 30, 49
Green Bond
– Ausgestaltung 13, 3
Green Bond Framework 13, 11
– Prüfungsleistungen 13, 27
Green Bond Markt 13, 10
Green Bond Principles 13, 14
Green Controlling 6A, 16
Green Deal 7, 5; 9, 56; 11, 2; 12, 2; 14A, 5
Greenwashing 13, 9, 13
GRI-Standards 8, 33
– Prinzipien der Berichterstattung 8, 40
– Prüfung 8, 45
– Schlüsselkonzepte 8, 35
– Wesentliche Themen 8, 37
– Wesentlichkeitsanalyse 8, 47

Stichwortverzeichnis

Grüner Pfandbrief 13, 3
Grundsatzerklärung 15, 43

Hinreichende Sicherheit 6, 5, 12; 9, 43, 45, 79; 10, 12

IFRS Foundation 9, 76
IFRS Sustainability Disclosure Standards 8, 59
IIRC-Rahmenkonzept 8, 99
Impact materiality 9A, 9
Impact Valuation 8, 220
Inside-out-Perspektive 2, 14; 6, 6; 8, 21; 9, 74
Integrierte Berichterstattung 6, 3, 9, 16; 7, 41
International Integrated Reporting Council, IIRC 6, 5, 9; 8, 97
International Sustainability Standards Board, ISSB 8, 5, 179, 31, 53; 9A, 7
ISAE 3000 9, 41; 10, 12; 13, 31

Klimaberichterstattung 8, 2
Klimabezogene Berichterstattung 9, 30
– Finanzielle Wesentlichkeit 9, 32
– Ökologische und soziale Wesentlichkeit 9, 32
Klimarisiko, Klimachance 8, 165
Klimaszenario 8, 174
Konsortialkredit 14, 7
Konzernnachhaltigkeitsbericht 9, 64

KPI 4, 5; 14A, 49
– Datenerhebung 4, 9
– Nichtfinanzielle Leistungsindikatoren 6, 16

Lagebericht
– Nichtfinanzielle Erklärung 9, 36
Leistungskennzahl 4, 5
Lieferkette
– Definition gem. LkSG 15, 8
Lieferkettensorgfaltspflichtengesetz, LkSG 7, 21, 40; 15, 1
– Abhilfe bei Verletzung 15, 52
– Angemessenheitsgrundsatz 15, 32
– BAFA Handreichung 15, 62
– Beschwerdeverfahren 15, 58
– Dokumentationspflicht, Berichtspflicht 15, 63
– Eigener Geschäftsbereich 15, 15
– Grundsatzerklärung 15, 43
– Marktortbezug 15, 20
– Menschenrechtsbeauftragter 15, 37
– Mittelbarer Zulieferer 15, 24
– Persönlicher Anwendungsbereich 15, 4
– Präventionsmaßnahmen 15, 45
– Prozessstandschaft 15, 70
– Risikoanalyse 15, 40
– Risikomanagement 15, 34
– Sanktionen 15, 74
– Schutz der Menschenrechte 15, 25
– Schutz der Umwelt 15, 28
– Unmittelbarer Zulieferer 15, 23
– Weitergabeklausel 15, 49

Materialitätsanalyse 3, 11; 5, 3
Maturity Roadmap 10, 2
Menschenrechtliche Sorgfaltspflicht 15, 1
Menschenrechtsbeauftragter 15, 37
Menschenrechtsbericht 8, 86
Mustererklärung Offenlegung 11, 4

NACE Codes 12, 25
Nachhaltige Managementvergütung 7, 16
Nachhaltiges Lieferkettenmanagement 7, 21
Nachhaltiges Unternehmensinteresse 7, 31
Nachhaltigkeit
– Begriff 2, 1
– Chancen 2, 8
– Kontinuierlicher Verbesserungsprozess 14A, 29
– Rolle Kapitalmarkt 14A, 1
Nachhaltigkeitsausschuss 7, 35, 51
Nachhaltigkeitsbericht 7, 42; 9, 37
– Aufstellungspflicht 9, 59
– Auftrag EFRAG 9, 75
– Befreiung 9, 65
– Enforcement 9, 85
– Erleichterungen KMU 9, 70
– EU-Standards 9, 73
– Indirekt betroffene Unternehmen 9, 63
– Inhalt 9, 67
– Prüfung 9, 77; 10, 11
– Prüfungshandlungen 10, 14
– Wesentlichkeit 2, 11
– Zeitplan Erstellung 3, 22

Nachhaltigkeitsberichterstattung
– Entwicklung 1, 1
– Herausforderungen 10, 18
– KMU-Pilotgruppe 8, 17
Nachhaltigkeitsintegration
– Roadmap 10, 1
Nachhaltigkeitsmanagement 3, 1
– Datenerhebung 6, 9, 18
– KPI 4, 5
– Leistungsmessung 4, 1; 5, 1
– Organisation 6, 9, 19
– Organisatorische Verankerung 3, 15
– Smarte Ziele setzen 4, 4
Nachhaltigkeitsorientiertes Risikomanagementsystem 7, 38
Nachhaltigkeitsscorecard 10A, 3
Nachhaltigkeitsziele 4, 2
NFRD 6, 17; 7, 3
Nichtfinanzielle Erklärung 7, 24; 9, 1
– Aufstellungspflicht 9, 2
– Befreiung 9, 7
– Freiwillige Prüfung 9, 40
– Gesonderter nichtfinanzieller Bericht 9, 37
– Lagebericht 9, 36
– Nutzung Rahmenwerk 9, 25
– Prüfung 9, 38
– Prüfungshandlungen 10, 14
– Prüfungsvermerk 9, 47
– Risikoangabe 9, 21
– Unverbindliche Leitlinien 9, 27
– Wesentlichkeit 9, 14
Nichtfinanzielle Konzernerklärung 9, 51
Nichtfinanzielle Leistungsindikatoren 6, 11; 9, 22
Nichtfinanzielle Leistungsinformationen 4, 1; 5, 1

Ökologische und soziale
Wesentlichkeit 9, 32
Ökologisch nachhaltige
Wirtschaftstätigkeit 12, 11
Offenlegung
– Technische Regulierungsstandards 11, 4
Offenlegungsverordnung 11, 7
– Anwendungsbereich 11, 26
– Comply or explain 11, 11
– Nachhaltigkeitsrisiko 11, 27
– Prüfung Einhaltung 11, 33
– Wesentliche nachteilige Auswirkung 11, 27
OpEx 12, 36
Outside-in-Perspektive 2, 14; 6, 6; 8, 21; 9, 74

Praxis-Beispiel Nachhaltigkeitsberichterstattung 10A, 1
Praxis-Beispiel Wesentlichkeitsanalyse 10A, 9
Prüfung
– Begrenzte Sicherheit 6, 13; 8, 45; 9, 42, 44, 79; 13, 29, 31
– Green Bond Framework 13, 27
– Hinreichende Sicherheit 6, 5, 12; 9, 43, 45, 79; 13, 31
– Nichtfinanzielle Erklärung 7, 25; 9, 38

Rahmenwerk 10, 8
Rat für Nachhaltige Entwicklung, RNE 8, 6
– Kooperation DRSC 8, 17
Rat für Standards zu Umweltangaben 8, 1

Rebuttable presumption 9A, 7
Risikomanagement
– LkSG 15, 34
Risikomanagementsystem
– Nachhaltigkeitsorientierung 7, 38
Risikomapping 15, 41
Roadmap Nachhaltigkeitsintegration 10, 1
RTS SFDR 11, 4

Salient issues 8, 94
SASB Conceptual Framework 8, 130
SASB's Sustainability Industry Classification System 8, 129
SDG Compass 8, 153
SFDR 11, 7, 3
Sozialer Mindestschutz 12, 21
– Umsetzungsempfehlung 12, 22
SR Board 1, 10
Stakeholder Advisory Council 6, 8
Stakeholder-Ansatz 14A, 7
Stakeholder-Dialog 3, 17
Stakeholder-Mapping 5, 6
Stakeholder-Perspektive 8, 21
Sustainability Accounting Standards Board, SASB 8, 97, 128
– Wesentlichkeitskarte 8, 131
Sustainability Coordinator 14, 28
Sustainability Council 5, 2
Sustainability-Linked Bond 13, 1
Sustainability-Linked Loan 14, 2
– KPI-basiert 14, 22
– Markt 14, 6

Sustainability-Linked Loan Principles 14, 9
– Nachhaltigkeitsindikatoren 14, 4

Sustainability Reporting & Controlling Committee 6, 9

Sustainability Standards Board 9, 76

Sustainable Corporate Governance 7, 1

Sustainable Corporate Purpose 7, 12

Sustainable Development Goals, SDGs 4, 12; 8, 148, 14

Sustainable Finance 14A, 1

Sustainable-Finance-Beirat 9, 57

Sustainable Finance Disclosure Regulation 11, 7, 3

Sustainable Finance Readiness 14A, 31, 41

Task Force on Climate-related Financial Disclosures, TCFD 6, 17; 8, 159, 2; 9A, 7
– Berichterstattung 8, 171
– Sektorspezifika 8, 173
– Szenarioanalyse 8, 174

Taxonomiefähigkeit 12, 11
– NACE Codes 12, 25

Taxonomiekonformität 12, 11
– Betriebsausgaben 12, 36
– Investitionsausgaben 12, 33
– Umsatzerlös 12, 31

Taxonomie-Verordnung 11, 29; 12, 1
– Anwendungskreis, Anwendungszeitpunkt 12, 9
– Delegierter Rechtsakt Klima 12, 24
– Delegierter Rechtsakt Umwelt 12, 42
– Delegierter Rechtsakt zu Art. 8 12, 29
– DNSH 12, 28
– Erleichterungen 12, 41
– Ermöglichende Tätigkeit 12, 27
– Ökologisch nachhaltige Wirtschaftstätigkeit 12, 11
– Sozialer Mindestschutz 12, 21
– Übergangstätigkeit 12, 27
– Umweltziel 12, 14
– Wesentlichkeit 12, 38

Tone from the top 10, 18

Transition Financing 13, 4

Triple Bottom Line 2, 5; 7, 1

Übergangsanleihe 13, 5

Umweltberichterstattung 8, 2

Umweltziel 12, 14

UN Guiding Principles Assurance Guidance 8, 96

UN Guiding Principles Reporting Framework 8, 82

United Nations Environment Programme Finance Initiative, UNEP FI 8, 186

United Nations Global Compact, UNGC 8, 63, 187
– Fortschrittsbericht 8, 77
– UNGC Management Model 8, 81
– Verpflichtungserklärung 8, 71

United Nations Principles for Responsible Investment, UN PRI 8, 184

Value Balancing Alliance, VBA
6, 8; 8, 211
– Allgemeines Methodenpapier
8, 222
– Impact Valuation 8, 220
– Methodenpapier Erweiterte Input-Output-Modellierung
8, 227
– Papier zur Umweltmethode
8, 225
– Sozioökonomisches Methodenpapier 8, 226

Value Reporting Foundation, VRF 8, 97

Value to Business 8, 215

Value to Society 8, 215

Value-to-Society-Methode 6, 8, 10

Vergütung
– Implementierung Nachhaltigkeitsziele 7, 16

Vergütungsbericht 7, 28, 52

Vergütungspolitik 11, 13

Vorstand
– Klarstellung Sorgfaltspflicht
7, 38
– Nachhaltigkeitspflicht 7, 31

Vorstandsvergütung 7, 13

Weitergabeklausel 15, 49

Wesentlichkeit 2, 11; 7, 34; 8, 120; 9, 14; 10, 12; 12, 38

Wesentlichkeitsanalyse 2, 15; 5, 3; 6, 6, 17, 4; 6A, 29; 8, 13, 47; 10A, 5; 14A, 29, 34
– Doppelte Wesentlichkeit
10A, 8

Wesentlichkeitskarte SASB 8, 131

Wesentlichkeitsmatrix 6, 7

Zielgebundene Anleihe 13, 6

Zielvereinbarung Vorstand 6, 12